ISO 9000 族标准质量管理体系内审员实用教程

（第四版）

徐平国　张　莉　张艳芬　编著

图书在版编目(CIP)数据

ISO 9000 族标准质量管理体系内审员实用教程/徐平国,张莉,张艳芬编著.—4版.—北京：北京大学出版社，2017.10

ISBN 978-7-301-28861-0

Ⅰ.①I… Ⅱ.①徐… ②张… ③张… Ⅲ.①质量管理体系—国际标准—职业培训—教材 Ⅳ.①F273.2–65

中国版本图书馆 CIP 数据核字（2017）第 243377 号

书　　名	ISO 9000 族标准质量管理体系内审员实用教程（第四版）
	ISO 9000 ZU BIAOZHUN ZHILIANG GUANLI TIXI NEISHENYUAN SHIYONG JIAOCHENG
著作责任者	徐平国　张　莉　张艳芬　编著
责任编辑	李　玥
标准书号	ISBN 978-7-301-28861-0
出版发行	北京大学出版社
地　　址	北京市海淀区成府路 205 号　100871
网　　址	http://www.pup.cn　新浪微博：@北京大学出版社
电子信箱	zyjy@pup.cn
电　　话	邮购部 62752015　发行部 62750672　编辑部 62704142
印 刷 者	北京鑫海金澳胶印有限公司
经 销 者	新华书店
	787 毫米×1092 毫米　16 开本　21.75 印张　509 千字
	2003 年 3 月第 1 版　2004 年 4 月第 2 版　2013 年 4 月第 3 版
	2017 年 10 月第 4 版　2022 年 5 月第 6 次印刷
定　　价	48.00 元

未经许可，不得以任何方式复制或抄袭本书之部分或全部内容。

版权所有，侵权必究

举报电话: 010-62752024　电子信箱: fd@pup.pku.edu.cn

图书如有印装质量问题，请与出版部联系，电话: 010-62756370

前　言

自 1987 年国际标准化组织(ISO)发布有关质量管理体系的 ISO 9000 族国际标准以来，建立质量管理体系，寻求 ISO 9001 质量管理体系认证已成为各行各业的国际潮流。近年来，越来越多的企事业组织应用 ISO 9000 族标准进行质量管理，并以通过质量管理体系认证、获取第三方注册认证证书作为促进质量管理、取信于顾客的重要手段。据统计，截至 2016 年年底，我国有近 26 万家企事业组织获得质量管理体系认证证书。这些获证组织为了体系的有效运行和不断完善，需要持续地进行内部质量管理体系审核，需要有一批符合条件、有能力的内审人员。因此，内审员至少已达 50 万人，加上正在建立体系、谋求认证的企事业组织，内审员需求为数更多。在我国，一支为数可观的内审员队伍已经形成，他们迫切需要获得如何进行内部质量审核的知识。而广大企事业组织的领导和管理人员，也需要了解和掌握这方面的知识。本书就是针对这种需求而编写的，希望能给各方面的使用者提供帮助。

本书是依据 2015 版 ISO 9000 族标准，在《质量管理体系内审员实用教程》(第三版)的基础上修订的。2015 版 ISO 9000 族标准，为未来 10 年左右时间的质量管理体系标准确定了稳定的核心要求，将为质量管理的发展带来深远的影响。与 2008 版标准相比较，2015 版 ISO 9000 族标准在结构和内容上发生了显著的变化，这些变化对企业的质量管理工作者、内审员提出了新的挑战。本次修订，旨在帮助使用者尽快理解 2015 版 ISO 9000 族标准要求，学习和掌握新知识。本书内容包括标准知识和审核知识，将 ISO 9000 族标准知识和 ISO 19011 审核指南结合到一起是本书的特点。本书对 ISO 9000 族标准提出的质量管理基本概念和方法、质量管理基本原则和主要术语做了解读，对质量管理体系要求的理解和实施要点进行了详细的阐述，并通过大量的案例给出了每个条款要求的审核思路和典型部门的审核技巧，充分强调以过程方法进行审核，具有很强的操作性。本书还就体系建立和实施过程中内审员如何建立质量管理体系提出了详细方法，并介绍了有关统计技术方面的专业基础知识，是一本非常实用和全面的内审员培训教程。

本书第一章、第二章、第三章、第八章和第九章由徐平国编写，第四章、第五章和第六章由张艳芬编写，第七章由张莉编写。三位作者为国内较早的国家注册审核员培训教师，在编写过程中，结合了作者的内审员培训实践，并借鉴了相关的国内外的内部审核教材。本书经过几次修订，内容不断丰富，可作为企事业组织建立、实施和改进质量管理体系的参考用书，亦可作为认证机构审核员、咨询公司咨询师的参考资料。同时，本书也可以作为高等学校相关专业教材。

本书得到北京联合大学规划教材建设项目资助。

本书的编写得到了业内诸多良师益友的帮助和支持，在此一并表示感谢！本书不尽完善之处，敬盼广大读者提出宝贵的意见和建议。

编　者

2017 年 9 月

目　录

第一章　ISO 9000 族标准概论 (1)
　第一节　ISO 9000 族标准的产生和发展 (2)
　第二节　ISO 9000 族标准简介 (5)
　第三节　ISO 9000 族标准的特点和实施意义 (8)
　思考与练习 (10)

第二章　质量管理体系　基础和术语 (11)
　第一节　质量管理的基本概念和方法 (12)
　第二节　七项质量管理原则 (21)
　第三节　术语和定义 (29)
　思考与练习 (44)

第三章　质量管理体系　要求 (49)
　第一节　ISO 9001 标准概要 (50)
　第二节　组织环境 (52)
　第三节　领导作用 (56)
　第四节　策划 (61)
　第五节　支持 (64)
　第六节　运行 (76)
　第七节　绩效评价 (98)
　第八节　改进 (106)
　思考与练习 (108)

第四章　质量管理体系审核概论 (145)
　第一节　与审核有关的术语和定义的理解 (146)
　第二节　质量管理体系审核的类型 (151)
　第三节　质量管理体系审核的特点 (153)
　第四节　质量管理体系内部审核员 (154)
　第五节　审核原则 (156)
　思考与练习 (157)

第五章　审核方案的管理 (159)
　第一节　审核方案目标的确立 (161)
　第二节　审核方案的建立 (161)
　第三节　审核方案的实施 (165)
　第四节　审核方案的监视、评审和改进 (169)
　思考与练习 (171)

第六章　内部质量管理体系审核活动 (173)
- 第一节　内部质量管理体系审核的阶段 (174)
- 第二节　审核的启动 (176)
- 第三节　审核活动的准备 (176)
- 第四节　审核活动的实施 (184)
- 第五节　审核报告的编制、分发及审核的完成 (199)
- 第六节　不符合项的跟踪验证 (201)
- 思考与练习 (202)

第七章　审核要点及案例分析 (209)
- 第一节　组织环境 (210)
- 第二节　领导作用 (212)
- 第三节　策划 (216)
- 第四节　支持 (218)
- 第五节　运行 (230)
- 第六节　绩效评价 (246)
- 第七节　改进 (251)
- 第八节　典型过程的审核 (253)
- 思考与练习 (261)

第八章　质量管理体系的建立和实施 (265)
- 第一节　建立和实施质量管理体系的意义和几点认识 (266)
- 第二节　建立和实施质量管理体系的基本方法和步骤 (267)
- 第三节　质量管理体系的策划和准备 (268)
- 第四节　质量管理体系文件的编制 (281)
- 第五节　质量管理体系的运行和改进 (292)
- 第六节　质量管理体系的认证过程 (293)
- 思考与练习 (296)

第九章　质量管理专业基础 (297)
- 第一节　ISO 9000 族标准中统计技术应用概论 (298)
- 第二节　描述型统计 (300)
- 第三节　统计过程控制(SPC)——控制图与过程能力分析 (311)
- 第四节　抽样检验 (324)
- 思考与练习 (336)

参考文献 (340)

第一章
ISO 9000族标准概论

第一节　ISO 9000 族标准的产生和发展

一、ISO 9000 族标准的概念和意图

ISO 9000 族标准是国际标准化组织（ISO）在 1994 年提出的概念，是指"由 ISO/TC 176（国际标准化组织/质量管理和质量保证技术委员会）制定的一系列关于质量管理的正式国际标准、技术规范、技术报告、手册和网络文件的统称"，其中许多 ISO 9000 族中的国际标准被编在 ISO 10000（见本章第二节）范围内。

ISO 9000 族标准可以帮助组织建立、实施并有效运行质量管理体系，是质量管理体系通用的要求或指南。它不受具体的行业或经济部门的限制，可广泛适用于各种类型和规模的组织，在国内和国际贸易中促进相互理解和信任。

二、质量管理体系标准的产生和发展

1. 标准产生的背景

产品质量的提高，有赖于科学技术的发展和质量管理水平的不断提高。而质量管理的发展是伴随着整个社会生产发展的客观需要而发展的，它与科学技术的进步、经济和管理科学的发展紧密相关。从近、现代质量管理的发展历史来看，国际上大体经历了质量检验、统计质量控制、全面质量管理三个阶段，在质量管理方面，积累了比较丰富的实践经验，形成了比较完善的理论，为质量管理的标准化创造了条件。随着质量管理的发展以及市场竞争日趋激烈，顾客对质量的期望越来越高，并关注供方能否有令人信服的质量保证能力来持续、稳定地提供其要求的产品，这就引发了产品质量认证和质量管理体系的评价。质量管理体系的评价需要有供需双方和第三方共同认可的标准作为依据。由此促使国际的或地区的质量管理体系标准的产生。

2. 标准的形成

国际标准化组织于 1979 年成立了质量管理和质量保证技术委员会（简称 ISO/TC 176），负责制定质量管理和质量保证方面的国际标准。

1986 年，ISO 发布了第一个质量管理体系标准：ISO 8402《质量管理和质量保证——术语》。1987 年，ISO 相继发布了 ISO 9000《质量管理和质量保证标准——选择和使用指南》、ISO 9001《质量体系——设计、开发、生产、安装和服务的质量保证模式》、ISO 9002《质量体系——生产和安装的质量保证模式》、ISO 9003《质量体系——最终检验和试验的质量保证模式》以及 ISO 9004《质量管理和质量体系要素——指南》。这些标准通称为 1987 版 ISO 9000 系列标准。

ISO 9000 系列标准总结了工业发达国家先进企业的质量管理的实践经验，统一了质量管理和质量保证有关的术语和概念，有助于推动组织的质量管理的国际化，在消除贸易壁

垒、提高产品质量和顾客满意程度等方面产生了积极和深远的影响。

ISO 9000 系列标准的颁布，得到了世界各国的普遍关注和广泛采用，促使各国的质量管理和质量保证活动统一在 ISO 9000 族标准的基础之上。

3．标准的修订和发展

1987 版 ISO 9000 系列标准制定的时期，在当时世界各国的经济发展中占主导地位的是制造行业，因此，1987 版 ISO 9000 系列标准突出地体现了制造业的特点，这给标准的广泛适用性造成一定的局限。然而，随着全球经济一体化进程的加快、国际市场的进一步开放、市场竞争日趋激烈，世界各国及各类组织都在加强科学管理，努力提高组织的竞争力。这就需要标准能够满足各种类型使用者的需要，要求标准的结构和内容具有更加广泛的通用性，能够适用于提供各种类型的产品和规模的组织。

为此，ISO/TC 176 于 1990 年决定对 1987 年版的 ISO 9000 系列标准进行修订，并分两个阶段进行。第一阶段在标准结构上不做大的变动，仅对标准的内容进行小范围的修改，由 ISO 在 1994 年发布，包括 ISO 8402、ISO 9000-1、ISO 9001、ISO 9002、ISO 9003 和 ISO 9004-1 等共 16 项国际标准，通称为 1994 版 ISO 9000 族标准。

ISO/TC 176 在完成对标准的第一阶段的修订工作后，随即启动标准修订战略的第二阶段工作，对标准进行了大规模的修改，于 2000 年 12 月 15 日由 ISO 正式发布了 2000 版 ISO 9000 族标准。从 2005 年，ISO 相继组织对 ISO 9000、ISO 9001、ISO 9004 标准进行了修订，在 2008 年 11 月 15 日正式发布了 2008 版 ISO 9001 标准。

按照 ISO 致力于国际标准的建立和不断完善的工作原则，根据 ISO 的有关规则，所有标准都需要定期修订（一般为 5~8 年），以确保标准内容与思路的及时更新，能及时反映和充分体现被广泛接受的质量管理实践的科学成果与思想，以满足世界范围内标准使用者的需要。2012 年 6 月拟定了新版 ISO 9001 标准的修订目标和设计规范。在设计规范中，其规定的关键目标为：

（1）为未来 10 年左右的时间内提供一系列稳定的核心要求；

（2）把当前的关注焦点继续保持在有效的过程管理上，以期产生期望的结果；

（3）考虑自上次重大修订（2000 年）以来 QMS 实践和技术的变化；

（4）应用 ISO/IEC 导则——第 1 部分——ISO 增刊附件 SL（以下简称"附件 SL"），提高与其他 ISO 管理体系标准的兼容和统一；

（5）促进有效的组织实施和有效的第一方、第二方和第三方合格评定；

（6）简化了语言和写作风格，有助于对要求的理解和解释的一致性。

三、2015 版 ISO 9001 标准修订的主要变化

根据修订目标，历经 CD、DIS、FDIS 各阶段，ISO 9001：2015 版标准于 2015 年 9 月 23 日发布，较前各版标准的主要变化有：

1．完全按照附件 SL 的格式重新进行了编排

附件 SL 是 ISO 联合技术协调小组出具的一个有关管理体系标准的附件，提供了怎样编写管理体系标准的细节，为新的 ISO 管理体系标准制定和原有标准的修订提供了一个统一的结构和模式，同时也提供了一个统一的文本，目的是方便使用者实施多个 ISO 管理体系

标准。但这并不意味组织要调整自己质量管理体系文件的编排格式,新版 ISO 9001 的引言和附件 SL 均说明不要求组织按此结构编写自己的文件。

2. 用"产品和服务"替代了 2008 版中的"产品"

在 2008 版标准中每当提到产品的时候,实际上也隐含了服务。但是,有很多服务业的组织还没能真正理解,特别是谈到监视、测量的时候,人们立刻就会想到有形产品,而没有想到还有无形的服务。在 2015 版标准中,"产品"和"服务"已经是两个定义,但在多数场合下,"产品和服务"一起使用。由组织向顾客提供的或外部供方提供的大多数输出包括产品和服务两方面。例如:有形或无形产品可能涉及相关的服务,而服务也可能涉及相关的有形或无形产品。

3. 用"外部提供的过程、产品和服务"替代 2008 版中的"采购",包括外包过程

在 2008 版标准中,条款 4.1 体现了"外包过程",条款 7.4 是关于"采购",2015 版标准统一为"外部提供的过程、产品和服务",并明确采用统一的要素实施控制,总的目的就是确保对这些外部提供的过程、产品和服务加以控制,达到所需要的结果。

4. 用"成文信息"替代了"文件化的程序和记录"

在 2008 版标准中使用的特定术语如"文件""形成文件的程序""质量手册"或"质量计划"等,在 2015 版标准中表述的要求为"保持成文信息"。在 2008 版标准中使用"记录"这一术语表示提供符合要求的证据所需要的文件,现在表述的要求为"保留成文信息"。组织有责任确定需要保留的成文信息及其存储时间和所用载体。

5. 新增加"理解组织及其环境"条款

每一个组织都是不一样的。在设计质量管理体系的时候,每个组织要考虑外部和内部的因素,以及这些因素是否对组织要实现的目标和结果有帮助。这些外部的因素可以包括社会因素、经济因素、政治因素、气候因素,以及关于新技术的可获取性。内部的因素,如所有权的结构、管理的结构等。组织和组织之间有很大的不同,组织所处的环境是其建立质量管理体系的出发点。

6. 强调"基于风险的思维"这一核心概念

在 2015 版标准中,识别风险并采取相应措施来消除风险、降低风险或者减缓风险的思想,贯穿在整个标准中。以前的版本隐含了基于风险的思维的概念,如:有关策划、评审和改进的要求。

2015 版标准去掉了"预防措施"这个术语和条款要求。但是这个概念不仅依然存在,而且通过应对"风险"得到了加强。由于使用基于风险的思维,因而一定程度上减少了规定性要求,并以基于绩效的要求替代。在过程、成文信息和组织职责方面的要求比 2008 版标准具有更大的灵活性。

7. 新增加"组织的知识"条款

组织的知识是组织特有的知识,通常从其经验中获得,是为实现组织目标所使用和共享的信息。为应对不断变化的需求和发展趋势,组织应审视现有的知识,确定如何获取更多必要的知识和知识更新。这个是一个特别重要的要求,对转型升级时期的我国企业很有意义。

第二节　ISO 9000 族标准简介

ISO 9001：2015 标准附录 B《ISO/TC176 质量管理和质量保证技术委员会制定的其他质量管理和质量管理体系标准》，简介了与 ISO 9001 相关的标准，旨在为应用 ISO 9001 标准的组织提供支持信息，并为组织选择追求超越其要求的目标提供指南。

一、ISO 9000 族的主要标准

1. ISO 9000：2015《质量管理体系　基础和术语》

标准为质量管理体系提供了基本概念、原则和术语，为质量管理体系的其他标准奠定了基础。该标准旨在帮助使用者理解质量管理的基本概念、原则和术语，以便能够有效和高效地实施质量管理体系，并实现质量管理体系标准的价值。

标准包含七项质量管理原则（详见第二章第二节）。针对每一项质量管理原则，通过"概述"介绍每一个原则，通过"理论依据"解释组织应该重视它的原因，通过"主要益处"说明应用这一原则的结果，通过"可开展的活动"给出组织应用这一原则能够采取的措施。

标准给出了 138 个术语，分成 13 个部分（详见第二章第三节），并用较通俗的语言阐明了质量管理领域所用术语的概念。在资料性的附录中，用概念图表达了每一部分概念中各术语的相互关系，帮助使用者形象地理解相关术语之间的关系，系统地掌握其内涵。

2. ISO 9001：2015《质量管理体系　要求》

标准规定了对质量管理体系的要求，供组织需要证实其具有持续地提供满足顾客要求和适用法律法规要求的产品和服务的能力时应用。组织可通过体系的有效应用，包括体系改进的过程，以及保证符合顾客和适用的法律、法规要求，旨在增强顾客满意。

该标准规定的所有要求是通用的，适用于各种类型、不同规模和提供不同产品和服务的组织。如果组织确定标准的某些要求不适用于其质量管理体系范围，应说明理由。除非组织所确定的不适用于其质量管理体系的标准要求不影响组织确保其产品和服务合格以及增强顾客满意的能力或责任，否则不能声称符合本标准要求。

3. ISO 9004：2009《追求组织的持续成功　质量管理方法》

该标准通过质量管理的途径，提供指南以帮助所有在复杂、严格以及不断变化的环境下的组织取得持续成功的成就。一个组织获得持续成功，依赖于组织是否有能力长期和均衡地满足顾客和其他相关方的要求和期望。通过组织对环境意识以及相应的改进和/或创新的学习和运用，实现组织的有效管理，从而获得持续成功。

该标准提倡自我评定，把自我评定作为评审组织成熟度的一项重要工具。它包括了领导、战略、管理体系、资源及过程几个方面。从而识别组织的优势和劣势，以及任何可以改进和/或创新的机会。

该标准所规定的质量管理要求要比 ISO 9001 更宽泛：不仅要满足所有相关方的需求和期望，还对组织进行系统的、持续的绩效改进提供了指南。它与 ISO 9001 是协调一致的，并

与其他的管理体系相容。

4．ISO 19011：2011《管理体系审核指南》

标准提供了管理体系审核的指南,包括审核原则、审核方案的管理和管理体系审核的实施,也对参与管理体系审核过程的人员的个人能力提供了评价指南,这些人员包括审核方案管理人员、审核员和审核组。它适用于需要实施管理体系内部审核、外部审核或需要管理审核方案的所有组织。

该标准采用的方法适用于两个或更多的不同领域的管理体系共同审核(称之为"结合审核")的场合。当这些管理体系整合为一个管理体系时,审核原则和过程与结合审核相同。

上述四个 ISO 9000 族的主要标准是一个完整的整体,在附录 B 中明确前三个为核心标准,它们的关系是：以 ISO 9000 的理论为基础；按照 ISO 9001 的要求建立质量管理体系；参照 ISO 9004 的方法持续改进体系的业绩；运用 ISO 19011 审核标准,促进体系的保持和改进。

二、ISO 9000 族的其他相关标准

在组织实施或寻求改进其质量管理体系、过程或相关活动的过程中,以下简要介绍的标准(ISO 10000 系列)可以为其提供帮助。

——ISO 10001《质量管理 顾客满意 组织行为规范指南》,为组织确定其在满足顾客需求和期望方面的满意程度提供指南。实施该标准可以增强顾客对组织的信心,使组织对顾客的预期更加准确,从而降低误解和投诉的可能性。

——ISO 10002《质量管理 顾客满意 组织处理投诉指南》,通过确认和理解投诉方的需求和期望,并解决所接到的投诉,为组织提供有关投诉处理过程的指南。该标准提供了包括人员培训的开放、有效并易于使用的投诉过程。并且也为小企业提供指南。

——ISO 10003《质量管理 顾客满意 组织外部争议解决指南》,为组织有效和高效地解决有关产品投诉的外部争议提供指南。当投诉不能在组织内部解决时,争议解决是一种补偿途径。大多数投诉没有冲突的过程,可以在组织内部成功解决。

——ISO 10004《质量管理 顾客满意 监视和测量指南》,为组织采取增强顾客满意的措施,并识别顾客所关注的产品、过程和属性的改进机会。这些措施能够增强顾客忠诚,避免顾客流失。

——ISO 10005《质量管理体系 质量计划指南》,为组织制定和实施质量计划,作为满足相关过程、产品、项目或合同要求的手段,形成支持产品实现的工作方法和实践提供指南。制订质量计划的益处在于能使相关人员增加可以满足质量要求并有效控制相应过程的信心,推动其积极参与。

——ISO 10006《质量管理体系 项目质量管理指南》,可适用于从小到大、从简单到复杂、从单独的项目到项目组合中组成部分的各种项目。既可供项目管理人员使用,亦可供需要确保其组织应用 ISO 质量管理体系相关标准所含实践的人员使用。

——ISO 10007《质量管理体系 技术状态管理指南》,帮助组织在整个寿命周期内对产品的技术和行政状态应用技术状态管理。技术状态管理可用于满足本标准规定的产品标识和可追溯要求。

——ISO 10008《质量管理-顾客满意-B2C 电子商务交易指南》,指导组织如何有效和高

效地实施 B2C 电子商务交易系统(B2C ECT),从而为增加顾客对 B2C ECT 的信心奠定基础,提高组织满足顾客要求的能力,以减少投诉和争议。

——ISO 10012《测量管理体系　测量过程和测量设备的要求》,为测量过程管理以及支持和证明符合计量要求的测量设备的计量确认提供指南。该标准规定测量管理系统的质量管理准则,以确保满足计量要求。

——ISO/TR 10013《质量管理体系文件指南》,为编制和保持质量管理体系所需的文件提供指南。该标准能用于质量管理体系相关标准以外的管理体系,如环境管理体系和安全管理体系。

——ISO 10014《质量管理　实现财务和经济效益的指南》,专门为最高管理者制定。为通过应用质量管理原则实现财务和经济效益提供指南。有利于促进组织应用管理原则以及选择持续成功的方法和工具。

——ISO 10015《质量管理　培训指南》,为组织解决培训相关问题提供帮助和指南。该标准能用于质量管理体系相关标准涉及"教育"与"培训"事宜时所需的指南。所描述的"培训"包括所有类型的教育和培训。

——ISO/TR 10017《ISO 9001:2000 的统计技术指南》,依据即使在明显稳定条件下亦可观察到过程状态和结果的变量来解释的统计技术。采用统计技术可以更好地利用获得的数据进行决策,从而有助于持续改进产品和过程质量,实现顾客满意。

——ISO 10018《质量管理——人员参与和能力指南》,提供影响人员参与和能力方面的指南。质量管理体系取决于胜任人员的积极主动参与,以及这些人员的组织管理方式。对所需知识、技能、行为、工作环境的识别、发展和评价至关重要。

——ISO 10019《质量管理体系咨询师的选择及其服务使用的指南》,指导如何选择质量管理体系咨询师以及使用其服务。对质量管理体系咨询师的能力评价过程提供指南,帮助组织获得满足其需求和期望的咨询服务。

三、我国采用国际标准的情况

我国对口 ISO/TC 176 技术委员会的全国质量管理和质量保证标准化技术委员会(简称 CSBTS/TC 151),承担着将 ISO 9000 族国际标准转化为我国国家标准的任务。根据 GB/T 20000.2—2009《标准化工作指南　第 2 部分:采用国际标准》,我国标准采用国际标准的程度,分为等同采用和修改采用。1988 年我国发布的 GB/T 10300 系列标准不是等同采用 ISO 9000 系列标准,从 1994 版开始,我国决定等同采用 ISO 9000 族所有国际标准。

1. 等同采用

等同采用,是指与国际标准在技术内容和文本结构上相同,或者与国际标准在技术内容上相同,只存在少量编辑性修改。由于我国汉语还不是 ISO/IEC 官方语言,为了适应我国的语言习惯,在采用国际标准时不可避免地要进行一些编辑性修改。

在等同的国家标准和国际标准中,国际标准可以接受的内容在国家标准中也可以接受;反之,国家标准可以接受的内容在国际标准中也可以接受。因此,符合国家标准就意味着符合国际标准,符合国际标准也意味着符合国家标准。

等同采用国际标准的我国标准采用国家标准编号与国际标准编号结合在一起的双编号方式。例如,GB/T 19001—2016/ISO 9001:2015。其中"GB"表示"国家"和"标准"汉语拼音的第一个字母,"T"表示标准为"推荐"性标准。本教程为方便起见,凡是引用标准的地方皆用国际标准编号表示,且凡是没有标注日期的皆为最新版本。

2. 修改采用

修改采用,是指与国际标准之间存在技术性差异,并清楚地标明这些差异以及解释其产生的原因,允许包含编辑性修改。修改采用不包括只保留国际标准中少量或者不重要的条款的情况。在修改采用时,我国标准与国际标准在文本结构上应当对应,只有在不影响与国际标准的内容和文本结构进行比较的情况下才允许改变文本结构。

修改采用国际标准的我国标准,只使用我国标准编号。

需要说明的是,我国标准与国际标准的对应关系除等同、修改外,还包括非等效。非等效不属于采用国际标准,只表明我国标准与相应国际标准有对应关系,它是指与相应国际标准在技术内容和文本结构上不同,它们之间的差异没有被清楚地标明。

第三节　ISO 9000 族标准的特点和实施意义

一、ISO 9000 族标准的特点

ISO 9000 族标准的目的是为证实组织具有满足顾客和适用法规要求的产品和服务的能力,并改进组织的总体绩效,掌握 ISO 9000 族标准的特点,有利于我们更全面地理解和更有效地应用。

1. 较好地体现了现代科学管理的理念

在 ISO 9000 族标准中的质量管理原则是质量管理实践经验和理论的总结,是质量管理的最基本、最通用的一般性规律。它包含了思想方法、工作方法、领导作风和处理内外关系的正确态度,涉及系统论、控制论、信息论、科学决策、统计技术和"参与"理论等现代科学管理的理念。这些边缘学科为深化质量管理扩大了研究空间,为建立、实施有效的质量管理体系提供了理论基础。

2. 区分体系要求与产品和服务要求,使标准更具通用性

ISO 在制定质量管理体系的要求标准时,一直将质量管理体系要求与产品和服务要求明确区分,使质量管理体系要求可应用于适用于各种类型、不同规模和提供不同产品和服务的组织。标准规定的是组织应满足的质量管理体系要求,容许组织根据自身的实际情况,按照适用性的原则,选择采用质量管理体系的部分要求;根据组织及产品和服务的情况,还可以确定某一要求的适用程度("必要时""适用时");以最简明的要求提供质量保证的方式,来保证标准的通用性。

3. 理解组织的环境,每个组织的质量管理体系都是唯一的

理解组织的环境是一个过程,这个过程确定了影响组织的宗旨、目标和可持续性的各种因素。它既需要考虑内部因素,例如,组织的价值观、文化、知识和绩效,还需要考虑外部因素,例如,法律的、技术的、竞争的、市场的、文化的、社会的和经济的环境。

标准给出了组织运行质量管理体系应满足的最基本要求,但并未规定如何满足这些要求的方法、途径和措施。虽然不同组织的质量管理体系,通常是由相类似的过程所组成,实际上,每个组织的质量管理体系都是唯一的。因此:不同质量管理体系的结构不需要统一;形成的文件不需要与标准的条款结构一致;组织使用的术语不需要与标准特定术语一致。

4. 采用将 PDCA 循环与基于风险的思维相结合的过程方法

ISO 9000 族标准清晰地体现了所有管理体系都应有的三个核心概念,即过程方法、基于风险的思维和 PDCA(策划、实施、检查、处置)循环,强调三者的有机结合。

过程方法使组织能够策划其过程及其相互作用。PDCA 循环使组织能够确保其过程得到充分的资源和管理,确定改进机会并采取行动。基于风险的思维使组织能够确定可能导致其过程和质量管理体系偏离策划结果的各种因素,采取预防控制,最大限度地降低不利影响,并最大限度地利用出现的机遇。

5. 关注输出、关注实现预期结果、关注绩效

由于使用基于风险的思维,因而一定程度上减少了规定性要求,并以基于绩效的要求替代。在过程、成文信息和组织职责方面的要求比较灵活,更加关注输出、关注实现预期结果、关注绩效,不重形式而重结果。

"输出",即为"过程的结果",标准"更加强调组织提供合格产品和服务的能力,输出很重要"。组织客户对组织的评价,不是评价组织的体系多么完善、质量管理体系有多少程序文件及组织的设备有多少进行了校准,而是看组织的产品和服务是不是持续一致合格,这也是标准中要求的"预期结果"。

"绩效"定义为"可测量的结果",绩效可能涉及活动、过程、产品、服务、体系或组织的管理。标准在很多条款要求中提到组织应获得有效的过程绩效,应评价质量管理体系的绩效和有效性。一个不考虑绩效的组织是无法长期生存的,这也反映了组织各相关方对质量管理体系影响的关注。

二、实施 ISO 9000 族标准的意义

ISO 9000 族标准是世界上许多经济发达国家质量管理实践经验的科学总结,具有通用性和指导性。实施 ISO 9000 族标准,可以促进组织质量管理体系的改进和完善,对持续满足顾客的需求和期望、促进国际经济贸易活动、消除贸易技术壁垒、提高组织的管理水平都具有重要意义。

1. 为持续满足顾客的需求和期望提供了保证

顾客要求产品和服务具有满足其需求和期望的特性,这些需求和期望在产品的技术要求或服务规范中表述。因为顾客的需求和期望是不断变化的,这就促使组织持续地改进产品、服务和过程,而质量管理体系要求恰恰为组织改进其产品、服务和过程提供了一条有效途径。因而,ISO 9000 族标准将质量管理体系要求与产品和服务要求区分开来,它不是取代产品和服务要求而是把质量管理体系要求作为对产品和服务要求的补充,这样为组织持续满足顾客的需求和期望提供了保证。

2. 有利于增进国际贸易,消除技术壁垒

在国际经济技术合作和贸易中,ISO 9000 族标准被作为相互认可的技术基础,ISO 9000

质量管理体系认证制度也在国际范围中得到互认,并纳入合格评定的程序之中。世界贸易组织/技术贸易协定(WTO/TBT 协定)是 WTO 达成的一系列协定之一,它涉及技术法规、标准和合格评定程序。贯彻实施 ISO 900 族标准为国际经济技术合作提供了国际通用的共同语言和准则;取得质量管理体系认证,能够证实组织具有稳定地提供满足顾客要求和适用的法律、法规要求的产品和服务的能力,是增强组织参与国内和国际贸易竞争能力的有力武器。

3. 为提高组织的运作能力提供了有效的方法

ISO 9000 族标准鼓励组织在制定、实施质量管理体系时采用过程方法,通过识别和管理众多相互关联的活动,以及对这些活动进行系统的管理和连续的监视和测量,以实现顾客能接受的产品和服务。此外,质量管理体系提供了持续改进的框架,增加顾客和其他相关方满意的机会。因此,ISO 9000 族标准为有效提高组织的运作能力和增强市场竞争能力提供了有效的方法。

4. 有利于组织应对与其环境和目标相关的风险和机遇

为了满足 ISO 9000 族标准的要求,组织需策划和实施应对风险和利用机遇的措施。应对风险可选择规避风险,为寻求机遇承担风险,消除风险源,改变风险的可能性或后果,分担风险,或通过信息充分的决策保留风险。机遇可能导致采用新实践,推出新产品,开辟新市场,赢得新顾客,建立合作伙伴关系,利用新技术以及其他可取和可行的事物,以应对组织或其顾客需求。应对风险和利用机遇为组织确保质量管理体系能够实现其预期结果、增强有利影响、避免或减少不利影响、实现改进结果等方面奠定基础。

思考与练习

1. 简介 ISO 9000 族标准的概念和意图。
2. 2015 版 ISO 9001 标准的主要变化有哪些?
3. 如何理解 ISO 9001 标准采用的高层结构及其作用?
4. 简要介绍 ISO 9000 族标准的四个主要标准。
5. 简述国家标准采用国际标准的采用程度。
6. ISO 9000 族标准的特点和实施意义有哪些?

第二章

质量管理体系 基础和术语

《ISO 9000：2015 质量管理体系　基础和术语》标准是 ISO 9000 族标准中的基础性标准，它主要包括了三大部分内容：一是有关质量管理的基本概念和方法，二是七项质量管理原则，三是 13 类共 138 个术语和定义。

国际标准化组织(ISO)质量管理和质量保证技术委员会(TC176)曾在有关文件中明确指出，学习 ISO 9000 族标准的顺序应该是：首先学习 ISO 9000，其次学习 ISO 9001，然后学习 ISO 9004，ISO 9000 族内的其他标准及各类指南根据需要选择。

第一节　质量管理的基本概念和方法

一、质量管理基本概念

1. 质量的概念

(1) 质量是指客体的一组固有特性满足要求的程度。

(2) "固有的特性"是指产品本身具有的特性，如汽车的容量、飞机的速度等，不包括价格等人为赋予的特性。质量可使用形容词来修饰，以表明固有特性满足要求的程度。其固有特性满足要求的程度越高，其"质量"越好，反之则"质量"越差。

(3) 与传统的"符合性质量""实用性质量"不同，"满足要求"中的"要求"，包括明示的(如合同或文件中规定的)、隐含的(虽然没有规定但必须保证的)和必须履行的法律、法规要求。这在概念的广度和深度上都超过了前者，基本反映了现代质量观念。产品和服务的质量不仅包括其预期的功能和性能，而且还涉及顾客对其价值和利益的感知。

(4) 组织的产品和服务质量取决于满足顾客的能力，以及所受到的有关相关方有意和无意的影响。一个关注质量的组织倡导一种文化，其结果导致其行为、态度、活动和过程，通过满足顾客和有关相关方的需求和期望实现其价值。

2. 质量管理体系的概念

(1) 质量管理体系是管理体系中关于质量的部分。组织建立质量方针和质量目标并实现这些目标的一组相互关联或相互作用的要素构成了组织的质量管理体系。

(2) 质量管理体系包括组织确定其目标，以及为获得期望的结果而确定的其过程和所需资源的活动。质量管理体系管理相互作用的过程和所需的资源，以向有关相关方提供价值并实现结果。

(3) 质量管理体系能够使最高管理者通过考虑其决策的长期和短期影响而优化资源的利用。

(4) 质量管理体系给出了在提供产品和服务方面，针对预期和非预期的结果确定所采取措施的方法。

3. 组织环境的概念

(1) 组织环境是指对组织建立和实现其目标的方法有影响的内部和外部因素的组合，包括有益的因素和不利的因素。有益的因素为组织发展提供了机遇，不利的因素可能对组织构成了威胁。

(2) 理解组织环境是一个过程,这个过程确定了影响组织的宗旨、目标和可持续性的各种因素。它既需要考虑内部因素,如组织的价值观、文化、知识和绩效,还需要考虑外部因素,如法律、技术、竞争、市场、文化、社会和经济的环境。

(3) 组织环境的概念不仅适用于营利性组织,同样适用于非营利性或公共服务组织。组织的目标可能涉及其产品和服务、投资和对其相关方的行为。

(4) 组织的宗旨可被表达为其愿景、使命、方针和目标。愿景和使命是指由最高管理者发布的对组织的未来展望和组织存在的目的。识别和确定与组织宗旨和战略方向相关并影响其实现质量管理体系预期结果的各种内部和外部因素是策划和构建以及不断完善组织质量管理体系的基础。

4. 相关方的概念

(1) 相关方是指可影响决策或活动,受决策或活动所影响,或自认为受决策或活动影响的个人或组织。例如,顾客、所有者、组织内的人员、供方、银行、监管者、工会、合作伙伴以及包括竞争对手或相对立的社会群体。

(2) 相关方的概念扩展了仅关注顾客的观点,而考虑所有有关相关方是至关重要的。顾客是组织的重要相关方,但组织对相关方的关注不能仅仅聚焦于顾客,还要考虑所有与组织有利益关系的有关相关方的要求。

(3) 识别相关方是理解组织环境的过程的组成部分。有关相关方是指若其需求和期望未能满足,将对组织的持续发展产生重大风险的各方。为降低这些风险,组织需确定向有关相关方提供何种必要的结果。

(4) 组织的成功,有赖于吸引、赢得和保持有关相关方的支持。组织应吸引、留住并保持与其质量管理体系有关相关方,获得他们的支持,并依靠他们获得成功。

5. 支持的概念

(1) 支持是指组织的最高管理者利用其管理权限为质量管理体系的有效运行和实现过程的预期输出提供资源、提升能力、培养意识,以及增强员工参与质量管理、质量控制和质量改进的活动的集合。

(2) 最高管理者对质量管理体系和全员积极参与的支持,能够:
——提供充分的人力和其他资源;
——监视过程和结果;
——确定和评估风险和机遇;
——采取适当的措施。

(3) 最高管理者对资源的获取、分配、维护、提高和处置认真负责,可支持组织实现其目标。人员是组织内不可缺少的资源,组织的绩效取决于体系内人员的工作表现。通过对质量方针和组织所期望的结果的共同理解,可使组织内人员积极参与并协调一致。

(4) 能力是指应用知识和技能实现预期结果的本领。当所有人员理解并应用所需的技能、培训、教育和经验,履行其岗位职责时,质量管理体系是最有效的。为人员提供拓展必要能力的机会是最高管理者的职责。

(5) 意识来源于人员认识到自身的职责,以及他们的行为如何有助于实现组织的目标。

组织应通过对人员进行质量价值观和质量意识的培育,确保其为改善质量管理体系的有效性,包括改进质量绩效做出贡献;同时,也使其意识到任何偏离质量管理体系要求和过程运行准则所可能导致的后果。

(6)沟通是人与人之间、人与组织之间思想与感情的传递和反馈的过程,以求思想达成一致和感情的通畅。经过策划并有效地开展的内部(如整个组织内)和外部(如与有关相关方)沟通,可提高人员的参与程度并更加深入的理解:
——组织环境;
——顾客和其他有关相关方的需求和期望;
——质量管理体系。

二、过程方法

1. 过程方法概述

ISO 9001 标准倡导在建立、实施质量管理体系以及提高其有效性时采用过程方法,通过满足顾客要求增强顾客满意。

将相互关联的过程作为一个体系加以理解和管理,有助于组织有效和高效地实现其预期结果。这种方法使组织能够对体系过程之间相互关联和相互依赖的关系进行有效控制,以提高组织整体绩效。

过程方法包括按照组织的质量方针和战略方向,对各过程及其相互作用进行系统的规定和管理,从而实现预期结果。可通过采用 PDCA 循环(见本节第三部分)以及始终基于风险的思维(见本节第四部分)对过程和整个体系进行管理,旨在有效利用机遇并防止发生不良结果。

在质量管理体系中应用过程方法能够:
——理解并持续满足要求;
——从增值的角度考虑过程;
——获得有效的过程绩效;
——在评价数据和信息的基础上改进过程。

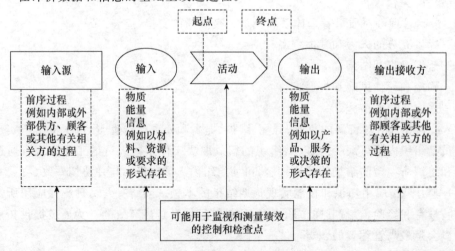

图 2-1 单一过程要素示意图

单一过程的各要素及其相互作用如图 2-1 所示。任何一个组织的活动或过程都是由输入源(supplier)、输入(input)、活动/过程(process)、输出(output)、输出接收方(customer)这样相互关联、互动的五个部分组成的系统。这五个部分的英文单词的第一个字母就组成 SIPOC,因而,把此称作 SIPOC 过程要素模型,读作"塞-帕克"。每一过程均有特定的监视和测量检查点以用于控制,这些检查点根据相关的风险有所不同。

2. 过程方法的具体要求

ISO 9001 标准 0.1 总则已经明确,"过程方法"能够使组织"策划过程及其相互作用"。过程方法包括按照组织的质量方针和战略方向,对各过程及其相互作用进行系统的规定和管理,从而实现预期结果。ISO 9001 标准 4.4 条款质量管理体系及其过程中明确了采用过程方法所需考虑的具体要求。

(1) 确定组织的宗旨和战略方向。

组织应识别和确定组织所处的环境,包括内外部环境;也应识别和确定组织的相关方,以及他们的需求和期望,以确定组织的战略方向,包括组织的长期目标或总目标——这些目标可能会涉及将要应用到组织内的质量管理、环境管理、职业健康安全管理、商业风险、社会责任和其他管理体系的各相关要求。

由于环境的各因素和相关方的要求都是在不断变化的,所以组织需要对与此类相关的信息实施监视和评审。

(2) 确定组织的质量方针与质量目标。

根据组织的战略方向,最高管理者确定组织的质量方针和质量目标。组织的其他管理者应根据质量方针,为预期的质量管理体系的输出建立目标。

(3) 确定组织中的过程。

识别和确定实现质量管理体系预期输出所需的所有过程。这些过程包括领导、策划、支持、运行、绩效评价和改进过程,也包括外包的过程,以及这些过程在组织的实际应用情况和程度。组织可采用各种适宜的方法来识别这些过程,确定这些过程所需的输入和期望的输出。当 ISO 9001 标准中有些要求不适用时,应说明理由。

组织在确定所需过程时,要注意:

① 不要按照标准的条款来定义、确定过程。

组织的一个过程的绩效可能是由一组标准条款(要求)组成的。简单地将某一标准条款定义为独立的过程,将脱离组织的实际工作流程及活动特点,有可能造成"两张皮"。标准要求应融入组织的业务过程。

② 不要按照部门/场所的职能来定义、确认过程。

过程可能是跨部门的。对于较大组织的体系而言,某个部门/场所所包含的过程/活动有可能只是某个过程的一部分。按照部门/场所的职能来定义过程,将使完整的过程被割裂。

③ 不要将"活动"识别成"过程"。

过程方法在各个组织中的应用是不同的,取决于组织及其活动的规模和复杂程度。组织应理解"过程"与"活动"是有区别的,不要将活动均理解为过程。中小企业常常会识别出过多的"过程",而其中一些(甚至是全部)只是一项活动。

(4) 确定过程的顺序和相互作用。

仅仅确定了过程还不够,组织的质量管理体系是由相互关联和相互作用的过程构成的系统。为了能够有效地实施相关联的这些过程,在确定过程的基础上,组织还应确定过程之间的顺序,即确定过程之间输入、输出的流程关系。另外,一个过程的输入通常是其他过程的输出,组织应确定过程的相互作用,明确过程职责间的接口和关联。通常,流程图是识别过程顺序和相互作用的较好方法,如图 2-2 所示。

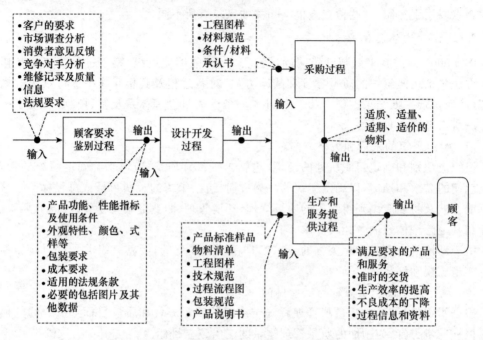

图 2-2 识别过程顺序和相互作用示例

(5) 确定过程有效运行和控制的要求。

在确定过程及其接口关系后,就要确定确保过程有效运行和控制的准则和方法。准则,即每个过程应符合的要求或过程标准。通过对准则的确定,以达到每个过程期望的结果。方法,即如何控制、如何测量的规定或程序,包括监视、测量和相关绩效指标。可以通过各种类型的质量管理体系文件进行规定,也可根据实际确定某些非文件化的口头约定等。

(6) 确定并获得过程所需的资源。

资源是过程运行和实现过程增值、达到预期结果的必要条件。组织应提供必要的用于支持过程运行和对过程进行监视、测量所需的资源,包括人员、必要的设备设施、过程运行环境、监视和测量资源以及组织的知识等。

(7) 分派过程的职责和权限。

组织应对所确定的每一个过程实施管理,要明确过程的责任者。在确定过程的输入和输出的基础上,确定所需的活动和资源,规定相关的职责和权限,确保每个过程和其相互作用的实施、保持和改进。

(8) 管理影响过程输出的风险。

组织应针对所确定的风险(积极或消极),在进行过程设计时,将风险控制措施嵌入相关的过程和运行准则之中,对风险予以控制,以提高过程输出,并防止不利的结果。

(9) 监视、测量、分析和评价过程。

组织应考虑对过程与预期输出的控制和改进,实施确定的监视和测量。监视可在任何情况下进行,而测量未必可行。但是,测量可以提供更多的过程绩效客观数据。组织应分析并评价从监视和测量中获得的过程数据,来量化过程绩效,实施所需的变更,以确保实现过程的预期结果。

(10) 改进过程。

组织应规定和实施过程改进的方法(如过程的简化、增加效率、提高有效性、降低过程周期时间等),并验证改进的有效性。

三、PDCA 循环方法

1. PDCA 循环方法概述

PDCA 循环又叫质量环,是管理学中的一个通用模型,最早由休哈特于 1930 年构想,后来被美国质量管理专家戴明博士(W. Edwards Deming)在 1950 年再度挖掘出来,并加以广泛宣传和运用于持续改善产品质量的过程。它反映了质量管理活动的规律,也反映了其他管理活动的基本规律。

PDCA 循环可以简要描述如下。

(1) 策划(Plan):根据顾客的要求和组织的方针,建立体系的目标及其过程,确定实现结果所需的资源,并识别和应对风险和机遇;

(2) 实施(Do):执行所做的策划;

(3) 检查(Check):根据方针、目标、要求和所策划的活动,对过程以及形成的产品和服务进行监视和测量(适用时),并报告结果;

(4) 处置(Act):必要时,采取措施提高绩效。

PDCA 循环的特点:

(1) 大环套小环,小环保大环,互相促进,推动大循环,如图 2-3 所示。

(2) PDCA 循环是爬楼梯上升式的循环,每转动一周,质量就提高一步,如图 2-4 所示。

(3) PDCA 循环是综合性循环,四个阶段是相对的,它们之间不是截然分开的。

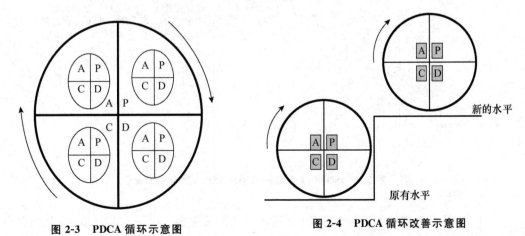

图 2-3 PDCA 循环示意图　　　图 2-4 PDCA 循环改善示意图

(4) 推动 PDCA 循环的关键是"处置"阶段。

2. PDCA 循环方法的应用

PDCA 循环是一种动态方法,可以在组织内的各个过程及过程间的所有相互作用中实施。组织可以在各层次运用 PDCA 循环进行管理,如组织的最高管理层、职能管理层、运行层。不同层次在 PDCA 循环四个阶段所要做的事情是不相同的。

如最高管理者的"策划"是战略层面的策划,涉及组织的"当前"和"未来",包括确定战略方向、建立方针、定义目标、策划并提供资源、定义组织结构等。在"实施"过程中,最高管理者要以身作则,要证实对质量管理体系的领导作用和承诺,要支持其他管理者履行自己的职责;"检查"主要体现在"管理评审";"处置"则体现于管理评审的"输出",最高管理者要将管理评审的结果反馈整合到有关的战略计划和战略方向中,要确定改进质量管理体系的措施,包括方针、目标的修改、提供附加资源等。

对于执行层而言,"策划"主要是基于因果关系,对工作中涉及的人、机、料、法、环等因素进行思考或准备;"实施"是按照文件或没有形成文件的要求运作;"检查"是确认是否按文件或要求运作、是否存在有任何不好的趋势、是否有更好的方式来完成所做的工作;"处置",即如果在实施过程中出了问题,执行者会思考"我应该怎么做",并应提出改进的建议。

在组织的实际运作中,教会执行者用 PDCA 管理自己的工作更为重要,可以提高执行者的质量意识和风险意识。

PDCA 循环能够应用于所有过程以及质量管理体系。图 2-5 表明了 ISO 9001 标准第四章至第十章是如何构成 PDCA 循环的。

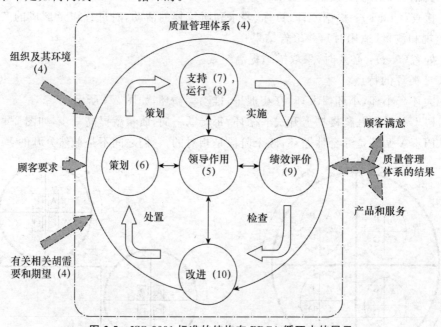

图 2-5 ISO 9001 标准的结构在 PDCA 循环中的展示

(1) 在质量管理体系的策划过程中,顾客要求至关重要。组织及其环境、有关相关方的需求和期望对于组织稳定提供满足顾客要求和适用的法律法规要求的产品和服务的能力产生影响和潜在影响,因此构成了质量管理体系的输入;输出是质量管理体系的结果,其中包括提供顾客期望的产品和服务、实现顾客满意。

（2）组织应确定质量管理体系的边界和适用性，以确定其范围。在确定其范围时，组织应考虑组织所处的环境、相关方的要求、组织的产品和服务。图2-5的虚线方框可以理解为质量管理体系边界范围。

（3）组织质量管理体系过程在质量管理体系边界范围内，包括领导作用（标准第5章）、策划（标准第6章）、支持（标准第7章）、运行（标准第8章）、绩效评价（标准第9章）、改进（标准第10章）等过程，这些过程相互关联、相互作用，构成一个系统。质量管理体系的过程是以领导作用为核心的PDCA循环过程，最高管理者发挥领导作用是质量管理体系成功的关键。

四、基于风险的思维

1. 基于风险的思维概述

风险，即不确定性（对目标）的影响。影响是指偏离预期（目标），可以是正面的或负面的。不确定性是一种对某个事件，甚至是局部的结果或可能性缺乏理解或知识的信息的状态。通常，风险表现为可能潜在事件和后果或两者组合，风险以某个事件的后果组合（包括情况的变化）及其发生的有关可能性的组合来表述。

所有类型和规模的组织都面临内部和外部的、使组织不能确定是否及何时实现其目标的因素和影响，即存在风险。事实上，组织的所有活动都涉及风险。

基于风险的思维是实现质量管理体系有效性的基础。在第一章2015版ISO 9001标准修订的主要变化提到，识别风险并采取相应措施来消除风险、降低风险或者减缓风险的思想，贯穿在整个2015版标准里。以前的版本隐含了基于风险思维的概念，例如，采取预防措施消除潜在的不合格，对发生的不合格进行分析，并采取与不合格的影响相适应的措施，防止其再发生。

某些有利于实现预期结果的情况可能导致机遇的出现，例如，有利于组织吸引顾客、开发新产品和服务、减少浪费或提高生产率的一系列情形。利用机遇所采取的措施也可能包括考虑相关风险。风险的正面影响可能提供机遇，但并非所有的正面影响均可提供机遇。

2. 风险管理方法

ISO 9001：2015标准附录A.4"基于风险的思维"指出："虽然6.1规定组织应策划应对风险的措施，但并不要求运用正式的风险管理方法或将风险管理过程形成文件。组织可以决定是否采用超出本标准要求的更多风险管理方法，例如：通过应用其他指南或标准。"

采用什么样的风险管理方法？是否将风险管理过程形成文件？这些问题与组织产品和服务的性质、组织所处的环境有关，如组织的产品在使用中，不会对人、财产、环境等造成大的影响，可能就不需要做详细的风险分析；反之，就需要采用较正式的风险管理方法。

ISO 31000：2009《风险管理原则和指南》标准对风险管理过程进行了阐述，如图2-6所示，其主循环流程由"明确状况→风险评价→风险处理→监测和评审"构成。其中，风险评价又分为风险识别、风险分析与风险评定三个阶段，监测与评审不仅是循环流程中的一个子过程，还需要嵌入"明确状况、风险评价、风险处理"三个子过程，同时，这三个子过程还要嵌入到沟通和协商、监测和评审两个子过程中。

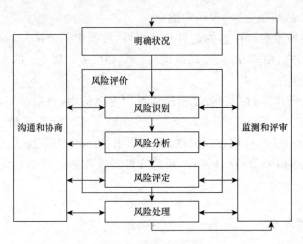

图 2-6 风险管理过程

(1) 风险识别。

风险识别是指发现、列举和描述风险要素的过程。

风险识别是通过识别风险源、影响范围、事件(包括环境变化)及其原因和潜在的后果等,生成一个全面的风险列表。识别风险不仅要考虑有关事件可能带来的损失,也要考虑其中蕴含的机遇。

在进行风险识别时要掌握相关的和最新的信息,必要时,需包括适用的背景信息。除了识别可能发生的风险事件外,还要考虑其可能的原因和可能导致的后果,包括所有重要的原因和后果。

不论风险事件的风险源是否在组织控制之下,或其原因是否已知,都应对其进行识别。此外,要关注已经发生的风险事件,特别是新近发生的风险事件。识别风险需要所有相关人员的参与。组织所采用的风险识别工具和技术应当适合于其目标、能力及其所处的环境。

(2) 风险分析。

风险分析是指系统地运用相关信息来确认风险的来源,并对风险进行估计。

风险分析不仅要考虑导致风险的原因和风险源、风险事件正面和负面的后果及其发生的可能性、影响后果和可能性的因素、不同风险及其风险源的相互关系以及风险的其他特性,还要考虑现有的管理措施及其效果和效率。

此外,风险分析还应考虑组织的风险承受度及其对前提和假设的敏感性,并适时与决策者和其他利益相关者有效地沟通,以及考虑可能存在的专家观点中的分歧及数据和模型的局限性。

(3) 风险评定。

风险评定是指将风险分析的结果与风险准则进行比较,以确定风险和(或)其量是否可接受或可容许。风险评价的目的是:基于风险分析的结果,帮助做出有关风险需要处理和处理实施优先的决策。

(4) 风险处理。

风险处理是修正风险的过程,包括选择一种或几种修正风险的方案,以及实施哪些方案。一旦实施了方案,就要处理提供或改进的控制措施,消灭或减少风险事件发生的各种可能性,或者减少风险事件发生时造成的损失。风险控制的四种基本方法是:风险回避、损失控制、风险转移和风险保留。

① 风险回避。风险回避是指有意识地放弃风险行为,完全避免特定的损失风险。简单的风险回避是一种最消极的风险处理办法,因为在放弃风险行为的同时,往往也放弃了潜在的目标效益。所以一般只有在以下情况下才会采用这种方法:

a. 对风险极端厌恶。
b. 存在可实现同样目标的其他方案,其风险更低。
c. 无能力消除或转移风险。
d. 无能力承担该风险,或承担风险得不到足够的补偿。

② 损失控制。损失控制不是放弃风险,而是制订计划和采取措施降低损失的可能性或者是减少实际损失。控制的阶段包括事前、事中和事后三个阶段。事前控制的目的主要是为了降低损失的概率,事中和事后的控制主要是为了减少实际发生的损失。

③ 风险转移。风险转移是指通过契约,将风险转移给受让人承担的行为。通过风险转移过程有时可大大降低风险主体的风险程度。风险转移的主要形式:

a. 合同转移。通过签订合同,可以将部分或全部风险转移给一个或多个其他参与者。
b. 保险转移。保险是使用最为广泛的风险转移方式。

④ 风险保留。风险保留,即风险承担,包括无计划自留和有计划自我保险。

a. 无计划自留。当决策者没有意识到风险并认为损失不会发生时,或将意识到的与风险有关的最大可能损失显著低估时,就会采用无计划保留方式承担风险。

b. 有计划自我保险,是指可能的损失发生前,通过做出各种安排以确保损失出现后能及时获得补偿。有计划自我保险主要通过建立风险预留基金的方式来实现。

第二节 七项质量管理原则

一、质量管理原则产生的背景及意义

长期以来,在质量管理领域,逐步形成了一系列颇有影响并具有指导性的原则、思想和方法,如全面质量管理中的"三全管理"(全员参与、全过程控制和全面质量),朱兰的"质量三部曲"(质量策划、质量改进和质量控制),克劳斯比的14步质量改进程序,戴明的14条质量职责,等等。

上述这些理念尽管影响很大,但由于是从不同时期、不同角度提出的,存在一定局限性。所以,早在1995年,ISO/TC 176在策划2000版ISO 9000族标准时,就考虑为组织的管理者编制一套文件,其中最重要的就是质量管理原则。为此,专门成立了一个工作组(WG15),承担征集世界上最受尊敬的质量管理专家的意见,并在此基础上编制了ISO/CD 9004—8《质量管理原则及其应用》。由于对该文件以什么形式发布有争议,草案未能及时"转正"发布,但质量管理原则的内容在1997年TC 176哥本哈根年会上得到一致赞同,并决定作为编写 2000 版 ISO 9000 族标准的理论基础和组织的管理者实施质量管理的行为准则。

质量管理原则是质量管理实践经验和理论的总结,是质量管理的最基本、最通用的一般性规律,是质量管理的理论基础。它可以指导组织在长时期内通过关注顾客和其他相关方的需求和期望而达到改进其总体业绩的目的,可以成为组织文化的重要组成部分。

质量管理原则的目的是帮助组织的管理者,尤其是帮助最高管理者系统地建立质量管理的理念,真正理解 ISO 9000 族标准的内涵,提高其管理水平。它包含了思想方法、工作方法、领导作风和处理内外关系的正确态度。深刻理解并认真贯彻七项质量管理原则,对于每个组织特别是领导层和质量管理工作者均有十分重要的意义。

二、对七项质量管理原则的理解

ISO/TC 176 将质量管理原则系统地应用于 ISO 9000 族标准中,以质量管理原则作为一种管理理念,在 ISO 9001 标准具体要求中予以充分地体现和运用。七项质量管理原则是:

(1) 以顾客为关注焦点;

(2) 领导作用;

(3) 全员积极参与;

(4) 过程方法;

(5) 改进;

(6) 循证决策;

(7) 关系管理。

针对每一项质量管理原则,ISO 9000 标准通过"概述"介绍每一个原则,通过"理论依据"解释组织应该重视它的原因,通过"主要益处"说明应用这一原则的结果,通过"可开展的活动"给出组织应用这一原则能够采取的措施。

(一) 以顾客为关注焦点

1. 概述

质量管理的主要关注点是满足顾客要求并且努力超越顾客期望。

顾客是指能够或实际接受为其提供的,或应其要求提供的产品或服务的个人或组织。组织依存于顾客,没有顾客就没有组织生存的意义,所以要关注顾客。

关注顾客首先要关注、理解顾客要求。顾客要求是组织策划各项活动的出发点,包括明示的、隐含的和法律法规必须履行的三个方面。顾客一般总是从自己的感受来理解产品和服务质量,难以全面地对产品和服务提出准确的量化要求,甚至大多数并不能将他们的需求讲清楚;另外,除针对特定顾客的产品和服务外,顾客难以直接与生产组织接触。所以,满足顾客要求的责任,只能落在组织自己身上。顾客提到的要求和期望要给予保证,顾客没有提出的要求和期望,同样要给予关注和满足。

顾客满意是顾客对其期望已被满足的程度的感受,其满意内容不仅限于产品的适用、物或各种服务有所值。满意是个心理学术语,是指一个人的生理和心理的需要得到满足后的一种心理状态。所以,即使规定的顾客要求符合顾客的愿望并得到满足,也不一定确保顾客满意;另外,满意的顾客并不能确保其对组织忠诚,只有超越顾客的期望才能全面满足顾客要求，增进顾客的忠诚度。

2. 理论依据

组织只有赢得和保持顾客和其他有关相关方的信任才能获得持续成功。与顾客相互作用的每个方面，都提供了为顾客创造更多价值的机会。理解顾客和其他相关方当前和未来的需求，有助于组织的持续成功。

只有顾客和相关方对组织和组织所提供的产品和服务建立了信心，组织才可以获得持续的发展和持续的成功。组织只有努力为顾客不断创造价值，才可能维持顾客满意度，增强顾客忠诚。

组织只有努力并不间断地通过产品和服务的创新，以及实施必要的变革，才可能持续满足顾客当前和未来的需求和期望，进而获得持续的成功。

由于相关方对组织持续提供符合顾客要求和适用的法律、法规要求的产品和服务的能力存在影响或潜在影响，因此，组织应确定与质量管理体系有关相关方，并理解这些相关方的当前和未来的需求，这将有助于组织的成功。

3. 主要收益

坚持以顾客为关注焦点的基本原则，可以为组织带来以下可能的获益：

——增加顾客价值；

——增强顾客满意；

——增进顾客忠诚；

——增加重复性业务；

——提高组织的声誉；

——扩展顾客群；

——增加收入和市场份额。

4. 可开展的活动

组织贯彻以顾客为关注焦点原则，可开展的活动包括以下几个方面：

——辨识从组织获得价值的直接和间接的顾客；

——理解顾客当前和未来的需求和期望；

——将组织的目标与顾客的需求和期望联系起来；

——在整个组织内沟通顾客的需求和期望；

——为满足顾客的需求和期望，对产品和服务进行策划、设计、开发、生产、交付和支持；

——测量和监视顾客满意情况，并采取适当的措施；

——在有可能影响到顾客满意的有关相关方的需求和适宜的期望方面，确定并采取措施；

——积极管理与顾客的关系，以实现持续成功。

(二) 领导作用

1. 概述

各级领导建立统一的宗旨和方向，并且创造全员积极参与的条件，以实现组织的质量目标。"参与"和"积极参与"是标准中的两个不同的术语,参与是指参加活动、实现或介入某个情境,而积极参与是指参与活动并为之做出贡献,以实现共同的目标。

组织的领导者要确立组织的宗旨,确立组织的发展方向,并使发展方向与组织的宗旨相统一。领导的另一个重要作用就是为全体员工创造一个良好的工作环境以及和谐的工作气氛,将员工活动的方向统一到组织的宗旨和发展方向上,使他们为实现组织的目标做出自己的贡献。

2. 理论依据

统一的宗旨和方向的建立,以及全员的积极参与,能够使组织将战略、方针、过程和资源保持一致,以实现其目标。

一个组织没有规定清晰的愿景,包括发展方向和发展目标,将难以成功,不可能做大做强,如同一个人没有目标和努力方向将难以成才一样。

组织需要做的事情很多,但毕竟受到自有资源条件的限制。每个组织需结合自身条件并充分考虑外部环境中有利于组织发展的因素,以及不利于组织发展的因素,并考虑所有相关方的需求和期望,确定统一的宗旨和方向。这有利于整合实现组织宗旨和方向的战略、方针、过程和资源,以实现组织所确定的质量目标。

3. 主要收益

坚持领导作用的基本原则,可以为组织带来以下可能的获益:

——提高实现组织质量目标的有效性和效率;

——组织的过程更加协调;

——改善组织各层级、各职能间的沟通;

——开发和提高组织及其人员的能力,以获得期望的结果。

4. 可开展的活动

组织贯彻领导作用原则,可开展的活动包括以下几个方面:

——在整个组织内,就其使命、愿景、战略、方针和过程进行沟通;

——在组织的所有层级创建并保持共同的价值观以及公平和道德的行为模式;

——培育诚信和正直的文化;

——鼓励在整个组织范围内履行对质量的承诺;

——确保各级领导者成为组织人员中的楷模;

——为人员提供履行职责所需的资源、培训和权限;

——激发、鼓励和表彰人员的贡献。

(三) 全员积极参与

1. 概述

在整个组织内各级人员的胜任、被授权和积极参与,是提高组织创造和提供价值能力的必要条件。

质量管理是通过组织内各职能各层级人员参与产品实现及支持过程来实施的。过程的有效性直接取决于各级人员的意识、能力和主动精神。人是一切活动的主体,人人积极参与是组织良好运作的必需要求。当每个人的才干得到充分发挥并能实现创新和持续改进时,组织将会获得最大收益。

2. 理论依据

为了有效和高效地管理组织,各级人员得到尊重并参与其中是极其重要的。通过表彰、授权和提高能力,促进在实现组织的质量目标过程中的全员积极参与。

员工是组织中独具思维能力和创造能力的资源。员工从被动接受管理,到主动参与管理,其所创造的价值是截然不同的,因此,领导者应意识到让员工积极、主动参与管理的重要性。通过认可、授权以及提升员工能力等途径引导和促进员工积极参与管理活动,主动为实现组织的质量目标做出贡献。

3. 主要收益

坚持全员积极参与的基本原则,可以为组织带来以下可能的获益:

——通过组织内人员对质量目标的深入理解和内在动力的激发,以实现其目标;

——在改进活动中,提高人员的参与程度;

——促进个人发展主动性和创造力;

——提高人员的满意程度;

——增强整个组织内的相互信任和协作;

——促进整个组织对共同价值观和文化的关注。

4. 可开展的活动

组织贯彻全员积极参与原则,可开展的活动包括以下几方面:

——与员工沟通,以增进他们对个人贡献的重要性的认识;

——促进整个组织内部的协作;

——提倡公开讨论,分享知识和经验;

——授权人员确定工作中的制约因素并积极、主动参与;

——赞赏和表彰员工的贡献、钻研精神和进步;

——针对个人目标进行绩效的自我评价;

——进行调查,以评估人员的满意程度和沟通结果,并采取适当的措施。

(四)过程方法

1. 概述

将活动作为相互关联、功能连贯的过程系统来理解和管理时,可更加有效和高效地得到一致的、可预知的结果。

过程是指利用输入实现预期结果的相互关联或相互作用的一组活动。过程方法则是将相互关联的过程作为一个系统加以理解和管理,有助于组织实现其预期结果的有效性和效率。同时,使组织能够对体系过程之间相互关联和相互依赖的关系进行有效控制,以增强组织整体绩效,得到一致的、可预知的结果。

2. 理论依据

质量管理体系由相互关联的过程所组成。理解体系是如何产生结果的,能够使组织尽可能地完善其体系和绩效。

组织的所有事项均是通过过程来完成的,如设计、制造、服务、决策以至一个会议都是过程。过程运行质量和效率影响组织的管理成本和管理效率,更影响组织的执行力。采用过程方法的好处是基于每个过程考虑其具体的要求、资源的投入、管理的方式和要求、测量方式等都能互相有机地结合并做出恰当的考虑与安排,从而可以有效地使用资源,降低成本,缩短周期。而系统地识别和管理组织所应用的过程,特别是识别过程之间的相互作用,可以掌握组织内与产品和服务实现有关的全部过程,清楚过程之间的内在关系及相互联结。

3. 主要收益

贯彻过程方法的基本原则,可以为组织带来以下可能的获益:

——提高关注关键过程和改进机会的能力;

——通过协调一致的过程体系,始终得到预期的结果;

——通过过程的有效管理、资源的高效利用及跨职能壁垒的减少,尽可能提升其绩效;

——使组织能够向相关方提供关于其一致性、有效性和效率方面的信任。

4. 可开展的活动

组织贯彻过程方法原则,可开展的活动包括以下几方面:

——确定体系的目标和实现这些目标所需的过程;

——为管理过程确定职责、权限和义务;

——了解组织的能力,预先确定资源约束条件;

——确定过程相互依赖的关系,分析个别过程的变更对整个体系的影响;

——对体系的过程及其相互关系进行管理,有效和高效地实现组织的质量目标;

——确保可获得过程运行和改进的必要信息,并监视、分析和评价整个体系的绩效;

——管理能影响过程输出和质量管理体系整个结果的风险。

(五)改进

1. 概述

成功的组织持续关注改进。

改进是一个有目标的活动,是通过过程的改进而实现的。改进应是一种向着寻求每一个可用的机会的持续活动,而不应只是等问题发生才露出的改进机会。在合格的基础上改进、提高,是更积极的方法。

改进应该是持续的,而不能认为是提供一种最终解决的办法。一个改进过程结束,往往是一个新改进过程的开始。持续改进是不断追求卓越,意味着逐渐消除所提供的产品、服务中的错误和缺陷以及生产过程的低效率等,持续改进是每一个组织孜孜以求的永恒的目标。

2. 理论依据

改进对于组织保持当前的绩效水平,对其内、外部条件的变化做出反应并创造新的机会都是非常必要的。

组织所处的环境是动态的,包括外部环境和内部环境。这些环境中的诸多因素均可能影响组织的质量管理体系实现预期的输出。组织的管理者应对其所处的环境保持敏感,预测环境中各种影响因素的可能变化,应对变化及时做出反应,专注于改进,专注于产品和服务创新、管理和制度创新、营销模式创新等,才有可能存活下来和持续发展。

3. 主要收益

贯彻改进的基本原则,可以为组织带来以下可能的获益:

——改进过程绩效、组织能力和顾客满意;

——增强对调查和确定根本原因及后续的预防和纠正措施的关注;

——提高对内、外部风险和机遇的预测和反应的能力;

——增加对渐进性和突破性改进的考虑;

——通过加强学习实现改进;

——增强创新的动力。

4. 可开展的活动

组织贯彻改进原则,可开展的活动包括以下几方面:

——促进在组织的所有层级建立改进目标;

——对各层级员工进行培训,使其懂得如何应用基本工具和方法实现改进目标;

——确保员工有能力成功地制定和完成改进项目;

——开发和展开过程,以在整个组织内实施改进项目;

——跟踪、评审和审核改进项目的计划、实施、完成和结果;

——将新产品开发或产品、服务和过程的变更都纳入到改进中予以考虑;

——赞赏和表彰改进。

(六) 循证决策

1. 概述

基于数据和信息的分析和评价的决策,更有可能产生期望的结果。

组织中各级领导的重要职责之一就是决策,决策无时不在进行。在决策过程中,数据和信息是最重要的资源。确保数据和信息足够精确和可靠是决策正确的条件。让数据和信息需要者能够得到与事实对等的数据和信息,是有效决策能够进行的保证。

决策过程不仅需要有数据和信息资源,而且还应对这些基于事实的数据和信息进行深入的分析和评价,统计技术是帮助组织正确并准确地分析和评价数据和信息的一个很好的工具。

2. 理论依据

决策是一个复杂的过程,并且总是包含一些不确定因素。它经常涉及多种类型和来源的输入及其解释,而这些解释可能是主观的。重要的是理解因果关系和可能的非预期后果。对事实、证据和数据的分析可促使决策更加客观、可信。

决策输出质量取决于用于决策输入的数据和信息的充分性、有效性,尤其是在多变的竞争环境中决策。数据和信息的不确定性可能给决策带来巨大的风险,基于对客观证据和全面的数据分析和评价会减少决策输出的偏差。

3. 主要收益

贯彻循证决策的基本原则,可以为组织带来以下可能的获益:

——改进决策过程;

——改进对过程绩效和实现目标的能力的评估;

——改进运行的有效性和效率；

——提高评审、挑战、改变观点和决策的能力；

——提高证实以往决策有效性的能力。

4. 可开展的活动

组织贯彻循证决策原则，可开展的活动包括以下几个方面：

——确定、测量和监视证实组织绩效的关键指标；

——使相关人员能够获得所需的全部数据；

——确保数据和信息足够准确、可靠和安全；

——使用适宜的方法对数据和信息进行分析和评价；

——确保人员有能力分析和评价所需的数据；

——权衡经验和直觉，基于证据进行决策并采取措施。

（七）关系管理

1. 概述

为了持续成功，组织需要管理与有关相关方（如供方）的关系。

随着社会的发展，组织为追求提高效率和优化成本结构，均在积极寻求外部方合作，无论是制造业还是服务业，其分工越来越细，使得每个组织只完成其生产或服务提供的一部分，大量工作由相关方来完成，包括外部供方。组织应对与相关方的关系进行管理，使之成为良好的战略合作伙伴关系，获得持续的成功。

2. 理论依据

有关相关方影响组织的绩效。当组织管理与所有相关方的关系，以尽可能地发挥其在组织绩效方面的作用时，持续成功更有可能实现。对供方及合作伙伴的关系网的管理尤为重要。

相关方包括外部供方、关联方和顾客。组织与相关方的合作宽度和合作深度直接影响到组织的整体绩效。维护与相关方的关系可以增加组织的盈利能力，尤其是管理好与关键相关方的关系。

3. 主要收益

贯彻关系管理的基本原则，可以为组织带来以下可能的获益：

——通过对每一个与相关方有关的机会和限制的响应，提高组织及其相关方的绩效；

——对目标和价值观，与相关方有共同的理解；

——通过共享资源和能力，以及管理与质量有关的风险，增加为相关方创造价值的能力；

——具有管理良好、可稳定提供产品和服务的供应链。

4. 可开展的活动

组织贯彻关系管理原则，可开展的活动包括以下几个方面：

——确定有关相关方（如供方、合作伙伴、顾客、投资者、雇员或整个社会）及其与组织的关系；

——确定和排序需要管理的相关方的关系;

——考虑权衡短期利益与长远利益的关系;

——收集并与有关相关方共享信息、专业知识和资源;

——在适当时,测量绩效并向相关方报告,以增加改进的主动性;

——与供方、合作伙伴及其他相关方共同开展开发和改进活动;

——鼓励和表彰供方与合作伙伴的改进和成绩。

第三节 术语和定义

一、术语的分类及标识

ISO 9000:2015《质量管理体系 基础和术语》在第 3 部分"术语和定义"中,列出了 138 条术语,共分为 13 类:

3.1 有关人员的术语:6 个;

3.2 有关组织的术语:9 个;

3.3 有关活动的术语:13 个;

3.4 有关过程的术语:8 个;

3.5 有关体系的术语:12 个;

3.6 有关要求的术语:15 个;

3.7 有关结果的术语:11 个;

3.8 有关数据、信息和文件的术语:15 个;

3.9 有关顾客的术语:6 个;

3.10 有关特性的术语:7 个;

3.11 有关确定的术语:9 个;

3.12 有关措施的术语:10 个;

3.13 有关审核的术语:17 个。

这些术语适用于 ISO 9000 族的所有标准。

术语的标识由 3 个数字构成,如术语"质量管理体系"前的数字为 3.5.4,其意义如图 2-7 所示。

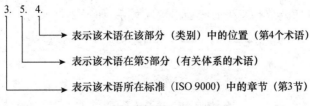

图 2-7 术语的标识示例

二、术语的概念关系

在术语学中,概念之间的关系建立在种类特征的层级结构上。因此,一个概念的最简单表述由命名其种类和表述其与上一层级或同一层级的区别特征所构成。概念关系的三种主要形式是属种关系、从属关系和关联关系。

(一) 术语之间的三种关系

1. 属种关系

在层次结构中,下层概念继承了上层概念的所有特性,并包含有将其区别于上层和同层概念的特性的表述,如春、夏、秋、冬与季节的关系。

可以通过一个没有箭头的扇形或树形图绘出属种关系,如图2-8所示:

图2-8 属种关系图

2. 从属关系

在层次结构中,下层概念形成了上层概念的组成部分,如春、夏、秋、冬可被定义为年的一部分。比较而言,定义晴天(夏天可能出现的一个特性)为一年的一部分是不恰当的。

可以通过一个没有箭头的耙形图绘出从属关系。单一的部分由一条线绘出,多个的部分由双线绘出,如图2-9所示:

图2-9 从属关系图

3. 关联关系

在某一概念体系中,关联关系不能像属种关系和从属关系那样提供简单的表述,但是它有助于识别概念体系中一个概念与另一个概念之间关系的性质。如原因和效果、活动和场所、活动和结果、工具和功能、材料和产品。

可以通过一条在两端带有箭头的线绘出关联关系,如图2-10所示:

图2-10 关联关系图

（二）不同类别的术语及其概念图

将每个部分所包含的术语之间的概念关系用图表述，该图就称概念图。ISO 9000 标准附录 A 中按术语的分类顺序给出了 13 种概念图，见图 2-11 至图 2-23。通过概念图读者能够方便查找有关的术语，并清楚术语之间的关系。

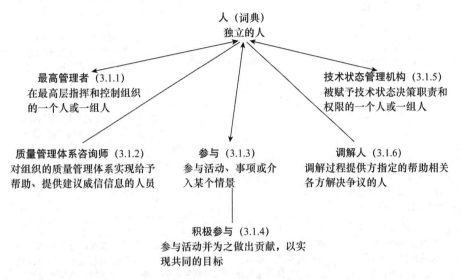

图 2-11　有关人或人员的定义及相关概念

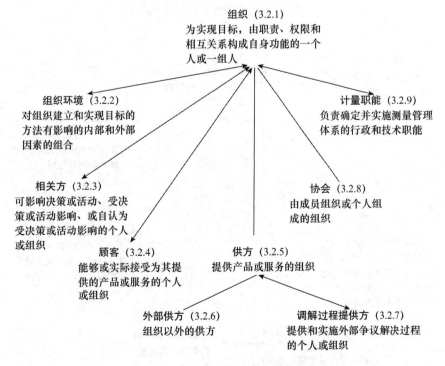

图 2-12　有关组织的定义及相关概念

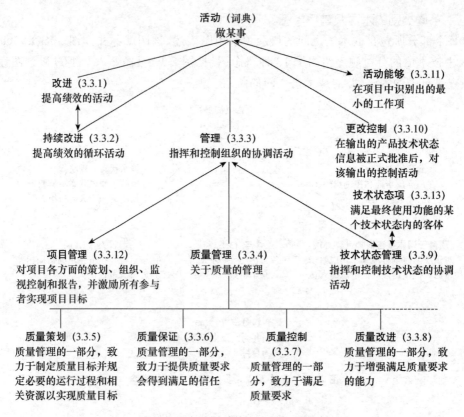

图 2-13 有关活动的定义及相关概念

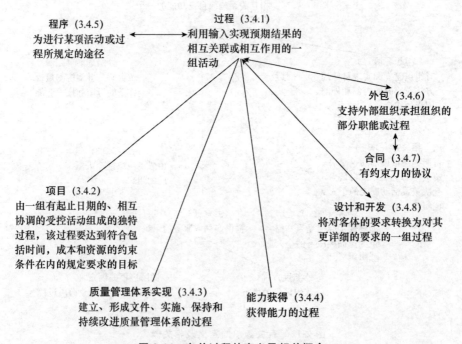

图 2-14 有关过程的定义及相关概念

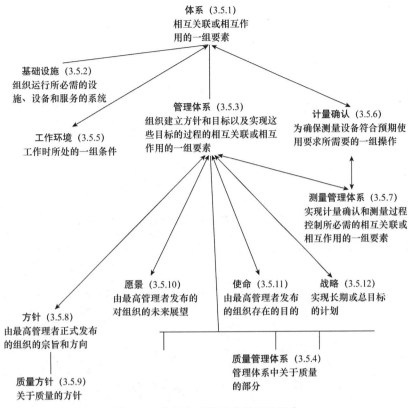

图 2-15 有关体系的定义及相关概念

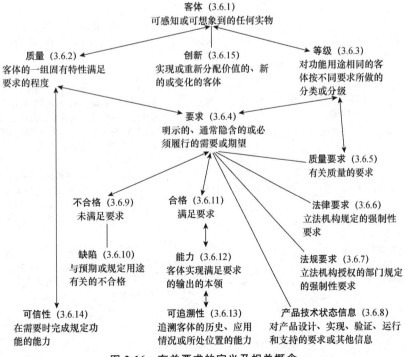

图 2-16 有关要求的定义及相关概念

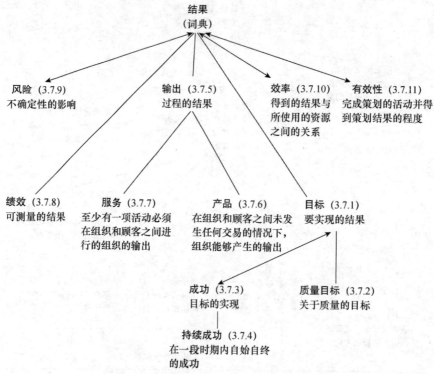

图 2-17 有关结果的定义及相关概念

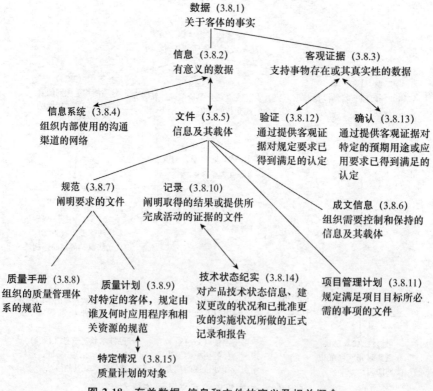

图 2-18 有关数据、信息和文件的定义及相关概念

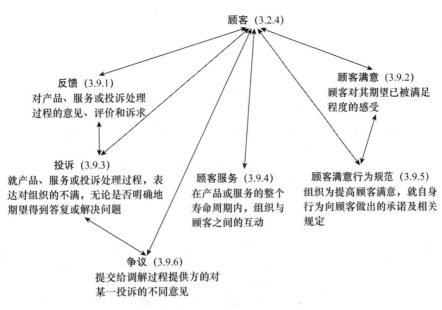

图 2-19 有关顾客的定义及相关概念

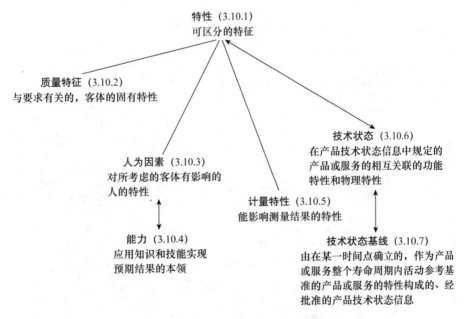

图 2-20 有关特性的定义及相关概念

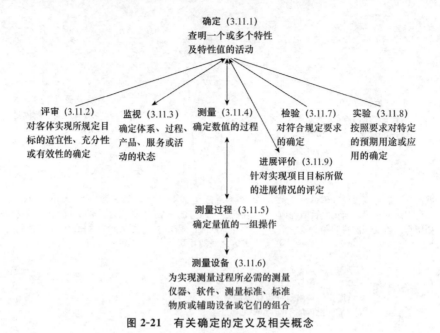

图 2-21　有关确定的定义及相关概念

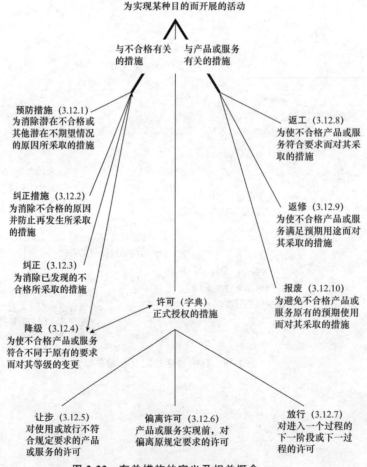

图 2-22　有关措施的定义及相关概念

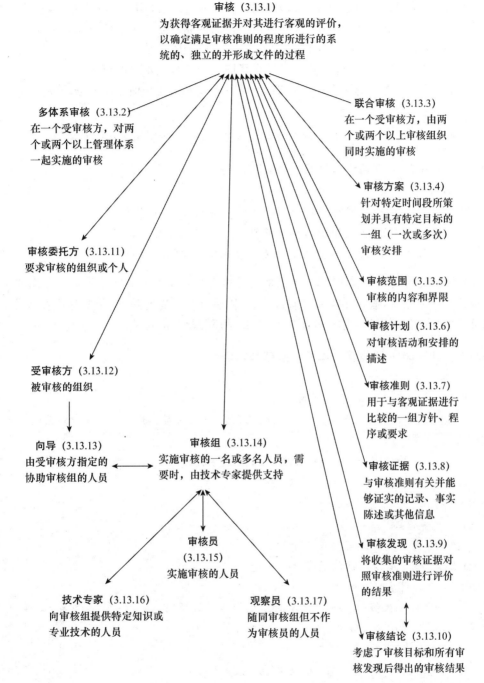

图 2-23 有关审核的定义及相关概念

三、基本术语

一般而言,学习和理解某个术语时,特别是自学时,建议采用以下几个步骤:

第一,从术语的定义和注释中,首先对该术语的内涵建立一个总体概念;

第二,如定义中嵌入有其他术语时,把嵌入的术语理解清楚;

第三,如果嵌入的术语有注释时,通过注释进一步理解该术语的概念;

第四,在较完整地理解该术语的基础上,再看看该术语与其他相关术语的关系。

(一)质量

(1) 首先从 ISO 9000 标准中查出"质量"术语,以建立质量定义的总体概念:

GB/T 19000—2016 质量管理体系　基础和术语

3.6.2　质量 quality

客体(3.6.1)的一组固有特性(3.10.1)满足要求(3.6.4)的程度

注1:术语"质量"可使用形容词来修饰,如差、好或优秀。

注2:"固有"(其对应的是"赋予")是指存在于客体(3.6.1)内

---

(2) 从定义和注释中,对"质量"术语的总体概念是:该术语涉及三个术语"客体""特性"和"要求",另外"固有"概念在注释中有说明。"固有"(其对应的是"赋予")是指在客体(可感知或可想象到的任何事物)内本来就有的,尤其是那种永久的特性。

GB/T 19000—2016 质量管理体系　基础和术语

3.6.1　客体 object(entity,item)

可感知或可想象到的任何事物

示例:产品(3.7.6)、服务(3.7.7)、过程(3.4.1)、人员、组织(3.2.1)、体系(3.5.1)、资源。

注:实体可能是物质的(如一台发动机、一张纸、一颗钻石),非物质的(如:转换率、一个项目计划)或想象的(如组织未来的状态)。

3.10.1　特性 characteristic

可区分的特征

注1:特性可以是固有的或赋予的。

注2:特性可以是定性的或定量的。

注3:有各种类别的特性,如:

a) 物理的(如机械的、电的、化学的或生物学的特性);

b) 感官的(如嗅觉、触觉、味觉、视觉、听觉);

c) 行为的(如礼貌、诚实、正直);

d) 时间的(如准时性、可靠性、可用性、连续性);

e) 人因工效的(如生理的特性或有关人身安全的特性);

f) 功能的(如飞机的最高速度)。

3.10.2　质量特性 quality characteristic

与要求(3.6.4)有关的,客体(3.6.1)的固有特性(3.10.1)

注1：固有意味着本身就存在的，尤其是那种永久的特性(3.10.1)。

注2：赋予客体(3.6.1)的特性(3.10.1)(如客体的价格)不是它们的质量特性。

3.6.4 要求 requirement

明示的、通常隐含的或必须履行的需求或期望

注1："通常隐含"是指组织(3.2.1)和相关方(3.2.3)的惯例或一般做法，所考虑的需求或期望是不言而喻的。

注2：规定要求是经明示的要求，如：在成文信息(3.8.6)中阐明。

注3：特定要求可使用限定词表示，如产品(3.7.6)要求、质量管理(3.3.4)要求、顾客(3.2.4)要求、质量要求(3.6.5)。

注4：要求可由不同的相关方或组织自己提出。

注5：为实现较高的顾客满意(3.9.2)，可能有必要满足那些顾客既没有明示，也不是通常隐含或必须履行的期望。

(3) 本章第一节对质量概念有基本论述，这里从学习方法上再理解。通过对这几个术语的学习，对"质量"可建立以下几个概念：

① 质量是"客体"本身包含的一组固有"特性"。客体概念的内涵很大，不仅仅是产品和服务，也可以是过程、人员、组织、体系、资源。凡是可以单独描述的事物，或者可以感知的物质状态或者能够想象的期望或梦想都是客体。所以，质量是广义的。

② 特性是指"可区分的特征"。不同客体的固有质量特性是不一样的，如：物理的特性(如机械性能)，感官的特性(如气味、噪声、色彩等)，行为的特性(如礼貌)，时间的特性(如准时性、可靠性)，人因工效的特性(如生理的特性或有关人身安全的特性)和功能的特性(如飞机的最高速度)。

a. 就一般硬件产品而言，其固有特性通常包括安全性、可靠性、耐用性、可维护性，可维修性等等。

b. 就一般服务而言，其质量特性包括：可靠性(准确地履行服务承诺的能力)，响应性(帮助顾客并迅速提供服务的愿望)，保证性(员工具有的知识、礼节及表达出自信与可信的能力)，移情性(设身处地地为顾客着想和对顾客给予特别的关注)，有形性(有形的设备设施、人员和沟通材料的外表)。

c. 通常，软件的质量特性包括功能性、可靠性、易使用性、效率性、维护性和可移植性。

d. 流程性材料的质量特性，有可定量测量的特性，如强度、黏性、速度、抗化学性等；也有定性的特性，只能通过主观性的判断来测量，如色彩、质地或气味等。

③ 质量术语中"满足要求"中的"要求"，包括明示的(如合同或文件中规定的)、隐含的(虽然没有规定但必须保证的)和必须履行的法律、法规要求。可以看出，质量不仅包括客体预期的功能和性能，而且还涉及人们对其价值和利益的感知，与传统的"符合性质量""实用性质量"不同，基本反映了现代质量观念。

④ 质量可使用形容词来修饰，以表明固有特性满足要求的程度。其固有特性满足要求的程度越高，其"质量"越好，反之，"质量"越差。

（二）产品和服务

GB/T 19000—2016 质量管理体系　基础和术语

3.7.6　产品 product

在组织和顾客(3.2.4)之间未发生任何交易的情况下,组织(3.2.1)能够产生的输出(3.7.5)

注1：在供方(3.2.5)和顾客之间未发生任何必要交易的情况下,可以实现产品的生产。但是,当产品交付给顾客时,通常包含服务(3.7.7)因素。

注2：通常,产品的主要要素是有形的。

注3：硬件是有形的,其量具有计数的特性(3.10.1)(如：轮胎)。流程性材料是有形的,其量具有连续的特性(如燃料和软饮料)。硬件和流程性材料经常被称为货物。软件由信息(3.8.2)组成,无论采用何种介质传递(如计算机程序、移动电话应用程序、操作手册、字典、音乐作品版权、驾驶执照)。

3.7.7　服务 service

至少有一项活动必须在组织(3.2.1)和顾客(3.2.4)之间进行的组织的输出(3.7.5)

注1：通常,服务的主要要素是无形的。

注2：通常,服务包含与顾客在接触面的活动,除了确定顾客的要求(3.6.4)以提供服务外,可能还包括与顾客建立持续的关系,如银行、会计师事务所或公共组织(如学校或医院)等。

注3：服务的提供可能涉及,例如：
——在顾客提供的有形产品(3.7.6)(如需要维修的汽车)上所完成的活动。
——在顾客提供的无形产品(如为准备纳税申报单所需的损益表)上所完成的活动。
——无形产品的交付(如知识传授方面的信息(3.8.2)提供)。
——为顾客创造氛围(如在宾馆和饭店)。

注4：通常,服务由顾客体验。

3.7.5　输出 output

过程(3.4.1)的结果

注：组织(3.2.1)的输出是产品(3.7.6)还是服务(3.7.7),取决于其主要特性(3.10.1),如：画廊销售的一幅画是产品,而接受委托绘画则是服务；在零售店购买的汉堡是产品,而在饭店里接受订餐并提供汉堡则是服务的一部分。

(1)"产品"和"服务"同属输出,同为过程的结果,其区别是"是否与顾客接触"。产品是在组织和顾客之间未发生任何交易的情况下的输出,而服务是至少有一项活动必须在组织和顾客之间进行。

在通常情况下,生产过程的输出结果在未进入流通领域之前,即组织和顾客之间未发生任何交易的情况下,称之为产品。一旦进入到流通领域则产品就转化为具有附加价值的商品。当组织将产品交付给顾客的过程中,便与顾客在接触面上产生了组织的另外一种输出,即服务。

(2)产品的主要特征是有形的。硬件是有形的,其量具有计数的特性(如1把椅子、4个轮胎)。流程性材料是有形的,其量具有连续的特性(如燃料和软饮料)。硬件和流程性材料经常被称为货物。软件由信息组成,无论采用何种介质传递(如计算机程序、移动电话应用程序、操作手册、字典、音乐作品版权、驾驶执照)。

(3)服务的主要特征是无形的。服务是在组织与顾客在接触面上所产生的组织的输出结果。组织与顾客的接触面可能是人与人的接触,或人与设备的接触,或设备与设备的接触。

服务的提供可能涉及,例如:
——在顾客提供的有形产品(如需要维修的汽车)上所完成的活动。
——在顾客提供的无形产品(如为准备纳税申报单所需的损益表)上所完成的活动。
——无形产品的交付(如知识传授方面的信息提供)。
——为顾客创造氛围(如在宾馆和饭店)。

(4)组织的输出通常都包含有产品和服务内容,但是因行业的特点不同,产品和服务的占比不同。组织的输出是归属产品还是服务,要取决于其主要特性。如:画廊卖一幅画是产品,而委托绘画则是服务;在零售店买汉堡包是产品,而在饭店订一份汉堡包则是服务。

①"纯产品"指顾客或相关方对组织的需求仅限于产品要求。组织的输出应满足顾客的产品要求,服务成分占比很少或可以忽略不计,即该输出用满足要求的产品交付就可。

②"主导产品"指顾客或相关方对组织的输出需求以产品要求为主,对服务需求成分占比较少,即该输出用满足要求的产品交付+适当、必要的服务就可满足要求。

③"主导服务"指顾客或相关方对组织的输出需求以满足其服务要求为主,产品成分占比较少,即该输出用服务交付+适当、必要的产品就可满足要求。

④"纯服务"指顾客或相关方对组织的需求仅限于服务,组织的输出应满足顾客对服务的要求,产品成分占比很少或可以忽略不计,即该输出仅用服务交付就可满足要求。

(5)产品有时候与服务一起使用,即产品和服务,因为在大多数情况下,"产品和服务"可作为单一术语同时使用。组织或由外部供方向顾客提供的大多数输出包括产品和服务两方面。例如,有形的或无形产品可能涉及相关服务,而服务也可能涉及相关的有形或无形的产品。

(三)顾客和顾客满意

GB/T 19000—2016 质量管理体系　基础和术语

3.2.4　顾客 customer

能够或实际接受为其提供的,或按其要求提供的产品(3.7.6)或服务(3.7.7)的个人或组织(3.2.1)。

示例:消费者、委托人、最终使用者、零售商、内部过程(3.4.1)的产品或服务的接收人、受益者和采购方。

注:顾客可以是组织内部的或外部的。

> 3.9.2 顾客满意 customer satisfaction
> 顾客(3.2.4)对其期望已被满足程度的感受
> 注1：在产品(3.7.6)或服务(3.7.7)交付之前，组织(3.2.1)有可能不知道顾客的期望，甚至顾客也在考虑之中。为了实现较高的顾客满意，可能有必要满足那些顾客既没有明示，也不是通常隐含或必须履行的期望。
> 注2：投诉(3.9.3)是一种满意程度低的最常见的表达方式，但没有投诉并不一定表明顾客很满意。
> 注3：即使规定的顾客要求(3.6.4)符合顾客的愿望并得到满足，也不一定确保顾客很满意。

（1）顾客的概念从定义看很简单，但是正确理解某组织的顾客是谁，必须清楚两个问题：组织的产品或服务是什么？谁接受？

（2）前面已经对产品和服务的概念做了解释，但在实际工作中有时不能正确理解，特别是对提供服务的组织。公安局是为"广大人民大众"提供"行政执法服务"，税务局是为"纳税人"提供"税收服务"，认证机构为"认证组织"提供"认证服务"，但实际上这些带有政府色彩的服务性组织并没有用行动来诠释其服务，接受其服务的"广大人民大众""纳税人""认证组织"没有做顾客的感觉。

（3）组织要识别自己的顾客，必须清楚谁"接受"自己的产品或服务。

① "接受"是指能够或实际接受，可以分为直接接受和间接接受，因而顾客可分为"直接顾客"和"间接顾客"。例如，教育机构提供的是"教育教学服务"，其顾客包括直接接受教育教学服务的学员，还包括间接接受的付费方和接收单位；婴幼儿食品厂的顾客是婴幼儿和他们的长辈；医疗机构的顾客是病人及家属。

② 按"接受"产品或服务的时间顺序，顾客分为"流失的顾客""当前的顾客"和"潜在的顾客"；按"接受"产品或服务的所有者情况，顾客还分为"内部顾客"和"外部顾客"。一个组织如果不能充分识别自己的顾客，而只是满足部分顾客的需求和期望，可以肯定该组织很难取得持续的成功。

（4）顾客满意是顾客对其期望已被满足的程度的感受。在产品或服务交付之前，组织有可能不知道顾客的期望，甚至顾客也在考虑之中。为了实现较高的顾客满意，可能有必要满足那些顾客"要求"之外的，即既没有明示，也不是通常隐含或必须履行的期望。

（5）顾客对期望已被满足的感受包括至少两个方面：一是对所获得的产品和服务符合性的应用价值的实际感受，二是获得产品和服务的过程的心理价值的感受。顾客是否满意，必须是顾客的亲身体验，尤其是对服务的体验，组织不能去推测、估计。没有顾客报怨、投诉并不意味着顾客满意，顾客不发表意见或表示无所谓也不表明顾客是满意的。其满意的内容不仅限于产品的适用、物或各种服务有所值。所以，即使规定的顾客要求符合顾客的愿望并得到满足，也不一定确保顾客满意。

（6）顾客满意是满足程度的感受。程度可加修饰词表示等级和水平的高低，如很满意、满意、一般、不满意和很不满意。感受有较强的主观性，组织可以在礼貌、态度、形象和为改进所做的努力方面给顾客更好的感受，以增强顾客满意。

(四)成文信息

> **GB/T 19000—2016 质量管理体系　基础和术语**
>
> 3.8.6　成文信息 documented information
>
> 　　组织(3.2.1)需要控制和保持的信息(3.8.2)及其载体
>
> 　　注1：成文信息可以任何格式和载体存在,并可来自任何来源。
>
> 　　注2：成文信息可包括：
>
> ——管理体系(3.5.3),包括相关过程(3.4.1)；
>
> ——为组织运行产生的信息（一组文件）；
>
> ——结果实现的证据[记录(3.8.10)]。
>
> 3.8.2　信息 information
>
> 　　有意义的数据(3.8.1)

(1)组织需要控制和保持的信息及其载体构成了成文信息,信息是有意义的数据。组织在质量管理方面的成文信息是组织在质量管理范畴内需要加以控制和保持的信息及其储存介质。

(2)在质量管理中,质量文件信息可以任何格式和载体存在(例如,文件的编排格式可以是流程图、矩阵图、对照表、文字表述等,载体可以是纸张、电子媒介或其他特质),并可来自任何来源(例如内部编制的、上级发放的、外来的)。

(3)组织在质量管理活动中应适时地将质量管理信息形成适用的文件信息。形成的文件信息可涉及以下方面：

——质量管理体系包括的相关的过程；

——为用于组织的运行而创建的信息(通常是系列信息)形成的文件；

——已实现的结果的证据(记录)。

(4)在 ISO 9001：2008 中使用的特定术语如"文件""形成文件的程序""质量手册"或"质量计划"等,在 ISO 9001：2015 标准中表述的要求为"保持成文信息"。在 ISO 9001：2008 中使用"记录"这一术语表示提供符合要求的证据所需要的文件,现在表述的要求为"保留成文信息"。组织有责任确定需要保留的成文信息及其存储时间和所用载体。

(5)"保持"成文信息的要求并不排除基于特殊目的,组织也可能需要"保留"同一成文信息,如保留其先前版本。

(6)若标准使用"信息"一词,而不是"成文信息"(如在 ISO 9001 4.1 中"组织应对这些内部和外部因素的相关信息进行监视和评审"),则并不要求将这些信息形成文件。在这种情况下,组织可以决定是否有必要适当保持成文信息。

(五)不合格和缺陷

> **GB/T 19000—2016 质量管理体系　基础和术语**
>
> 3.6.9　不合格（不符合）nonconformity
>
> 　　未满足要求(3.6.4)
>
> 3.6.10　缺陷 defect
>
> 　　与预期或规定用途有关的不合格(3.6.9)

> 注1：区分缺陷与不合格的概念是重要的，这是因为其中有法律内涵，特别是与产品(3.7.6)和服务(3.7.7)责任问题有关。
>
> 注2：顾客(3.2.4)希望的预期用途可能受供方(3.2.5)所提供的信息(3.8.2)的性质影响，如操作或维护说明。

（1）未满足要求定义中"明示的，通常隐含的或必须履行的需求或期望"中任何一项都视为不合格。当产品或服务的特性未满足要求，则构成不合格的输出；当过程或质量管理体系未满足过程的要求或体系的要求时，则构成不合格项。

（2）缺陷是指未满足预期或规定用途有关的要求，而顾客希望的预期用途可能受供方所提供的信息的性质影响。另外，由于缺陷往往涉及法律内涵，特别是与产品和服务责任问题有关，在很多情况下又不易达成共识，在使用时应慎重。

① 大多产品的缺陷都较难识别，它们常以隐含形式存在。有些复杂的产品所存在的缺陷不可能在短时间内被发现，另外许多缺陷是随着科学技术的发展逐步被发现的。

② 有缺陷的产品有可能符合规定（明示）的要求，例如，检验合格的燃气热水器，由于对使用需求识别不充分，或者合格标准定得过低（低于使用要求），就会使带有缺陷的"合格品"流入市场。

（3）有缺陷的产品是不能正常使用的，目前解决这一问题最有效的办法就是"召回"。即：产品缺陷一经发现，立刻向社会公布，同时无条件召回所有已流入社会的产品。

（4）根据定义，有缺陷的产品都是不合格品。由于其后果严重，组织应采取一切措施确保将"与预期或规定用途有关的要求"纳入到产品标准中，使出厂的产品尽可能远离"缺陷"。

（5）不合格与纠正、报废、让步、偏离许可、纠正措施都存在关联关系，前四项属对不合格本身的处置，而后者则是针对其原因采取的措施。

思考与练习

一、判断题

1. 质量的影响已经超出了顾客满意的范畴，但不会直接影响组织的声誉。　　　　（　　）
2. 产品和服务的质量不仅包括其预期的功能和性能，而且还涉及顾客对其价值和利益的感知。　　　　（　　）
3. 质量管理体系包括组织确定其目标，以及为获得所期望的结果而确定其过程和资源的活动。　　　　（　　）
4. 组织的宗旨可表述为包括其愿景、使命、方针和目标。　　　　（　　）
5. 组织的成功，有赖于吸引、赢得和保持有关相关方的支持。　　　　（　　）
6. 有关相关方是指若其需求和期望未能满足，将对组织的持续发展产生重大风险的各方。　　　　（　　）
7. 最高管理者对资源的获取、分配、维护、提高和处置认真负责，可支持组织实现其目标。　　　　（　　）
8. 组织的绩效取决于在体系内人员的工作表现。　　　　（　　）

9. 为人员提供拓展必要能力的机会是最高管理者的职责。（　）
10. 组织只有赢得和保持顾客和其他有关相关方的信任才能获得持续成功。（　）
11. 在整个组织内各级人员的胜任、经授权并积极参与,是提高组织创造和提供价值能力的必要条件。（　）
12. 当活动作为相互关联、功能连贯的过程系统来理解和管理时,可更加有效和高效地得到一致的、可预知的结果。（　）
13. 通过过程的有效管理、资源的高效利用及跨职能壁垒的减少,尽可能提升其绩效。（　）
14. 将新产品开发或产品、服务和过程的变更都纳入改进中予以考虑。（　）
15. 决策是一个复杂的过程,并且总是包含某些不确定因素。（　）
16. 通过对每一个与相关方有关的机会和限制的响应,提高组织及其相关方的绩效。（　）
17. 一个过程的输出可成为其他过程的输入,并连接成整个网络。（　）
18. 过程具有相互关联的活动和输入,以实现输出。（　）
19. 质量管理体系是通过周期性改进,随着时间的推移而进化的动态系统。（　）
20. 正规的质量管理体系为策划、执行、监视和改进质量管理活动的绩效提供了框架。（　）
21. 审核是一种评价质量管理体系有效性的方法,以识别风险和确定是否满足要求。（　）
22. 知识的增长可能会带来创新,使质量管理体系的绩效达到更高的水平。（　）
23. 最高管理者在组织内有授权和提供资源的权力。（　）
24. 如果管理体系的范围仅覆盖组织的一部分,在这种情况下,最高管理者是指管理和控制组织的这部分的一个人或一组人。（　）
25. 组织的目标可能涉及其产品和服务、投资和对其相关方的行为。（　）
26. 质量管理可包括制定质量方针和质量目标,以及通过质量策划、质量保证、质量控制和质量改进实现这些质量目标的过程。（　）
27. 两个或两个以上相互关联和相互作用的连续过程也可作为一个过程。（　）
28. 虽然外包的职能或过程是在组织的管理体系覆盖范围内,但是外部组织是处在覆盖范围之外。（　）
29. 管理体系要素规定了组织的结构、岗位和职责、策划、运行、方针、惯例、规则、理念、目标,以及实现这些目标的过程。（　）
30. 客体可能是物质的（如一台发动机、一张纸、一颗钻石）,非物质的（如转换率、一个项目计划）或想象的（如组织未来的状态）。（　）
31. 为实现较高的顾客满意,可能有必要满足那些顾客既没有明示,也不是通常隐含或必须履行的期望。（　）
32. 目标可以是战略的、战术的或操作层面的。（　）
33. 持续成功强调组织的经济利益需求与社会的和生态环境的利益需求之间的平衡。（　）
34. 在供方和顾客之间未发生任何必然交易的情况下,可以实现产品的生产。但是,当

产品交付给顾客时,通常包含服务因素。( )
35. 通常,服务由顾客体验。( )
36. 绩效可能涉及活动、过程、产品、服务、体系或组织的管理。( )
37. 不确定性是一种对某个事件,甚至是局部的结果或可能性缺乏理解或知识的信息的状态。( )
38. 成文信息可以任何格式和载体存在,并可来自任何来源。( )
39. 成文信息包括管理体系及其相关过程。( )
40. 确认所需的客观证据可以是试验结果或其他形式的确定结果,如变换方法进行计算或文件评审。( )
41. 人为因素可对管理体系产生重大影响,必须予以控制。( )
42. 纠正可连同纠正措施一起实施,或在其之前或之后实施。( )
43. 通常,让步仅限于在商定的时间或数量内及特定的用途,对含有不合格特性的产品和服务的交付。( )
44. 审核的基本要素包括由对被审核客体不承担责任的人员,按照程序对客体是否合格的确定。( )
45. 采用质量管理体系可为推动组织可持续发展奠定良好基础。( )
46. PDCA 循环使得组织确保其过程得到充分的资源和管理,确定改进机会并采取行动。( )
47. 将相互关联的过程作为一个体系加以理解和管理,有助于有效和高效地实现其预期结果。( )
48. 过程方法包括按照组织的质量方针和战略方向,对各过程及其相互作用,系统地进行规定和管理,从而实现预期结果。( )
49. 基于风险的思维是实现质量管理体系有效性的基础。( )
50. 应对风险和利用机遇可为提高质量管理体系的有效性、获得改进结果以及防止不利影响奠定基础。( )

二、单项选择题

1. ISO 9001 第五版替代了第四版(ISO 9001:2008),新版本通过修订条款顺序,以及采用修订的"质量管理原则"和新理念进行了( )。
   A. 全新修订   B. 有限修订   C. 技术性修订   D. 局部修订

2. ISO 9001:2015 标准规定的质量管理体系要求是对( )要求的补充。
   A. 产品和要求   B. 产品和服务   C. 质量   D. 产品和质量

3. ISO 9001:2015 标准倡导在建立、实施质量管理体系以及提高其有效性时采用( ),通过满足顾客要求增强顾客满意。
   A. 过程方法   B. PDCA 循环方法
   C. 循证方法   D. 基于风险的思维方法

4. 实施 ISO 9001:2015 标准,以下说法正确的是( )。
   A. 统一不同质量管理体系的架构
   B. 形成与本标准条款结构相一致的文件
   C. 在组织内使用 ISO 9000:2015 标准的特定术语

D. 内部和外部各方均可使用 ISO 9001：2015 标准

5. 除了纠正和持续改进，组织还有必要采取其他形式的改进，如变革突变、（　　）和重组。

　　A. 改制　　　　B. 创新　　　　C. 流程再造　　　　D. 知识管理

6. ISO 9001：2015 标准中质量管理原则不包括（　　）。

　　A. 领导作用　　B. 改进　　　　C. 过程方法　　　　D. 管理的系统方法

7. 以下不正确的说法是，在质量管理体系中应用过程方法能够（　　）。

　　A. 理解并持续满足要求　　　　　　B. 从增值的角度考虑过程

　　C. 获得有效的过程绩效　　　　　　D. 获得有意义的数据和信息

8. 在组织和顾客之间未发生任何交易的情况下，组织生产的输出是（　　）。

　　A. 产品　　　　B. 过程　　　　C. 服务　　　　　　D. 活动

9. 人为因素是对考虑中的实体的（　　）。

　　A. 人为参与影响　　　　　　　　　B. 人为误差

　　C. 人为的作用　　　　　　　　　　D. 人为影响特性

10. 组织环境是指对组织（　　）的方法有影响的内部和外部结果的组合。

　　A. 经营和决策　　　　　　　　　　B. 质量管理

　　C. 建立和实现目标　　　　　　　　D. 管理

11. 依据 ISO 9001：2015 标准，关于"基于风险的思维"，以下说法正确的是（　　）。

　　A. 应识别风险，并致力于消除所有风险

　　B. 最高管理者应促进对存在的风险和机会的充分理解

　　C. 顾客的需求和期望是影响组织风险评估的唯一和最重要的因素

　　D. 风险评估是操作层面的活动，最高管理者不必亲自参与

12. 关于组织的利益相关方对组织的质量管理体系的需求和期望，以下说法正确的是（　　）。

　　A. 他们通常与顾客需求和期望是一致的，因此只要满足顾客需求和期望，其他方也可满足

　　B. 各相关方的需求和期望可作为对于持续满足顾客要求和适用的法律、法规要求的风险评估的输入

　　C. 当各方需求和期望有冲突时，以顾客要求为准

　　D. 以上都对

13. 针对术语"产品和服务"，表述不正确是（　　）。

　　A. 在大多数情况下，"产品和服务"作为单一术语同时使用

　　B. 包括所有的输出类别

　　C. 包括硬件、服务、软件和流程性材料

　　D. 产品和服务不存在差异

14. （　　）为组织超出 ISO 9001 标准要求提供指南。

　　A. ISO 9000　　B. ISO 9004　　C. ISO 19011　　D. ISO 10017

三、思考题

1. 七项质量管理原则及其内容是什么？

2. 如何理解"以顾客为关注焦点"的原则？
3. 如何理解过程方法及其在 ISO 9001：2015 标准中的应用？
4. 简述实施过程方法的步骤。
5. 如何理解 ISO 9001：2015 标准的结构在 PDCA 循环中的展示？
6. 简述 PDCA 循环及其在组织中的应用。
7. 如何理解基于风险的思想？
8. 如何理解标准中的过程方法结合了基于风险的思维和 PDCA 循环？
9. 举例说明术语之间的三种关系。

第三章

质量管理体系 要求

质量管理体系要求通过 GB/T 19001—2016/ISO 9001：2015 标准给出。本章内容包括标准原文的引用、标准条款内容的目的和意图的说明、涉及的质量管理基本概念和相关术语的解释，以及条款要求的难点、重点的理解等，旨在帮助内审员进一步明确 ISO 9001 标准的指导思想，准确理解标准要求及内涵，为内审员在质量管理体系的建立、实施、保持和改进活动中全面、准确地应用标准奠定基础。

第一节　ISO 9001 标准概要

> **GB/T 19001—2016 质量管理体系　要求**
> 1　范围
> 　　本标准为下列组织规定了质量管理体系要求：
> 　　a）需要证实其具有持续地提供满足顾客要求和适用法律法规要求的产品和服务的能力；
> 　　b）通过体系的有效应用，包括体系改进的过程，以及保证符合顾客和适用的法律法规要求，旨在增强顾客满意。
> 　　本标准规定的所有要求是通用的，旨在适用于各种类型、不同规模和提供不同产品和服务的组织。
> 　　注1：在本标准中，术语"产品"或"服务"仅适用于预期提供给顾客或顾客所要求的产品和服务；
> 　　注2：法律法规要求可称作法定要求。

【理解要点】

（1）本条款从适用范围的角度说明：有 a）和 b）条款所述需求的组织可以采用 ISO 9001 标准。从另一角度来看，a）和 b）也是 ISO 9001 标准的目的。按照 ISO 9001 标准建立、实施质量管理体系，可以有能力稳定地提供满足顾客和适用的法律法规要求的产品和服务，质量持续一致地合格。不但如此，还可以通过体系有效的运行和持续改进，不断增强顾客满意。

（2）组织是指为实现目标，由职责、权限和相互关系构成自身职能的一个人或一组人。组织的概念包括，但不限于代理商、公司、集团、商行、企事业单位、行政机构、合营公司、社团慈善机构或研究机构，或上述组织的部分或组合，无论是否为法人组织、公有的或私有的。

（3）标准强调组织提供的产品和服务不但要满足其顾客的要求，还要满足适用的法律法规要求，体现质量管理体系的针对性和法制意识。"适用的法律、法规要求"是指与组织质量管理体系所涉及的产品和服务有关的适用的法律法规要求，如有关产品安全、环保等方面的法律法规。但是，标准并没有对组织应遵循的法律法规要求做出具体规定。这就需要每个组织根据其产品和服务的特点，来识别所需遵循的法律法规要求，并通过质量管理体系的有效运行来满足这些要求。

（4）标准可以用于组织在"稳定地提供满足顾客要求和适用的法律法规要求的产品和服务的能力"方面的内外部证实。外部证实活动包括获得第三方质量管理体系认证、接受顾客或顾客代表的第二方审核、组织向外界做出的自我声明等；内部证实可以是组织自己依据标准所做的内部评价，如内部审核等。

（5）标准规定的要求是质量管理体系要求，所有要求是通用的，可以应用于所有行业和领域，适合各种类型、不同规模和提供不同产品和服务的组织。它不同于产品和服务要求，产品要求是针对产品特性的描述，服务要求是针对服务特性的表述，都是具体产品和服务特有的，不具有通用性。

（6）ISO 9001 标准中的"产品"或"服务"是指要提供给顾客或顾客所要求的产品或服务，不包括在产品和服务形成过程中非预期的结果，如对环境产生的污染物和对工作场所中人的安全健康产生影响的不良结果（这些不期望的结果是环境管理体系和职业健康安全管理体系要控制的）。

（7）标准中的注2，是考虑英文的原文在不同国家有不同的表述和理解，为避免引起混淆和歧义而进行的注释，在我国一般称法律法规要求。

GB/T 19001—2016 质量管理体系　要求

2　规范性引用文件

下列文件对于本文件的应用是必不可少的。凡是注日期的引用文件，仅注日期的版本适用于本文件。凡是不注日期的引用文件，其最新版本（包括所有的修改单）适用于本文件。

GB/T 19000—2016 质量管理体系　基础和术语（ISO 9000：2015，IDT）

【理解要点】

（1）ISO 9000 标准通过引用成为 ISO 9001 标准的要求。

（2）无论是 ISO 9000 标准还是 ISO 9001 标准都可能会被修订，所有的标准使用者应随时跟踪标准的修订情况，探讨使用这些标准最新版本的可能性。

GB/T 19001—2016 质量管理体系　要求

3　术语和定义

GB/T 19000—2016 界定的术语和定义适用于本文件。

【理解要点】

（1）ISO 9000 标准所界定的术语和定义适用于 ISO 9001 标准，是组织理解和应用 ISO 9001 标准的基础。在学习 ISO 9001 标准时结合 ISO 9000 标准理解相应的术语和定义，可以帮助我们更加准确地理解 ISO 9001 标准的要求。

（2）为了各管理体系标准之间具有更好的兼容性，ISO 9000：2015 采用了《ISO/IEC 导则，ISO 补充规定》中的附录 SL 所界定的管理体系标准通用术语，包括组织、相关方、要求、管理体系、最高管理者、有效性、方针、目标、风险、能力、成文信息、过程、绩效、外包、监视、测量、审核、符合、不符合、纠正、纠正措施和持续改进等内容。

第二节 组织环境

> **GB/T 19001—2016 质量管理体系 要求**
>
> **4 组织环境**
>
> **4.1 理解组织及其环境**
>
> 组织应确定与其宗旨和战略方向相关并影响其实现质量管理体系预期结果的能力的各种外部和内部因素。
>
> 组织应对这些外部和内部因素的相关信息进行监视和评审。
>
> 注1:这些因素可能包括需要考虑的正面和负面要素或条件。
>
> 注2:考虑来自国际、国内、地区和当地的各种法律法规、技术、竞争、市场、文化、社会和经济环境的因素,有助于理解外部环境。
>
> 注3:考虑与组织的价值观、文化、知识和绩效等有关的因素,有助于理解内部环境。

【理解要点】

(1) 组织的环境是指对组织建立和实现目标的方法有影响的外部和内部因素的组合。组织的环境可以理解为组织所处的一组客观条件,这组客观条件包括可能对组织产生有利和不利影响的外部和内部环境中的相关因素。

(2) 本条款要求至少有两层意思:一是理解组织,二是理解组织的环境。理解组织,涉及组织的宗旨和战略方向,以及质量管理体系预期结果;理解组织的环境涉及与上所述有关的各种外部和内部因素,并对其相关信息进行监视和评审。

(3) 目标、战略方向与质量管理体系预期结果:

① "目标"在 ISO 9000 标准中的定义为"要实现的结果",在定义的注中,也说明了目标可以是战略的、战术的或运行的;目标可以涉及不同的领域(如财务的、职业健康与安全的、环境的目标),并可应用于不同的层次(如战略的、组织整体的、项目的、产品和过程的);可以采用其他的方式表述目标,例如:采用预期的结果、活动的目的或操作规程作为质量目标,或使用其他有类似含意的词(如目的、终点或指标)。可以理解标准中所要求的"目标"是广义的,并不特指哪一具体层次的目标。

② 在 ISO 9000 标准中,"战略"的定义为"实现长期或总目标的计划"。长期或总目标,基于组织的使命、愿景和价值观。"愿景"是"由最高管理者发布的对组织的未来展望","使命"是"由最高管理者发布的组织存在的目的"。

③ 质量管理体系的预期结果是持续提供合格、一致的产品和服务,以及增强顾客满意。组织应从诸多内外部因素中,确定会影响实现质量管理体系的预期结果的能力的那些因素。但标准并没有要求组织将确定的方法和结果必须形成文件。

(4) 在通常情况下,组织需满足或适应外部环境中与其生存和发展有关的各种因素,诸如:国际、国家、地区或当地的法律法规对组织的特定要求,具体类型的产品和服务发展趋势,与组织的产品和服务有关的行业发展趋势和专业技术发展成果,可能的替代产品和服务的涌入,潜在顾客对产品和服务的需求,目标市场竞争对手的产品和服务的创新和改进状况,社会文化因素,以及社会稳定性和影响社会经济波动因素的变化情况,等等。

(5) 组织内部环境对组织的目标和发展,以及实现质量管理体系预期结果亦具有较大影响,诸如员工对质量价值观的认知和践行状况、质量文化氛围、知识的积累和获得、绩效与关键岗位人才流失率、员工满意度等。

(6) 组织所处的环境是动态的,组织必须时刻关注那些对组织生存和发展,并影响其实现质量管理体系预期结果的内外部因素的信息变化,以及信息变化趋势。

> **GB/T 19001—2016 质量管理体系　要求**
> 4.2　理解相关方的需求和期望
> 　　由于相关方对组织稳定提供符合顾客要求和适用法律法规要求的产品和服务的能力具有影响或潜在影响,因此,组织应确定:
> 　　a) 与质量管理体系有关的相关方;
> 　　b) 与质量管理体系有关的相关方的要求。
> 　　组织应监视和评审这些相关方的信息及其相关要求。

【理解要点】

(1) 相关方是指可影响决策或活动、受决策或活动所影响或自认为受决策或活动影响的个人或组织。相关方可能是顾客、所有者、组织内的人员、供方、银行、监管者、工会、合作伙伴以及可包括竞争对手或相对独立的社会群体。

(2) 对每个组织来说,相关方是客观存在的,而且会对组织的发展产生影响,包括有利和不利的影响。ISO 9001 标准所要求确定的相关方仅是与质量管理体系有关的相关方,且能对组织提供合格、一致的产品和服务的能力产生影响或潜在影响的相关方。

(3) 每个组织都有自己的相关方,组织类型不同,相关方也不相同;即使是专业相同的企业,由于所处环境不同、文化背景不同,相关方也会有所不同。因此,每个组织需要应用自己的智慧去识别组织的相关方,并确定他们的需求和期望。通常,组织的相关方及其需求和期望的示例,见表3-1。

同一组织不同相关方的需求和期望是不相同的,有的甚至是互相矛盾的。组织在平衡这些相关方的需求和期望时,应明确必须遵守法律法规,同时也应以顾客的要求为关注焦点。

(4) 相关方可能会因为他们各自所处的环境,或受其环境变化因素的影响发生改变,包括有关相关方对组织的要求也可能发生变化。因此,组织应监视和评审这些相关方的信息及其相关要求。必要时,组织应及时做出响应。

表 3-1　相关方及其需求和期望的示例

相关方	需求和期望
顾客	产品的质量、价格和交付
所有者和(或)股东	持续的盈利能力 透明度
组织的员工	良好的工作环境 职业安全 得到承认和奖励

续表

相关方	需求和期望
供方和合作伙伴	互利和连续性
社会	环境保护 道德行为 遵守法律法规要求

> **GB/T 19001—2016 质量管理体系　要求**
>
> **4.3　确定质量管理体系的范围**
>
> 组织应确定质量管理体系的边界和适用性，以确定其范围。
>
> 在确定范围时，组织应考虑：
>
> a) 4.1中提及的各种外部和内部因素；
>
> b) 4.2中提及的相关方的要求；
>
> c) 组织的产品和服务。
>
> 如果本标准的全部要求适用于组织确定的质量管理体系范围，组织应实施本标准的全部要求。
>
> 组织的质量管理体系范围应作为成文信息，可获得并得到保持。该范围应描述所覆盖的产品和服务类型，如果组织确定本标准的某些要求不适用于其质量管理体系范围，应说明理由。
>
> 只有当所确定的不适用的要求不影响组织确保其产品和服务合格的能力或责任，对增强顾客满意也不会产生影响时，方可声称符合本标准的要求。

【理解要点】

（1）质量管理体系的范围旨在明确质量管理体系所适用的组织边界，尤其是如果组织属于某大型组织的一部分时，组织可自主灵活地界定其边界。可选择在整个组织内实施本标准，或只在组织的特定部分实施，前提是该部分的最高管理者有权限建立质量管理体系。

（2）组织通常需要基于以下方面的考虑确定其质量管理体系的范围：

① 组织所处环境中的各种内部和外部因素；

② 与质量管理体系有关相关方的要求；

③ 组织的产品和服务。

（3）组织的质量管理体系范围应作为成文信息，可获得并得到保持。该范围应描述所覆盖的产品和服务类型。ISO 9001的要求是通用的，因此，根据组织的范围和所提供的产品和服务的不同将会有不同程度的应用。如果可以应用某项要求，该要求应遵守。如果因为范围的界定，该项要求不适用，应说明理由。

（4）组织所确定的不适用于其质量管理体系的标准要求，条件是不影响组织确保其产品和服务合格以及增强顾客满意的能力或责任，否则不能声称符合本标准要求。

① 不影响组织确保其产品和服务合格以及增强顾客满意的能力。

如果ISO 9001标准要求的某个过程，在组织实际的产品和服务要求所需的过程中确实存在，且该过程的控制情况对这个过程的结果确有影响，则不能确定该过程对应的标准要求不适用，否则无法保证这个过程的能力，也就不能保证整个质量管理体系提供合格产品和服务的能力。

当组织决定不采用"8.3 产品和服务的设计和开发"时应特别慎重,因为与产品和服务有关的诸多详细要求均是由组织通过识别和依据相关法律法规、技术标准,以及顾客要求后进而转化为详细要求的。除非产品和服务的详细要求来自顾客或其他有关相关方,否则,不允许不采用标准8.3条款的要求对产品和服务的设计和开发活动进行控制。

② 不影响组织确保其产品和服务合格以及增强顾客满意的责任。

例如,组织存在的外包过程,虽然不是自己实施,但这些过程影响到组织交付给顾客的产品和服务的质量,涉及组织应承担的责任,是不能确定为不适用的;房地产开发公司的设计、施工、监理都是外包,甚至委托专业的销售公司代理销售,但公司对这些外包过程负有责任,应实施控制,所以标准相关的"8.3 产品和服务的设计和开发""8.5 生产和服务提供"要求应遵循。

事实上,大多数组织仅在标准第七章和第八章中能够发现极个别的不适用的要求,因为其他章节涉及通用的管理活动,从某种程度上讲,具有普适性。

GB/T 19001—2016 质量管理体系　要求

4.4　质量管理体系及其过程

4.4.1　组织应按照本标准的要求,建立、实施、保持和持续改进质量管理体系,包括所需过程及其相互作用。

组织应确定质量管理体系所需的过程及其在整个组织中的应用,且应:

a) 确定这些过程所需的输入和期望的输出;

b) 确定这些过程的顺序和相互作用;

c) 确定和应用所需的准则和方法(包括监视、测量和相关绩效指标),以确保这些过程有效地运行和控制;

d) 确定这些过程所需的资源并确保其可获得;

e) 分派这些过程的职责和权限;

f) 按照6.1的要求应对风险和机遇;

g) 评价这些过程,实施所需的变更,以确保实现这些过程的预期结果;

h) 改进过程和质量管理体系。

4.4.2　在必要的范围和程度上,组织应:

a) 保持成文信息以支持过程运行;

b) 保留成文信息以确信其过程按策划进行。

【理解要点】

(1) 质量管理体系是指组织建立质量方针、质量目标及实现这些目标的过程的相互关联或相互作用的一组要素。管理体系要素规定了组织的结构、岗位和职责、策划、运行、方针、惯例、规则、理念、目标,以及实现这些目标的过程。

(2) 组织的所有活动都是通过过程来完成的,并实现过程的绩效。本条款遵循过程方法,该方法结合了PDCA循环与基于风险的思维,给出了建立、实施、保持和持续改进质量管理体系有效性的总体思路、要求和步骤。

(3) 组织只有系统地对质量管理体系所需的过程及过程间的相互作用进行确定和管理,才能使过程达到期望的结果。应用过程方法所需满足的具体要求(详见第二章第二节):

① 确定过程的输入和输出。
② 确定过程的顺序和相互作用。
③ 确定对过程的要求。
④ 确保获得必要的资源。
⑤ 规定管理过程的职责、权限。
⑥ 确定应对风险和机遇的措施。
⑦ 分析评价过程。
⑧ 持续改进过程。

(4) 组织应规定过程的文件化要求,并保持记录,以表明过程的输出是经过策划的。组织可以采用图示方法规定过程,或采用文字方式,或两者结合的方式。实际上很多组织常用流程图来表示过程和过程之间的相互关系,既简单清晰,又便于理解和执行。

(5) 需要说明的是,组织的质量管理体系所需的过程是客观存在的,并不是因为建立质量管理体系才出现或产生了过程。因此,组织需要做的是,将已经存在的过程及其在组织中的应用进行充分而全面的识别,并按照 ISO 9001 标准的要求对已有的质量管理体系进行补充、完善和改进。

第三节 领导作用

GB/T 19001—2016 质量管理体系　要求

5　领导作用

　5.1　领导作用和承诺

　5.1.1　总则

最高管理者应通过以下方面,证实其对质量管理体系的领导作用和承诺:

　　a) 对质量管理体系的有效性负责;

　　b) 确保制定质量管理体系的质量方针和质量目标,并与组织环境相适应,与战略方向相一致;

　　c) 确保质量管理体系要求融入组织的业务过程;

　　d) 促进使用过程方法和基于风险的思维;

　　e) 确保质量管理体系所需的资源可获得;

　　f) 沟通有效的质量管理和符合质量管理体系要求的重要性;

　　g) 确保质量管理体系实现其预期结果;

　　h) 促使人员积极参与,指导和支持他们为质量管理体系的有效性做出贡献;

　　i) 推动改进;

　　j) 支持其他相关管理者在其职责范围内发挥领导作用。

注:本标准使用的"业务"一词可广义地理解为涉及组织存在目的的核心活动,无论是公有、私有、营利或非营利组织。

【理解要点】

（1）最高管理者是指在最高层指挥和控制组织的一个人或一组人。最高管理者在组织内有授权和提供资源的权力。如果质量管理体系的范围仅覆盖组织的一部分，在这种情况下，最高管理者是指组织的这部分的一个人或一组人。最高管理者不仅限于组织最高权限的一位领导，可以是组织最高管理层的若干领导。管理职责可以大家共同承担，关键是职责要清楚，分工要明确。

（2）组织是质量安全的责任主体，最高管理者是这个责任主体的主要负责人和法定责任承担者。最高管理者明显的支持和参与对于成功实施质量管理体系很重要，本条款列出了最高管理者可以证实其领导作用和对质量管理体系的承诺的10个方面。

（3）质量方针和质量目标起着质量管理体系运行的导向作用，需要最高管理者确保制定，并与组织环境和战略方向相一致。

（4）最高管理者负责确保将质量管理体系要求与组织的业务过程相整合。组织应在充分理解质量管理体系要求的基础上，对各项业务活动进行评审和分析，寻找差距和不足，进而将质量管理体系要求镶嵌在业务经营活动之中，彻底根治"两张皮"的现象。

"业务"一词可广义地理解为涉及组织存在目的的核心活动。核心活动对不同规模的组织、不同类型的组织和提供不同产品和服务的组织，都可能是不一样的；即使是同一组织，在不同的时期，核心活动也可能会不相同：可以是经济方面的，政治方面的；也可以是信誉方面或社会责任方面的……但经济方面的核心活动是任何一个组织都需要考虑的，因此最高管理者至少应将质量管理体系要求融入组织的经营管理过程中。质量管理体系要与组织的日常运行相结合，而不是为了认证而建立、运行质量管理体系。

（5）促进使用过程方法和基于风险的思维。过程方法使组织能够对体系中相互关联的过程进行有效控制，以提高组织整体绩效。基于风险的思维使组织能够确定可能导致其过程和质量管理体系偏离预期结果的各种因素，采取预防控制，最大限度地降低不利影响，并最大限度地利用出现的机遇。因此，作为组织的最高管理者应促进在整个组织内针对所有的活动使用过程方法和基于风险的思维。

（6）资源是质量管理体系运行所需的基础条件。每个组织的资源都是有限的，因此，最高管理者应识别组织自有资源和自有资源的约束，开发可利用的外部资源，以便确保获得质量管理体系所需的资源。资源通常包括人员、基础设施、运行环境、监视和测量资源、组织的知识以及资金和信息等。

（7）沟通是信息的传递、处理和反馈活动的集合。最高管理者应确保在质量管理体系中构建沟通机制，通过沟通有效地传递组织的战略意图，认识有效的质量管理和符合质量管理体系要求的重要性，提升组织质量管理体系运行的效率和有效性。

（8）质量管理体系的预期结果是持续提供合格、一致的产品和服务，以及增强顾客满意。最高管理者应确保质量管理体系实现其预期结果。一些方法可以监视质量目标的结果和内外部因素的变化。如果组织没有达到预期结果，可以采取纠正措施、提供资源以实现目标。

（9）员工只有在理解质量管理体系要求和过程运行准则的基础上，通过知识的不断丰富和应用，通过质量目标的引导和认真履行职责，才能为提升质量管理体系的有效性做出贡献。因此，作为组织的最高管理者应通过具体行动促使、指导和支持员工努力提高质量管理体系的有效性。这些行动可包括：
① 分派适当的职责和权限至岗位；
② 规定与岗位和过程有关的质量目标；
③ 提供员工获取知识的途径和知识；
④ 提供培训促使员工理解要求和提升能力；
⑤ 规定适当的绩效要求；
⑥ 监视绩效；
⑦ 沟通绩效；
⑧ 督促员工制订个人提升计划，并实施。

（10）最高管理者应促使在组织内部构建创新机制，营造创新氛围，建立创新制度，组建创新小组，推动组织的创新和改进。

（11）实现组织的质量方针和质量目标，需要组织内部各级管理者的积极推动和参与，作为组织的最高管理者应进行合理和充分的授权，以支持其他管理者履行其相关领域的职责，并在职责范围内发挥领导作用。

GB/T 19001—2016 质量管理体系　要求

5.1.2　以顾客为关注焦点

最高管理者应通过确保以下方面，证实其以顾客为关注焦点的领导作用和承诺：

a) 确定、理解并持续地满足顾客要求以及适用的法律法规要求；

b) 确定和应对风险和机遇，这些风险和机遇可能影响产品和服务合格以及增强顾客满意的能力；

c) 始终致力于增强顾客满意。

【理解要点】

（1）"以顾客为关注焦点"是 ISO 9000 标准的质量管理原则的第一条，本条款将其作为管理体系要求提出，必须在组织内得到落实，其关键是最高管理者对它的认识。

（2）最高管理者应确保识别顾客规定的或顾客虽然没有明示，但规定的用途或已知的预期用途所必须的要求，组织应承担与产品和服务有关的责任或义务以及满足法律法规方面的要求，确保这些要求得到确定并予以满足。

（3）最高管理者应确保识别和更新来自组织外部环境，包括相关方，以及组织内部条件中可能的影响因素，以便确定和应对能够影响产品和服务的符合性，以及增强顾客满意能力的风险和机遇。

（4）最高管理者应确保通过测量顾客满意，寻找改善顾客满意的机遇，通过制订和实施顾客满意改善计划，始终致力于增强顾客满意。

GB/T 19001—2016 质量管理体系　要求

5.2　方针

5.2.1　制定质量方针

最高管理者应制定、实施和保持质量方针，质量方针应：

a) 适应组织的宗旨和环境并支持其战略方向；

> b) 为建立质量目标提供框架;
> c) 包括满足适用要求的承诺;
> d) 包括持续改进质量管理体系的承诺。

【理解要点】

(1) 方针是指由组织的最高管理者正式发布的组织的意图和方向。而质量方针是组织关于质量的方针。最高管理者通过质量方针的正式发布,确立组织在质量方面的意图和方向,履行其"领导作用"最重要的职责。质量方针能为组织提供关注的焦点,形成全体员工的凝聚力,显示组织对外的质量承诺,争取顾客的信任。

(2) 质量方针应与组织的宗旨相适应。组织总的宗旨是全面、多方位的,包括质量,也包括其他如利润、增长率、环境、职业健康安全等。质量方针应与组织在以上其他方面的追求相一致,各目标应是相辅相成、互相促进的。

(3) 质量方针应与组织的环境相适应。最高管理者应依据明确的组织的战略方向,充分考虑影响组织运营的内部、外部的环境因素,针对组织的过程、产品和服务的性质和特点,在识别了风险和机会的基础上,建立质量方针。

(4) 质量方针应为建立质量目标提供框架。质量方针是追求的方向,是一种管理理念的体现,要通过质量目标的支撑来实现。因此,质量方针的框架是建立和评审质量目标的依据。如铁路旅客运输服务质量方针中的"安全、正点"可以通过具体量化的质量目标来落实:行车安全事故为0;火灾爆炸事故为0;旅客人身伤亡事故为0;不发生食物中毒、行包被盗事故;不发生旅客堕车跳车、挤砸烫伤事故;责任晚点事件为0,确保客车正点运行;等等。

(5) 质量方针应包括两个方面的承诺:一是要承诺满足适用的要求,体现组织的产品和服务的特性,使质量方针有针对性。例如,对于铁路旅客运输服务,质量方针中应体现安全、正点、舒适、便利的服务特性。二是要承诺持续改进,以增强顾客满意。例如,某些方针中体现的"改进、创新、追求、卓越"等内涵应是这项承诺的体现。

GB/T 19001—2016 质量管理体系 要求

> 5.2.2 沟通质量方针
>
> 质量方针应:
> a) 可获取并保持成文信息;
> b) 在组织内得到沟通、理解和应用;
> c) 适宜时,可为有关相关方所获取。

【理解要点】

(1) 质量方针应作为成文信息以正式的形式表述、发布,可根据组织的管理习惯考虑任何介质和方式发布,包括纸介质、电子版、网络共享平台等,并针对这些不同的发布方式,考虑和安排获取质量方针文件的途径和方法。

(2) 质量方针的主要意图是告知全体员工组织的发展方向以及符合相关要求和改进的承诺。组织应通过各种方式、途径向全员传达贯彻,并要确保员工理解其内涵,明确自己的本职工作与组织质量方针、质量管理体系的关联,知道如何做才能为实现质量方针做出贡献。

(3)对于那些影响或可能影响组织的质量管理体系或其感知会受组织质量管理体系影响的利益相关方(如顾客、供方等其他相关方),组织应以适当的方式,使这些利益相关方可获得组织的质量方针,如考虑正式或非正式发放,采用物理介质或电子方式传输等。

> **GB/T 19001—2016 质量管理体系　要求**
>
> 5.3　组织的岗位、职责和权限
>
> 最高管理者应确保组织相关岗位的职责、权限得到分配、沟通和理解。
>
> 最高管理者应分配职责和权限,以:
>
> a) 确保质量管理体系符合本标准的要求;
>
> b) 确保各过程获得其预期输出;
>
> c) 报告质量管理体系的绩效及其改进机会(见10.1),特别是向最高管理者报告;
>
> d) 确保在整个组织中推动以顾客为关注焦点;
>
> e) 确保在策划和实施质量管理体系变更时保持其完整性。

【理解要点】

(1)职责权限的规定、分配是质量管理体系运行的组织保证;加强内部沟通,是保证政令畅通、促进"全员积极参与"管理原则实现的必要条件。

(2)最高管理者要确保质量管理体系符合 ISO 9001 标准的要求,首先就要识别质量管理体系的具体要求包括哪些,并把这些要求恰当地分配给相关的岗位或部门。通常可以通过矩阵图和岗位说明书的方式对这些要求的职责进行分派。

(3)最高管理者为确保各过程获得其预期输出,就必须在分派职责和工作的同时,通过对过程的所有者的岗位工作目标的量化,以及强化对岗位职责绩效的监督机制,实现各过程的预期输出。

(4)最高管理者应将报告质量管理体系的绩效及改进机会,特别是向最高管理者报告的职责分派给特定的一个人或一组人。

(5)组织依存于顾客,顾客的需求和期望就是组织内每位员工的努力方向,作为最高管理者应授权相关岗位的人员通过有效的沟通机制,并将以顾客为关注焦点纳入意识的培养,确保在整个组织推动以顾客为关注焦点。

(6)最高管理者应组织对质量管理体系的变更进行策划,确定变更目的和变更可能带来的风险,然后有计划地实施变更,并对变更可能导致的职责和权限的变化进行分派或重新分派,以确保在策划和实施质量管理体系变更时保持其完整性。

(7)最高管理者需要确保每个人知晓其应做的事(职责)、允许做的事(权限),做到各司其职、各负其责;同时知晓其职责权限与其他人的关系。在具有相互关系的人之间的职责和权限的描述应清晰,不能模棱两可。

第四节 策 划

> **GB/T 19001—2016 质量管理体系　要求**
> 6　策划
> 6.1　应对风险和机遇的措施
> 　　6.1.1　在策划质量管理体系时,组织应考虑到4.1所描述的因素和4.2所提及的要求,并确定需要应对的风险和机遇,以:
> 　　a) 确保质量管理体系能够实现其预期结果;
> 　　b) 增强有利影响;
> 　　c) 预防或减少不利影响;
> 　　d) 实现改进。
> 　　6.1.2　组织应策划:
> 　　a) 应对这些风险和机遇的措施;
> 　　b) 如何:
> 　　1) 在质量管理体系过程中整合并实施这些措施(见4.4);
> 　　2) 评价这些措施的有效性。
> 　　应对措施应与风险和机遇对产品和服务符合性的潜在影响相适应。
> 　　注1:应对风险可选择规避风险,为寻求机遇承担风险,消除风险源,改变风险的可能性或后果,分担风险,或通过信息充分的决策保留风险。
> 　　注2:机遇可能导致采用新实践、推出新产品、开辟新市场、赢得新顾客、建立合作伙伴关系、利用新技术和其他可行之处,以应对组织或其顾客的需求。

【理解要点】

(1) 此条款要求主要体现在两个方面,规定了确定风险和机遇的目的和要求,以及如何应对的要求。标准要求组织:首先要确定风险和机遇;其次要策划应对的措施,并将这些措施融入体系中,实施后,还需要评价这些措施的有效性。

(2) 所有组织需要建立适合其所提供产品和服务类型的质量管理体系。在策划质量管理体系时,组织需要考虑组织环境中的内外部因素,也要考虑相关方的需求和期望,以确定需要应对的风险和机遇。其主要目的是为了确保质量管理体系能够实现其预期结果和增强有利影响,避免或减少不利影响,实现改进。组织可以根据需要,采用定性或定量或二者结合的方式来识别和确定需应对的风险和机遇,如头脑风暴法、SWOT(优势、劣势、机遇及威胁)分析、风险矩阵、FMEA(失效模式与故障分析)都是非常适用于识别风险和机遇的方法。

(3) 在确定风险和机遇时需要策划应对的措施。应对风险可选择规避风险、为寻求机遇承担风险、消除风险源、改变风险的可能性或后果、分担风险或通过信息充分的决策保留风险。(详见第二章第四节)

① 风险应对措施可以是战略层面上的,也可以是运行层面上的;可以是质量管理体系

层面上的,也可以是过程层面上的。标准特别要求在质量管理体系过程中整合并实施这些措施,对过程管理而言,通常需要明确预期的输出,要达到怎样的结果,对过程要进行策划,在确定输入、输出、活动时,都应该考虑可能的风险与机遇,以及相应的应对措施。

② 针对所识别的机遇,策划和确定可能会导致采用新实践、推出新产品、开辟新市场、赢得新客户、建立合作伙伴关系、利用新技术以及其他可取和可行的事物,以应对组织或其顾客需求。

(4) 组织应策划评价应对风险和机遇所采取的具体措施的有效性。风险应对通常包括了一个循环过程:评价风险应对以确定残留风险程度是否可容许;如果不可容许,产生新的风险应对;评价该应对措施的有效性。

(5) 组织应对风险和机遇的措施应与其对于产品和服务符合性的潜在影响相适应。不同的产品和服务的类型以及业务的性质,风险存在差异。组织在选择应对措施时需考虑:

① 法律、法规、社会责任和环境保护等方面的要求;

② 风险应对措施的实施成本与收益(有些风险可能需要组织考虑采用经济上看起来不合理的风险应对决策,例如可能带来严重的负面后果但发生可能性低的风险事件);

③ 选择几种应对措施,将其单独或组合使用;

④ 相关方的诉求和价值观、对风险的认知和承受度以及对某一些风险应对措施的偏好。

GB/T 19001—2016 质量管理体系　要求

6.2 质量目标及其实现的策划

6.2.1 组织应针对相关职能、层次和质量管理体系所需的过程建立质量目标。质量目标应:

a) 与质量方针保持一致;

b) 可测量;

c) 考虑适用的要求;

d) 与产品和服务合格以及增强顾客满意相关;

e) 予以监视;

f) 予以沟通;

g) 适时更新。

组织应保持有关质量目标的成文信息。

6.2.2 策划如何实现质量目标时,组织应确定:

a) 要做什么;

b) 需要什么资源;

c) 由谁负责;

d) 何时完成;

e) 如何评价结果。

【理解要点】

(1) 此条款要求包括两个方面:设定质量目标,以及策划如何实现质量目标。事实上,ISO 9000 标准中"质量策划"的定义也反映了这两个方面的要求:质量策划是质量管理的一部分,致力于制定质量目标并规定必要的运行过程和相关资源以实现质量目标。

（2）质量目标是组织在质量方面需要实现的结果。通常，在组织的相关职能、层次和质量管理体系所需的过程分别建立质量目标。

① 与质量有关的职能和层次即各相关的机构、部门和岗位应建立质量目标，组织内机构、部门、岗位承担了质量管理过程的职责，就应该确定这些过程的预期目标。质量目标横向在相关职能建立，纵向在各管理权限的不同层次上建立。当然，质量目标可以采用其他的方式表述，例如，采用预期的结果、活动的目的或操作规程作为质量目标，或使用其他有类似含意的词（如目的、终点或指标）。

② 质量目标的建立不能仅限于产品和服务的运行过程，对管理性过程也应建立目标。只要质量管理体系存在某个过程，这个过程就应该有预期目的、有要求。通常生产和服务过程的目标比较容易量化，因而比较健全，而管理活动的目标很多不易量化，容易被忽略。组织应在所有过程，包括管理性过程的策划时就考虑它的预期结果，即建立质量目标，通过策划并实施过程实现目标，最终实现管理的增值。

（3）质量目标通常依据组织的质量方针制定，是在质量方针的原则和框架下具体追求的目的。质量目标追求的预期结果应能实现质量方针的质量承诺，可以是战略的、战术的或操作层面的。

（4）组织在制定质量目标过程中，需要考虑到适用的要求，并与提供合格产品和服务以及增强顾客满意相关。质量目标应符合实际，并与获得的结果相关，如：

① 与产品和服务特性有关。如产品使用寿命、产品可靠性、产品安全性、服务及时性。

② 与产品和服务过程有关。如交验产品一次合格率、铸造废品率、工程返工率、采购产品不良率、设计差错率、在用设施完好率。

③ 与顾客满意有关。如顾客满意率、顾客投诉率、顾客投诉处理率。

（5）质量目标应是可测量的。测量可以定量也可以定性，如考评、测评、评价等。测量的方法和内容要规范、科学，包括测量的时机、样本的策划等，以保证质量目标测量结果的可靠性。质量目标尽可能量化，以便于测量。定性的质量目标如果能够进行评价，也是符合要求的。

（6）组织应考虑建立一种机制，在制定、发布、实施和更新质量目标过程中，对与质量目标所涉及范围的员工进行充分沟通，并对质量目标的达成过程进行监督，及时协调出现的问题。

（7）组织应保持质量目标及其评审的成文信息。

（8）组织在建立质量目标后，应策划确定如何实现质量目标。组织应确定实现目标的措施（what）、需要的资源和相应的时间进度（when）。另外，根据相应的职责权限，指定实施措施的责任人（who）。最后，根据监视、测量、分析和改进的要求确定总体结果的评价机制。目标管理应用于不同层次时，上下层次的目标之间通常是一种"目标-手段"的关系，实现上一层次目标的手段（措施）往往是下一层次的目标，从而形成一个"目标-手段"链。

GB/T 19001—2016 质量管理体系　要求

6.3　变更的策划

当组织确定需要对质量管理体系进行变更时，变更应按所策划的方式实施（见4.4）。

组织应考虑：

> a) 变更目的及其潜在后果;
> b) 质量管理体系的完整性;
> c) 资源的可获得性;
> d) 职责和权限的分配或再分配。

【理解要点】

(1) 组织的质量管理体系在实施运行过程中会受到内外部条件、环境的影响,当内外部环境发生重大变化时,往往会影响质量管理体系的适宜性、充分性和有效性。这时就需要对质量管理体系进行适当的调整和变更,这种调整和变更可能会涉及质量方针、质量目标、产品、过程、资源、组织机构、职责等多个方面。因此,组织在实施质量管理体系的变更前,应对如何进行质量管理体系的变更进行有效的策划。

(2) 在变更策划时应考虑变更的目的和任何潜在的后果。变更有可能带来好的结果,也可能带来风险和挑战。例如,有可能由于工艺不成熟、设施设备可靠性低、原材料质量差而导致产品质量不能如期达标,所以进行变更策划时,应考虑充分、未雨绸缪。

(3) 组织在对质量管理体系的变更进行策划和实施时,应保持质量管理体系的完整性。如在工艺方法发生变更后,工艺文件要发生变更,对工人也需要进行工艺培训,这些都要系统考虑,以保持体系的完整。

(4) 变更策划应确保资源的可获取性。体系在变更后,关键是资源能否动态满足要求,例如,有的组织从单一的产品扩展为多元化的产品,资源能否动态满足。这都是策划面临的重要问题。

(5) 变更策划还应充分考虑职责和权限的分配或调整。在对组织职能和权限进行重大调整时,应确保相应文件的变更,同时确保员工能够对成文信息进行沟通和学习,以确保体系的完整性。

第五节 支 持

> **GB/T 19001—2016 质量管理体系 要求**
> 7.1 资源
>   7.1.1 总则
>   组织应确定并提供所需的资源,以建立、实施、保持和持续改进质量管理体系。
>   组织应考虑:
>   a) 现有内部资源的能力和局限;
>   b) 需要从外部供方获得的资源。

【理解要点】

(1) 资源是组织实施质量管理活动的保障,确定并提供资源是质量管理体系实现增值、实现预期结果的必要条件。ISO 9001 标准将人员(7.1.2)、基础设施(7.1.3)、过程运行环境

(7.1.4)、监视和测量资源(7.1.5)、组织的知识(7.1.6)等作为建立、实施、保持和持续改进质量管理体系的基本保障而对其规定了相应的要求。

(2)在建立质量管理体系时,需要配备恰当的资源,如开展组织的环境分析、相关方调查、体系策划等;在质量管理体系实施过程中,为确保各过程的正常运作,需要投入人力、物力等资源;为了增强顾客满意,更需要不断地补充、增加资源投入。

(3)在确定所需资源时,组织应考虑目前能力,例如现有材料、人力资源及其能力等。组织在评审自己目前所具有的能力时,应考虑各种现有制约,识别出组织内部现有资源中不能满足顾客需求和适用的法律、法规要求的环节及需进一步匹配的外部资源,通常可通过水平对比获得。

(4)组织应根据确定的资源需求制订资源配置计划并按照计划提供所需的资源,这适用于条款7.1的所有子条款的要求。外部提供的过程、产品和服务的控制在条款8.4中作了规定。

GB/T 19001—2016 质量管理体系　要求

7.1.2　人员

组织应确定并配备所需的人员,以有效实施质量管理体系,并运行和控制其过程。

【理解要点】

(1)人员是组织内必要的资源。组织的绩效取决于体系内人员的工作表现。

(2)组织应确定有效实施质量管理体系和运作并控制其过程所需的人数。关键词是"确定"和"配备"。应考虑在质量管理体系中履行职能和作用(例如审核、检查、测试、投诉调查)的相关人员的经验、当前工作负荷和能力。

(3)组织应根据实现产品和服务符合性的复杂程度和规模,通过对组织结构进行必要的岗位分析,在需要时,形成岗位结构表。进而,组织需对各岗位实现过程预期输出的需要,识别和确定每个不同岗位所需的人员。

(4)为了实现目标,组织可决定聘请额外人员或承包服务给外部供方。如果是这样,组织应该考虑以下因素,例如,是否需要任何额外的培训、签订服务水平协议,或审核服务供方,以确保实现必要的绩效。

GB/T 19001—2016 质量管理体系　要求

7.1.3　基础设施

组织应确定、提供并维护所需的基础设施,以运行过程并获得合格产品和服务。

注:基础设施可包括:

a) 建筑物和相关设施;

b) 设备,包括硬件和软件;

c) 运输资源;

d) 信息和通讯技术。

【理解要点】

(1)在 ISO 9000 标准中关于"基础设施"的定义是:组织运行所必需的设施、设备和服务的系统。基础设施可对实现产品和服务的一致性产生关键作用。组织需要确定其过程运作和实现其目标的必要基础设施。然后组织应策划，以便提供和维护必要的基础设施。

（2）本条款要求的基础设施界定的管理范围是"获得合格产品和服务"。"确定"基础设施要根据过程目标、过程的实际要求来进行，以保证其能力满足要求；"提供"包括基础设施的购置、配备，要确保必要的投入，使质量管理活动得以正常运行；"维护"则是通过一系列的维护和保养管理制度，保持其过程能力。维护设备时准备足够的替换件或配件是必要的。

（3）不同的组织因其质量管理体系过程与产品和服务的特点不同，所需的基础设施也不尽相同。根据组织的特点，在适用时，基础设施可以包括：

① 建筑物（如宾馆开展客房和餐饮服务所需的建筑物）、工作场所（如办公室、车间厂房等）和相关的设施（如水、电、汽供应、通风照明、空调系统等）；

② 设备，包括硬件和软件，如机械加工设备、数控机床及其所带软件、工装、各种工具和辅具；

③ 运输资源，如大型超市的接送顾客的班车、上门维修服务用车辆、工厂内的运输车辆、搬运工具；

④ 信息和通信技术，如通信技术及设施、办公信息系统、ERP（企业资源计划）系统等。"信息和通信技术"对于质量管理的影响越来越大，信息化管理成为越来越多的组织提升管理的重要途径。

（4）在确定必要的基础设施时，组织应该考虑需要哪些设施、设备、计算机软件、服务和/或运输，以提供合格产品和服务。基础设施的需求可依据顾客和法律、法规的要求以及组织知识。

（5）在确定基础设施需求时，组织可进行差距分析，以检查当前的基础设施，并确定新的需求和需要采取的行动。例如，通过制订设备和维护计划，策划更换现有的基础设施，定期检测信息和通信系统，或定期检查设备和基础设施。

GB/T 19001—2016 质量管理体系　要求

7.1.4　过程运行环境

组织应确定、提供并维护所需的环境，以运行过程，并获得合格产品和服务。

注：适宜的过程运行环境可能是人为因素与物理因素的结合，例如：
a）社会因素（如非歧视、安定、非对抗）；
b）心理因素（如减压、预防过度疲劳、稳定情绪）；
c）物理因素（如温度、热量、湿度、照明、空气流通、卫生、噪声）。

由于所提供的产品和服务不同，这些因素可能存在显著差异。

【理解要点】

（1）过程运行环境是指过程运作所需要的、对产品和服务质量具有影响的特定条件，这些条件可能是人为因素（社会因素、心理因素）与物理因素的结合。

（2）过程运行环境对产品和服务质量的影响有两种情况：一种情况是产品和服务处于某些特定的运行条件之中，产品和服务质量的符合性将直接受到这些运行环境因素（如物理因素）的影响；另一种情况是从事产品和服务质量符合性工作的人员在工作活动中处于某些特定的运行条件之中，工作质量受到这些运行环境（如社会因素、心理因素）的影响，从而间接地对产品和服务质量的符合性产生影响。

（3）为了获得合格的产品和服务，组织应根据其产品和服务质量特点，来确定过程运行所需的环境。由于不同组织的过程、产品和服务特点不尽相同，其所需的运行条件也不尽相同。即使是在同一组织中，其不同的过程形成的产品和服务，对运行环境的要求也是不尽相同的。例如：服务行业通常对于人身体舒适和健康所必需的环境有明确要求，如温度、照明、空气质量、噪声、振动、卫生及区域布置等；在微电子行业工作环境中的最主要要求是超净的空气环境；生产精密仪器的场所要求恒温和防震；而食品生产现场更是对运行环境有卫生、空气洁净方面的要求。

（4）组织在确定过程运行环境要求的基础上，应确保其运行环境能够得到保持。因此，组织应采取适宜的方法对过程运行环境进行有效的管理，避免因运行环境不符合要求而影响产品质量和服务质量。例如，食品加工车间的人员应按要求穿戴工作服（帽），按规定的要求对设备设施及空气环境进行消毒或净化等。

GB/T 19001—2016 质量管理体系　要求

7.1.5　监视和测量资源

　　7.1.5.1　总则

　　当利用监视或测量来验证产品和服务符合要求时，组织应确定并提供所需的资源，以确保结果有效和可靠。

　　组织应确保所提供的资源：

　　a）适合所开展的监视和测量活动的特定类型；

　　b）得到维护，以确保持续适合其用途。

　　组织应保留适当的成文信息，作为监视和测量资源适合其用途的证据。

【理解要点】

（1）"监视"是指确定体系、过程、产品、服务或活动的状态。确定状态可能需要检查、监督或密切观察。"测量"是指确定数值的过程。测量是通过使用适当的测量资源确定数量、大小或尺寸、性能、可靠性等质量特性。组织在运作过程中出于各种目的存在着大量的监视和测量活动，在这些监视和测量活动中，有一些对验证产品和服务的符合性是必不可少的，如产品检验、原材料的化验分析、特殊过程的工艺参数监视等。组织应识别此类监视和测量活动。

（2）在实施上述监视和测量活动时，会使用到相应的监视和测量资源。监视和测量所需的资源可能因组织提供的产品和服务类型以及建立的质量管理体系过程而异。在某些情况下，简单的检查或监视就足以确定质量状态，这时需要的监视和测量资源可能是某个有经验的专家，例如餐厅的主厨、提供保健服务的医学专业人士；而在另外一些情况下，可能需要进行复杂的测量活动，此时所需的监视和测量资源包括检测设备、仪器仪表、测控装置用软件、标准物质等。组织应根据需要策划、确定所需的监视和测量资源类型。

（3）组织应提供确保结果有效和可靠所需的监视和测量资源，并适合特定类型的监视和测量活动。监视和测量活动的不同，其要求也存在差别，如测量设备量程和精度要求、辅助物质的纯度要求、试验温湿度要求、人员的特殊能力要求等。

（4）组织应确保监视和测量资源得到适当的维护，以确保其持续适用其用途。根据资源类型的不同,方法也存在差异,如对设备的定期检定校准、对标准物质的有效期管理、对人员的培训等。

(5) 组织应保留作为监视和测量资源适合其用途的证据的成文信息。在需要时,组织可保持一份监视和测量资源清单或台账,包括规格型号、精确度、应用范围或对象等。

GB/T 19001—2016 质量管理体系 要求

7.1.5.2 测量溯源

当要求测量溯源时,或组织认为测量溯源是信任测量结果有效的基础时,测量设备应:

a) 对照能溯源到国际或国家标准的测量标准,按照规定的时间间隔或在使用前进行校准和(或)检定,当不存在上述标准时,应保留作为校准或验证依据的成文信息;

b) 予以识别,以确定其状态;

c) 予以保护,防止由于调整、损坏或衰减所导致的校准状态和随后的测量结果失效。

当发现测量设备不符合预期用途时,组织应确定以往测量结果的有效性是否受到不利影响,必要时应采取适当的措施。

【理解要点】

(1) 测量溯源是指通过一条具有规定不确定度的不间断的比较链,使测量结果或测量标准的值能够与规定的参考标准(通常是国家计量基准或国际计量基准)联系起来的特性。实现测量溯源是信任测量结果有效的前提。

(2) 对测量设备的溯源性要求可以来自多个方面,如法律法规的要求,顾客或相关方的要求,组织自己的要求等。

(3) 如果测量设备用于验证是否符合要求,并确保测量结果的有效性,组织应考虑如何验证和/或校准、控制、储存、使用测量设备和保持其准确性。

① 按照规定时间间隔或在使用前进行校准和检定,校准和检定的标准应能溯源到国际或国家标准。

校准是组织为确保量值准确的活动,可以由自己,也可以委托外部组织完成,是确定测量示值与被测量的已知值之间关系的技术操作;检定是法定行为,由计量部门或其授权组织依法规要求进行,是确定或证实测量设备完全满足检定规程要求的执法活动。

无论是校准还是检定,量值都应能溯源到国际标准或国家标准进行。当不存在上述标准时,组织可以自行校准,但应制定自校规程和校准标准,对自我实施的校准过程要保留相关记录。

② 对测量设备采用适当的方式进行标识,确定其状态,防止误用未经过校准或验证的测量设备。校准状态有合格(在校准有效期内)、不合格(未校准或超期),还可以有停用、封存等状态。标识的方法可以是检定证书、校准标签、测量设备台账或校准记录的信息、各种颜色的标志等。

③ 为了确保测量设备持续符合要求,在存放、搬运、使用等阶段采取适当的措施,予以保护,防止由于调整、损坏或衰减所导致的校准状态和随后的测量结果失效。控制措施可以是由经培训、有资格的人员操作,严格按规范实施,采取铅封等防错措施等。

(4) 测量设备出现不符合预期用途时要及时采取适当措施,如维修、保养、调整、校准等,以消除设备的不合格。同时需对该设备以往已经完成的测量结果的有效性进行评定或评估,如果发现无效,则要对有影响的产品和服务采取相应措施挽回,避免和减少给顾客带来的损失。

> **GB/T 19001—2016 质量管理体系　要求**
> 7.1.6　组织的知识
> 　　组织应确定必要的知识,以运行过程,并获得合格产品和服务。
> 　　这些知识应予以保持,并能在所需的范围内得到。
> 　　为应对不断变化的需求和发展趋势,组织应审视现有的知识,确定如何获取或接触更多必要的知识和知识更新。
> 　　注1:组织的知识是组织特有的知识,通常从其经验中获得。是为实现组织目标所使用和共享的信息。
> 　　注2:组织的知识可以基于:
> 　　a) 内部来源(如知识产权、从经历获得的知识、从失败和成功项目吸取的经验教训、获取和分享未成文的知识和经验,以及过程、产品和服务的改进结果);
> 　　b) 外部来源(如标准、学术交流、专业会议、从顾客或外部供方收集的知识)。

【理解要点】

(1) 组织的知识是指组织通过学习、实践或探索所获得的认知、判断或技能(GB/T 23703.1—2009《知识管理　第1部分:框架》),知识正逐渐成为当今组织取得竞争优势的关键因素。

(2) 知识管理是在获取、吸收、传播和应用知识方面支持组织的一组过程,目的是"在正确的时间、正确的地段,具有正确的知识"。组织应及时识别、确定和维护过程运行和实现产品和服务的符合性所需的各类知识,可能包括产品知识、生产技术、检验、设备等诸多方面,是组织特定的知识。

(3) 人员及其经验是组织知识的基础。这些经验和知识的获取及分享可产生整合效应,从而创造出新的或更新的组织知识。知识只有在组织应用时才能增加价值。组织应避免由于员工流失、未能及时获取和共享知识造成组织丧失其知识。

(4) 组织的知识可以基于内部来源和外部来源,在确定和维护组织知识时,组织宜考虑:

① 从失败、临近失败的情况和成功中汲取经验教训;
② 获取组织内部人员的知识和经验;
③ 从顾客、供应商和合作伙伴方面收集知识;
④ 获取组织内部存在的知识,隐性的(高度个性化而且难于格式化的知识,如主观的理解、直觉和预感)和显性的(能用文字和数字表达出来,容易以数据的形式交流和共享的知识,如程序或者文件);
⑤ 与竞争对手比较;
⑥ 与相关方分享组织知识,以确保组织的可持续性;
⑦ 根据改进的结果更新必要的组织知识。

(5) 对知识的管理是动态的,为应对不断变化的需求和发展趋势,组织要考虑内外部环境的变化，及时地更新知识及其管理方法。知识的增长可能会带来创新，使质量管理体系的绩效达到更高水平。

> **GB/T 19001—2016 质量管理体系　要求**
> 7.2　能力
> 　　组织应：
> 　　a) 确定在其控制下工作的人员所需具备的能力，这些人员从事的工作影响质量管理体系绩效和有效性；
> 　　b) 基于适当的教育、培训或经验，确保这些人员是胜任的；
> 　　c) 适用时，采取措施获得所需的能力，并评价措施的有效性；
> 　　d) 保留适当的成文信息，作为人员能力的证据。
> 　　注：适当措施可包括对在职人员进行培训、辅导或重新分配工作，或者聘用、外包胜任的人员。

【理解要点】

（1）能力是指人员应用知识和技能实现预期结果的本领。从"能力"的定义可见，人员能力包括两个方面：一是具有知识和技能；二是能将这些知识和技能应用到工作活动中并能解决实际问题。经证实的能力有时是指资格。特定的工作（如内审、焊接、无损检测等）可能需要特定的能力，也可能需要某种资质或资格。

（2）组织应根据其质量管理体系工作活动的特点和各岗位的要求、职责、权限和作用，确定在其控制下从事的工作影响质量管理体系绩效和有效性的人员所具备的能力要求，这些要求可以是口头的，也可以是形成文件的，如《岗位能力要求说明书》《职务说明》《任职条件》等。组织控制范围内的人员可能是组织内部的人员，也可能是来自组织外部的人员。

（3）确定能力要求可以多种方式进行，包括：特定的服务水平协议，明确说明绩效准则和能力要求，知晓规定的要求和所需的接受准则，知晓非期望输出和缺陷以及组织运行的过程和控制措施的知识等。确定人员的能力要求时，并不一定是越高越好，而是与实际需要相适应为宜。例如，从事产品和工艺技术研发的人员需具备一定的教育背景和专业知识背景；从事生产活动的操作人员需具备专门的技术和技能；从事电工作业等国家规定的特种作业人员需具备相应的资格要求，等等。

（4）组织可以依据确定的人员所具备的能力要求，对现有人员目前的能力状况进行比较和评估，通过比较和评估来衡量现有人员是否已经达到了相应的能力要求，进行能力差距分析，从而识别培训或其他措施需求。在人力资源管理中，培训是获得必要能力的一个很好的选择，但并不是唯一的方法，其他的措施可以是招聘、任免、调岗、轮岗等各种人力资源管理活动。

（5）组织在实施培训或采取其他措施后，应对培训和采取措施的有效性进行评价，以确定培训及所采取的措施是否能够使人员达到其工作能力的要求。评价的方式可以多种多样，例如，培训后的考试、面试，对人员的实际工作状况进行考评，对人员的实际操作进行评估，等等。

（6）组织应保存适当的记录，以证实人员在其所需的教育、培训或经验等方面的能力。需要说明的是，由于对不同岗位的人员所需具备的能力要求不同，因此，所保存的记录只需能够证明人员满足其岗位能力要求即可,而不一定都涉及教育、培训或经历这几个方面。例如,某工作岗位能力的要求只涉及培训和技能方面的要求,则证明从事该岗位人员能力只需要这两个方面的记录。

GB/T 19001—2016 质量管理体系 要求

7.3 意识

组织应确保在其控制下工作的人员知晓:

a) 质量方针;

b) 相关的质量目标;

c) 他们对质量管理体系有效性的贡献,包括改进绩效的益处;

d) 不符合质量管理体系要求的后果。

【理解要点】

(1) 意识是指员工通过接受来自外部信息刺激而形成的一种具有自觉性的思维,这种思维可以驱动员工自觉地认识和实现质量要求。

(2) 组织应确保在其控制下工作的人员知晓:

① 质量方针;

② 相关的质量目标;

③ 他们对质量管理体系有效性的贡献,包括改进绩效的益处;

④ 不符合质量管理体系要求的后果,包括不符合过程运行准则的后果。

在组织控制下工作的人员可以包括现有员工、临时员工和外部供方(例如承包商、外包服务供方)。

(3) 增强质量方针和相关质量目标的意识并不意味着背诵、记住,而是员工必须明白方针的内涵及其所代表的企业的追求,统一质量价值观;同时了解相关的质量目标及其与组织整体目标的关系,明确自己的工作要求和努力方向。

(4) 组织可通过构建质量文化和形成质量价值观,采取多种方式对员工进行质量意识培育,使员工认识到自己从事的工作活动与质量管理体系的关系和在质量管理体系中的重要性,增强人员的责任感和工作自觉性,从而使人员能够各尽其职、各尽其能、相互协作,为改善质量管理体系有效性做出成绩和贡献,包括改进质量绩效来给组织和个人带来益处。

(5) 组织应促进所有员工基于风险的思维,使每一位员工都清楚偏离与各自岗位质量活动有关的质量管理体系要求的后果。

GB/T 19001—2016 质量管理体系 要求

7.4 沟通

组织应确定与质量管理体系相关的内部和外部沟通,包括:

a) 沟通什么;

b) 何时沟通;

c) 与谁沟通;

d) 如何沟通;

e) 谁来沟通。

【理解要点】

（1）沟通就是信息的交换、传递，是质量管理体系有效运行的重要因素。质量管理体系在建立和运行中有许多信息需要沟通，以便在组织内统一要求，加强理解，取得共识，行动更加协调。

（2）组织应确定与质量管理相关的内部和外部沟通的需求，包括：

① 沟通什么，明确需要沟通的具体事项和内容；

② 何时沟通，规定在何时沟通最为合适；

③ 与谁沟通，明确沟通的范围和沟通的对象；

④ 如何沟通，明确沟通的途径和方式；

⑤ 谁来沟通，针对不同的事项，确定沟通的具体担当者或职责。

（3）有效的内部沟通过程对组织的质量管理体系非常重要。相反，在质量管理体系中出现的很多问题，其原因都是沟通不畅。组织应建立内部各级人员良好的沟通机制。内部沟通的方法可以是多种多样的，应与沟通对象的文化水平和其他技能相适应。如通过文件、记录、简报、通知、公告、内部刊物（通讯）、电子邮件、局域网和网站传递信息，也可以通过在工作区域由管理者主导的沟通、会议、对话活动等沟通情况。沟通的形式应能确保信息沟通交流的可行和有效，以确保所有的信息清楚和容易理解，并传给需要该信息的人。

（4）内部沟通的内容，重点是质量管理体系的有效性，应将策划的质量管理活动的实施情况和结果情况及时告知相关人员，如质量监视和测量活动的情况，内审、管理评审的结果等。其目的最终也正是为了确保质量管理体系的有效性。

（5）在质量管理体系运行过程中，组织还需要开展大量的外部沟通，组织同样也应对这些外部沟通过程进行管理。在一般情况下，组织存在的外部沟通有与顾客的沟通（如合同、订单、问询等），与供应商的沟通（如采购合同、订单等），与其他相关方（如政府监管部门）的沟通等。外部相关方可能需要更正式的沟通，如报告、规范、发票或服务水平协议。

GB/T 19001—2016 质量管理体系　要求

7.5　成文信息

7.5.1　总则

组织的质量管理体系应包括：

a）本标准要求的成文信息；

b）组织所确定的、为确保质量管理体系有效性所需的成文信息；

注：对于不同组织，质量管理体系成文信息的多少与详略程度可以不同，取决于：

——组织的规模，以及活动、过程、产品和服务的类型；

——过程及其相互作用的复杂程度；

——人员的能力。

【理解要点】

（1）成文信息是指组织需要控制和保持的信息及其载体，可以任何格式和载体存在，并可来自任何来源，可能来自组织内部，也可能来自组织外部，包括来自相关方的。

（2）成文信息主要有两类：一类是质量管理体系运行的依据，可以起到沟通意图、统一行动的作用,也就是通常所说的文件,在本标准中表述要求为"保持成文信息"。另一类成文信息,可以为质量管理体系运行及其结果提供证据,并为管理决策提供必要的输入,也就是通常所说的记录,在本标准中表述要求为"保留成文信息"。

(3) 不同的组织因其运作特点、复杂程度、企业规模以及人员能力等存在较大的差别,其质量管理体系成文信息的多少与详略程度可能会存在较大的差别。各组织应根据自己的实际情况,策划有关的成文信息的要求。应为每个员工提供其正确工作所需的信息,但应避免过于详细的文件对活动进行过度控制。

(4) 根据本标准的要求,组织的质量管理体系运行所需的成文信息包括两个部分:

① 在本标准中明确提到的需要保持/保留的"成文信息",见表3-2。

表3-2 ISO 9001:2015 标准中要求保持或保留"成文信息"的要求

章节	保持"成文信息"	保留"成文信息"
4	1) 确定质量管理体系的范围(4.3) 2) 支持过程运行的成文信息(4.4.2a)	1) 确信过程按策划进行的成文信息(4.4.2b)
5	3) 质量方针(5.2.2a)	
6	4) 质量目标(6.2.1)	
7		2) 监视和测量资源适合其用途的证据(7.1.5.1); 3) 当不存在能溯源到的国际或国家标准时,应保留作为校准或检定(验证)依据的成文信息(7.1.5.2); 4) 保留适当的成文信息,作为人员能力的证据(7.2d)
8	5) 在必要的范围和程度上,确定并保持成文信息,以确信过程已经按策划进行(8.1e) 6) 生产和服务可获得成文信息(8.5.1)	5) 在必要的范围和程度上,确定并保留成文信息,以证实产品和服务符合要求(8.1e); 6) 应保留产品和服务要求的评审结果和新要求的成文信息(8.2.3.2); 7) 证实设计策划已经满足设计和开发要求所需的成文信息(8.3.2); 8) 应保留有关设计和开发输入的成文信息(8.3.3); 9) 保留设计和开发控制活动的成文信息(8.3.4f); 10) 应保留设计和开发输出的成文信息(8.3.5); 11) 组织应保留有关设计和开发更改的成文信息(8.3.6); 12) 外部供方的评价、选择、绩效监视、再评价,以及这些活动和由评价引发的任何必要的措施,组织应保留成文信息(8.4.1); 13) 当有可追溯要求时,应保留所需的成文信息以实现可追溯(8.5.2); 14) 若顾客或外部供方的财产发生丢失、损坏或发现不适用情况,应保留相关成文信息(8.5.3); 15) 有关生产和服务更改控制,应保留成文信息(8.5.6); 16) 应保留有关产品和服务放行的成文信息(8.6); 17) 应保留不合格输出控制的成文信息(8.7.2)
9		18) 应保留适当的成文信息,以作为评价质量管理体系的绩效和有效性结果的证据(9.1.1); 19) 保留成文信息,作为实施审核方案以及审核结果的证据(9.2.2); 20) 应保留成文信息,作为管理评审结果的证据(9.3.3)
10		21) 应保留成文信息,作为不合格的性质以及随后所采取的措施的证据(10.2.2)

② 组织为过程运行沟通信息的目的而保持的成文信息,可根据自身管理的需要进行策划。尽管本标准并不特别要求任何文件,可为 QMS 增加价值的文件的实例可包括:组织结构图、过程流程图和/或过程描述、程序、管理制度、工艺文件、作业指导书、图纸、操作规程、记录表格等。

> **GB/T 19001—2016 质量管理体系　要求**
>
> 7.5.2　创建和更新
>
> 　　在创建和更新成文信息时,组织应确保适当的:
>
> 　　a) 标识和说明(如标题、日期、作者、索引编号);
>
> 　　b) 形式(如语言、软件版本、图表)和载体(如纸质的、电子的);
>
> 　　c) 评审和批准,以保持适宜性和充分性。

【理解要点】

(1) 组织在创建和更新成文信息时,应对其进行适当的标识和说明,便于识别、检索,防止误用。各种不同类型的组织可以根据其习惯以及成文信息的形式,选择采用不同的方式进行标识和说明,如标题、版本号、修订状态、日期、作者,以及索引编号等;

(2) 成文信息可以采用不同的形式(如文字、图片、实物、音频、视频等)、不同类型的媒介(如纸张、光盘等)。组织应根据不同的使用对象、场所、时间等予以考虑。

(3) 在创建和更新成文信息时,组织应在发布前对其进行评审和批准,确保其适宜、充分,并且协调一致。组织应根据成文信息的内容、涉及的职能以及接口关系,明确所需的参与人员及其职责。在通常情况下,不同层次、不同内容或重要性不同的成文信息会由不同的人员进行批准。

> **GB/T 19001—2016 质量管理体系　要求**
>
> 7.5.3　成文信息的控制
>
> 　　7.5.3.1　应控制质量管理体系和本标准所要求的成文信息,以确保:
>
> 　　a) 在需要的场合和时机,均可获得并适用;
>
> 　　b) 予以妥善保护(如防止泄密、不当使用或缺失)。
>
> 　　7.5.3.2　为控制成文信息,适用时,组织应进行下列活动:
>
> 　　a) 分发、访问、检索和使用;
>
> 　　b) 存储和防护,包括保持可读性;
>
> 　　c) 更改控制(如版本控制);
>
> 　　d) 保留和处置。
>
> 　　对于组织确定的策划和运行质量管理体系所必需的来自外部的成文信息,组织应进行适当识别,并予以控制。
>
> 　　对所保留的作为符合性证据的成文信息应予以保护,防止非预期的更改。
>
> 　　注:对成文信息的"访问"可能意味着仅允许查阅,或者意味着允许查阅并授权修改。

【理解要点】

(1) 本条款首先强调成文信息控制的目的,包括:

① 确保成文信息可获得性,使需要的岗位能够得到适用的信息,防止不能得到或使用作废信息,以支持过程的运行。

在决定质量管理体系需要哪些成文信息后,组织应确保这些成文信息可为所有相关区域、部门、过程所有者所获取。当产品和服务由外部提供时,组织应考虑将相关成文信息以适合于使用的形式提供给外部相关方,例如外部服务提供商的书面服务水平协议。

② 对有关的信息予以保护,防止泄密、篡改、不当使用、破坏、丢失等。

组织应确保必要的控制落实到位,控制措施可包括电子系统只读访问、规定不同级别的访问权限、密码保护和ID登录等。控制级别可因访问人员和地点而异,例如外部组织与内部部门相比,可能需要更多的访问限制和非预期的修改限制。信息安全问题和数据备份也应加以考虑。

(2) 为达成上述的目的,组织应考虑以下管理:

① 分发、访问、检索和使用:组织可以采取不同的方式使得使用者能获取并使用成文信息,通常可能的方式有成文信息的实物形式发放(纸质文件、光盘等)或网上电子形式发放(如音频视频的播放、网上发布文件等)。采用电子形式的网络发放成文信息,可以通过权限设置等让使用者获得或查询有关的信息。组织在确定采取何种形式时,应考虑到法规的要求以及有关的保密要求。对成文信息的"访问"可能意味着仅允许查阅,或者意味着允许查阅并授权修改。

② 存储和防护:为防止丢失、受损、泄密,应将成文信息以适当的方式予以保存,如数据的远程备份、档案的保管等。在确定其存储形式、存储时间时,组织应考虑到法律法规的规定要求、顾客的要求、产品和服务的责任期限等。还需要考虑历史成文信息如何保存、存储并根据需要检索以供后续使用,例如对生产后多年的投诉调查可能需要历史的生产数据。

③ 更改控制:文件的更改和修订情况决定了文件的有效和无效状态,应有适宜可行的方法识别这些状态。通常的方法有编制并发布表明文件名称、编号及现行修订状态的控制清单;在文件上做出状态标识,如版本号(A、B、C…)、修订号(0、1、2…)等。

④ 保留和处置:对作废的成文信息,有一些已没有任何的价值,需要进行诸如销毁、数据删除等处置,组织应该明确有关的管理要求;部分信息出于参考、总结的目的需保留,此时应以适当的方式予以区分。

(3) 对于组织确定的策划和运行质量管理体系所必需的来自外部的成文信息,组织应适当识别并与其他成文信息一起进行控制。可以包括与产品有关的国家、地方的法律法规、规章,各种标准、规范及其他要求的文件,顾客提供的图纸、规定的试验方法、取样计划、标准或校准,等等。应特别注意敏感数据的控制(如个人信息或财务信息)。

(4) 如成文信息作为符合性的证据保留,那么这些信息应被保护以免非预期的修改。组织可仅允许对此类成文信息进行受控访问。例如,对某些人员的授权访问、电子访问限制(即只读权限)等。

第六节 运 行

> **GB/T 19001—2016 质量管理体系 要求**
>
> 8.1 运行的策划和控制
>
> 　　为满足产品和服务提供的要求,并实施第 6 章所确定的措施,组织应通过以下措施对所需的过程(见 4.4)进行策划、实施和控制:
>
> 　　a) 确定产品和服务的要求;
>
> 　　b) 建立下列内容的准则:
>
> 　　1) 过程;
>
> 　　2) 产品和服务的接收。
>
> 　　c) 确定所需的资源以使产品和服务符合要求;
>
> 　　d) 按照准则实施过程控制;
>
> 　　e) 在必要的范围和程度上,确定并保持、保留成文信息,以:
>
> 　　1) 确信过程已经按策划进行;
>
> 　　2) 证实产品和服务符合要求。
>
> 　　策划的输出应适于组织的运行。
>
> 　　组织应控制策划的变更,评审非预期变更的后果,必要时,采取措施减轻不利影响。
>
> 　　组织应确保外包过程受控(见 8.4)。

【理解要点】

(1) 本条款要求组织基于条款 4.4 的要求,为实现其生产和服务提供必要的运行过程,包括由外部提供的过程。组织应对这些过程进行策划、实施和控制,以满足产品和服务提供的要求。

(2) 第 6 章所要求确定的风险、机遇和目标,包括潜在变更,都是在对生产和服务提供过程进行策划和控制中要考虑的关键要素。组织应策划如何应对可能对这些过程产生影响的风险和机遇。

(3) 策划过程应从确定其产品和服务要求开始。在确定产品和服务要求时,组织不仅应考虑顾客和法律法规要求,还应考虑组织的战略要求,包括利益相关方的相关要求。

(4) 组织应建立过程的运行准则以及产品和服务的接收准则,此时应考虑:风险和机遇、质量目标、产品和服务的要求。这些准则可以是规章制度、生产工艺、检验规范、验收标准、适用于服务业的服务规范、服务提供规范和服务质量验收规范等。

(5) 根据产品和服务提供过程的性质和复杂度,组织需要确定所需的资源以及现有资源是否充足,包括支持每一个过程所必需的资源。这就意味着每个过程的输入、输出和资源都应当得到确定。

(6) 组织应按照准则实施过程控制,如对生产和服务提供过程的"5M1E"(人、机、料、法、环、测)进行有效控制,确保过程在受控条件下进行。通过应用运行准则对生产和服务提供过程进行控制,确保产品和服务的符合性。并按照所规定的产品和服务接收准则,在生产和服务提供的适当阶段实施策划的安排,以验证产品和服务的要求已被满足。

(7) 组织应在必要的范围和程度上,确定并保持、保留成文信息,而其成文信息的程度应当可以确保组织的所有过程能够按照策划的要求得以实施,并确保组织正在提供的产品和服务可以满足相关确定的要求及接收准则。

(8) 策划活动的输出结果可以是多种形式,具体形式应该与组织运作特点及产品和服务特点相适应,如建筑施工企业针对具体工程项目策划运行的文件,通常称为施工组织设计或施工方案,而服务行业常称为专项服务方案。

(9) 运行策划的变更可能涉及产品的变更、生产流程的变更、服务提供的变更、接受准则的变更等,组织应控制策划的变更,评审非预期变更的后果。如果这些变更对组织的运行带来风险,组织应采取适当的措施减轻不利影响。

(10) "外包"是指安排外部组织承担组织的部分职能或过程。虽然外包的职能或过程是在组织的管理体系覆盖范围内,但是外部组织是处在覆盖范围之外。由于外包过程对产品和服务实现具有影响,因此,组织必须识别所需的外部过程并策划和实施运行控制,外包过程的控制要求见条款8.4的描述。

GB/T 19001—2016 质量管理体系　要求

8.2　产品和服务的要求

　　8.2.1　顾客沟通

　　与顾客沟通的内容应包括:

　　a) 提供有关产品和服务的信息;

　　b) 处理问询、合同或订单,包括更改;

　　c) 获取有关产品和服务的顾客反馈,包括顾客投诉;

　　d) 处置或控制顾客财产;

　　e) 关系重大时,制定有关应急措施的特定要求。

【理解要点】

(1) 顾客沟通是组织与顾客之间就与顾客所关注的与产品和服务有关的信息的传递和反馈的过程,是充分理解顾客要求,保证实现顾客要求,并获得顾客满意信息的重要途径。组织应该确定需要与顾客进行哪些方面的沟通、沟通的渠道和方法、沟通过程实施的要求。

(2) 组织和顾客的关系是通过产品和服务联系起来的。因此与顾客沟通的内容主要也是围绕着产品和服务而言,包括:

① 沟通所提供产品或服务的细节,使顾客了解将会提供什么。组织可以通过产品和服务宣传材料、产品和服务目录、产品和服务广告以及产品和服务有关信息的告示、电子显示屏、广播等提供产品和服务信息。这些信息主要是组织在对顾客提供产品和服务之前向顾客传递的信息。这时的沟通通常是产品和服务要求的确定(见8.2.2条款)过程的部分内容,是让顾客对组织的产品和服务以及能力有一个初步的了解与认识。

② 明确顾客如何联系组织进行提问、订购产品和服务。主要是在实现顾客需要的产品

和服务过程中及其交付过程中有关信息的沟通,包括对合同变更情况的沟通。

③ 获取有关产品和服务的顾客反馈,尤其是产品和服务交付给顾客以后的顾客反馈意见,这种意见可能是直接的也可能是间接的,包括顾客报怨、投诉等。方法包括但不限于:直接发送电子邮件或打电话、在线调查、顾客支持渠道、面对面的会议。顾客反馈往往包括对产品和服务进一步的需求信息和改进建议,是产品和服务改进的重要输入,应予重视。

④ 组织应通过沟通确保顾客得知组织是如何处置和控制顾客财产的(见 8.5.3 条款)。

⑤ 在关系重大时,组织应积极与顾客就可能的事宜和可采取的措施进行沟通。所谓"关系重大"对制造业而言可包括:产品重大安全缺陷召回、食品污染事件紧急召回;对服务业可包括诸如:极端天气的应急处置(如物业公司在冬季寒流来前对水电气的防护)、重大事件的应急处置(如地铁运营对节假日大客流事件的应急处置)等。

GB/T 19001—2016 质量管理体系 要求

8.2.2 产品和服务要求的确定

在确定向顾客提供的产品和服务的要求时,组织应确保:

a) 产品和服务的要求得到规定,包括:

1) 适用的法律法规要求;

2) 组织认为的必要要求。

b) 提供的产品和服务能够满足所声明的要求。

【理解要点】

(1) 产品和服务的要求是指与产品和服务相关的明示的、通常隐含的或必须履行的需求或期望。产品和服务要求可由不同的相关方或组织自己提出。有些组织不一定总是直接面对顾客,它们可能也会预测顾客的要求,如职业学校根据市场调研设计新的课程,则该课程的要求首先要由组织自行确定。

(2) 本条款的目的是确保组织完整地识别和规定产品和服务的要求,作为规定产品和服务特性的基础,其中包括任何适用的法律法规要求和组织认为必要的要求。组织只有充分了解与产品和服务有关的全部要求,才能向顾客提供满足要求的产品和服务,实现增强顾客满意的目的。

在定义产品和服务要求时可考虑:

① 产品或服务的目的是什么;

② 顾客需求和期望;

③ 相关法律法规要求。

(3) 组织应确保有能力来满足所确定规定的要求,并落实其打算提供的产品和服务的要求。在确定是否满足了做出的产品和服务承诺时,组织宜考虑如下因素:

① 可用的资源;

② 能力和产能;

③ 组织知识;

④ 过程确认(如产品测试、服务演示)。

> **GB/T 19001—2016 质量管理体系 要求**
>
> 8.2.3 产品和服务要求的评审
>
> 8.2.3.1 组织应确保有能力向顾客提供满足要求的产品和服务。在承诺向顾客提供产品和服务之前,组织应对如下各项要求进行评审:
>
> a) 顾客规定的要求,包括对交付及交付后活动的要求;
>
> b) 顾客虽然没有明示,但规定的用途或已知的预期用途所必需的要求;
>
> c) 组织规定的要求;
>
> d) 适用于产品和服务的法律法规要求;
>
> e) 与以前表述不一致的合同或订单要求。
>
> 组织应确保与以前规定不一致的合同或订单要求已得到解决。
>
> 若顾客没有提供成文的要求,组织在接受顾客要求前应对顾客要求进行确认。
>
> 注:在某些情况下,如网上销售,对每一个订单进行正式的评审可能是不实际的,作为替代方法,可评审有关的产品信息,如产品目录。

【理解要点】

(1) 与产品和服务有关的要求一经确定,就形成了组织与顾客之间的一种"合同关系"。如果组织不能满足这些要求,就要承担不能履行"合同"的责任,这不仅仅只是经济损失,还会影响到组织的信誉和顾客的信任。因此,组织应对确定的与产品和服务有关的要求进行评审。

(2) 评审的时机应是在向顾客做出提供产品和服务的承诺之前进行。这里讲的承诺,对不同的行业形式不尽相同:制造行业往往是合同、协议、订单等方式;而服务类行业往往表现为其他形式,如银行的存单、保险公司的保单、客运服务的客票、学校的录取通知书、餐饮业的定菜单等。

(3) 组织应对如下各项要求进行评审:

① 顾客规定的要求。顾客通过合同、协议、订单或口头要求提出的对产品和服务相关的要求,包括产品和服务交付和交付后活动的要求,如交货方式、结算方式、用户培训、现场安装、售后服务等。

② 顾客隐含的要求。顾客虽然没有明确提出,但产品的规定用途和已知的预期用途所必需的要求。这些要求往往是一些惯例,是不言而喻的。如餐饮服务业,客人对食品的色香味、价格等会提出明确要求,而对于就餐的环境和氛围、服务员的服务水平、等候时间等可能并未明示要求,但这些往往是决定对餐饮业服务质量满意与否的重要因素,顾客是有比较和感受的。餐饮行业面对的顾客群体不同,他们隐含的要求也是不同的,这些要求决定了餐饮业服务过程的质量和档次。

③ 组织规定的要求。通常是组织从改进经营、增强顾客满意出发,在满足上述要求的前提下,由组织对产品和服务所提出的更多或更高的要求,是组织未来增强顾客满意而主动做出的与产品和服务有关的承诺。如买房屋送精装修、免费送货上门等。

④ 适用于产品和服务的法律、法规要求。这些要求是组织必须履行的要求,可以涉及环境、安全健康等诸多方面。如食品行业的卫生法规、家电产品的电气安全法规、汽车产品的环保法规等。国家、行业、地方的强制性产品标准也属于法律法规范畴。如对装修用大理

石材料,国家制定了放射性方面的安全法规,组织要根据大理石材料的具体用途(用于卧室、厅堂还是用于室外)来评审产品涉及这方面的要求。

⑤ 与以前表述不一致的合同或订单要求。比如是否修改合同或订单,之前确定的要求与合同或订单中规定的要求不一致。

(4)组织应通过评审确保自己有能力向顾客提供满足要求的产品和服务。如果没有能力实现,不应该勉强投标或签订合同,否则会导致最终的结果不能满足顾客的要求。这既是对顾客负责,也能够保护自己。

(5)组织还应通过评审确保与以前规定不一致的合同或订单要求已得到解决。即组织与顾客双方对产品和服务有关的要求不存在不一致的、矛盾的、含糊的理解,双方的责任、权力及义务都是清楚的。这样才能保证在履行合同时不产生矛盾和歧义。

(6)所有与产品和服务有关的要求都要进行评审。评审的方式可以灵活多样,如采用会议、会签、授权人员审批等。若顾客提出要求时没有形成文件,例如,通过电话或当面预定时,则组织在向顾客提供产品和服务前应经顾客确认其要求。例如,在餐馆点餐后可向顾客重复所点的食物;又如在电话洽谈时复述客户要求,并做好记录。

(7)在某些情况下,组织无法对每一个订单中与产品和服务有关的要求都采用正式的方式进行评审(如网上销售)。这时组织可以对其提供的"产品目录或广告"进行评审,以确保产品目录或广告中规定的产品(商品)的规格、型号等信息均是正确无误的,且组织有能力提供这些产品。类似的情况还有学校教育的招生简章、服务组织做出的服务承诺等。

> **GB/T 19001—2016 质量管理体系 要求**
> 8.2.3.2 适用时,组织应保留与下列方面有关的成文信息:
> a)评审结果;
> b)产品和服务的新要求。

【理解要点】

(1)本条款的目的是确保组织保留了成文信息,以证明组织对与顾客签订的最终协议,包括对其的修改或变更进行了评审,并证明组织能够满足产品和服务有关的要求。

(2)组织可通过任何适当媒介保留评审的结果。例如,餐馆可保留书面或电子订单,详细记录顾客所点的菜品食物;而对于一个复杂的建筑施工项目,组织可能需要保留详细的可行性分析报告等。

(3)如果评审确定了附加或变更要求,组织应更新或增加成文信息,以确保记录了新的要求(例如改变订单或消除误解的电子邮件会话应予以保留)。这些成文信息可作为将来与新顾客和现有顾客的类似协议的依据。

> **GB/T 19001—2016 质量管理体系 要求**
> 8.2.4 产品和服务要求的更改
> 若产品和服务要求发生更改,组织应确保相关的成文信息得到修改,并确保相关人员知道已更改的要求。

【理解要点】

(1)产品和服务要求发生更改时,组织应评审更改的性质及影响。这种更改可能来自顾客要求(质量、技术、交货期、数量、交付方式等)的更改,也可能是法律法规要求的更改,还有可能是组织提出的更改。组织应确保相关的成文信息得到修改,如合同、订单、技术协议、生产计划、检验规程、交付方式等,包括对资源的分配进行调整或重新分配资源等。

(2)与此同时,组织还必须确保与该产品和服务的要求更改有关的人员知道已经更改的要求。组织可以采用邮件、局域网、电话,或文件等形式沟通更改的内容。只有这样,才能保证组织提供的产品和服务能够满足更改后的要求。

GB/T 19001—2016 质量管理体系　要求

8.3　产品和服务的设计和开发

　8.3.1　总则

　　组织应建立、实施和保持适当的设计和开发过程,以确保后续的产品和服务的提供。

【理解要点】

(1) ISO 9000 标准对"设计和开发"的定义是:将对客体的要求转换为对其更详细的要求的一组过程。也就是说只要有把实体的要求转换为更详细的要求的过程,就存在设计和开发过程。大多数组织需要开发外部相关方提供的想法或要求,以了解需要采取什么行动来保证产品和服务的提供。这些包括采购、生产或交付后活动的要求。

(2) 这一条款要求组织应当引入一个适当的设计和开发过程,目的是确保后续的产品和服务的提供能有效实施。依据术语,设计和开发的对象可以是产品、服务或过程。因其对象不同,设计和开发的性质也不相同,可以是产品的设计和开发、服务的设计和开发或过程的设计和开发。

① 产品的设计和开发:可以是全新型新产品的设计和开发,也可以是换代型新产品、改进型新产品、消化吸收型新产品的设计和开发。

② 服务的设计和开发:涉及整个服务提供过程,其输出可以是提供服务的具体方式。例如:大学根据学生、未来的雇主以及整个社会需要设计开发详细的课程计划;实体店向虚拟店的转型过程的设计。

③ 过程的设计和开发:当生产和服务提供过程相对复杂时,对过程进行的设计和开发,如建筑施工企业对施工过程的设计开发、化工企业对生产工艺的设计开发。

GB/T 19001—2016 质量管理体系　要求

8.3.2　设计和开发策划

　在确定设计和开发的各个阶段和控制时,组织应考虑:

　a)设计和开发活动的性质、持续时间和复杂程度;

　b)所需的过程阶段,包括适用的设计和开发评审;

　c)所需的设计和开发验证、确认活动;

　d)设计和开发过程涉及的职责和权限;

　e)产品和服务的设计和开发所需的内部、外部资源;

　f)设计和开发过程参与人员之间接口的控制需求;

　g)顾客及使用者参与设计和开发过程的需求;

　h)对后续产品和服务提供的要求;

> i) 顾客和其他有关相关方所期望的对设计和开发过程的控制水平；
> j) 证实已经满足设计和开发要求所需的成文信息。

【理解要点】

（1）设计和开发策划是指组织致力于制定产品和服务的设计和开发目标，并规定必要的设计和开发过程和相关资源以实现设计和开发目标的过程。在大多数情况下，产品和服务的设计和开发过程具体划分为几个阶段，取决于产品和服务特性的复杂程度。

（2）在确定设计和开发阶段和控制时，组织应关注以下方面：

① 设计和开发的性质，如是新的还是现有的产品或服务；持续时间，即设计开发周期的长短，如设计是市场急需必须快速反应，还是填补空白的科研攻关；以及其复杂程度，如是小型产品或服务，还是大型产品或复杂服务。

② 所需的过程阶段，包括适用的设计和开发评审。根据设计和开发活动的性质、持续时间和复杂程度不同，设计和开发过程的阶段有所不同。例如：硬件产品的设计可以包括方案设计、初步设计、详细设计、工艺设计、样机试制、设计定型（验证）、生产定型（确认）、小批量生产等阶段；而软件产品可分为需求分析、概要设计、详细设计、编程、测试和验收等阶段。

③ 所需的设计和开发验证、确认活动。作为要求的一部分，策划还应该包括如何开展设计和开发的验证、设计和开发的确认活动的安排，为确保输出的产品和服务满足输入要求、规定用途或预期用途。

④ 设计和开发过程涉及的职责和权限。组织应明确要做什么，确定针对具体的产品和服务设计和开发阶段的活动内容，同时要明确谁去做，确定参与设计开发各个阶段工作的人员的分工及职责和权限。

⑤ 所需的内部、外部资源。包括各领域的设计人才、各种设计软件、设计用电子设备、型式试验设备等。这些资源可能来自组织内部，也可能来自组织外部（如产学研合作）。

⑥ 参与人员之间接口的控制需求。对于多个项目组参加的设计开发或有外包设计开发的情况，特别要注意明确承担设计和开发不同任务人员之间的接口与沟通，应考虑参与的人数和最有效的信息共享方式。

⑦ 顾客及使用者参与的需求。顾客和用户在设计和开发活动中可能的参与，例如顾客调研或邀请使用者试用样品。

⑧ 对后续产品和服务提供的要求。诸如材料采购标准、在生产过程中所使用的工卡模具、标准件清单，以及有关产品的包装和防护要求，还有是否需要安装、调试、培训等。

⑨ 顾客和其他有关相关方所期望的对设计和开发过程的控制水平。例如医疗设备或飞机的安全检查。如果顾客或最终用户没有确定明确的控制，组织应确定哪些控制是必要的，同时考虑产品和服务的性质。

⑩ 证实已经满足设计和开发要求所需的成文信息。为了确认是否满足了设计和开发的要求，组织应提前策划所需的文件和记录，或其他所需的客观证据。需要保留客观证据以证明适时进行了设计和开发的评审、验证和确认。一方面，如果设计和开发出现了非预期的结果，应保留成文信息，以有助于识别所发生的问题；另一方面，当设计和开发实现了预期结果，保留的成文信息则可作为组织的知识，成为未来的良好示例。

> **GB/T 19001—2016 质量管理体系　要求**
>
> 8.3.3　设计和开发输入
>
> 组织应针对所设计和开发的具体类型的产品和服务,确定必需的要求。组织应考虑:
>
> a) 功能和性能要求;
> b) 来源于以前类似设计和开发活动的信息;
> c) 法律法规要求;
> d) 组织承诺实施的标准或行业规范;
> e) 由产品和服务性质所导致的潜在的失效后果。
>
> 针对设计和开发的目的,输入应是充分和适宜的,且应完整、清楚。
>
> 相互矛盾的设计和开发输入应得到解决。
>
> 组织应保留有关设计和开发输入的成文信息。

【理解要点】

(1) 设计和开发输入是实施设计和开发活动的依据和基础。设计和开发输入的准确性、全面性与适宜性对设计和开发输出结果的正确性有着决定性的作用。输入的内容决定着后续过程的组织实施、资源的配备及设计开发输出的结果。如果输入不充分,可能会导致产品和服务不符合要求,如:在设计汽车时如果没有考虑到可能出现 $-40\,℃$ 的温度,会导致汽车在这种温度下不能使用。

(2) 设计和开发输入的主要内容是与产品和服务有关要求的信息。其中最主要考虑的信息应该是顾客的需要,包括顾客所期望的但没有表述出来的愿望或潜在的需求。组织应针对所设计和开发的具体类型的产品和服务,确定必需的要求。具体内容包括以下几个方面:

① 功能和性能的要求。功能是产品在使用条件下的作用,如电冰箱的功能是冷冻和冷藏物品。性能是产品达到功能应具有的特性,如冰箱的制冷效果与效率是其性能的表现。不同的冰箱的功能是相同或相近的,但其性能可能是千差万别的。功能和性能方面的信息主要来自"8.2 产品和服务的要求"的输出。

② 来源于以前类似设计和开发活动的信息。这些信息可以帮助组织提高设计和开发的有效性,并使组织通过借鉴以往类似设计的经验,不断完善设计和开发活动,甚至创造出更佳的设计开发的实践样板,也可以帮助组织避免和减少设计和开发中的错误。在对原有产品和服务进行升级换代的开发活动中,这种输入是很有益的。

③ 法律、法规要求。包括与产品和服务直接相关的法律、法规要求,例如安全法规、食品卫生法律;或与该产品和服务提供有关的法律、法规要求,例如生产过程、运输或者其他交付机制。

④ 组织承诺实施的标准或行业规范。如行业的惯例,健康和安全标准等。

⑤ 由产品和服务性质所导致的潜在的失效后果。这些产品和服务的失效后果大到可能致命(如举办某个大型活动时道路交通安全的策划不周全可导致事故),小到可能导致顾客不满意(如织物的颜料不稳定导致褪色或掉色)。

(3) 针对设计和开发的目的,输入应是充分和适宜的。设计和开发输入应该考虑的内容要齐全清晰,对于顾客所期望的但没有表述出来的愿望要关注和考虑;设计和开发输入要求的设定要合理,在现阶段要能实现。设计和开发输入还应完整、清楚。

(4) 设计和开发输入不能相互矛盾。如果输入要求发生冲突，例如确定是优先增强性能还是环境友好，组织应该实施活动，以解决这些问题。

(5) 组织应保留有关设计和开发输入的成文信息，用于以后的验证活动。对于制造业设计和开发输入通常是设计任务书，而对于服务业则通常是服务提要。

GB/T 19001—2016 质量管理体系　要求

8.3.4　设计和开发控制

组织应对设计和开发过程进行控制，以确保：

a) 规定拟获得的结果；

b) 实施评审活动，以评价设计和开发的结果满足要求的能力；

c) 实施验证活动，以确保设计和开发输出满足输入的要求；

d) 实施确认活动，以确保形成的产品和服务能够满足规定的使用要求或预期用途；

e) 针对评审、验证和确认过程中确定的问题采取必要措施；

f) 保留这些活动的成文信息。

注：设计和开发的评审、验证和确认具有不同目的。根据组织的产品和服务的具体情况，可以单独或以任意组合进行。

【理解要点】

(1) 在确定了输入后，组织应按照计划实施并控制设计和开发活动，以确保设计和开发过程有效。评审、验证和确认活动是控制设计和开发过程中必不可少的，需要得到有效执行。

(2) 规定拟获得的结果。参与设计和开发活动的所有人员都应知道并充分了解顾客和最终用户的需求和预期最终输出。应综合考虑与这些要求的偏差，例如进行策划以提高产品的性能，需要依照易于使用等因素加以考虑。

(3) 实施评审活动。ISO 9000 标准对"评审"的定义是：对客体实现所规定目标的适宜性、充分性或有效性的确定。设计和开发评审就是确定设计和开发的结果的适宜性、充分性和有效性，确保设计和开发的各个阶段的结果具有满足要求的能力。

评审在设计和开发的适当阶段进行，可以贯穿设计和开发全过程。对于制造业可分为初步设计评审、技术设计评审、工艺设计评审、最终设计评审等；对于服务业主要是针对编制的规范进行评审。除了设计和开发人员本身，评审可能也包括参与产品生产或服务的人员，以及相关顾客、最终用户和供应商。

(4) 实施验证活动。ISO 9000 标准对"验证"的定义是：通过提供客观证据对规定要求已得到满足的认定。设计和开发验证就是通过对设计和开发输出的证据进行的认定活动，以确保在设计和开发过程的开始阶段确定的所有要求得到满足。可以对最终的设计和开发输出开展验证活动，也可以对某些阶段的设计和开发输出开展验证活动。

组织可以使用很多方法来验证设计和开发活动，如：

① 变换方法进行计算；

② 将新设计和开发与已证实的类似设计和开发进行比较；

③ 开展测试和鉴定；

④ 对发放前的设计和开发阶段文件进行评审（服务业通常采用的验证方法）。

(5) 实施确认活动。ISO 9000 标准对"确认"的定义是：通过提供客观证据对特定的预期用途或应用要求已得到满足的认定。设计和开发确认,通常是确定产品和服务是否能够满足使用要求或已知的预期用途要求的活动。

在一般情况下,确认活动需要在产品和服务的使用条件或环境下进行,这种条件或环境可以是真实的,也可以是模拟的。可包括：

① 营销试用(如药品的临床试验、样机试用)；
② 运行测试(如机车车辆在试验场的试车)；
③ 在预期用户条件下进行模拟和测试(如对一辆汽车在最高和最低的外部设计温度下的极限性能的测试)；
④ 部分模拟或测试(例如测试建筑物抗震能力)；
⑤ 提供反馈的最终用户测试(如软件项目)。

(6) 设计和开发的评审、验证和确认具有不同的目的,组织可以根据自己策划的结果,对设计和开发进行单独或任意组合的方式实施。例如对样机进行实验,可能既有验证的内容也有确认的内容。无论组织如何实施,应确保能满足标准对评审、验证、确认的要求。设计和开发评审、验证和确认的关系见图 3-1。

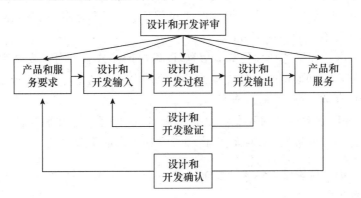

图 3-1 设计和开发评审、验证和确认的关系

(7) 如果评审、验证和确认活动揭示出某些问题,组织应该确定解决这些问题需要采取的措施。这些措施的有效性应该作为今后评审的一部分。

(8) 组织应保留设计和开发控制活动的成文信息,作为按照计划开展了设计和开发活动的证据。包括评审、验证和确认活动及发现的问题,以及针对问题进行改进的措施的成文信息。

GB/T 19001—2016 质量管理体系　要求

8.3.5　设计和开发输出

组织应确保设计和开发输出：

a) 满足输入的要求；
b) 满足后续产品和服务提供过程的需要；
c) 包括或引用监视和测量的要求,适当时,包括接收准则；
d) 规定产品和服务特性,这些特性对于预期目的、安全和正常提供是必需的。

组织应保留有关设计和开发输出的成文信息。

【理解要点】

(1) 设计和开发的输出是设计和开发过程的结果,其输出的具体结果,无论是阶段性结果还是最终结果,均应能满足输入的要求,并可以根据设计和开发的输入进行验证。

(2) 设计和开发的输出形式因设计要求、产品和服务性质的不同而不同。硬件制造业通常包括图纸、技术要求、计算书、说明书、采购清单、验收标准、样机等;流程性材料通常包括产品配料、配比方案、技术要求等;服务业通常包括三大规范,即服务规范、服务提供规范、服务质量控制规范。

(3) 设计和开发的输出结果需满足如下要求:

① 满足输入的要求,能够实现产品设计和开发活动的预期目的;

② 给出后续的采购、生产和服务提供过程的必要信息,设计输出的内容可以包括用于采购、生产、安装、检验和服务方面的要求。其中在与生产和服务提供过程有关的信息中也可以包括产品防护方面的具体要求,如对于电子元器件的防静电的具体要求。

③ 包括或引用监视和测量的要求,适当时,明确接收准则,给出产品和服务是否符合要求的判定依据。如果设计和开发的产品和服务已经存在相应的接收准则(如国家或行业的产品标准、检验规程等),则设计和开发输出中可直接对适用的接收准则加以引用;如果国家或行业没有适用于的接收准则,则组织在设计和开发该产品和服务时,应制定适用的接收准则,作为设计和开发输出的组成部分。

④ 给出有关产品和服务特性的基本信息,以确保产品或服务可以安全和合适的方式生产或提供,并详细说明如何使用产品或服务。如家用电器中的绝缘要求、药品的适用症及其禁忌方面的信息、存放食品、如何清洁产品。

(4) 组织应保留有关设计和开发输出的成文信息,包括产品和服务清单、产品图样、计算书、产品和服务的接收准则、采购标准、产品安全使用说明书等。

GB/T 19001—2016 质量管理体系　要求

8.3.6　设计和开发更改

组织应对产品和服务在设计和开发期间以及后续所做的更改进行适当的识别、评审和控制,以确保这些更改对满足要求不会产生不利影响。

组织应保留下列方面的成文信息:

a) 设计和开发更改;

b) 评审的结果;

c) 更改的授权;

d) 为防止不利影响而采取的措施。

【理解要点】

(1) 组织应识别所需的设计和开发更改。更改可能源自质量管理体系中的任一活动,也可能发生在任一阶段,包括在设计和开发过程实施期间以及在设计和开发输出发布和批准之后。一般来说,设计和开发的更改可能由"8.2.4 产品和服务的要求的更改"引发,也可能是因为设计和开发结果有错误,也可能是设计和开发评审、验证和确认活动引发的后续改进措施。

(2) 对于识别的任何设计和开发的更改信息,组织要根据设计和开发更改的性质、具体情况及更改可能造成的影响程度安排适当的评审。对设计和开发更改的评审不但应包括更改本身是否满足相关的设计和开发要求,还应该评审更改对产品其他组成部分的影响和对已交付产品的影响。如对设备中某一部件尺寸的更改,将会导致与之配合的其他部件尺寸的更改,以至于影响到设备性能的改变;同时也可能会影响到已交付的同型号设备对这一部件的互换性。更改的影响可能会涉及合同、工艺、采购、售后服务,评审时应予以注意。

(3) 所有设计和开发的更改在正式实施前均应严格控制,以确保这些更改对满足要求不会产生不利影响。组织可以根据自己的实际,对不同的更改授权或指定不同的批准人。

(4) 组织应保留下列方面的成文信息:

① 设计和开发更改,包括更改理由和更改的具体实施;

② 评审的结果,包括更改内容,更改的影响及范围,如何和由谁实施更改,等等;

③ 更改的授权,包括授权何人批准更改,或有权做出更改决定的关联机构;

④ 为防止不利影响所采取的措施,包括对更改可能带来的风险或影响的具体控制措施要求等。

GB/T 19001—2016 质量管理体系　要求

8.4　外部提供的过程、产品和服务的控制

8.4.1　总则

组织应确保外部提供的过程、产品和服务符合要求。

在下列情况下,组织应确定对外部提供的过程、产品和服务实施的控制:

a) 外部供方的产品和服务将构成组织自身的产品和服务的一部分;

b) 外部供方代表组织直接将产品和服务提供给顾客;

c) 组织决定由外部供方提供的过程或部分过程。

组织应基于外部供方按照要求提供过程、产品和服务的能力,确定并实施外部供方的评价、选择、绩效监视以及再评价的准则。对于这些活动和由评价引发的任何必要的措施,组织应保留成文信息。

【理解要点】

(1) 外部供方是指组织以外的提供过程、产品或服务的组织,诸如制造商、批发商、产品或服务的零售商或商户。对外部供方控制的目的是确保外部提供的过程、产品和服务符合要求。

(2) 外部提供过程、产品和服务的控制关注所有形式的外部提供,无论是从供方购买的,或通过下属公司安排的,或通过外包实现的。

① 由外部供方提供的过程、产品和服务,将构成组织自身的产品和服务的一部分。例如,由外部供方提供的食材,以制作菜肴;由外部供方提供零件,以制造电子产品;由外部供方提供的工具,用于维修设备;由外部供方提供的打印纸,用于打印文件;等等。

② 由外部供方提供的产品和服务,代表组织直接交付给顾客。例如,某些企业提供产品和服务要求,委托外部供方贴牌加工,由外部供方将产品代表组织直接提供给顾客,负责最终运作。

③ 组织决定由外部供方提供过程或部分过程。这种情况也是外包,与第二种情况不同的是外包过程不是最终运作,而是组织的中间运作。如某建筑公司将设备安装过程分包或

将安装过程中的吊装委托外部供方实施;物业公司将保安、保洁委托外部供方提供。

(3) 对外部供方的控制应根据外部供方提供的过程、产品和服务的能力,确定选择、评价、绩效监视以及再评价的准则并加以实施。选择评价外部供方的准则通常会考虑质量的因素、价格的因素、交付能力的因素、服务的因素、社会的信誉等。

评价的方法可以书面调查、现场调查、招标等方式,评价的内容通常包括:

① 评价外部供方的产品和服务质量,如样品试用,对产品进行质量检测或试验,验证产品和服务质量是否满足要求;

② 评价外部供方的质量保证能力,如开展第二方审核、对过程评价、现场调查了解实际能力等;

③ 评价外部供方的质量业绩,如顾客满意测量结果、与产品和服务有关的历史业绩;

④ 评价外部供方的交付能力,如外部供方的规模、生产设备、生产周期、生产组织实施满足订单的能力;

⑤ 评价外部供方提供产品和服务的价格是否合理,如提供竞争性报价;

⑥ 评价外部供方服务态度、合作意愿等。

(4) 通过监视外部供方的绩效,如采购物资的一次验收合格率、及时交付率、订单满足率、应急服务及时响应率等,为再评价提供信息输入。对外部供方的再评价可以确定优秀、良好、合格、不合格等级,以便对外部供方采取激励措施,促进外部供方的改进,发现和培育优秀外部供方,淘汰不合格外部供方,鼓励合格外部供方不断改进。

(5) 对外部供方的评价、选择、绩效监视以及再评价活动和由评价引发的任何必要的措施,组织均应保留所需的成文信息。

> **GB/T 19001—2016 质量管理体系 要求**
>
> 8.4.2 控制类型和程度
>
> 组织应确保外部提供的过程、产品和服务不会对组织稳定地向顾客交付合格产品和服务的能力产生不利影响。
>
> 组织应:
>
> a) 确保外部提供的过程保持在其质量管理体系的控制之中;
>
> b) 规定对外部供方的控制及其输出结果的控制;
>
> c) 考虑:
>
> 1) 外部提供的过程、产品和服务对组织稳定地满足顾客要求和适用的法律法规要求的能力的潜在影响;
>
> 2) 由外部供方实施控制的有效性;
>
> d) 确定必要的验证或其他活动,以确保外部提供的过程、产品和服务满足要求。

【理解要点】

(1) 组织应确保外部提供的过程、产品和服务不会对组织稳定地向顾客交付合格产品和服务的能力产生不利影响。

(2) 组织应确保外部提供的过程保持在其质量管理体系的控制之中。组织所选择的外包过程应是组织质量管理体系以及运行过程所需的过程或部分过程。例如,建筑施工企业工程项目分包策划包括:对分包方的施工方案进行审批;对施工前的各项准备如设备、人员资质进行验证;对施工人员进行技术和安全交底;对施工过程进行质量监督;对分包项目组织验收,分包方提供的施工过程在组织的质量管理体系的控制之中。

(3) 组织应采取基于风险的方法,规定对外部供方和外部供方提供的过程、产品和服务的控制类型和程度。通常对外部供方提供的过程、产品和服务进行重要性 ABC 分类,以便采取不同的对外部供方和外部供方提供的过程、产品和服务的验证方式。可采取的外部供方的控制方式包括绩效评价与反馈、第二方审核;对输出结果的控制采用验证质量证明文件、进货检验、委托检验、数据统计分析等。

(4) 在确定对外部供方和外部供方提供的过程、产品和服务的控制类型和程度时:一是需要考虑外部提供过程、产品和服务对组织稳定地满足顾客要求和适用的法律法规要求的能力的潜在影响。对于一些对组织最终产品和服务或过程有重要影响的或价值较高的材料、零部件或外包的过程的控制应适当从严。二是需要考虑对外部供方实施控制的有效性的感知。

(5) 组织可以通过诸如以下方法感知对外部供方控制的有效性:

① 评价产品和服务的绩效(对采购产品的进货检验、检查保洁服务后的情况);

② 通过评价外部供方的运作环境(检查生产线上设备和工具的维修状况、检查生产线上的关键控制点、检查人员工作态度、技能);

③ 大多数组织有某种形式的监视和测量,可以是对所订购的产品和服务的简单检查,或是对外部供方的情况检查等。

(6) 基于以上考虑,确定必要的验证或其他活动,以确保外部提供的过程、产品和服务满足要求。

GB/T 19001—2016 质量管理体系　要求

8.4.3　提供给外部供方的信息

组织应确保在与外部供方沟通之前所确定的要求是充分和适宜的。

组织应与外部供方沟通以下要求:

a) 需提供的过程、产品和服务;

b) 对下列内容的批准:

1) 产品和服务;

2) 方法、过程和设备;

3) 产品和服务的放行;

c) 能力,包括所要求的人员资格;

d) 外部供方与组织的互动;

e) 组织使用的对外部供方绩效的控制和监视;

f) 组织或其顾客拟在外部供方现场实施的验证或确认活动。

【理解要点】

(1) 组织应确保在与外部供方沟通之前所确定的与外部供方所提供的过程、产品和服务有关要求的信息是充分和适宜的。其与外部供方所提供的过程、产品和服务有关要求的信息的详略程度取决于外部供方提供的过程、产品和服务对组织稳定地向顾客交付合格产品和服务的能力产生的潜在影响的风险程度。

(2) 组织应与外部供方沟通以下要求：

① 需提供的过程、产品和服务，如以合同、订单、采购计划或协议等形式明确的要求。

② 对下列内容的批准：产品和服务，如要求供方按生产件批准程序 PPAP 进行产品和服务的提供；方法、过程或设备的批准，即对外部供方提供的过程所采取的工艺、设备或方法的批准，如建筑施工企业分包方施工方案的批准；产品和服务的放行，如明确外部供方产品和服务的验证要求、验证方式及放行方式。

③ 人员能力包括所需的资质。例如，焊接过程所需的人员能力和资质，运输服务车辆驾驶员的能力和资质等。

④ 外部供方与组织的互动。例如，外包是制造过程的一部分，如装配过程、检测过程等，组织应告知外部供方，这些过程在组织的质量管理体系的位置，以及这些过程的前后过程是什么、所需的输入和输出、所需的控制等。

⑤ 组织使用的对外部供方绩效的控制和监视的规定或要求，以便组织正常开展对外部供方的绩效的控制和监视。所获得的有关外部供方绩效的控制和监视信息，被组织用于评价。

⑥ 组织或其顾客拟在外部供方现场实施的验证或确认活动。对于订购的产品和服务，如果需要在外部供方的现场进行监视和测量，这些安排应在订单中描述。如果顾客希望在外部供方的现场检查产品，需要在与顾客的合同和与外部供方的订单中说明。

GB/T 19001—2016 质量管理体系　要求

8.5 生产和服务提供

8.5.1 生产和服务提供的控制

组织应在受控条件下进行生产和服务提供。适用时，受控条件应包括：

a) 可获得成文信息，以规定以下内容。

1) 拟生产的产品、提供的服务或进行的活动的特性；

2) 拟获得的结果。

b) 可获得和使用适宜的监视和测量资源。

c) 在适当阶段实施监视和测量活动，以验证是否符合过程或输出的控制准则以及产品和服务的接收准则。

d) 为过程的运行提供适宜的基础设施，并保持适宜的环境。

e) 配备胜任的人员，包括所要求的资格。

f) 若输出结果不能由后续的监视或测量加以验证，应对生产和服务提供过程实现策划结果的能力进行确认，并定期再确认。

g) 采取措施防止人为错误。

h) 实施放行、交付和交付后活动。

【理解要点】

(1) 生产和服务提供对于提供有形产品的组织，是指其产品加工、制造、交付或包括交付后的过程；对于提供服务的组织，是指其服务项目提供的过程。无论是哪种组织，都应针对组织的具体情况及产品和服务的特点确定并采取适宜的措施，在受控条件下进行生产和服务提供。

（2）实施生产和服务提供活动的人员应获得规定或描述所生产的产品、提供的服务或进行的活动的特性有关的成文信息，以及生产和服务提供的输出拟达到的结果的成文信息，以作为实施生产和服务提供活动的依据。这些信息可以体现为不同的形式，如生产计划、产品技术规范、图纸、图样、样板、服务规范、作业指导书及产品和服务的验收标准等。

（3）配备和使用生产和服务提供过程所需要的监视和测量资源，以便在生产和服务提供过程中及时监控相应的过程特性、产品和服务特性的变化，将它们控制在规定的范围内。例如，在热处理过程中配备的热电偶，监视供热处理过程中工艺温度的变化；配备检测设备或量具，检测过程产品质量是否合格。

（4）在适当阶段实施监视和测量活动，以验证是否符合过程或输出的控制准则以及产品和服务的接收准则。生产和服务过程的监视测量活动包括对产品和服务特性、过程参数、作业人员、作业过程活动、过程运行环境等方面的监控。如按照工艺文件规定对热处理过程的温度、时间等参数进行的监控；车间对半成品进行过程检验；银行对柜台作业、服务大厅的远程监控。

（5）为过程的运行提供适宜的基础设施，并保持适宜的环境。基础设施包括生产设备、工具、服务设施、供电、供水、供气、照明、通风、消防等；环境包括物理环境（温度、湿度、卫生等）、人文环境。这里"适宜"的含义是指基础设施和环境要求应满足生产和服务过程的要求，是从设备的功能、精度及设备和环境的运行状况角度提出的要求，而 7.1.3 基础设施和 7.1.4 过程运行环境是从资源配置和管理维护角度提出的要求。

（6）人力资源是生产和服务要素中的首要资源，生产和服务提供需要配备胜任的人员，包括所要求的资格。如电焊作业人员的能力，对焊接质量至关重要，电焊工应该经过严格培训，具备经验才能上岗。学校老师必须经过严格培训具备教学能力，取得教师资格证才能上岗。

（7）若输出结果不能由后续的监视或测量加以验证，应对生产和服务提供过程实现策划结果的能力进行确认，并定期再确认。

需要确认的过程通常可能包括如下情况：

① 不能通过对产品和服务的监视或测量得出其是否满足要求的结论。如往金属管件中放置放射性原料后再焊接密封，焊接完成后是无法检验是否有泄漏的，对这样的过程控制必须前置，在事前对其能力进行确认。

一些服务过程，在组织与顾客接触时就完成了服务的提供，不可能在进行检验或检查确认是否符合要求后再交付。如宾馆里前台的服务员在与顾客接触的过程，已完成顾客的入住服务。可以通过对接待流程、服务员的能力、必备的设备设施等能力进行控制与确认，确保服务质量满足要求。

② 在测量过程中会导致产品的毁坏。如对焊接的强度进行测试，则需要对其带来损伤，才能完成测试；对电冰箱箱体保温层发泡质量是否满足要求进行测试时，也需要对其进行破拆，取出发泡材料才可完成测试。由于这些过程不可能在对产品——完成测试后再去交付，因此有必要在过程实施之前进行确认，确保过程能力满足要求，最终确保产品满足要求。

③ 有些生产和服务提供过程中存在的问题，是在产品使用后或服务交付后才显现出来的，例如，建筑装修中屋面防水质量在施工过程中不能完全加以验证，如果存在渗水问题，也

是要在交付使用之后才会显现,这样的过程也是需要进行确认的。

确认是证实过程具备实现所策划结果的能力,过程能力通常涉及过程中的人、机、料、法、环等相关因素,确认应在这类过程正式运行前进行,并定期再确认。确认的方式通常采取成熟经验的评审或新工艺试验,如焊接工艺评定,通过对过程能力的认定和控制保证过程结果满足要求。

(8) 组织在过程、设施、设备和工具的规划和设计时应使用合适的防错方法,积极开发和应用防错系统,防范操作者在生产和服务提供过程中,因操作不当发生错误。例如,机械制造企业在进行冲压作业时可利用模具防止差错;银行在客户设置密码时,要求重复两次输入,防止人为错误。

(9) 组织根据规定也要对产品或服务放行、交付和交付后的活动进行控制。这里讲的"放行",是指生产和服务过程各阶段产品和服务的转序的活动,包括应实施的对产品和服务的验证活动的安排,应按条款 8.6"产品和服务的放行"的要求实施控制。"交付"是指组织与顾客交接产品和服务有关的活动(如将产品交付给顾客的送货上门)。"交付后的活动"主要是指售后服务,许多产品和服务都承诺提供售后服务和维护,应执行条款 8.5.5"交付后活动"的控制要求。

GB/T 19001—2016 质量管理体系　要求

8.5.2　标识和可追溯性

需要时,组织应采用适当的方法识别输出,以确保产品和服务合格。

组织应在生产和服务提供的整个过程中按照监视和测量要求识别输出状态。

当有可追溯要求时,组织应控制输出的唯一性标识,并应保留所需的成文信息以实现可追溯。

【理解要点】

(1) 需要时,组织应采用适当的方法识别输出,以确保产品和服务合格。过程的输出是提供产品或服务的结果,可以是采购过程输出的原材料,也可以是半成品、零部件和最终产品,也可以是服务或某一过程的结果。

(2) 在产品或服务容易混淆时要采用适宜的方法识别产品或服务。适宜的方法应能区别产品或服务的不同特征,如类型、材质、尺寸、形状、生产厂家以及产品技术状态等。如不同克重的纸放在一起,很难直接识别,则需要对其克重等特性进行标识。并非所有的产品或服务都需要标识。

(3) 在产品和服务提供的整个过程中,所有产品和服务的监视测量的状态(结果)都必须要能够识别,以防止不同状态的混淆,尤其要防止未经检验或不符合要求的产品和服务被错误地放行或交付使用。

监视和测量状态通常包括待检、已检待定、合格和不合格。例如,检验合格的产品加施合格标签或存放在不同的区域表明了产品的合格状态;物业对小区进行的定时检查后,在规定记录栏或表格中记录相关信息,表明其安全、卫生等状态。

(4) 当组织、顾客或法律法规有追溯性要求时,输出应有唯一性标识。例如,对最终产品可通过唯一性标识追溯原材料和部件的来源、加工过程的历史、产品交付后的分布和场所。组织应保留所需的成文信息以实现可追溯。

(5) 识别和标识的方法多种多样,如编号、条形码、标签、标牌、记录、标记、印章、颜色、铭牌、区域、操作人员或服务人员姓名、软件包的修订状态和版本号等。

(6) 三类标识的区别:

① 作用不同。产品或服务标识和唯一性标识为了防止不同特征的产品或服务混淆和实现可追溯性;状态标识是为了防止产品或服务不同监视和测量状态的混淆。

② 必要性不同。产品或服务标识和唯一性标识不是必需的,只在可能发生混淆和有可追溯要求的情况下采用;状态标识则是必需的,只要有监视和测量活动,就必须有状态标识。

③ 可变性不同。产品或服务标识不发生改变,有可追溯性要求时要有唯一性标识;状态标识随产品或服务监视和测量状态的改变而改变。

GB/T 19001—2016 质量管理体系 要求

8.5.3 顾客或外部供方的财产

组织应爱护在组织控制下或组织使用的顾客或外部供方的财产。

对组织使用的或构成产品和服务一部分的顾客和外部供方财产,组织应予以识别、验证、保护和防护。

若顾客或外部供方的财产发生丢失、损坏或发现不适用情况,组织应向顾客或外部供方报告,并保留所发生情况的成文信息。

注:顾客或外部供方的财产可能包括材料、零部件、工具和设备以及顾客的场所、知识产权和个人资料。

【理解要点】

(1) 顾客或外部供方的财产是指所有权归属顾客和外部供方的财产,可能包括材料、零部件、工具和设备以及顾客的场所、知识产权和个人资料。本条款的目的是爱护顾客或外部供方的财产,保证其在组织控制下或组织使用时不受到损坏,这也体现了"关系管理"的思想。

(2) 组织要充分识别生产和服务过程中涉及的顾客和外部供方的财产。例如,物业管理中有大量的顾客财产,从房产、设备、设施、业主车辆,到业主提供的维修用材料配件、委托收发的报刊信件、业主丢失物品,以及工程维修服务时业主家的墙面、地面和设施等;供应商和服务承包方等外部供方的财产,如供方材料周转箱、知识产权等。

(3) 组织在接受顾客或外部供方的财产时应进行验证(如数量、品质、规格型号等),以确保其是适用的;要对顾客和外部供方的财产采取适当的保护措施,防止在组织控制下或组织使用过程中损坏、丢失;还要对顾客或外部供方的财产进行适当的维护,如对顾客或外部供方提供的生产设备定期维护和保养。

(4) 当顾客或外部供方的财产发生丢失、损坏或发现不适用时,组织不能擅自处理,应该及时向顾客或外部供方报告,说明有关情况,并协商解决。组织应保留所发生情况的成文信息。

GB/T 19001—2016 质量管理体系 要求

8.5.4 防护

组织应在生产和服务提供期间对输出进行必要的防护,以确保符合要求。

注:防护可包括标识、处置、污染控制、包装、储存、传输或运输以及保护。

【理解要点】

（1）防护是在生产和服务提供期间需要考虑的受控条件之一。组织应确定可影响产品或服务符合性的输出，实施适当的防护措施，以防止生产和服务提供过程中的任何输出遭到损坏，确保这些输出符合要求。输出包括原材料、半成品、零部件和最终产品，以及服务或某一过程的结果。

（2）防护可包括标识、处置、污染控制、包装、储存、传输或运输以及保护。

① 标识。防护性或警示性标识，如加施必要的包装标识、运输过程中的防护标识。如产品包装上的易碎标识，可以用来向有关人员和顾客说明运输和搬运中的防护性要求。

② 处置。某些产品和服务在提供的不同阶段，需要进行防护性的处置，如金属部件防止生锈、在交付的产品上设置保护膜防止划伤。

③ 污染控制。对于某些产品（如食品），必须防止产品提供的各个阶段受到污染，确保产品的符合性。服务性行业在服务提供过程中应考虑环境的影响，如医院防止交叉感染。

④ 包装。针对产品特性和顾客的要求，考虑有利于产品的搬运和贮存的要求，选取适宜的包装材料和控制程序。如易燃易爆物品的包装要求使用特定的容器，否则不允许运输。

⑤ 贮存。建立仓储制度，对贮存产品进行必要的标识、出入库管理、保管、放置、维护管理，保证在适当的设施和环境条件下贮存产品，防止产品在贮存过程中变质或损坏。如食品应在规定的温度下冷藏。

⑥ 传输或运输。针对软件或信息的传输，应防止在传输过程中失密、失窃、丢失、损坏；针对硬件或流程性材料在运输过程中，应采取防止雨淋、损坏、丢失或被盗的措施。

⑦ 保护。在生产和服务提供期间，采取合适的措施以防止产品受到伤害或损坏，如新楼销售过程中，往往会对电梯内部加装一些保护层，防止电梯内饰受到损坏。

> **GB/T 19001—2016 质量管理体系　要求**
>
> 8.5.5　交付后的活动
>
> 组织应满足与产品和服务相关的交付后活动的要求。
>
> 在确定所要求的交付后活动的覆盖范围和程度时，组织应考虑：
>
> a) 法律法规要求；
>
> b) 与产品和服务相关的潜在不良的后果；
>
> c) 产品和服务的性质、使用和预期寿命；
>
> d) 顾客要求；
>
> e) 顾客反馈。
>
> 注：交付后活动可能包括保证条款所规定的措施、合同义务（如维护服务等）、附加服务（如回收或最终处置等）。

【理解要点】

（1）一般来说，产品和服务提供的交付活动是在顾客的接触面上实现的，交付的形式有多种，包括实物交付、传递、电子文件的交付、网络交付，对一些特定的组织而言，也包括知识传授。交付后的活动往往是在组织与顾客前期的约定（合同）中明确的，或者是组织必须履行的法律义务。这些要和条款8.2.2一道明确。

（2）组织在确定所需的交付后活动时，应考虑法律法规要求、风险、产品和服务的性质、

产品和服务的使用和预期寿命、顾客要求及顾客反馈。交付后活动可以是:
① 顾客回访,确认他们是否满意产品或服务;
② 现场安装设备和处理顾客的旧设备;
③ 履行合同安排,如保修或技术支持;
④ 回复顾客对产品和服务的咨询;
⑤ 回收或最终处置;
⑥ 顾客在产品和服务使用过程中可能出现意外等不良后果的处置。

(3)"交付后活动"的要求可以是组织向顾客承诺提供的售后服务和维护,也可以是顾客向组织提出的要求,这些要求也是合同的一部分。组织如果承诺满足这些要求,则需要对服务哪些项目、由谁去服务、如何服务、必须配备哪些设备等做出安排。

GB/T 19001—2016 质量管理体系 要求

8.5.6 更改控制

组织应对生产和服务提供的更改进行必要的评审和控制,以确保持续地符合要求。

组织应保留成文信息,包括有关更改评审结果、授权进行更改的人员以及根据评审所采取的必要措施。

【理解要点】

(1)本条款针对的是在生产和服务提供期间发生的更改,这些更改会影响到产品和服务的符合性。例如生产计划的更改、顾客要求的更改、法律法规要求或产品和服务标准的更改、外部供应延迟交付或质量问题、关键设备失效等。组织应通过控制这些更改、评审采取的措施的影响,确保保持生产和服务提供的完整性。

(2)对于任一更改,组织应评审更改的风险,使用系统而广泛的方式来控制风险。典型的控制更改的活动包括:
① 评审;
② 实施前的验证或确认;
③ 批准(包括顾客授权,适当时);
④ 实施措施,包括更新质量管理体系的要素。

(3)在对更改进行控制时,应保留成文信息,包括有关更改评审结果、授权进行更改的人员以及根据评审所采取的必要措施。例如,评审活动的纪要、验证和确认结果、更改描述、包括授权实施变更的人员(含顾客,适当时)。

GB/T 19001—2016 质量管理体系 要求

8.6 产品和服务的放行

组织应在适当阶段实施策划的安排,以验证产品和服务的要求已得到满足。

除非得到有关授权人员的批准,适用时得到顾客的批准,否则在策划的安排已圆满完成之前,不应向顾客放行产品和交付服务。

组织应保留有关产品和服务放行的成文信息。成文信息应包括:
a) 符合接收准则的证据;
b) 可追溯到授权放行人员的信息。

【理解要点】

（1）本条款旨在要求组织在放行和交付产品和服务之前，根据策划好的验收准则（条款8.1），验证产品和服务是否满足要求，确保只有满足要求的产品和服务才能够放行和交付。

（2）产品和服务的验证不仅仅针对产品和服务的特性，还包括对产品和服务的其他要求，如供货数量、交货期、服务员的服务态度等。验证的对象应包括生产和服务全过程中适当阶段的输出，如外部提供的产品和服务、过程中形成的半成品和成品、向顾客或其代表交付的最终产品和服务。

（3）在一般情况下，在所有策划安排的验证活动没有得以完成并获得满意的结果之前，产品或服务不得交付给顾客。但在特殊情况下，如果授权人员批准，适用时顾客批准可以提前放行产品和交付服务。

这是标准的一个特例，是标准通用性的体现，因为在一些特殊的情况下，确实存在对采购产品的紧急放行，对中间产品的例外转序，甚至是最终产品的特殊交付。这些过程是合理的，也是可行的，并不影响满足顾客要求和适用的法律法规要求。例如，有可靠的追回程序时对采购产品和中间产品的例外放行；宾馆客房服务中如果顾客要求，可不按程序对房间进行清理；应顾客要求，设计院在全部工程设计并未完成之前，提前将基础工程的图纸交付给顾客。以上这些特例如果按要求经授权人员批准，适用时顾客批准，可以是符合要求的，但违反了法律法规要求，则不能适用本条款。

（4）对产品和服务进行验证时，组织应依据接收准则来判断是否合格，并保留相应的成文信息（如检验记录等），以证实产品和服务是否符合规定的要求。信息应清楚地指明有权决定将产品和服务放行的人员（如检验员等），这些人员应对其做出的验证结果的真实性和可靠性承担责任。

（5）授权最终放行产品或服务的人员应可追溯。这可通过保留诸如批准人员的签名的成文信息来实现，或对实现特定准则后自动放行产品的总体授权（如网上销售的自动电子支付授权）的详细的成文信息来实现。产品或服务放行授权还可通过保留依据职位说明、权限级别或类似文件规定的适当人员的成文信息来确定。

GB/T 19001—2016 质量管理体系　要求

8.7　不合格输出的控制

　　8.7.1　组织应确保对不符合要求的输出进行识别和控制，以防止非预期的使用或交付。

组织应根据不合格的性质及其对产品和服务符合性的影响采取适当措施。这也适用于在产品交付之后，以及在服务提供期间或之后发现的不合格产品和服务。

组织应通过下列一种或几种途径处置不合格输出：

　　a) 纠正；

　　b) 隔离、限制、退货或暂停对产品和服务的提供；

　　c) 告知顾客；

　　d) 获得让步接收的授权。

对不合格输出进行纠正之后应验证其是否符合要求。

> 8.7.2 组织应保留下列成文信息,以:
> a) 描述不合格;
> b) 描述所采取的措施;
> c) 描述获得的让步;
> d) 识别处置不合格的授权。

【理解要点】

(1) 不合格输出是指未满足明示的、通常隐含的或必须履行的需求或期望的输出。在组织和顾客之间未发生任何交易的情况下,组织生产的不合格输出称为不合格品。

(2) 组织应确保对不符合要求的输出进行识别和控制,以防止其非预期的使用或交付。在某些情况下,组织的活动可能出现问题,因此需要有识别不合格输出并进行处置的过程,包括可能需要将不合格品隔离,或进行标记,确保能够区别合格的输出。当交付或使用后发现不合格品时,应采取适当的措施,包括告知其影响。

(3) 组织对不合格输出所采取的适当的措施应与不合格的性质及其对产品和服务的影响相适应。如果发现已将不合格产品交付顾客,或在服务提供期间或之后发现的不合格产品和服务,也应采取相适应的措施予以处置不合格。

(4) 组织应通过下列一种或几种途径处置不合格输出:

① 纠正,包括返工、返修、降级、改作他用、拒收、报废、赔偿、道歉等;
② 隔离、限制、退货(召回)或暂停对产品和服务的提供;
③ 告知顾客;
④ 获得让步接收的授权。

(5) 组织应在对不合格输出进行纠正之后,验证其是否符合要求。因为纠正之后,不合格的输出不一定就变成合格或可以使用,某些时候,采取的措施不当,可能结果反而更糟糕。例如,对加工后直径过小的零件进行返工,重新加工后,结果直径比标准要求大了很多,无法补救,只能报废,对此如不验证就予以放行或使用,必将造成严重后果。

(6) 组织应保留与不合格输出的控制有关的成文信息,以实施质量改进和创新积累信息。成文信息须包括以下内容:

① 有关不合格的描述,通常应记录:不合格发生的时间、场合、数量,不合格的内容、性质、严重程度,对后续的生产和服务提供的影响,是否造成经济损失或顾客投诉、责任部门或岗位,等等;
② 所采取措施的描述,根据不合格输出的性质及严重程度采取的措施,如返工、返修、降级、改作他用、拒收、报废、赔偿、道歉、隔离、限制、退货(召回)或暂停、让步接收等;
③ 获得让步的描述,让步是"对使用或放行不符合规定要求的产品或服务的许可",是对不合格产品或服务的预期使用、放行和接收的一种处置措施,但必须经过组织内有关的授权人员批准。在合同或口头约定的情况下,还需要经过顾客的批准,即与顾客协商,使顾客同意放行或接受虽然不合格但是可以使用的产品或服务;
④ 处置不合格的授权标识,处置不合格的人员应经过授权,保留签字、印章等标识,便于后续责任的追溯。

第七节 绩效评价

> **GB/T 19001—2016 质量管理体系　要求**
> 9　绩效评价
> 9.1　监视、测量、分析和评价
> 　9.1.1　总则
> 　组织应确定：
> 　a) 需要监视和测量什么；
> 　b) 需要用什么方法进行监视、测量、分析和评价，以确保结果有效；
> 　c) 何时实施监视和测量；
> 　d) 何时对监视和测量的结果进行分析和评价。
> 　组织应评价质量管理体系的绩效和有效性。
> 　组织应保留适当的成文信息，以作为结果的证据。

【理解要点】

(1) ISO 9000 标准对"监视"的定义是：确定体系、过程、产品、服务或活动的状态。确定状态可能需要检查、监督或密切观察，如观察服务人员的行为。对"测量"的定义是：确定数值的过程。测量过程是确定量值的一组操作，如进行检验、试验。为了确定是否实现预期的结果，组织需要进行监视和测量，并根据监视和测量的结果分析和评价质量管理体系的绩效和有效性。

(2) 为了有效地开展监视、测量、分析和评价，组织应从以下几个方面做好策划安排，并确定：

① 需要监视和测量什么。并非需要对所有的质量管理体系过程、产品和服务以及活动进行监视和测量。通常应考虑与以下有关方面的内容：产品和服务的符合性、顾客满意程度、质量管理体系的绩效和有效性、策划得到有效实施的结果、针对风险和机遇所采取措施的有效性、外部供方的绩效、质量管理体系改进的需求等。

② 需要用什么方法进行监视、测量、分析和评价，以确保结果有效。监视和测量的方法应该与要监视和测量的活动内容的重要程度、组织可选技术方案相适宜。例如，采购产品的验证是一种监视、测量活动，组织根据该产品对最终产品的影响程度、供方的技术能力、水平以及以往的业绩等，可以确定全检、抽检、验证供方提供的符合性证明等方式进行。对数据分析可采取的适当方法，如相关性分析、过程能力指数分析等，可实施的评价方法，如标杆对比、趋势对比、风险评估技术等。

③ 何时实施监视和测量。不同的产品、不同的组织、不同的生产组织方式，其监视和测量的时间往往是不同的，某些相同的产品，在其他条件不同时，监视和测量的时间也不一定相同。例如：对某一生产过程设备参数的监控活动，如果一个企业的生产厂房恒温运行，环境对设备运行的影响不大，则对设备监控的时间间隔就可以按班次进行；而如果生产厂房条

件一般,属于非恒温下运行,环境对设备运行有影响,则对设备监控的时间间隔就应该小,确保及时调整符合要求的设备参数,以满足要求。

④ 何时对监视和测量的结果进行分析和评价。组织应对监视和测量所获取的数据开展分析,将其转换为有用的绩效信息,并据此开展评价工作。组织应确定相应的分析方法及时机,以确保能够准确、及时地了解绩效,同时也应结合自身的管理要求以及所处的环境,确定实施评价的方法和时机,以及时发现改进的机会,更快地适应各种变化。

(3) 组织应评价质量管理体系的绩效和有效性。这种评价活动可以和组织的其他评价活动结合进行,包括和管理评审结合进行。绩效应是一个具体的结果,既包含了与产品和服务有关的内容,也包括与过程运行、体系运行有关的内容,如产品合格率、外部供方绩效、风险和机遇应对的有效性等。

(4) 组织应保留与监视、测量、分析和评价活动有关的适当的成文信息,作为结果的证据。

> **GB/T 19001—2016 质量管理体系　要求**
> 9.1.2　顾客满意
> 　　组织应监视顾客对其需求和期望已得到满足的程度的感受。组织应确定获取、监视和评审该信息的方法。
> 　　注:监视顾客感受的例子可包括顾客调查、顾客对交付产品或服务的反馈、顾客座谈、市场占有率分析、顾客赞扬、担保索赔和经销商报告。

【理解要点】

(1) ISO 9000 标准对"顾客满意"的定义是:"顾客对其期望已被满足程度的感受。"由定义可见顾客满意的程度基于顾客对组织提供的产品和服务的要求和期望:其要求和期望被满足的程度越高,则顾客的感受会越好,其满意程度也就越高。然而,组织的顾客往往不只是一种类型,不同的顾客,其要求和期望是不同的,因此对产品和服务,特别是对服务的感受也会有因人而异。组织有可能满足了一个顾客群体的需要,而没有满足另一个群体。例如,在餐饮业,同样的川菜,很多人会认为很好吃,而一些人则会认为不对口味。

(2) 对组织的顾客来说,重要的是对质量管理体系输出的结果是否满意。如果一个组织声称符合 ISO 9001 标准,则对顾客意味着这个组织应当能够持续、稳定地提供符合顾客期望和要求的产品和服务。因此,顾客满意是测量质量管理体系业绩的重要指标之一,是体现组织所建立的质量管理体系有效性的重要方面,也是管理评审的一个重要输入。

(3) 监视顾客满意的信息需要建立获取的渠道并使用适宜的方法。获取顾客满意信息的渠道可以来自组织的外部,也可以来自组织内部不同的部门。例如:

① 来自顾客或媒体反馈的信息;
② 来自竞争对手的信息;
③ 来自经销商的报告;
④ 由外部专业的机构做的调查统计;
⑤ 来自组织内销售或售后服务部门反馈的信息;
⑥ 来自质检部门关于产品合格率的信息等。

获取顾客满意信息的方法很多,可以是顾客满意度调查、来自顾客的关于交付产品质量方面的数据、用户意见调查,也可以是流失业务分析、顾客赞扬、担保索赔和经销商报告等。例如,如果一个组织的业务流失情况严重,或发生了很多担保索赔的情况,无疑从一个侧面反映出顾客满意度呈下降趋势。这方面的信息可以帮助组织从一个侧面了解顾客满意的情况,而对来自顾客赞扬、经销商的报告和用户意见调查表的信息的分析同样可以帮助组织了解顾客的满意程度。

(4) 在获取顾客满意的信息、进行顾客满意度调查时应明确需要获取哪些信息,应仔细选择需要监视的问题和获取的信息,提出的问题应清晰明确,要从顾客的切身感受出发,确保想要获取的信息真正对组织具有价值。顾客满意的信息可以涉及如下的内容:

① 有关组织提供给顾客的产品和服务特性方面的信息,如性能(质量、可靠性)、特点、美观、安全性、支持(保养、处理、培训)、价格、感知价值、保修期等;

② 顾客对组织有关过程及改进方面的看法、意见和建议;

③ 有关售后服务方面的信息,如送货的及时性、上门安装、维修和维护的实施情况,处理反馈的及时性和有效性,等等;

④ 有关组织的特性,如人员特性(礼貌、能力、沟通)、开具账单、投诉处理、安全保障、组织行为(商业道德、社会责任)、社会形象、透明度等;

(5) 理想的情况是对所有顾客的反馈信息都进行监视。然而,这通常是不可能的,组织需要考虑成本、时间的可行性等因素而有选择地获取信息。在获取信息时要根据顾客数量、类型和分布区域等因素,考虑对顾客信息的样本的抽样策划,应保证一定的数量以确保获取的信息具有代表性。

(6) 获取顾客满意的信息不是最终目的,这些信息只有被有效地使用了才是有意义的。因此,组织不应仅是发发调查表,年底统计一下回收的调查表数量,而没有真正去认真分析顾客满意的信息,从中发现趋势进而采取有效的改进措施。组织应确定、选择适宜的方法对收集到的顾客满意信息进行分析、评审,同时关注顾客的抱怨、投诉建议和意见;在评审的基础上找出与顾客要求之间的差距,作为改进质量管理体系的依据,从而不断增强顾客的满意度。

GB/T 19001—2016 质量管理体系　要求

9.1.3　分析与评价

组织应分析和评价通过监视和测量获得的适当的数据和信息。

应利用分析结果评价:

a) 产品和服务的符合性;

b) 顾客满意程度;

c) 质量管理体系的绩效和有效性;

d) 策划是否得到有效实施;

e) 应对风险和机遇所采取措施的有效性;

f) 外部供方的绩效;

g) 质量管理体系改进的需求。

注:数据分析方法可包括统计技术。

【理解要点】

(1) 分析与评价是改进质量管理体系、过程、产品和服务的一项非常重要和必要的活动,是"循证决策"原则的具体体现。组织应分析和评价通过监视和测量获得的适当的数据和信息,如果不对这些数据和信息进行评价、分析并转化为有用的输出,监视和测量活动就失去了意义。

(2) 组织应使用适宜的方式和渠道收集所需的数据和信息,来自质量管理体系其他各个过程的信息都可以是评价与分析的数据来源,如对供方的控制情况等。下面是一些可能需要记录和分析的数据和信息:

① 顾客满意和顾客投诉;

② 与产品质量有关的信息,如产品不合格信息、不合格率;

③ 返工率;

④ 与组织运行能力有关的信息,如对过程运行监视和测量的信息和记录;

⑤ 过程工作偏差情况的记录;

⑥ 内审和管理评审的输出,包括质量管理体系的绩效和有效性的信息;

⑦ 产品和服务交付情况,是否及时履约;

⑧ 供方的情况;

⑨ 质量目标实现的情况;

⑩ 应对风险和机遇所采取措施的有效性的证据。

(3) 分析和评价所收集到的数据和信息可以找出组织管理的趋势所在,发现的任何趋势都可能意味着质量管理体系存在问题或存在需要改进的地方。标准要求分析和评价的输出应包括以下方面的信息:

① 产品和服务的符合性。即组织提供的产品和服务与所确定的产品和服务要求的符合情况,如产品的合格率、服务交付的及时率等,它可以帮助组织发现产品和服务存在的问题和不足。

② 顾客满意程度。即顾客对组织提供的产品和服务的满意程度的汇总分析。对于顾客满意的方面,组织应予以保持,而对顾客不满意的方面,组织应特别予以关注。

③ 质量管理体系的绩效和有效性。通过对内审、外审的实施效果,管理评审的效果,质量目标的实现程度以及日常纠正措施的实施效果等分析、评价,得出对质量管理体系绩效和有效性的评价结果。

④ 策划是否得到有效实施。通过分析和评价,可以对组织的质量管理体系的策划、质量目标及其实现的策划、变更的策划以及运行的策划等是否得到有效实施得出结果,找到具体的改进方向。

⑤ 应对风险和机遇所采取措施的有效性。组织通过相关数据和信息的分析、评价,可以对组织的风险及与所处环境的适宜性,以及针对识别的风险所采取的措施的有效性做出全面评估,由此找出风险识别和控制措施的改进方向。

⑥ 外部供方的绩效。组织通过对外部供方绩效的评估,如供方交货及时率、供方交货合格率、供方货物的性价比等信息,得出对供方控制的改进方向,包括调整、改进、增进与供方互利合作关系的依据,并帮助组织对供方实施更有效的控制。

⑦ 质量管理体系改进的需求。组织通过上述相关数据和信息的分析,对质量管理体系

的适宜性、充分性和有效性得出全面评价，为组织提供持续改进的机会，从而促进组织的良性发展。

（4）统计技术是数据分析和评价过程中的实用工具，对其进行有效运用可以帮助组织提高解决问题的效率和有效性，更好地利用可获得的数据进行有效决策。（本书第九章"质量管理专业知识"给了这方面较详细的介绍）

> **GB/T 19001—2016 质量管理体系　要求**
>
> 9.2　内部审核
>
> 9.2.1　组织应按照策划的时间间隔进行内部审核，以提供有关质量管理体系的下列信息：
>
> a）是否符合：
>
> 1）组织自身的质量管理体系要求；
>
> 2）本标准的要求；
>
> b）是否得到有效的实施和保持。
>
> 9.2.2　组织应：
>
> a）依据有关过程的重要性、对组织产生影响的变化和以往的审核结果，策划、制订、实施和保持审核方案，审核方案包括频次、方法、职责、策划要求和报告；
>
> b）规定每次审核的审核准则和范围；
>
> c）选择审核员并实施审核，以确保审核过程客观、公正；
>
> d）确保将审核结果报告给相关管理者；
>
> e）及时采取适当的纠正和纠正措施；
>
> f）保留成文信息，作为实施审核方案以及审核结果的证据。
>
> 注：相关指南参见 ISO 19011。

【理解要点】

（1）ISO 9000 标准对"审核"的定义是："为获得审核证据并对其进行客观的评价，以确定满足审核准则的程度所进行的系统的、独立的并形成文件的过程。"内部审核是组织内部的审核活动，是评价质量管理体系符合性和有效性的一个重要手段。通过内审活动的实施，能够及时识别质量管理体系的薄弱环节和潜在的改进机会，也是对最高管理者提供一个方便、有效的体系运行情况反馈机制，为最高管理者和其他利益相关方提供保证。

（2）内部审核的目的包括：

① 通过内部审核来确定组织的质量管理体系是否符合 ISO 9001 标准的要求和组织自身的质量管理体系的要求。

② 通过内部审核来确定组织的质量管理体系是否得到有效的实施和保持。内部审核可以及时自我发现质量管理体系实施运行中存在的或潜在的不合格（不符合），并有针对性地采取相应的改进措施，以进一步提高质量管理体系的符合性和有效性。

（3）应结合组织的实际对内部审核的审核方案进行策划。策划应考虑审核的对象（过程或区域）的状况和对体系的影响重要程度，还应考虑以往审核的结果。对质量管理体系的符合性和有效性影响较大的过程和区域，以及以往审核中容易出现问题或不合格的过程和区域，应该加大审核力度。在审核方案中应规定审核的准则、范围、频次、方法、职责、策划要

求和报告。(这些方面的要求在本教程第四章中详细说明)

(4) 审核员的选择和审核的实施应确保审核过程的客观性和公正性。组织在选择内部审核的审核员时,需选择具有审核能力并与被审核的活动或过程无直接关系的人员,审核员不应审核自己的工作。在实施内部审核时,应以客观、真实的审核证据为基础,以规定的审核准则为准绳,做出准确的评价和判断,审核结论应客观地体现质量管理体系的实施运行情况和效果。

(5) 内部审核的结果应报告给相关管理者。组织要将内部审核的结果报告给组织的相关管理者,使之及时了解组织质量管理体系运行的情况,便于与组织的其他管理决策有机结合,也便于组织管理者及时做出改进质量管理体系的决定。

(6) 当内部审核显示有不符合审核准则的情况时,审核组通常会开具不符合报告,与该不符合有关的区域/部门的管理者应针对审核组提出的不符合项及时采取适当的纠正和纠正措施,以消除所发现的不合格及其原因。

(7) 组织应保留成文信息,作为实施审核方案以及审核结果的证据。通常可以包括审核方案、内审计划、内审报告、采取纠正和纠正措施的相关证据等。

GB/T 19001—2016 质量管理体系　要求

9.3　管理评审

9.3.1　总则

最高管理者应按策划的时间间隔对组织的质量管理体系进行评审,以确保其持续的适宜性、充分性和有效性,并与组织的战略方向一致。

【理解要点】

(1) ISO 9000 标准对"评审"的定义是:确定主题事项达到规定目标的适宜性、充分性和有效性所进行的活动。由"评审"的概念延伸来理解,管理评审应是为确定质量管理体系达到质量方针和质量目标,并与组织的战略方向一致的适宜性、充分性和有效性所进行的活动。

(2) 管理评审应由最高管理者实施,一般情况组织最高权限的领导人应该亲自参加,并主持做出评审决定。其他参与者可以是中层管理以上的人员,应能够对评审内容和结果发表观点,参与决策。

(3) 管理评审的时机应进行策划:

① 定期的管理评审应有规定的时间间隔,如每隔 12 个月或每隔 6 个月进行一次,具体间隔时间由组织根据自己的实际和需要决定。

② 在特殊情况下应动态策划,增加管理评审活动。这样的时机应包括内、外部环境出现重大变化时,出现重大质量问题或出现重大顾客投诉时等。

(4) 管理评审的目的是为了确保质量管理体系有持续的适宜性、充分性和有效性,并与组织的战略方向保持一致。

① 适宜性是对组织的实际状况而言,与组织内、外部环境变化以及风险有关。适宜性的评审应考虑:质量方针、目标及质量管理体系的过程及成文信息是否符合当前组织的现状?特别是在变化时是否仍能符合组织的实际?对于适宜性的评审和改进,有助于组织提高对变化的适应能力,保持质量管理体系的正常运行,以达到预期结果。

② 充分性是对组织质量管理是否全面和系统而言,也与组织内、外部环境变化以及风险有关。对充分性的评审应考虑:组织是否已在质量管理体系建立时识别了与质量有关的全部过程与主要风险?随组织内、外部环境的变化以及风险的变化而进行的改进中是否考虑了对过程的补充与完善?过程是否充分细化展开?过程职责特别是过程的接口职责是否都已明确?资源的配置是否充分?还有顾客和相关方的需求和期望是否已充分识别清楚?对于充分性的评审和改进,能保证质量管理体系完整的过程能力,最终达到顾客满意。

③ 有效性是对质量管理体系过程的结果而言。ISO 9000 标准对"有效性"的定义是:完成策划的活动和达到策划结果的程度。对有效性的评审可以监测结果为依据,评价质量方针和质量目标的实现情况、顾客满意情况、内部审核的结果、过程及产品和服务的质量情况、各种改进措施的效果情况等。

④ 一致性是指组织的质量管理体系及运行结果与组织的整体战略是否协调一致。

(5) 管理评审活动应适合组织的实际,可以单独进行,也可以结合组织的其他活动一起进行,如年度或季度工作会议、业务会议、战略规划、业务规划,以增加活动价值,避免重复开会。在组织经营战略决策或研究经营发展时一并回顾质量管理体系的运行和绩效,探讨质量管理体系的重大改进,其效果是很好的。全面的管理评审是一个可能涉及组织各层面的过程,是由最高管理者根据来自组织各层次的输入而实施的一个双向过程。

GB/T 19001—2016 质量管理体系　要求

9.3.2　管理评审输入

策划和实施管理评审时应考虑下列内容:

a) 以往管理评审所采取措施的情况。

b) 与质量管理体系相关的内外部因素的变化。

c) 下列有关质量管理体系绩效和有效性的信息,包括其趋势:

1) 顾客满意和相关方的反馈;

2) 质量目标的实现程度;

3) 过程绩效以及产品和服务的合格情况;

4) 不合格及纠正措施;

5) 监视和测量结果;

6) 审核结果;

7) 外部供方的绩效。

d) 资源的充分性。

e) 应对风险和机遇所采取措施的有效性(见6.1)。

f) 改进的机会。

【理解要点】

(1) 策划和实施管理评审活动的输入应为评审质量管理体系的适宜性、充分性、有效性提供依据。定期的管理评审的输入通常包括以下全部信息,而专题的管理评审可涉及以下的一种或几种信息:

① 以往管理评审所采取措施的情况;

② 与质量管理体系相关的内外部因素的变化(条款4.1);

③ 有关质量管理体系绩效和有效性的信息,包括其趋势;

④ 资源的充分性(条款7.1);

⑤ 应对风险和机遇所采取措施的有效性(条款6.1);

⑥ 改进的机会(条款10.1)。

(2) 有关质量管理体系绩效和有效性及其趋势的信息应包括:

① 顾客满意和相关方的反馈(条款9.1.2);

② 质量目标的实现程度(条款6.2);

③ 过程绩效以及产品和服务的合格情况(条款4.4和8.6);

④ 不合格及纠正措施(条款10.2);

⑤ 监视和测量的结果(条款9.1.1);

⑥ 审核结果(条款9.2);

⑦ 外部供方的绩效(条款8.4)。

(3) 以上管理评审的输入应由各相关职能在评审前通过分析、整理完成。

GB/T 19001—2016 质量管理体系　要求

9.3.3　管理评审输出

　　管理评审的输出应包括与下列事项相关的决定和措施:

　　a) 改进的机会;

　　b) 质量管理体系所需的变更;

　　c) 资源需求。

　　组织应保留成文信息,作为管理评审结果的证据。

【理解要点】

(1) 管理评审活动是对质量管理体系评价的重要方式,对于质量管理体系的适宜性、充分性和有效性评审的输出,组织应做出决策并采取措施进行改进。

(2) 管理评审的输出应包括:

① 改进的机会,如质量方针、质量目标的调整,机构职责的变更,新的过程的建立,质量管理体系文件的修订等;

② 质量管理体系所需的变更,应按照条款6.3的要求进行策划并实施;

③ 资源需求,涉及资源的调整或重新配备,如对人力资源的补充调整、购置新的设备和设施、对过程运行环境的改造、相关知识的更新等。

(3) 通常,评审输出的三个方面的改进决定和措施是在对质量管理体系的适宜性、充分性、有效性做出综合评价的基础上做出的。但这并不是说每一次的管理评审的输出都一定要包括这三个方面的改进,而是应根据评审输入信息对质量管理体系评审的时间情况和结果来确定。

(4) 管理评审的活动应该保留成文信息,通常包括:评审活动策划的成文信息,如评审计划、评审通知等;评审活动实施的成文信息,如会议签到、会议记录、纪要等;评审结果的成文信息,如管理评审报告、管理评审的改进决定与措施及验证记录等。

第八节　改　　进

> **GB/T 19001—2016 质量管理体系　要求**
>
> 10　改进
>
> 　　10.1　总则
>
> 　　组织应确定和选择改进机会，并采取必要措施，满足顾客要求和增强顾客满意。
>
> 　　这应包括：
>
> 　　a）改进产品和服务，以满足要求并应对未来的需求和期望；
>
> 　　b）纠正、预防或减少不利影响；
>
> 　　c）改进质量管理体系的绩效和有效性。
>
> 　　注：改进的例子可包括纠正、纠正措施、持续改进、突破性变革、创新和重组。

【理解要点】

（1）本条款是质量管理体系 PDCA 循环的"处置"阶段，明确了对改进的总体要求。成功的组织持续关注改进，改进对于组织保持并提升绩效，对内部、外部环境的变化做出反应并创造新的机会都非常必要。组织应确定和选择改进机会。

（2）改进可以在下述三个方面同时进行，也可以选择其中某些方面开展：

① 改进产品和服务。在满足既有要求的同时，要有预见性地考虑未来变化的需求和期望，如考虑人口老龄化的趋势，电子产品的操作界面可以更加简洁、直观。

② 纠正、预防或减少不利影响，如对发生的不合格采取必要的措施。

③ 改进质量管理体系的绩效和有效性，如提升制造过程的一次合格率、降低质量成本等。

（3）改进的方式既包括被动型（如纠正、纠正措施）、逐渐型（如持续改进）的改进，也包括跳跃型（如突破性变革）、创造型（如创新）或重组型（如转型）的改进。

> **GB/T 19001—2016 质量管理体系　要求**
>
> 10.2　不合格和纠正措施
>
> 　　10.2.1　当出现不合格，包括来自投诉的不合格时，组织应：
>
> 　　a）对不合格做出应对，并在适用时：
>
> 　　1）采取措施以控制和纠正不合格；
>
> 　　2）处置后果；
>
> 　　b）通过下列活动，评价是否需要采取措施，以消除产生不合格的原因，避免其再次发生或者在其他场合发生：
>
> 　　1）评审和分析不合格；
>
> 　　2）确定不合格的原因；
>
> 　　3）确定是否存在或可能发生类似的不合格。

c) 实施所需的措施。
d) 评审所采取的纠正措施的有效性。
e) 需要时,更新在策划期间确定的风险和机遇。
f) 需要时,变更质量管理体系。
纠正措施应与不合格所产生的影响相适应。
10.2.2 组织应保留成文信息,作为下列事项的证据:
a) 不合格的性质以及随后所采取的措施。
b) 纠正措施的结果。

【理解要点】

(1) ISO 9000标准对"不合格"的定义是:"未满足要求。"对"纠正措施"的定义是:"为消除不合格的原因并防止再发生所采取的措施。"与其相近的概念是"纠正"。对"纠正"的定义是:"为消除已发现的不合格所采取的措施。"可以看出,纠正措施不同于纠正,纠正是针对不合格本身所采取的处置措施(如对不合格输出的返工等),但该类不合格今后可能还会再发生。而纠正措施则是为消除导致不合格的原因所采取的措施,通过纠正措施的实施,可以达到防止同类不合格再次发生的效果。两者最本质的区别在于原因,消除原因的措施是纠正措施,未涉及原因的措施只是纠正。例如:对不合格品进行返工是纠正;而经分析发现造成该不合格品的原因是设备精度不够,则对设备进行维修以解决问题是纠正措施。

(2) 当出现不合格,包括来自投诉的不合格时,组织应首先做出应对,采取可行的必要措施。例如,对不合格的产品进行隔离,并进行返工、返修、降级、改作他用、让步接受;立即停止不合格的服务、重新提供服务;对正在发生的违规操作及时予以纠正;等等。同时,视不合格造成的后果和影响程度,采取适当的措施给予处理,如道歉、赔偿、追回等。

(3) 通过下列活动,评价是否需要采取措施,以消除产生不合格的原因,避免其再次发生或者在其他场合发生:

① 评审和分析不合格。组织应针对已发生的不合格(包括体系、过程和产品质量方面的不合格,特别应关注由不合格所引发的顾客抱怨)进行评审和分析,以判断不合格的性质及其影响。

② 确定不合格的原因。针对不合格进行调查分析,以确定产生不合格的原因。这一步是非常重要的,不合格的产生可能是多方面原因造成的,组织应充分地分析、查找导致不合格发生的原因。只有正确地分析出产生的原因,才能帮助组织对症下药,寻找有效的解决办法。

③ 确定是否存在或可能发生类似的不合格,评价确保不合格不再发生的措施的需求。纠正措施一般是针对那些带有普遍性、规律性、重复性或造成重大影响和后果的不合格采取的措施。而对于偶然的、个别的或需要投入很大成本才能消除原因的不合格,组织应综合评价这些不合格对组织的影响程度后,再做出是否需要采取纠正措施的决定。例如,组织已最大程度地利用了现有资源将成品的合格率提高到99.7%,如果组织想将成品合格率提高到100%,即消除0.3%不合格品的原因,组织可能需要投入很大的资金来改善设备和工艺。这时组织就需要综合评价不合格对组织的影响、成本效益关系等因素后,再决定是否采取纠正措施或采取何种纠正措施。

(4) 实施所需的措施。如果经过评价认为需要采取纠正措施时,组织应在考虑此不合格造成的影响程度的基础上,根据分析、评价所找出来的原因,制定切实可行、适宜的纠正措施,并实施所确定的纠正措施。

(5) 评审所采取的纠正措施的有效性。组织针对已发生的不合格及其原因采取了纠正措施后,应对所采取的纠正措施的有效性进行评价,以验证所采取的纠正措施是否已将不合格的原因消除了,是否能够防止不合格的再发生或者在其他场合发生。如果采取纠正措施后达到了防止同类不合格再次发生的效果,则可以认为该纠正措施是有效的;否则,组织应考虑确定并实施更为有效的纠正措施。

(6) 需要时,更新在策划期间确定的风险和机遇,以及变更质量管理体系。例如,当纠正措施已将相关的风险降低到可接受的程度时,则应将经验证有效的纠正措施固化到现有的管理流程中。组织应及时识别变更的可能并予以实施。

(7) 纠正措施应与所遇到不合格的影响程度相适应,取决于问题的大小和为组织带来的风险。不要"大事化小",也不要"小题大做"。对已造成或可能造成较严重影响和后果的不合格,组织应采取力度较强的纠正措施,但是不需要花100万去解决一个10元的问题。

(8) 组织应保留有关不合格的性质、随后所采取的措施,以及纠正措施的结果的成文信息。

GB/T 19001—2016 质量管理体系　要求

10.3　持续改进

组织应持续改进质量管理体系的适宜性、充分性和有效性。

组织应考虑分析和评价的结果以及管理评审的输出,以确定是否存在需求或机遇,这些需求或机遇应作为持续改进的一部分加以应对。

【理解要点】

(1) ISO 9000标准对"持续改进"的定义是:"提高绩效的循环活动"。这是组织一个永恒的主题,组织应以顾客为关注焦点并考虑相关方的需求和期望,而顾客和相关方的需求和期望是不断变化的。所以一个组织要想持续地成功,就必须开展持续改进活动,以提高过程输出和产品及服务的一致性,提升组织的绩效,为顾客和相关方带来好处。

(2) 组织应考虑分析和评价的结果(条款9.1.3)以及管理评审(条款9.3)的输出,以确定是否存在持续改进的需求或机遇。组织应考虑对改进质量管理体系的适宜性、充分性和有效性的必要的措施。

(3) 组织可考虑许多方法和工具来开展持续改进活动,可以是日常渐进的改进活动,如QC小组的活动;也可以是重大的改进活动,如年度的大规模技改项目。持续改进既可以涉及产品、服务、过程和体系的改进,也可以涉及内部效率和效益的改进,例如,政府部门在工作效率上的改进和提高。

思考与练习

一、判断题

1. 组织应确定与其宗旨和战略方向相关并影响其实现质量管理体系预期结果的各种

外部和内部因素。( )

2. 组织应确定质量管理体系所需的过程及其在整个组织中的应用。( )

3. 最高管理者应确定和应对能够影响产品和服务符合性以及增强顾客满意能力的风险和机遇。( )

4. 最高管理者应确保组织内相关的职责、权限得到分派、沟通和理解。( )

5. 应对风险可选择规避风险、为寻求机遇而承担风险、消除风险源、改变风险的可能性和后果、分担风险或通过信息充分的决策保留风险。( )

6. 机遇可能会导致采用新实践、推出新产品、开辟新市场、赢得新客户、建立合作伙伴关系、利用新技术以及其他可取和可行的事物,以应对组织或其顾客需求。( )

7. 组织应考虑现有内部资源的能力和局限性。( )

8. 适当的过程运行环境可以是人为因素和物理因素的结合。( )

9. 组织的知识是组织特有的知识,通常从其经验中获得,是为实现组织目标所使用共享的信息。( )

10. 组织的知识的内部来源,包括知识产权、从经历获得的知识、从失败和成功项目得到的经验教训、获取和分享未形成文件的知识和经验,以及过程、产品和服务的改进结果等。( )

11. 组织的知识的外部来源,包括标准、学术交流、专业会议,从顾客或外部供方收集的知识等。( )

12. 组织必须提供适宜的培训以确保从事影响质量管理体系绩效和有效性的人员具备胜任工作的能力。( )

13. 组织应确保受其控制的工作人员知晓他们对质量管理体系有效性的贡献,包括改进绩效的益处。( )

14. 如果员工已满足有关的岗位能力要求,就可以不经过岗位技能培训,直接上岗。( )

15. 组织只要依据ISO 9001标准7.5.2条款的要求对文件进行审批,就能确保文件是充分的和适宜的。( )

16. 组织应确保策划和运行质量管理体系所需的外来文件得到批准,并控制其发放。( )

17. ISO 9001标准中的"产品"不仅适用于组织提供给顾客的或顾客所要求的产品,也适用于组织生产过程中形成的半成品。( )

18. 组织应控制策划的更改,评审非预期变更的结果,必要时,采取措施减轻不利影响。( )

19. 在确定设计和开发的各个阶段和控制时,组织应考虑顾客和使用者参与设计和开发过程的需求。( )

20. 在确定设计和开发输入时,组织应考虑由产品和服务性质所决定的、失效的潜在后果。( )

21. 组织应确保设计和开发输出规定对于实现预期目的、安全和正常提供的产品和服务的基本特性。( )

22. 由于设计评审、验证和确认各自的目的不同,因此这三项活动应分别进行。( )

23. 组织应对设计和开发的更改进行适当的识别、评审和控制。（　　）
24. 组织应基于外部供方提供所要求的过程、产品和服务的能力，确定外部供方的评价、选择、绩效监视以及再评价的准则，并加以实施。（　　）
25. 组织应在生产和服务提供的整个过程中对所有输出进行唯一性标识，以实现可追溯性。（　　）
26. 顾客或外部供方的财产可能包括材料、零部件、工具和设备、顾客的场所、知识产权和个人信息。（　　）
27. 防护可包括标识、处置、污染控制、包装、储存、传输或运输以及保护。（　　）
28. 交付后活动可能包括担保条款所规定的相关活动，诸如合同规定的维护服务，以及回收或最终报废处置等附加服务。（　　）
29. 组织应对生产和服务提供的更改进行必要的评审和控制，以确保持续地符合要求。（　　）
30. 组织应确保对不符合要求的输出进行识别和控制，以防止其非预期的使用或交付。（　　）
31. 组织应评价质量管理体系的绩效和有效性。（　　）
32. 组织应监视顾客对其需求和期望获得满足的程度的感受。（　　）
33. 监视顾客感受的例子可包括顾客调查、顾客对交付产品或服务的反馈、顾客座谈、市场占有率分析、顾客赞扬、担保索赔和经销商报告。（　　）
34. 组织应依据有关过程的重要性、对组织产生影响的变化和以往的审核结果，策划、制订、实施和保持审核方案。（　　）
35. 审核方案包括频次、方法、职责、策划要求和报告。（　　）
36. 组织应考虑分析和评价结果以及管理评审的输出，确定是否存在应关注的持续改进的需求和机遇。（　　）
37. 组织应针对质量管理体系活动中发现的所有不合格采取纠正措施。（　　）
38. 外包总是具有服务的基本特征，因为这至少要在供方和组织之间的接触面上实施一项活动。（　　）

二、单项选择题

1. ISO 9001：2015 标准为下列（　　）组织规定了质量管理体系要求。
   A. 需要证实其具有稳定地提供满足顾客要求和适用的法律法规要求的产品的能力
   B. 需要证实其具有稳定地提供满足顾客要求和适用的法律法规要求能力
   C. 需要证实其具有稳定地提供满足顾客要求和适用的法律法规要求的产品和服务的能力
   D. 需要证实其具有稳定地提供满足顾客要求和适用的法律法规要求的服务的能力

2. ISO 9001 标准规定的所有要求是通用的，旨在适用于（　　）的组织。
   A. 各种类型　　　　　　　　　　　B. 不同规模
   C. 提供不同产品和服务　　　　　　D. 以上全部

3. 法定要求是（　　）强制性要求。
   A. 标准规定的　　　　　　　　　　B. 立法机构规定的
   C. 立法机构授权规定的　　　　　　D. 约定俗成的

4. 以下哪些能体现"以顾客为关注焦点"的原则？（　　）

A. 确定、理解并持续满足顾客要求以及适用的法律法规要求

B. 确定和应对能够影响产品、服务符合性以及增强顾客满意能力的风险和机遇

C. 始终致力于增强顾客满意

D. 以上都是

5. 关于"适用性"，以下说法正确的是（　　）。

A. 对 ISO 9001 标准适用性的说明是质量管理体系范围的内容之一

B. 组织认为其质量管理体系的应用范围不适用 ISO 9001 标准的某些要求，应说明理由

C. 那些不适用组织的质量管理体系的要求，不能影响组织确保产品和服务合格以及增强顾客满意的能力或责任

D. 以上都是

6. 理解组织及其环境时，应确定（　　）。

A. 与组织相关的所有内、外部因素

B. 与组织宗旨和战略方向相关并影响其实现质量管理体系预期结果的各种外部和内部因素

C. 与组织质量管理体系相关的外部因素

D. 与组织质量管理体系相关的内部因素

7. 对与组织环境相关的因素，可能包括需要考虑的（　　）。

A. 正面的要素或条件　　　　　　B. 负面的要素或条件

C. 正面和负面的要素或条件　　　D. 各种可行的条件

8. 为了更好地理解内部环境，组织需要考虑的因素是（　　）。

A. 组织的规模和企业文化　　　　B. 组织的价值观、文化、知识和绩效

C. 组织的新产品销售比率　　　　D. 财务预算能力

9. 以下说法中，正确的是（　　）。

A. 组织环境一旦确定，就不应再改变

B. 组织的环境特指组织的竞争环境

C. 组织环境指组织在本行业的地位

D. 应对组织环境中的内部和外部因素的相关信息进行监视和评审

10. 以下说法中不正确的是（　　）。

A. 4.1 理解组织及其环境应用了基于风险的思维

B. 4.1 理解组织及其环境体现了领导作用

C. 4.1 理解组织及其环境的主要目的是为了关注风险

D. 4.1 理解组织及其环境意在为质量管理体系的建立提供充分的输入

11. 组织在确定与其目标和战略方向相关并影响其实现质量管理体系预期结果的各种外部和内部因素。可以不考虑下列哪个因素？（　　）

A. 技术和文化　　B. 市场和竞争　　C. 环境监测能力　　D. 知识和绩效

12. 理解相关方的需求和期望，组织应确认（　　）。

A. 对质量管理体系有影响的相关方　　B. 质量管理体系的范围

C. 产品和服务的特性　　　　　　　　D. 组织的经营战略

13. 以下说法中正确的是（　　）。
   A. 组织任何相关方的所有需求，在建立质量管理体系时都应加以考虑
   B. 组织的相关方对组织持续提供满足要求的产品的能力基本没有影响
   C. 相关方对组织持续提供符合顾客要求和适用的法律、法规要求的产品和服务的能力具有影响或潜在影响
   D. ISO 9001 标准要求以顾客为关注焦点，所以组织在建立质量管理体系时，只用考虑顾客要求，不用考虑相关方的要求

14. 组织应对与质量管理体系有关的相关方及其要求的相关信息进行（　　）。
   A. 监视和评审　　　B. 测量　　　C. 统计　　　D. 确定

15. 组织在确定质量管理体系范围时考虑哪些方面？（　　）
   A. 组织的环境（各种内部和外部因素）　　B. 相关方的要求
   C. 组织的产品和服务　　D. 以上都是

16. 依据 ISO 9001：2015 标准，以下说法不正确的是（　　）。
   A. 对适用于组织确定的质量管理体系范围的全部要求，组织应予以实施
   B. 质量管理体系应能确保实现预期的结果
   C. 外包活动由外包方控制，不在质量管理体系考虑控制的范围内
   D. 考虑组织业务过程、产品和服务的性质，组织质量管理体系可能覆盖多个场所

17. 以下说法中，正确的是（　　）。
   A. 只要组织认为标准中某些条款不适用于本组织就可自行删减
   B. 除非组织所确定的不适用于其质量管理体系标准要求，不影响组织确保产品和服务合格以及增强顾客满意的能力或责任，否则不能声称符合本标准要求
   C. 标准的允许删减的部分仅限于标准的第 7 章
   D. 2015 版 ISO 9001 标准不再允许删减，组织必须全条款采用

18. 依据 ISO 9001：2015 标准，以下说法正确的是（　　）。
   A. 取消了对记录的要求
   B. 不用再写任何文件和记录
   C. 依然要求组织编制质量管理手册
   D. 在必要的程度上，组织应保留确认其过程按策划进行的成文信息

19. 以下说法不正确的是（　　）。
   A. 组织的质量管理体系范围应作为形成文件的信息，可获得并得到保持
   B. 组织应确定质量管理体系所需的过程及其在整个组织中的应用，且应分派这些过程的职责和权限
   C. 当质量管理体系过程发生变更时，可以直接实施变更
   D. 在确定质量管理体系过程时，必须考虑风险评估的结果

20. 在 ISO 9001：2015 标准中的最高管理者是指（　　）。
   A. 在组织中职位最高的领导者
   B. 包括组织的高层和中层领导，是一个群体
   C. 在最高层指挥和控制组织的一个人或一组人
   D. 组织的首席质量官

21. 对最高管理者的定义,理解不正确的是(   )。
   A. 最高管理者在组织内有授权和提供资源的权力
   B. 如果管理体系的范围仅覆盖组织的一部分,在这种情况下,最高管理者是指管理和控制组织的这部分的一个人或一组人
   C. 在最高层指挥和控制组织的一个人或一组人
   D. 最高管理者是组织内职位最高的人

22. 以下哪种身份符合ISO 9001:2015标准的最高管理者(   )。
   A. 一个没有人事任免权的CEO
   B. 一个全权负责组织质量安全的首席质量官,并参与组织经营决策
   C. 负责生产线质量控制的品质主管
   D. 财务部部长

23. 最高管理者在证实其对质量管理体系的领导作用和承诺时,以下说法不正确的是(   )。
   A. 最高管理者应促使、指导和支持员工努力提高质量管理体系的有效性做出贡献
   B. 最高管理者应确保质量管理体系要求融入组织的业务过程
   C. 最高管理者对质量管理体系的有效性承担责任
   D. 通过职责和权限的分派,把确保质量管理体系有效性责任交由各部门经理负责

24. 依据ISO 9001:2015标准,以下说法正确的是(   )。
   A. 最高管理者应支持各职能管理者在自己职责范围内的领导作用
   B. 最高管理者应在各职能区域发挥其领导作用,各职能管理者应对此予以支持
   C. 最高管理者应为各管理职能区域设立管理者代表,以支持这些职能区域的质量管理体系
   D. 最高管理者应确保各职能区域分别建立质量方针

25. 依据ISO 9001:2015标准,关于"领导作用",以下说法正确的是(   )。
   A. 最高管理者应制定质量方针和质量目标
   B. 最高管理者应审批质量手册
   C. 最高管理者应支持其他管理者履行其相关领域的职责
   D. 最高管理者应合理授权相关人员为质量管理体系的有效性承担责任

26. ISO 9001:2015标准要求最高管理者"确保质量管理体系要求融入组织的业务过程",这里的业务是指(   )。
   A. 组织的战略管理   B. 组织的日常管理
   C. 组织的营销活动   D. 涉及组织存在目的的核心活动

27、以下说法正确的是(   )。
   A. 以顾客为关注焦点就是确定、理解并持续满足顾客要求便可
   B. 组织在经营与发展方面的风险或机遇,并不影响顾客对产品质量的满意
   C. 最高管理者应确定和应对能够影响产品和服务符合性以及增强顾客满意能力的风险和机遇
   D. 组织需始终致力于满足顾客要求,而不需要致力于增强顾客满意

28. 根据ISO 9001:2015标准,质量方针应(   )。
   A. 包括对满足要求的承诺

B. 包括持续改进质量管理体系的承诺

C. 适应组织的宗旨和环境并支持其战略方向

D. 以上都对

29. 关于质量方针文件的颁布，以下说法不正确的是（　　）。

A. 作为组织最高层次的文件,应确保其保密性

B. 适当时,利益相关方可获取

C. 对于质量方针表达的意图和方向,组织应有统一、受控的解释

D. 应传达到所有在组织控制下工作、代表组织工作的影响质量的人员

30. 以下哪个不是组织 ISO 9001：2015 标准要求的质量方针的沟通方式（　　）。

A. 向顾客讲解

B. 在组织内用标语形式贴出

C. 要求所有员工背诵质量方针,不需要理解其内涵

D. 鼓励员工将质量方针的内涵思想应用于本职工作中

31. ISO 9001：2015 标准对岗位职责的要求,以下哪个不正确？（　　）

A. 由最高管理者进行分派

B. 在组织内得到沟通

C. 确保岗位的工作人员理解自己的职责

D. 在分派职责和权限时,可以使职责和权限不对称

32. 以下有关职责和权限的表述中,不正确的是（　　）。

A. 最高管理者应确保组织内相关的职责、权限得到分派

B. 通过职责和权限的分派,确保在组织内推行以顾客为关注焦点

C. 通过职责和权限的分派,确保过程获得预期输出

D. 通过职责权限的分派无法确保质量管理体系变更时的完整性

33. 关于岗位职责和权限,以下说法正确的是（　　）。

A. 对于过程较为复杂、规模较大的组织,某一种岗位可由多人承担

B. 一人担当多种岗位不应被允许

C. 对岗位授权的原则取决于岗位的职级,职级越高,权限范围越大

D. 各岗位和职责的定义应以资源利用最小化为基本原则

34. 以下说法中,哪个不是策划质量管理体系时确定需要应对的风险与机遇的目的？
（　　）

A. 确保质量管理体系能够实现其期望结果

B. 增强有利影响,避免或减少不利影响

C. 加强质量管理体系的适宜性

D. 实现改进

35. 以下哪个不是组织在策划质量管理体系时确定需要应对的风险和机遇的输入？（　　）

A. 工作效率　　　　　　　　　　B. 理解组织及其环境时所描述的因素

C. 有关相关方的要求　　　　　　D. 有关相关方的期望

36. 组织确定的应对风险和机遇的措施,正确的描述是（　　）。

A. 应对风险和机遇的措施应与其对于产品和服务符合性的潜在影响相适应

B. 不能太多

C. 对实施的结果无法预测和评价

D. 独立于质量管理体系实施活动之外单独实施

37. 质量管理体系（　　）时，组织应考虑到4.1所描述的因素和4.2所提及的要求，确定需要应对的风险和机遇。

　　A. 策划　　　　　　B. 实施　　　　　　C. 检查　　　　　　D. 改进

38. 不属于风险和机遇方面所做的策划是（　　）。

　　A. 应对风险和机遇的措施

　　B. 如何将措施融入质量管理体系过程并实施

　　C. 如何评价这些措施的有效性

　　D. 变更的策划

39. 机遇可能导致新的实践，推出新产品，开发新客户，建立合作伙伴关系，使新技术以及其他理想的和可行的情况，用来应对（　　）的需求。

　　A. 组织　　　　　　B. 顾客　　　　　　C. 组织或其顾客　　D. 组织和其顾客

40. 质量目标应（　　）。

　　A. 应体现组织的现时水平，不能过高要求　　B. 应可测量并一定能实现

　　C. 应追求高水平，以提升质量管理　　　　　D. 既具有先进性，又不能过高要求

41. 关于质量目标，以下说法不对的是（　　）。

　　A. 在所有的职能上建立

　　B. 与提供合格产品和服务以及增强顾客满意相关

　　C. 定性定量都可以，只要可测量

　　D. 与质量方针保持一致

42. 关于质量目标，以下说法不正确的是（　　）。

　　A. 质量目标可以表述为各职能、层次和过程质量方面拟实现的结果

　　B. 质量目标是战略性目标，也可以是操作层指标

　　C. 质量目标是量化、可考评的

　　D. 质量目标应与质量方针一致

43. 在进行质量目标及其实现的策划时，可以不考虑（　　）。

　　A. 过程目标　　　　　　　　　　　　B. 相关职能目标

　　C. 风险控制目标　　　　　　　　　　D. 组织结构中不同层级的目标

44. 以下有关质量目标的表述中，哪个不是必需的？（　　）

　　A. 定期评审　　　　　　　　　　　　B. 成文信息

　　C. 在组织内得到沟通　　　　　　　　D. 适时更新

45. 以下说法中，不正确的是（　　）。

　　A. 为确保质量目标实现，组织应策划实现质量目标的措施

　　B. 为确保质量目标实现，组织应指定实现质量目标的责任人和时间表

　　C. 为确保质量目标实现，组织应策划如何评价质量目标是否已实现

　　D. ISO 9001：2015标准更关注结果，所有过程采用过程方法进行管理，不需要为过程制定质量目标

46. 当组织确定需要对质量管理体系进行变更时,（　　）。
   A. 不需要考虑变更的目的及其潜在后果　　B. 不需要考虑资源的可获得性
   C. 不需要进行职责和权限的分派和再分派　D. 变更应按所策划的方式实施

47. 以下说法中,正确的是（　　）。
   A. 当组织的质量管理体系需要变更时,为讲求效率应立刻实施变更
   B. 当组织确定需要对质量管理体系进行变更时,变更应按所策划的方式实施
   C. 在对质量管理体系实施变更前,只需要考虑是否有变更方案
   D. 在对质量管理体系实施变更时,无法确保质量管理体系的完整性

48. 以下描述中,关于质量管理体系策划未包括（　　）。
   A. 质量目标及其实现的策划　　　　B. 改进应对风险
   C. 制定质量方针　　　　　　　　　D. 变更的策划

49. 在对质量管理体系的变更进行策划,应保持质量管理体系的（　　）。
   A. 符合性　　B. 完整性　　C. 适宜性　　D. 充分性

50. ISO 9001：2015 标准第 7 章涉及的资源包括（　　）。
   A. 人员　　B. 组织的知识　　C. 监视和测量资源　　D. 以上都是

51. 组织实施质量管理体系所需的资源是指（　　）。
   A. 建立、实施、保持和持续改进质量管理体系所需的资源
   B. 人力资源
   C. 设施
   D. 信息

52. 以下哪个不是从外部供方获得的资源？（　　）
   A. 租赁的设备　　　　　　　　　B. 租赁的厂房
   C. 顾客提供的加工设备　　　　　D. 修复自有设备

53. ISO 9001：2015 标准 7.1.3 条款中的基础设施是（　　）。
   A. 生产设备　　　　　　　　　　B. 生产场所及设施
   C. 信息系统和通信技术　　　　　D. 以上都是

54. 按照 ISO 9001：2015 标准 7.1.3 条款的要求,汽车制造厂必须维护的基础设施包括（　　）。
   A. 医务室的医疗设备　　　　　　B. 员工活动室内的健身器材
   C. 职工食堂的灶具　　　　　　　D. 生产车间的测试设备

55. 基础设施不包括（　　）。
   A. 建筑物　　　　　　　　　　　B. 信息系统
   C. 供方的运输设施　　　　　　　D. 过程设备的软件

56. 以下哪个不是 ISO 9001：2015 所要求的基础设施？（　　）
   A. 皮鞋厂的生产设备　　　　　　B. 建筑公司租赁的塔吊
   C. 公司的无线网络　　　　　　　D. 皮鞋厂食堂的餐具

57. 过程运行所需的基础设施的管理要求是（　　）。
   A. 确定所需的基础设施　　　　　B. 维护所需的基础设施
   C. 提供所需的基础设施　　　　　D. 以上都是

58. 过程运行环境可包括( )。
A. 社会因素　　　　B. 心理因素　　　　C. 物理因素　　　　D. 以上都是

59. 过程运行环境中的社会因素,表述不正确的是( )。
A. 无歧视　　　　　B. 无对抗　　　　　C. 空气流通　　　　D. 和谐稳定

60. 食品生产企业,其必备的过程运行环境是( )。
A. 卫生状况　　　　B. 噪声低　　　　　C. 设备先进　　　　D. 男女平等

61. ISO 9001:2015 标准 7.1.4 条款"过程运行环境"可以包括( )。
A. 工作场所的温湿度　　　　　　　　B. 半成品库的通风和防潮条件
C. 工作区域布置的合理性　　　　　　D. 以上都是

62. ISO 9001:2015 标准 7.1.4 条款"过程运行环境"不包括( )。
A. 冬天客运列车车厢内的温度　　　　B. 化工原材料仓库的通风和防潮条件
C. 厂区大门前的绿化情况　　　　　　D. 微电子车间的静电防护装置的合理性

63. 关于过程运行环境说法正确的是( )。
A. 组织应确定、提供并维护过程运行所需要的环境,以获得合格产品和服务
B. 过程运行环境可能是人文因素与物理因素的结合
C. 不同组织,因提供的产品和服务不同,过程运行所需的环境也是不同的
D. 以上都对

64. ISO 9001:2015 标准 7.1.5 条款对测量设备描述正确的是( )。
A. 测量设备是为验证产品符合性所需的设备
B. 在发现测量设备不符合预期用途时,应确定当时测量结果的有效性是否受到不利影响
C. 必须加贴校准状态的标签
D. 以上全部

65. 为了确保测量结果有效、可靠,ISO 9001:2015 标准要求对测量设备应实施以下控制( )。
A. 建立测量设备台账
B. 按照规定的时间间隔或在使用前进行校准和(或)检定(验证)
C. 编制测量设备周检计划
D. 以上全部

66. 依据 ISO 9001:2015 标准,当要求测量溯源时,测量设备应( )。
A. 按照规定的时间间隔或在使用前进行校准和(或)检定(验证)
B. 予以标识,以确定其状态
C. 予以保护,防止失效
D. 以上都是

67. 审核员审核受审核方的测量设备校准情况时,抽样的样本应来源于( )。
A. 所有的测量设备
B. 用于验证产品符合确定要求的所有测量设备
C. 正在使用的测量设备
D. 所有暂时不用的测量设备

68. 以下说法正确的是（　　）。

A. 组织所使用的所有监视和测量设备，都应进行测量溯源

B. 监视设备应按要求进行测量溯源

C. 当发现测量设备不符合预期用途时，组织应确定以往测量结果的有效性是否受到不利影响，必要时采取适当的措施

D. 在不存在测量溯源标准时，这类测量设备就不必进行校准

69. 组织的知识是指组织从其经验中获得的特定的知识，是实现组织目标所使用的共享信息。其中内部来源的知识可以是（　　）。

A. 产品标准
B. 从失败和成功项目得到的经验教训
C. 学术交流
D. 专业会议

70. 以下哪个不是 ISO 9001：2015 标准对组织的知识的要求？（　　）

A. 组织应确定所需的知识，以运行过程并获得合格产品和服务

B. 这些知识应予以保持，并在必要范围内可得到

C. 为应对不断变化的需求和发展趋势，组织应审视现有的知识，确定如何获得更多必要的知识和知识更新

D. 某位员工的个人简介

71. 以下说法不正确的是（　　）。

A. 由于员工更替会造成知识损失

B. 通过标杆对比，有助于组织获取知识

C. 外部专家指导的知识来自于外部，与组织无关，所以不用考虑

D. 通过对一个项目实施完成后总结形成经验，有助于组织获取新的知识

72. ISO 9001：2015 标准对哪些人员的能力提出要求？（　　）

A. 组织内所有员工

B. 组织的外部供方人员

C. 在组织控制范围内的人员

D. 在组织控制范围内从事的工作影响质量管理体系绩效和有效性的人员

73. 在精密仪表制造集团公司中从事影响质量管理体系绩效和有效性的人员不包括（　　）。

A. 物流转运司机
B. 外聘生产临时工
C. 有线电视维护人员
D. 车间清洁工

74. 在一个生产型上市企业中，下列不属于组织控制范围内从事影响质量绩效工作的人员有（　　）。

A. 股票持有人
B. 文件资料管理人员
C. 售后服务人员
D. 产品的设计开发人员

75. 下列（　　）对产品质量特性没有直接影响。

A. 产品的设计开发人员
B. 产品的生产制造人员
C. 产品质量的检验员
D. 工艺设计人员

76. 以下属于 ISO 9001：2015 标准 7.2 条款获取人员能力的措施？（　　）

A. 对在职人员进行培训、辅导
B. 重新分配工作
C. 招聘具备能力的人员
D. 以上都是

77. 确定人员所需能力从下列哪个方面考虑？（　　）
   A. 技能　　　　　B. 培训　　　　　C. 教育　　　　　D. 以上都是

78. 在质量管理体系中人员的能力，应从以下（　　）方面体现和评价。
   A. 教育、培训、经历　　　　　　　B. 教育、培训、经验
   C. 培训、技能、意识　　　　　　　D. 教育、技能、经验

79. ISO 9001：2015 标准 7.3 条款特指人员意识，要求组织应确保其控制范围内相关工作人员知晓（　　）。
   A. 员工高超技术　　　　　　　　　B. 员工对企业的贡献
   C. 偏离质量管理体系要求的后果　　D. 企业高质量高效益

80. 成文信息的目的是（　　）。
   A. 体现组织的技术和管理人员的能力　　B. 使各过程一致地、稳定地运行
   C. 满足 ISO 9001：2015 标准的要求　　　D. 区别是否与国际接轨

81. 组织应按 ISO 9001：2015 标准中 7.5.3 条款要求进行控制的成文信息范围是（　　）。
   A. 组织制定的所有文件信息
   B. 组织需用的所有外来文件信息
   C. 质量管理体系和本标准所要求的成文信息
   D. 组织需要遵照执行的文件信息

82. 文件发布前的评审和批准目的是（　　）。
   A. 确保文件的充分性与适宜性　　　B. 使文件保持清晰易于识别
   C. 确保文件能够及时发放　　　　　D. 以上全部

83. 质量管理体系成文信息的多少与详略程度取决于（　　）。
   A. 组织的规模，以及活动、过程、产品和服务的类型
   B. 过程的复杂程度及其相互作用
   C. 人员的能力
   D. 以上都是

84. 根据 ISO 9001：2015 标准，属于对确定策划和运行质量管理体系所必需的来自外部的原始的成文信息是（　　）。
   A. 顾客或外单位提供的设计图纸或其他技术文件
   B. 公开出版的国家标准或外国标准
   C. 公开出版的设计规范、材料规范等
   D. 以上全部

85. 组织应对所确定的策划和运行质量管理体系所需的来自外部的成文信息进行适当的（　　），并予以保护，防止意外更改。
   A. 发放并使用　　B. 标识并管理　　C. 授权并放行　　D. 保持可读性

86. 关于 ISO 9001：2015 标准 8.1 条款，以下说法正确的是（　　）。
   A. 未提出监视和测量的要求　　　　B. 策划的输出应形成文件化的信息
   C. 对变更的策划也应按本条款执行　D. 以上都对

87. 对运行的策划应包括确定（　　）。
   A. 产品和服务的要求　　　　　　　B. 过程准则以及产品和服务接收准则

C. 符合产品和服务要求所需的资源　　D. 以上全部

88. 运行的策划不要求包括（　　）。

A. 质量和服务要求　　B. 生产过程及其资源

C. 接收准则　　D. 质量方针

89. 关于运行策划和控制，组织应控制策划的（　　）。

A. 更改　　B. 评审非预期变更的后果

C. 必要时，采取措施减轻不利影响　　D. 以上全部

90. 针对运行策划和控制，在必要的范围和程度上，组织确定并保持、保留成文信息，以（　　）。

A. 确信过程已经按策划进行　　B. 证明服务符合要求

C. 证明已获得顾客满意　　D. 证明策划的输出适合组织的运行需要

91. 与顾客沟通的内容应包括（　　）。

A. 提供有关产品和服务的信息　　B. 处理问询、合同或订单，包括变更

C. 处置和控制顾客财产　　D. 以上全部

92. 产和销售调味品应取得食品许可证这是在满足（　　）要求。

A. 与产品有关的法律、法规要求

B. 顾客规定的要求

C. 组织确定的任何附加要求

D. 顾客虽然没有明示，但规定用途或已知的预期用途所必需的要求

93. 餐厅的厨师都有健康证是在满足（　　）。

A. 顾客规定的要求

B. 顾客虽然没有明示，但规定的用途或已知的预期用途所必须的要求

C. 与产品有关的法律、法规要求

D. 组织确定的任何附加要求

94. ISO 9001：2015 标准 8.2.2 条款规定应明确产品要求，就"产品要求"而言，下列说法正确的是（　　）。

A. 顾客应明确产品特性，如显示器的分辨率

B. 由顾客明确与产品相关的法规要求

C. 顾客应明确产品的预期要求

D. 消费者一般从使用角度提产品要求，如电视机图像清晰

95. 在确定向顾客提供的产品和服务的要求时，组织应确保的内容可不包括（　　）。

A. 产品和服务的要求得到规定

B. 组织认为的必要要求得到规定

C. 对其所提供产品和服务，能够满足组织声称的要求

D. 对交付及交付后活动的要求

96. 顾客可以采用（　　）提出与产品有关的要求。

A. 书面合同　　B. 电话订货　　C. 任何适宜的方式　　D. 电子邮件

97. 与产品有关的要求的评审应在组织向顾客做出提供产品的承诺（　　）。

A. 之前进行　　B. 之中进行

C. 之后进行 　　　　　　　　　　D. 之前、之中或之后进行

98. 根据ISO 9001：2015标准7.2.2条款，组织进行合同评审活动应确保（　　）。
A. 产品要求已得到规定
B. 产品的价格最合理
C. 组织的设备能力可满足相应的生产要求
D. 与以前表述不一致的合同或订单的要求已予以解决

99. ISO 9001：2015标准中8.2.3条款的要求针对的是（　　）。
A. 与产品和服务有关要求的评审　　B. 供方的评审
C. 合同规定要求的评审　　　　　　D. 设计评审

100. 若产品和服务要求发生更改，组织应（　　）。
A. 确保相关的成文信息得到修改　　B. 确保相关人员知道已更改的要求
C. 确保顾客知道已更改的要求　　　D. A+B

101. ISO 9001：2015标准中"设计和开发"术语可包括（　　）的设计和开发。
A. 产品和服务　　B. 过程　　C. 质量管理体系　　D. 以上全部

102. 关于设计和开发的输入，正确的是（　　）
A. 设计和开发输入应完整、清楚，满足设计和开发的目的
B. 应解决相互冲突的设计和开发输入
C. 组织应保留有关设计和开发输入的成文信息
D. 以上全部

103. 以下不属于"设计和开发输入"应考虑的内容的是（　　）。
A. 适用的法律法规要求
B. 产品说明书
C. 组织已经承诺实施的标准或行为准则
D. 由于产品和服务的性质所导致的潜在失效后果

104. ISO 9001：2015标准要求，设计和开发输入应完整、清楚，是为了（　　）。
A. 满足设计和开发输出　　　　　　B. 满足设计和开发评审
C. 满足设计和开发的目的　　　　　D. 满足设计和开发控制

105. 设计开发输出可以是（　　）。
A. 图纸　　B. 计算书　　C. 包装规范　　D. 以上都是

106. 根据ISO 9001：2015标准8.3条款，（　　）对于产品和服务提供的后续过程应是充分的。
A. 设计和开发策划　　　　　　　　B. 设计和开发输出
C. 设计和开发输入　　　　　　　　D. 设计和开发控制

107. 根据ISO 9001：2015标准，设计和开发评审的目的是（　　）。
A. 确定设计和开发的职责和权限
B. 评价设计和开发结果满足要求的能力
C. 确保设计和开发的输出满足输入的要求
D. 确保质量管理体系的完整性

108. 设计和开发评审的目的是（　　）。
  A. 保证设计工作进度
  B. 保证各阶段的职能代表理解设计输入
  C. 确保产品满足规定的使用要求或预期用途要求
  D. 评审设计能力

109. 设计验证的目的是（　　）。
  A. 确保输出满足输入要求　　　　B. 确认评审结果的有效性
  C. 确保满足法律法规要求　　　　D. A＋B＋C

110. 为确保设计和开发的输出满足输入的要求应进行（　　）。
  A. 设计和开发评审　　　　　　　B. 设计和开发验证
  C. 设计和开发确认　　　　　　　D. 设计和开发的策划

111. 模拟和试用是进行（　　）的方法。
  A. 设计评审　　B. 设计验证　　C. 设计确认　　D. 设计输出

112. 为证实军队作战服是否满足作战、训练的使用要求而在演练时试穿考察是（　　）。
  A. 设计和开发评审　　　　　　　B. 设计和开发验证
  C. 设计和开发确认　　　　　　　D. 设计和开发策划

113. 以下哪项对于设计和开发更改是必需的？（　　）
  A. 识别　　　B. 评审　　　C. 控制　　　D. 以上全部

114. 根据ISO 9001：2015标准，确保设计的产品和服务能够满足规定的使用要求或预期用途要求应进行（　　）。
  A. 设计和开发评审　　　　　　　B. 设计和开发验证
  C. 设计和开发确认　　　　　　　D. 设计和开发批准

115. 依据ISO 9001：2015标准8.3.4条款，以下说法错误的是（　　）。
  A. 组织对设计和开发过程进行控制活动就是评审、验证和确认
  B. 评审的目的是评价设计和开发的结果满足要求的能力
  C. 验证的目的是确保设计和开发输出满足输入的要求
  D. 确认的目的是确保产品和服务能够满足规定的使用要求或预期用途要求

116. 以下哪些情况应按ISO 9001：2015标准8.4条款进行控制？（　　）
  A. 外部供方的过程、产品和服务构成组织自身的产品和服务的一部分
  B. 外部供方替组织直接将产品和服务提供给顾客
  C. 组织决定由外部供方提供过程或部分过程
  D. 以上都是

117. 对（　　）应做外部供方评价。
  A. 为组织的测量设备提供计量检定的单位　B. 外加工产品零件的提供单位
  C. 原材料供应商　　　　　　　　D. A＋B＋C

118. ISO 9001：2015标准指出对外部供方的信息，在沟通之前所确定的要求是充分的，其沟通内容，不包括（　　）。
  A. 所提供的产品、过程和服务
  B. 能力，包括所要求的人员资质

C. 对外部供方的绩效控制与管理

D. 拟在外部供方现场实施的验证或确认活动

119. 组织应基于( )确定外部供方的评价、选择、绩效监视以及再评价的准则,并加以实施。

   A. 外部供方的报价

   B. 外部供方提供的要求的过程、产品或服务的能力

   C. 外部供方是否通过了第三方认证

   D. 以上都是

120. 依据 ISO 9001:2015 标准 8.5.1 条款,以下哪种说法错误?( )

   A. 监视和测量主要是对过程的监视和测量,对产品的监视和测量不在本条款

   B. 为过程的运行提供适宜的基础设施和环境

   C. 配备具备能力的人员,包括所要求的资格

   D. 采取措施防止人为错误

121. 依据 ISO 9001:2015 标准,以下哪种说法是错误的?( )

   A. 从事生产和服务提供活动的人员应是能够胜任的

   B. 组织应对每个生产和服务提供过程进行确认

   C. 应为生产和服务提供过程提供必要的资源

   D. 应对生产和服务提供过程实施监视和测量

122. 以下不属于 ISO 9001:2015 标准 8.5.1 条款要求的受控条件的是( )。

   A. 每个生产和服务过程应获得编制作业指导书

   B. 可获得和使用适宜的监视和测量资源

   C. 在适当阶段实施监视和测量活动

   D. 采取措施防止人为错误

123. 根据 ISO 9001:2015 标准 8.5.1 条款,组织在进行生产和服务提供过程的确认时,确认应证实( )。

   A. 这些过程是在受控条件下进行的

   B. 生产的产品满足规定的要求

   C. 这些过程实现所策划的结果的能力

   D. 在产品实现的全过程使用的方法是适宜的

124. 有关于生产和服务提供过程的确认,说法正确的是( )。

   A. 若输出结果不能由后续的监视或测量加以验证,应对这类生产和服务提供过程

   B. 过程确认的目的是确认实现策划结果的能力进行确认

   C. 应定期再确认

   D. 以上都对

125. ISO 9001:2015 标准 8.5.1 条款所述的过程确认是指( )的确认。

   A. 所有的生产和服务过程

   B. 与产品检验活动有关的过程

   C. 过程的输出不能由后续的监视和测量加以验证的过程

   D. 以上所有过程

126. 依据 ISO 9001：2015 标准 8.5.2 条款，以下说法正确的是（　　）。
   A. 应对所有产品作好标识，以免混淆
   B. 在生产和服务提供的全过程，应标识产品的监视和测量状态
   C. 应控制所有产品的唯一性标识
   D. 以上都对

127. 产品标识的目的是（　　）。
   A. 防止不同产品的混淆
   B. 防止不同状态产品的误用
   C. 追回紧急放行的产品
   D. 防止使用不合格产品

128. 在有（　　）的场合，组织应控制输出的唯一性标识。
   A. 控制要求
   B. 可追溯性要求
   C. 监视和测量要求
   D. 顾客的要求

129. 以下属于 ISO 9001：2015 标准 8.5.2 条款中的"标识"是指（　　）。
   A. 针对监视和测量要求识别输出状态的标识
   B. 识别监视和测量资源校准状态的标识
   C. 文件修订状态的标识
   D. 设备完好状态的标识

130. 顾客财产不包括（　　）。
   A. 顾客的知识产权
   B. 顾客指定采购的配套件
   C. 顾客的个人信息
   D. 顾客提供的原材料

131. 对顾客财产必须（　　）。
   A. 委托专业机构检验
   B. 进行验证，如检验、检查合格证明、核对外观和数量
   C. 对其质量负责
   D. 与采购产品同等对待

132. 顾客或外部供方的财产出现下列哪种情况时，组织应向顾客或外部供方报告，并保留相关成文信息？（　　）
   A. 发生丢失情况
   B. 发生不适用情况
   C. 发生损坏情况
   D. 以上都是

133. 对输出的防护不包括（　　）。
   A. 产品的防护标识
   B. 产品在生产期间的保护
   C. 对生产产品的设备的保护
   D. 产品包装

134. 对输出的防护可包括（　　）。
   A. 标识、搬运、维修、贮存
   B. 标识、处置、包装、检查、传送或运输以及保护
   C. 标识、搬运、风险控制、贮存、污染控制、运输及保护
   D. 标识、处置、污染控制、包装、储存、传输或运输以及保护

135. 组织在确定交付后活动的覆盖范围时，可不考虑（　　）。
   A. 产品和服务的性质
   B. 产品和服务的交付时间
   C. 产品和服务的用途
   D. 产品和服务的预期寿命

136. 依据ISO 9001：2015标准8.5.6条款,以下正确的是(   )。
A. 生产和服务提供的更改控制的目的是确保稳定地符合要求
B. 应对生产和服务提供的更改进行必要的评审和控制
C. 应保留成文信息,包括有关更改评审结果、授权进行更改的人员以及根据评审所采取的必要措施
D. 以上都对

137. 在策划的安排已圆满完成之前,放行产品和交付服务应(   )。
A. 得到有关授权人员的批准　　　　B. 适用时,经顾客批准
C. A或B　　　　　　　　　　　　D. A+B

138. 未经过最终检测的产品(   )。
A. 根据以往的经验和数据分析,可以交货　　B. 经顾客批准,也不能交货
C. 经授权人员批准,都可以交货　　　　　　D. 以上都不对

139. 组织应保留有关产品和服务放行的成文信息,成文信息不包括(   )。
A. 符合接收准则的证据
B. 组织策划产品和服务接受准则的人员的信息
C. 获得和使用监视和测量资源的信息
D. B+C

140. 依据ISO 9001：2015标准,不合格输出的控制适用于(   )。
A. 产品交付前发生不合格品
B. 产品交付之后发现的不合格产品
C. 在服务提供期间或之后发现的不合格服务
D. 以上都是

141. 以下描述正确的是(   )。
A. 不合格输出不能交付使用
B. 不合格输出得到纠正后应再次验证是否满足要求
C. 不合格输出控制不包括交付使用后才发现的产品不合格
D. 以上全部

142. 依据ISO 9001：2015标准,以下说法正确的是(   )。
A. 应纠正不合格输出
B. 应保留不合格描述及后续措施的成文信息
C. 对所有不合格品均应采取纠正措施
D. 以上都正确

143. 组织应通过下列一种或几种途径处置不合格输出(   )。
A. 纠正
B. 隔离、限制、退货或暂停对产品和服务的提供
C. 告知顾客
D. A+B+C

144. 根据ISO 9001：2015标准,不合格输出控制的目的是(   )。
A. 防止不合格输出的发生　　　　B. 防止类似不合格输出的再次发生

C. 防止不合格输出交付 　　　　　　D. 防止不合格输出的非预期使用或交付

145. 关于不合格输出的控制，组织应保留下列成文信息（　　）。

A. 描述不合格 　　　　　　B. 描述所采取的措施

C. 识别处置不合格的授权 　　　　　　D. 以上全部

146. 依据 ISO 9001：2015 标准 9.1.1 条款，以下说法错误的是（　　）。

A. 组织应确定需要监视和测量的对象

B. 组织应确定实施监视和测量的时机

C. 组织应保存所有实施监视和测量活动成文信息

D. 组织应确定适用的监视、测量、分析和评价方法以确保结果有效

147. 组织应评价质量管理体系的（　　）。

A. 绩效 　　　　　　B. 有效性

C. 绩效和有效性 　　　　　　D. 质量管理体系的符合性

148. 监视顾客关于组织是否满足其要求的感受的方法包括（　　）。

A. 顾客会晤　　B. 顾客赞扬　　C. 担保索赔　　D. 以上全是

149. 以下哪些信息可以反映顾客满意程度？（　　）

A. 顾客报怨 　　　　　　B. 顾客表扬信

C. 顾客对交付产品的反馈 　　　　　　D. 以上都是

150. 监视顾客关于组织是否满足其要求的感受的方法不包括（　　）。

A. 市场占有率分析 　　　　　　B. 实施进货检验

C. 担保索赔 　　　　　　D. 顾客赞扬

151. 关于顾客满意监视的说法正确的是（　　）。

A. 组织可考虑自身的需求，确定是否对顾客满意进行监视

B. 组织应确定顾客满意信息的获取、监视和评审方法

C. 对顾客满意的监视应采用顾客调查表的方式

D. 以上都对

152. 组织应监视顾客对其需求和期望获得满足的程度的感受。组织应确定（　　）。

A. 获取信息的方法 　　　　　　B. 监视信息的方法

C. 评审信息的方法 　　　　　　D. 以上都对

153. 以下哪些属于分析和评价的内容？（　　）

A. 质量管理体系的绩效和有效性 　　　　　　B. 策划是否得到有效实施

C. 针对风险和机遇所采取措施的有效性 　　　　　　D. 以上都是

154. 组织应按照策划的时间间隔进行内部审核，以提供有关质量管理体系的下列哪条信息？（　　）

A. 是否符合组织自身的质量管理体系要求

B. 是否符合 ISO 9001：2015 标准的要求

C. 是否得到有效的实施和保持

D. A＋B＋C

155. 内部审核时，组织应（　　）。

A. 规定每次审核的审核准则和范围

B. 选择审核员并实施审核,以确保审核过程客观公正
C. 确保将审核结果报告给相关管理者
D. A+B+C

156. 审核方案( )。
A. 是针对特定时间段所策划并具有特定目的的一组(一次或多次)审核安排
B. 就是对审核进行策划后形成的文件
C. 是审核检查方案
D. 是审核计划

157. 以下不属于审核方案包含内容的是( )。
A. 频次　　　　　B. 方法　　　　　C. 审核范围　　　　　D. 审核报告

158. ISO 9001:2015 标准要求最高管理者应按策划的时间间隔评审质量管理体系,以确保其持续的( )。
A. 符合性、实施性和有效性　　　　　B. 符合性、充分性和有效性
C. 适宜性、充分性和有效性　　　　　D. 适宜性、实施性和有效性

159. 管理评审的时间安排适当的是( )。
A. 每年进行　　　　　　　　　　　　B. 在外部审核前进行
C. 固定的时间　　　　　　　　　　　D. 按照策划的时间间隔进行

160. 策划和实施管理评审时应考虑下列哪些内容?( )
A. 与质量管理体系相关的内外部因素的变化
B. 有关质量管理体系绩效和有效性的信息,包括其趋势
C. 应对风险和机遇所采取措施的有效性
D. A+B+C

161. 有关质量管理体系绩效和有效性的信息,不包括下列哪项?( )
A. 质量目标的实现程度
B. 与质量管理体系相关的内部和外部因素的变化
C. 监视和测量结果
D. 外部供方的绩效

162. 质量管理评审的输出不包括( )。
A. 改进机会　　　　　　　　　　　　B. 质量管理体系所需的变更
C. 生产实施计划　　　　　　　　　　D. 资源需求

163. 管理评审的输出应包括与质量管理体系改进和产品的改进及资源需求有关的任何( )。
A. 决定　　　　　　　　　　　　　　B. 措施
C. 决定和措施　　　　　　　　　　　D. 改进措施

164. 关于质量管理体系评价的说法正确的是( )。
A. 应评价质量管理体系的绩效
B. 应评价质量管理体系有效性
C. 质量管理体系评价的结果应保持成文信息
D. 以上都对

165. ISO 9001：2015 标准中持续改进活动包括（　　）。
   A. 改进产品和服务以满足要求
   B. 纠正、预防或减少不利影响
   C. 改进质量管理体系的绩效和有效性
   D. 以上全部

166. 以下不属于对不合格做出应对的是（　　）。
   A. 采取措施予以控制
   B. 纠正
   C. 纠正措施
   D. 处置产生的后果

167. 以下哪些不属于针对不合格采取纠正措施的要求？（　　）
   A. 评审所采取的纠正措施的有效性
   B. 对不合格做出应对
   C. 评价是否需要采取措施
   D. 实施纠正措施

168. 以下属于纠正措施的是（　　）。
   A. 对顾客投诉进行赔偿
   B. 对凉的饭菜进行加热
   C. 因工人记不住过程控制有关要求而制定作业文件
   D. 岗前培训

三、多项选择题

1. 关于 ISO 9001：2015 标准以下说法正确的是（　　）。
   A. 内部和外部各方均可使用 ISO 9001：2015 标准
   B. 标准不要求统一各组织的质量管理体系的架构
   C. 标准要求组织建立与标准条款结构相一致的文件
   D. 标准中运用的特定术语组织可以不使用

2. 组织根据 ISO 9001：2015 标准实施质量管理体系具有哪些潜在益处？（　　）
   A. 稳定提供满足顾客要求以及适用的法律、法规要求的产品和服务的能力
   B. 促成增强顾客满意的机会
   C. 应对与其环境和目标相关的风险和机遇
   D. 证实符合规定的质量管理体系要求的能力

3. 质量管理原则包括（　　）
   A. 领导作用　　B. 改进　　C. 循证决策　　D. 关系管理

4. 在质量管理体系中应用过程方法能够（　　）。
   A. 理解并持续满足要求
   B. 从增值的角度考虑过程
   C. 获得有效的过程绩效
   D. 在评价数据和信息的基础上改进过程

5. 以下哪些关于基于风险的思维的描述是正确的？（　　）
   A. 基于风险的思想的概念已经隐含在 ISO 9001：2008 中
   B. 确定风险是进行策划的基础
   C. 应对机遇的措施也可能包括考虑相关的风险
   D. 风险是一种不确定性的影响

6. 关于术语"产品和服务"，以下说法正确的是（　　）。
   A. 术语"产品和服务"包括所有的输出类别（硬件、服务、软件和流程性材料）
   B. ISO 9001：2015 标准增加"服务"，是为了强调在某些要求的应用方面，产品和服务之间存在的差异

C. 在提供服务之前不可能确认其是否符合要求

D. 产品和服务在现实中是混合的,产品可以附带服务,而服务也可以涉及产品的提供

7. 以下关于组织的环境,说法正确的是(　　　)。

A. 组织的环境包括内部和外部因素

B. 组织的环境与其目标和战略方向相关

C. 组织的环境将影响其实现质量管理体系预期结果

D. 组织的环境包括需要考虑的正面和负面要素或条件

8. 组织面临的外部环境有哪些?(　　　)

A. 法律、法规　　　　　　　　B. 技术因素

C. 竞争、市场　　　　　　　　D. 文化、社会和经济因素

9. 以下哪些属于组织的内部环境?(　　　)

A. 价值观　　　B. 文化　　　C. 知识　　　D. 绩效

10. 通过以下(　　　)等相关因素有助于理解组织内部环境。

A. 组织的价值　　B. 文化知识　　C. 管理绩效　　D. 法律法规

11. 关于相关方说法正确的是(　　　)

A. 相关方会对组织持续提供符合顾客要求和适用的法律法规要求的产品和服务的能力产生影响或潜在影响

B. 组织应确定哪些相关方与质量管理体系有关,以及相关的要求

C. 组织应监视相关方及其要求的相关信息

D. 组织应评审相关方及其要求的相关信息

12. 依据 ISO 9001:2015 标准,以下哪些是与组织质量管理体系有关的相关方?(　　　)

A. 当地人民政府　　B. 顾客　　C. 行业协会　　D. 竞争厂家

13. 确定质量管理体系的认证范围时,应该考虑(　　　)。

A. 与组织的宗旨和战略方向相关并影响其质量管理体系实现预期结果能力的外部和内部问题

B. 与组织质量管理体系有关的利益相关方的要求

C. 组织质量管理体系覆盖的产品和服务

D. 任何不适用要求的正当理由

14. 关于"适用性",以下说法正确的是(　　　)。

A. ISO 9001:2015 标准不再使用"删减"一词,表明标准的所有要求均应实施

B. 组织可根据其规模和复杂程度、所采用的管理模式、活动领域以及所面临风险性质,对相关要求的适用性进行评审

C. 标准规定了组织确定某项要求不适用于其质量管理体系范围内过程的条件

D. 只有不实施某项要求不会对提供合格的产品和服务造成不利影响,组织才能决定该要求不适用

15. 关于质量管理体系的范围,说法正确的是(　　　)。

A. 涉及质量管理体系的边界和适用性

B. 应形成文件

C. 在范围应描述所覆盖的产品和服务类型

D. 对质量管理体系的应用范围内不适用 ISO 9001 标准的某些要求,无须说明理由

16. 组织应确定质量管理体系所需的过程及其在组织内的应用,其中确定的含义通常理解为(　　　　)。

　　A. 是正规的质量管理活动

　　B. 其结果应成文信息

　　C. 选择何时需要成文信息

　　D. 其结果可能需要作为成文信息维持或保存

17. 以下哪些是最高管理者"领导作用"的体现?(　　　　)

　　A. 确保质量管理体系要求融入与组织的业务过程

　　B. 促进使用过程方法和基于风险的思维

　　C. 确保获得质量管理体系所需的资源

　　D. 推动改进

18. 组织的最高管理者应(　　　　)。

　　A. 沟通有效的质量管理和符合质量管理体系要求的重要性

　　B. 对质量管理体系的有效性承担责任

　　C. 负责监视和测量顾客满意信息

　　D. 负责识别顾客要求

19. 以下哪些是领导作用的体现?(　　　　)

　　A. 确定职责、权限　　　　　　　　B. 实施内审

　　C. 确保质量方针、质量目标的制定　　D. 确保资源的获得

20. 以下(　　　　)是最高管理者的职责。

　　A. 确定组织各职能和层次的职责和权限　　B. 确保制定质量方针和质量目标

　　C. 提供资源　　　　　　　　　　　　　　D. 实施管理评审

21. 最高管理者应以增强顾客满意为目的,确保顾客的要求得到(　　　　)。

　　A. 识别　　　　B. 理解　　　　C. 确定　　　　D. 持续满足

22. 依据 ISO 9001:2015 标准,以下哪些属于对质量方针的管理要求?(　　　　)

　　A. 形成文件,可获得并保持　　　　B. 在组织内得到沟通、理解和应用

　　C. 适宜时,可向有关相关方提供　　D. 定期评审

23. 最高管理者应分派职责和权限,目的是(　　　　)。

　　A. 确保质量管理体系符合本标准的要求

　　B. 确保各过程获得其预期输出

　　C. 报告质量管理体系的绩效及其改进机会

　　D. 确保在整个组织推动以顾客为关注焦点

24. 最高管理者应确保整个组织内相关岗位的职责、权限得到(　　　　)。

　　A. 分派　　　　B. 沟通　　　　C. 理解　　　　D. 更新

25. 组织确定需要应对的风险和机遇,目的是(　　　　)。

　　A. 确保质量管理体系能够实现其预期结果　　B. 增强有利影响

　　C. 避免或减少不利影响　　　　　　　　　　D. 实现改进

26. 属于风险和机遇方面所做的策划是（　　）。
   A. 应对风险和机遇的措施
   B. 如何将应对风险和机遇的措施融入质量体系过程并实施
   C. 如何评价上述措施的有效性
   D. 变更的策划

27. 关于应对风险和机遇的措施，说法正确的是（　　）。
   A. 应策划应对风险和机遇的措施
   B. 应在质量管理体系过程中整合并实施应对风险和机遇的措施
   C. 应评价应对风险和机遇的措施的有效性
   D. 应对风险和机遇的措施应与其对于产品和服务符合性的潜在影响相适应

28. 应对风险的措施可以考虑（　　）。
   A. 规避风险　　　　　　　　　　B. 为寻求机遇承担风险
   C. 消除风险源　　　　　　　　　D. 改变风险的可能性和后果

29. 下列针对应对风险和机会的选项描述正确的是（　　）。
   A. 寻求机会而承担风险　　　　　B. 消除风险源
   C. 风险越大、机会越大，所以应不顾一切地抗战风险
   D. 改变风险发生的可能性或后果

30. 以下哪些属于ISO 9001：2015标准所说的"机遇"？（　　）
   A. 采用新实践　　　　　　　　　B. 推出新产品
   C. 开辟新市场　　　　　　　　　D. 赢得新客户

31. 以下描述中，关于质量管理体系策划的内容包括（　　）。
   A. 质量目标及其实现的策划　　　B. 改进应对风险和机会的措施
   C. 沟通质量方针　　　　　　　　D. 变更的策划

32. 策划如何实现质量目标时应确定（　　）。
   A. 采取的措施及所需要的资源　　B. 相关职责
   C. 时间要求　　　　　　　　　　D. 如何评价结果

33. 质量目标应（　　）。
   A. 可测量
   B. 与质量方针保持一致
   C. 层层分解
   D. 与提供合格产品和服务以及增强顾客满意相关

34. 质量目标应（　　）。
   A. 对质量管理体系所需的相关职能、层次和过程设定质量目标
   B. 予以监视
   C. 予以沟通
   D. 应保留有关质量目标的成文信息

35. 质量目标应（　　）。
   A. 与质量方针保持一致　　　　　B. 可测量
   C. 考虑到适用的要求　　　　　　D. 定期更新

36. 以下描述正确的是（　　　　）。
   A. 质量方针为质量目标的建立提供框架　　B. 质量目标应与质量方针一致
   C. 质量方针不能变更　　D. 质量目标应考虑适用的要求，且可测量

37. 组织在策划质量管理体系的变更时，应考虑到（　　　　）。
   A. 变更目的及其潜在后果　　B. 质量管理体系的充分性
   C. 资源的可获得性　　D. 责任和权限的分配或再分配

38. 组织确定质量管理体系所需的资源时应考虑（　　　　）。
   A. 现有内部资源的能力和约束　　B. 需要从外部供方获得的资源
   C. 只需考虑内部资源　　D. 不考虑外部资源

39. 以下哪些属于组织的资源？（　　　　）
   A. 产品设计开发人员　　B. 供方与合作伙伴
   C. 生产设备与控制软件　　D. 信息系统

40. 以下哪些属于组织的基础设施？（　　　　）
   A. 应保留作为监视和测量资源适合其用途的证据的成文信息
   B. 设备，包括硬件和软件
   C. 运输资源
   D. 信息和通信技术

41. 以下属于ISO 9001：2015标准7.1.3条款中的基础设施的有（　　　　）。
   A. 生产设备　　B. 售后维修服务网点
   C. 内部局域网　　D. 提供送货上门服务时使用的运输工具

42. 组织应（　　　　）过程运行所需要的环境，以获得合格产品和服务。
   A. 维护　　B. 确保　　C. 确定　　D. 提供

43. 以下哪些是运作环境的心理因素？（　　　　）
   A. 减轻压力　　B. 预防职业倦怠　　C. 情感保护　　D. 安宁

44. 关于监视和测量资源说法正确的是（　　　　）。
   A. 针对的是验证产品和服务符合要求的监测活动所需的监视和测量资源
   B. 监视和测量资源应适合特定类型的监视和测量活动
   C. 得到适当的维护，以确保持续适合其用途
   D. 应保留作为监视和测量资源适合其用途的证据的成文信息

45. 依据ISO 9001：2015标准，以下哪些是对组织的知识管理要求？（　　　　）
   A. 组织应确定运行过程所需的知识
   B. 组织应保持运行过程所需的知识
   C. 组织应确保在需要范围内可得到知识
   D. 组织应考虑现有的知识，确定如何获取更多必要的知识，并进行更新

46. 组织的知识属于内部来源的有哪些？（　　　　）
   A. 知识产权　　B. 从失败和成功项目得到的经验教训
   C. 从经历获得的知识　　D. 得到和分享未形成文件的知识和经验

47. 组织的知识属于外部来源的有哪些？（　　　　）
   A. 国家或行业标准　　B. 学术交流

C. 专业会议　　　　　　　　　　D. 从顾客或外部供方收集的知识

48. ISO 9001：2015标准7.2条款中的人员包括(　　　)。
A. 仓库管理员　　B. 采购人员　　C. 销售人员　　D. 文件管理人员

49. 一个生产型企业,下列属于从事影响质量管理体系绩效和有效性工作的人员有(　　　)。
A. 股东　　　　　　　　　　　　B. 文件资料管理人员
C. 售后服务人员　　　　　　　　D. 产品设计开发人员

50. 一家化工企业中从事影响质量管理体系绩效和有效性工作的人员包括(　　　)。
A. 医务人员　　　　　　　　　　B. 文件管理人员
C. 食堂工作人员　　　　　　　　D. 产品销售人员

51. 根据ISO 9001：2015标准7.2条款的要求,组织应(　　　)。
A. 制订文件化的人员培训计划
B. 确定在组织控制范围内,从事影响质量管理体系绩效和有效性工作的人员所必要的能力
C. 对人员进行分类管理
D. 适用时,采取措施获得所需的能力

52. 依据ISO 9001：2015标准对人员意识的要求,组织应确保其控制范围内的相关工作人员知晓(　　　)。
A. 质量方针
B. 相关的质量目标
C. 他们对质量管理体系有效性的贡献,包括改进质量绩效的益处
D. 不符合质量管理体系要求的后果

53. 依据ISO 9001：2015标准,组织确定与质量管理体系相关的内部和外部沟通的安排,包括(　　　)。
A. 沟通什么　　B. 何时沟通　　C. 沟通目标　　D. 如何沟通

54. 成文信息的价值包括(　　　)。
A. 提供适宜的培训　　　　　　　B. 内部沟通
C. 重复性、可追溯性　　　　　　D. 证实工作业绩

55. 关于成文信息的控制,说法正确的是(　　　)。
A. 无论何时何处需要这些信息,均可获得并适用
B. 予以妥善保护(如防止失密、不当使用或不完整)
C. 成文信息应分发到需要的场所
D. 应对所保存的作为符合性证据的成文信息予以保护,防止非预期的更改

56. ISO 9001：2015标准对"成文信息"的要求主要有(　　　)。
A. 支持过程运行所需的文件　　　B. 确认其过程按策划进行所需的文件
C. 第三方认证所需的文件　　　　D. 满足法定要求所需的文件

57. 组织成文信息通常包括(　　　)。
A. 包含质量方针、目标的员工手册　B. 标准要求成文信息
C. 国际公约、规范、标准　　　　D. 电子文档形式的表单

58. 依据 ISO 9001：2015 标准，组织的质量管理体系应包括（　　）。

A. 质量手册

B. 程序文件

C. 标准要求的成文信息

D. 组织确定的为确保质量管理体系有效性所需的成文信息

59. 对运行的策划应包括确定（　　）。

A. 确定产品和服务的要求　　　　B. 过程准则以及产品和服务接收准则

C. 符合产品和服务要求所需的资源　D. 按照准则实施过程控制

60. 进行运行的策划时，应（　　）。

A. 编制质量计划　　　　　　　　B. 确定产品接收准则

C. 确定产品所需的过程准则　　　D. 确定所需的成文信息

61. 运行的策划包括（　　）。

A. 文件控制程序的策划　　　　　B. 生产过程控制的策划

C. 改进活动的策划　　　　　　　D. 产品质量检验活动的策划

62. 与顾客沟通的内容包括（　　）。

A. 提供有关产品和服务的信息

B. 处理问询、合同或订单，包括变更

C. 获取有关产品和服务的顾客反馈，包括顾客抱怨

D. 处置或控制顾客财产

63. 产品要求可包括（　　）。

A. 适用的法规要求　　　　　　　B. 其他组织的要求

C. 顾客提出要求　　　　　　　　D. 组织认为必要的任何附加要求

64. ISO 9001：2015 标准 8.2 条款中的顾客要求包括（　　）。

A. 顾客规定的要求　　　　　　　B. 产品的包装要求

C. 隐含的要求　　　　　　　　　D. 法规

65. 要求指"明示的、通常隐含的或必须履行的需求或期望"，下列说法正确的是（　　）。

A. "明示的"可以理解为是规定的要求

B. "通常隐含的"是指组织、顾客和其他相关的惯例或一般做法，所考虑的需求或期望是不言而喻的

C. "必须履行的"是指顾客或相关方要求的或有强制性标准要求的

D. 要求可以由不同的相关方提出，不同的相关方对同一产品的要求可能是不相同的

66. 在确定向顾客提供的产品和服务的要求时，组织应确保（　　）。

A. 产品和服务的要求得到规定

B. 产品和服务的要求已经形成文件

C. 对其所提供的产品和服务，能够满足组织声称的要求

D. 组织曾经提供过该产品和服务

67. 以下活动可视为组织对提供产品有关要求的评审的是（　　）。

A. 管理评审　　　　　　　　　　B. 内审

C. 对产品广告的评审　　　　　　D. 对销售合同的评审

第三章 质量管理体系 要求

68. 关于与产品和服务有关的要求的评审,正确的是(　　　)。
A. 组织应确保有能力满足向顾客提供的产品和服务的要求
B. 在承诺向顾客提供产品和服务之时,评审与产品和服务有关的要求
C. 若顾客没有提供形成文件的要求,组织应将其形成文件
D. 组织应保留评审结果及针对产品和服务的新要求的成文信息

69. 顾客没有形成文件的要求,需要进行确认的有(　　　)。
A. 电话订货
B. 发短信要求订货
C. 口头点菜,服务员对菜单进行确认
D. 电话预订房间

70. 以下哪种情况的顾客要求不是以文件形式提出的?(　　　)
A. 顾客当面口头提出
B. 顾客以发短信提出
C. 在饭店顾客点菜,服务员在菜单上记录
D. 顾客打电话预订宾馆房间

71. 依据ISO 9001:2015标准8.2.3条款,组织应评审的产品和服务的要求包括(　　　)。
A. 顾客规定的要求,包括对交付及交付后活动的要求
B. 顾客虽然没有明示,但规定的用途或已知的预期用途所必需的要求
C. 对外部供方的采购要求
D. 与先前表述存在差异的合同或订单要求

72. 在确定产品和服务要求时可以考虑的因素包括(　　　)。
A. 产品或服务的目的是什么
B. 工作现场是否实施的"5S"
C. 顾客的需求和期望
D. 相关法律、法规要求

73. 如果产品和服务要求发生更改,组织应(　　　)。
A. 确保相关的成文信息得到修改
B. 并确保相关部门知道已更改的要求
C. 并确保相关人员知道已更改的要求
D. 重新签订合同

74. 在设计和开发策划时,应考虑以下哪些内容?(　　　)
A. 设计和开发活动的性质、持续时间和复杂程度
B. 所要求的过程阶段,包括适用的设计和开发评审
C. 产品和服务的设计和开发所需的内部和外部资源
D. 设计和开发过程参与人员之间接口的控制需求

75. 在设计和开发策划时,应考虑(　　　)。
A. 设计和开发过程涉及的职责和权限
B. 产品和服务的设计和开发所需的内部和外部资源
C. 顾客和其他相关方期望的设计和开发过程的控制水平
D. 证实已经满足设计和开发要求所需的成文信息

76. 以下哪几项是设计和开发策划时应当考虑的因素?(　　　)
A. 设计和开发活动的性质、周期和复杂程度
B. 设计和开发活动过程中所涉及的职责和权限
C. 近期采购产品进化检验结果
D. 顾客和用户在设计和开发活动中可能的参与

77. 下列哪些信息作为设计和开发输入?(　　　)
A. 设计和开发的阶段
B. 设计和开发职责和权限

C. 功能和性能要求　　　　　　　　D. 法律、法规要求

78. 下列（　　）信息作为设计和开发输入。

A. 由产品和服务性质所决定的、失效的潜在后果

B. 设计和开发职责和权限

C. 组织承诺实施的标准和行业规范

D. 法律、法规要求

79. 设计输出应（　　）。

A. 满足输入的要求

B. 保留设计和开发输出的成文信息

C. 为产品和服务提供的后续过程提供充分信息

D. 包括或引用监视和测量的要求

80. 设计和开发输出可以包括（　　）。

A. 图纸、产品规范、材料规范、测试要求

B. 过程规范、必要的生产设备细节

C. 建筑计划和工艺计算

D. 菜单、食谱、烹饪方法、服务手册

81. 以下哪些属于设计和开发的控制活动？（　　）

A. 设计和开发策划　　　　　　　　B. 设计和开发评审

C. 设计和开发验证　　　　　　　　D. 设计和开发确认

82. 关于设计和开发控制，正确的说法是（　　）。

A. 设计和开发控制活动包括设计评审、验证、确认

B. 对设计评审、验证和确认过程中确定的问题应采取必要措施

C. 应保留设计评审、验证和确认的成文信息

D. 设计评审、验证和确认的目的不一样，应单独进行

83. 组织对产品和服务设计和开发期间以及后续所做的更改应（　　），以便避免不利影响，确保符合要求。

A. 识别　　　　　B. 评审　　　　　C. 控制　　　　　D. 保留成文信息

84. 组织应保留的设计和开发更改的成文信息有哪些？（　　）

A. 设计和开发变更　　　　　　　　B. 评审的结果

C. 变更的授权　　　　　　　　　　D. 为防止不利影响而采取的措施

85. 根据 ISO 9001：2015 标准，组织对供方进行选择和评价时应（　　）。

A. 根据外部供方提供所要求的过程、产品或服务的能力评价和选择供方

B. 根据供方的销量来选择供方

C. 应制定评价、选择、绩效监视 以及再评价的准则

D. 保留对外部供方评价及后续措施的形成文件信息

86. 在确定对外部供方的控制类型和程度时，组织应（　　）。

A. 确保外部提供的过程保持在其质量管理体系的控制之中

B. 规定对外部供方的控制及其输出结果的控制

C. 考虑外部提供的过程、产品和服务对组织稳定地提供满足顾客要求和适用的法律法

规要求的能力的潜在影响

D. 确定必要的验证或其他活动,以确保外部提供的过程、产品和服务满足要求

87. 依据ISO 9001:2015标准8.4.3条款,组织对外部供方涉及的批准包括( )。

A. 产品和服务
B. 方法、过程和设备
C. 产品和服务的放行
D. 供应价格

88. 依据ISO 9001:2015标准8.4条款的要求,以下说法错误的是( )。

A. 对外部供方进行选择和评价时,只需考虑产品质量的好坏和价格的合理性
B. 对外部供方的信息应清楚地表明所提供产品、服务的要求
C. 供方信息必须包括对外部供方人员能力的要求
D. 组织应到供方现场对采购产品进行验证

89. 与外部供方沟通的信息包括( )。

A. 所提供的过程、产品和服务的要求
B. 对供方人员能力的要求
C. 对外部供方绩效的控制和监视要求
D. 组织或其顾客拟在外部供方现场实施的验证或确认活动

90. 以下哪些属于ISO 9001:2015标准8.5.1a)条款中要求的"成文信息"?( )

A. 产品图纸
B. 生产计划
C. 产品规范
D. 生产工序作业指导书

91. 交付后活动可包括( )。

A. 担保条款规定的措施
B. 合同义务(例如,维护服务)
C. 附加服务(例如,回收或最终处置)
D. 合同评审

92. 组织在确定交付后活动的覆盖范围和程度时,应考虑的因素有( )。

A. 法律、法规要求
B. 顾客要求
C. 与产品和服务相关的潜在不期望的后果
D. 其产品和服务的性质、用途和预期寿命

93. 对顾客提供的图样和产品使用规范,应采取以下( )条款中的方法进行控制。

A. 7.5.3
B. 8.2.3
C. 8.2.1
D. 8.5.3

94. 顾客或外部供方的财产,可以包括( )。

A. 材料、零部件、工具和设备
B. 顾客的场所
C. 知识产权
D. 个人信息

95. 以下哪些属于顾客或外部供方的财产?( )

A. 从外部租赁的设备
B. 向供方购买的原材料
C. 顾客提供的包装纸箱
D. 顾客已经验收,由我方代保管的产品

96. 质量管理体系规定需控制的顾客财产可以包括( )。

A. 纳税人申报的税务登记信息
B. 客户提供的包装箱
C. 顾客提供的加工图纸
D. 在客户指定的供方采购的原料

97. 对顾客或外部供方的财产,组织应（　　）。
   A. 识别　　　　　B. 验证　　　　　C. 保护　　　　　D. 维护

98. ISO 9001：2015 标准 8.5.4 条款中的"防护"包括（　　）。
   A. 污染控制　　　B. 保护　　　　　C. 储存　　　　　D. 包装

99. 根据 ISO 9001：2015 标准 8.5.4 条款中的"防护"包括（　　）。
   A. 传送　　　　　B. 保护　　　　　C. 产品标识　　　D. 运输

100. 以下哪些应保留成文信息？（　　）
   A. 审核方案实施和审核结果的证据
   B. 审核方案实施和审核结果的证据
   C. 质量管理体系的绩效和有效性评价的结果
   D. 设计和开发输入

101. 对产品的监视和测量,在特殊情况下在策划的安排已圆满完成之前,放行产品和交付服务应（　　）。
   A. 最高管理者批准　　　　　　　　B. 有关授权人批准
   C. 适用时经顾客批准　　　　　　　D. 以上都可以

102. 组织保留的关于产品和服务放行的成文信息包括（　　）。
   A. 符合接收准则的证据　　　　　　B. 不合格品的描述
   C. 不合格品的处理结果　　　　　　D. 授权放行人员的可追溯信息

103. 处置不合格品的方法可以是（　　）。
   A. 返工　　　　　B. 返修　　　　　C. 让步使用　　　D. 报废

104. 处置不合格输出的途径包括（　　）。
   A. 纠正
   B. 对提供产品和服务进行隔离、限制、退货或暂停
   C. 赔偿顾客
   D. 获得让步接收的授权

105. 组织应保留关于不合格的成文信息包括（　　）。
   A. 不合格的描述　　　　　　　　　B. 所采取措施
   C. 让步的信息　　　　　　　　　　D. 处置不合格的授权信息

106. 根据 ISO 9001：2015 标准 8.7 条款,以下哪些信息应保留成文信息？（　　）
   A. 不合格的性质　　　　　　　　　B. 不合格的应对
   C. 不合格的纠正措施　　　　　　　D. 纠正措施的结果

107. 以下哪些应保留成文信息？（　　）
   A. 需要追溯时,输出的输一性标识的证据
   B. 顾客或外部供应商财产丢失、损坏或发现其他不适合使用的情况及沟通
   C. 描述不合格输出及所采取的措施
   D. 与相关方的沟通信息

108. 依据 ISO 9001：2015 标准,以下说法哪些是正确的？（　　）
   A. 不允许使用或交付不合格品
   B. 识别和控制不合格品是为了防止其非预期的使用或交付

C. 根据不合格品的性质和影响,可以采取不同的处置方法
D. 得到授权人员批准,适用时得到顾客批准,所有不合格品都可以让步使用、放行或接收

109. 策划监视、测量、分析和评价时应确定( )。
A. 监视和测量的对象
B. 监视、测量、分析和评价方法
C. 监视和测量的时机
D. 分析和评价监视和测量结果的时机

110. 应利用分析结果评价( )。
A. 顾客满意程度
B. 产品和服务的符合性
C. 资源提供的充分性
D. 外部供方的绩效

111. 依据 ISO 9001:2015 标准 9.1.3 条款,组织应分析和评价来自监视、测量以及其他来源的适当数据和信息,分析的结果应用于评价( )。
A. 顾客满意度
B. 风险和机会的应对措施和有效性
C. 外部提供方的绩效
D. 过程和产品的特性及趋势,包括采取预防措施的机会

112. 内部审核的目的是确定质量管理体系是否( )。
A. 符合组织质量管理体系的要求
B. 符合 ISO 9001 标准的要求
C. 提高了过程的效率
D. 得到了有效实施与保持

113. 策划、制定、实施和保持审核方案时应考虑( )。
A. 有关过程的重要性
B. 对组织产生影响的变化
C. 以往的审核结果
D. 审核员不能来自外部

114. 关于内部审核,以下正确的是( )。
A. 每次审核应覆盖所有部门和场所
B. 审核员不能审核自己的工作
C. 审核中发现不合格,应及时采取必要的纠正和纠正措施
D. 审核的结果应报告给相关管理部门

115. 关于内部审核,以下说法正确的是( )。
A. 内审每年应进行一次
B. 应按照策划的时间间隔进行内部审核
C. 应制定审核方案
D. 保留审核结果的应形成文件信息

116. 管理评审应( )。
A. 按规定的时间间隔进行
B. 按策划的时间间隔进行
C. 评价质量管理体系的持续适宜性、充分性、有效性
D. 进行各部门的绩效考核

117. 关于管理评审,正确的说法是( )。
A. 由最高管理者组织进行
B. 保留管理评审的结果的形成文件信息
C. 将导致管理体系发生变化
D. 目的是确保其持续的保持适宜性、充分性和有效性,并与组织的战略方向一致

118. 管理评审的输入应包括（　　　　）。
A. 有关质量管理体系绩效和有效性的信息　　B. 资源的充分性
C. 应对风险和机遇所采取措施的有效性　　　D. 改进的机会

119. 管理评审输入中有关质量管理体系绩效和有效性的信息包括（　　　　）。
A. 质量目标的实现程度　　　　　　　　　B. 过程绩效以及产品和服务的符合性
C. 监视和测量结果　　　　　　　　　　　D. 审核结果

120. 以下哪些方面体现了质量管理体系的绩效和有效性？（　　　　）
A. 顾客投诉　　　　　　　　　　　　　　B. 质量目标的实现程度
C. 产品和服务发生的不合格　　　　　　　D. 管理制度的完善情况

121. 管理评审是为了确保质量管理体系的（　　　　）。
A. 适宜性　　　　　　　　　　　　　　　B. 充分性
C. 有效性　　　　　　　　　　　　　　　D. 与组织的战略方向一致

122. 质量管理评审的输出包括（　　　　）。
A. 质量管理体系所需的变更　　　　　　　B. 改进的机会
C. 下次管理评审的安排　　　　　　　　　D. 资源需求

123. 以下哪些可以作为改进活动的示例？（　　　　）
A. 纠正　　　　　B. 纠正措施　　　　　C. 突变　　　　　D. 监视和测量

124. 以下属于对不合格做出应对的方法有（　　　　）。
A. 采取措施予以控制　　　　　　　　　　B. 纠正
C. 纠正措施　　　　　　　　　　　　　　D. 处置产生的后果

125. 在对不合格进行处理和采取纠正措施后，组织应保留有关（　　　　）的成文信息作为证据。
A. 造成不合格的责任人　　　　　　　　　B. 不合格的性质
C. 针对不合格所采取的后续措施　　　　　D. 纠正措施的结果

126. 采取纠正措施，消除产生不合格的原因，其目的是（　　　　）。
A. 避免不合格再次发生　　　　　　　　　B. 避免不合格发生
C. 避免不合格在其他场合发生　　　　　　D. 消除不合格造成的影响

127. 关于纠正措施，说法正确的是（　　　　）。
A. 可以不考虑不合格造成的影响，采取相同程度的纠正措施
B. 应评审采取的纠正措施的有效性
C. 采取纠正措施可能导致更新策划期间确定的风险和机遇
D. 应保留不合格的性质以及随后所采取的措施的成文信息

128. 关于纠正措施，说法正确的是（　　　　）。
A. 任何不合格都应采取纠正措施
B. 处置不合格产生的后果（影响）是纠正措施不可缺少的一部分
C. 采取纠正措施可能导致变更质量管理体系
D. 纠正措施应与所产生的不合格的影响相适应

129. 确定是否存在持续改进的需求或机会，应考虑（　　　　）。
A. 潜在的风险　　　　　　　　　　　　　B. 管理评审的输出

C. 合同评审的结果   D. 分析、评价的结果

四、情景题

请指出在 ISO 9001：2015 标准中适用于下述情景的条款，并将条款号写在横线上。

1. "银行营业大厅各营业窗口上挂着标明服务项目的标牌。"

    适用于这一情景的条款是_____。

2. "培训场所外正在施工，噪声很大。"

    适用于这一情景的条款是_____。

3. "检验员正在检查顾客提供的元器件的数量、外观和规格。"

    适用于这一情景的条款是_____。

4. "为了依据 ISO 9001：2015 标准修改质量管理体系文件，某企业正在召开会议、研究修改方案、制订工作计划。"

    适用于这一情景的条款是_____。

5. "注塑车间的操作工正在监测注塑温度和压力。"

    适用于这一情景的条款是_____。

6. "企管办在公告栏上发布了上个月企业的生产进度、产品质量情况和本月下旬将进行管理评审的有关信息。"

    适用于这一情景的条款是_____。

7. "技术部在修改的工艺文件上标明了更改时间和次数。"

    适用于这一情景的条款是_____。

8. "由于某种乳制品中含有某种有害人体健康的成分，并已经在市场上引起很大反响，乳品厂决定尽全力收回已发放到市场上的乳制品。"

    适用于这一情景的条款是_____。

9. "质检科的人员正在整理本年度的所有检验记录，并分类归档保存。同时将已超过保存期的记录进行处置。"

    适用于这一情景的条款是_____。

10. "人力资源部在人才市场招聘电子工程师，以满足新产品开发的需要。"

    适用于这一情景的条款是_____。

11. "检验员在成品车间对煤气开关的五项指标进行测试，并填写检验报告。"

    适用于这一情景的条款是_____。

12. "质检部正在组织编制新产品的检验规程。"

    适用于这一情景的条款是_____。

13. "公司将建筑施工项目的图纸和资料保存在了档案室。"

    适用于这一情景的条款是_____。

14. "客户发来传真询问是否同意合同补充条款，公司未及时回复。"

    适用于这一情景的条款是_____。

15. "尽管出口合同并未规定包装的图案和色彩要求，但是公司在确定包装的图案和色彩时，仍应考虑进口国的风俗和习惯。"

    适用于这一情景的条款是_____。

16. "为确保质量管理体系持续的有效性、适宜性和充分性，组织最高管理者定期组织

对其进行评审。"

适用于这一情景的条款是_____。

17."在车间墙上贴有'产品试验不合格请找主任设计师处置'。"

适用于这一情景的条款是_____。

18."内部审核员到有关部门验证内审发现的不合格项纠正措施的实施情况。"

适用于这一情景的条款是_____。

19."销售科与客户协商更改了合同务款,但是生产科不知道。"

适用于这一情景的条款是_____。

20."组织按照合同要求,对售出的产品进行维护保养。"

适用于这一情景的条款是_____。

21."某批外观不符合要求的产品经重新表面处理后.检验员正在检验该批产品的外观是否符合要求。"

适用于这一情景的条款是_____。

22."某份成品检验记录有两项检验结果无记录,且无检验人员的签字。"

适用于这一情景的条款是_____。

23."某施工单位项目经理部购买了一套《建筑施工规范大全》。"

适用于这一情景的条款是_____。

24."某企业正在举办内部审核员培训班。"

适用于这一情景的条款是_____。

25."在培训机构举办的内审员培训班上教师正在授课。"

适用于这一情景的条款是_____。

五、思考题

1. 组织如何确定与其宗旨和战略方向相关并影响其实现质量管理体系预期结果的各种外部因素?

2. 组织应从哪几个方面判断有关相关方对其质量管理体系的影响或潜在影响?

3. ISO 9001:2015 标准在第4章"组织环境"中提出了哪几部分要求?这几部分要求之间的逻辑性和相关性以及在标准中的作用是什么?

4. 组织从哪几个方面对 ISO 9001:2015 标准相关要求的适用性进行评价?

5. 如何确定运行过程的关键绩效指标?

6. 如何确保质量管理体系要求融入组织的业务过程?

7. 怎样确保质量管理体系实现其预期结果?

8. 如何确定和应对能够影响产品和服务符合性以及增强顾客满意能力的风险和机遇?

9. 组织从哪几个方面评审质量方针的适宜性?

10. 最高管理者如何通过分派职责和权限,以确保质量管理体系符合 ISO 9001:2015 标准的要求?

11. 组织如何确定需要应对的风险和机遇?

12. 组织如何在质量管理体系所需的过程设定质量目标?应分别设定怎样的质量目标?

13. 质量目标的制定如何体现 SMART 原则?

14. 如何实施质量管理体系的变更策划？

15. 请按照 ISO 9001：2015 标准第 6 章"策划"的要求，结合一个具体行业或组织，以自己的经历和经验阐述如何科学、合理、有效地应对为实现既定的质量目标和管理绩效而面临的风险和机遇。

16. 组织需要从外部供方获得的资源可能包括哪些资源？通过何种途径获得？

17. 组织为何需要进行知识管理？知识管理与改进创新有什么关系？

18. 组织如何获得更多必要的知识和知识更新？

19. 组织通过何种途径和方式形成质量价值观？

20. 组织与质量管理相关的外部沟通通常包括哪些方面？

21. 结合你所在的企业，说明运行过程所需的准则通常包括什么？

22. 如何有效和高效地处理顾客投诉？

23. 产品和服务的设计和开发所需的内部和外部资源包括哪些？

24. 组织如何确定由产品和服务性质所决定的、失效的潜在后果？

25. 组织通过何种方式规定对于实现预期目的、安全和正确提供的产品和服务的基本特性？

26. 外部供方的绩效通常包括哪几个方面？组织应如何对外部供方的绩效进行监视？

27. 组织如何确保外部提供的过程、产品和服务不会对组织持续地向顾客交付合格产品和服务的能力产生不利影响？

28. 在进行生产和服务提供过程中，组织通常可采取哪些措施防范人为错误？

29. 在生产和服务的提供过程中，哪些环节可能存在变更？如何对这些变更采取有针对性的控制措施？

30. 组织应采用哪些适当的方法识别输出，以确保产品和服务合格？

31. 组织可通过哪些途径处置不合格输出？

32. 组织如何评价质量管理体系的绩效和有效性？

33. 组织采用何种方法监视顾客对其需求和期望获得满足的程度的感受？

34. 组织如何分析和评价通过监视和测量获得的适当的数据和信息？

35. 组织如何策划、制订、实施和保持审核方案？

36. 组织如何确定和选择改进的机会，并采取必要的措施，满足顾客要求和增强顾客满意？

37. 组织如何持续改进质量管理体系的适宜性、充分性和有效性？

38. 简述内部审核和管理评审的区别和联系。

第四章

质量管理体系审核概论

第一节　与审核有关的术语和定义的理解

　　GB/T 19000—2016/ISO 9000：2015《质量管理体系　基础和术语》和 GB/T 19011—2013/ISO 19011：2011《管理体系审核指南》标准，给出了与审核有关的术语的定义。对这些术语和定义内涵的理解与掌握，对于正确、有序地组织内部质量管理体系审核具有重要的指导意义。

　　在 GB/T 19000—2016/ISO 9000：2015 术语的第 3.13 部分和 GB/T 19011—2013/ISO 19011：2011 第三部分术语和定义中，列出的与审核有关的术语基本相同但略有差异，本教程选用最新的 GB/T 19000—2016/ISO 9000：2015 标准。

一、审核

> **GB/T 19000—2016 质量管理体系　基础和术语**
> 3.13.1　审核（audit）
> 　　为获得客观证据（3.8.3）并对其进行客观的评价，以确定满足审核准则（3.13.7）的程度所进行的系统的、独立的并形成文件的过程（3.4.1）。
> 　　注1：审核的基本要素包括由对被审核客体不承担责任的人员，按照程序（3.5.4）对客体（3.6.1）是否合格（3.6.11）所做的确定（3.11.1）。
> 　　注2：审核可以是内部（第一方）审核，或外部（第二方或第三方）审核，也可以是多体系审核（3.13.2）或联合审核（3.13.3）。
> 　　注3：内部审核，有时称为第一方审核，由组织（3.2.1）自己或以组织的名义进行，用于管理（3.3.3）评审（3.11.2）和其他内部目的，可作为组织自我合格声明的基础。可以由与正在被审核的活动无责任关系的人员进行，以证实独立性。
> 　　注4：通常，外部审核包括第二方和第三方审核。第二方审核由组织的相关方，如顾客（3.2.4）或由其他人员以相关方的名义进行。第三方审核由外部独立的审核组织进行，如提供合格认证/注册的组织或政府机构。
> 　　注5：这是 ISO/IEC 导则，第 1 部分的 ISO 补充规定的附件 SL 中给出的 ISO 管理体系标准中的通用术语及核心定义之一，最初的定义和注释已经被改写，以消除术语"审核准则"与"审核证据"之间循环定义的影响，并增加了注 3 和注 4。

【理解要点】

　　（1）审核是一种确定满足某特定审核准则程度的评价过程。当用于质量管理体系时，审核是确定质量管理体系的文件、质量管理体系的实施以及实施效果与质量管理体系要求的符合程度。

　　（2）审核是一种符合性评价活动，审核评价的依据是审核准则。审核是通过获取审核证据（如受审核方/者的陈述、文件的规定、记录的内容、实际的操作、现场的环境、设备的状况等等），将审核证据与审核准则即审核的依据进行比较，确定审核证据与审核准则符合性的一种评价活动。

（3）评价质量管理体系时，应对每一个评价过程提出四个基本问题：

——过程是否已被识别并适当规定？即组织的质量管理体系过程是否被确定，并形成符合要求的程序或规定？

——职责是否已被分配？即与组织质量管理体系有关人员的职责是否已确定和规定？

——程序是否得到实施和保持？即各种规定是否得到持续地实施？

——在实施所要求的结果方面，过程是否有效？即体系实施的效果是否符合预期的期望或目标？

（4）审核强调客观性、系统性、独立性。审核的客观性体现在审核证据是一种能够被证实的真实信息，道听途说、不能被证实的不能作为证据。审核客观性还体现在审核准则是客观的，不是审核人员的经验和其他组织的习惯做法。

审核的系统性体现在审核是一种正式、有序的活动。正式的审核或是按合同进行（外审均按合同），或是根据授权进行（内审均是根据组织的管理者授权）；有序体现在审核是按有关标准（如 ISO 19011）规定的程序组织实施。

审核的独立性体现在审核至少是由与被审核的活动无直接责任的人员进行。一般来讲，本部门的人不能审核本部门，对于规模较小的企业，至少要做到自己不能审核自己的工作。

（5）审核的过程应形成必要的文件与记录。审核活动至少要有审核程序、审核方案、审核计划、检查表及检查记录、不合格报告、审核报告、纠正措施跟踪验证报告等文件与记录。

（6）审核可分为内部审核和外部审核。由组织自己提出的审核称为内部审核（简称内审）；由组织的顾客或第三方认证机构提出的审核称为外部审核（简称外审）。

（7）审核也可以分为单一体系审核和多体系审核或联合审核。仅对组织的一个体系（如质量管理体系）审核称为单一体系审核；如果是对一个组织同时进行多个体系（如质量体系和环境管理体系和或其他体系）审核称为多体系审核；两个认证或审核机构同时对一个组织进行审核称为联合审核。

二、审核准则

> **GB/T 19000—2016 质量管理体系　基础和术语**
> 3.13.7　审核准则（audit criteria）
> 　　用于与客观证据（3.8.3）进行比较的一组方针（3.5.8）、程序（3.4.5）或要求（3.6.4）
> 　　[源自：GB/T 19011—2013，3.2，改写，术语"审核证据"已被"客观证据"替代]

【理解要点】

（1）审核准则是审核过程评价的依据。

（2）与审核对象相关的方针、政策、法规、程序、要求、作业指导书等都可作为审核过程的客观依据。

（3）内审的主要依据是组织的质量管理体系文件及形成文件的质量方针、质量目标，以及与产品有关的法律、法规和规章等。

三、客观证据

> **GB/T 19000—2016 质量管理体系　基础和术语**
> 3.8.3　客观证据（objective evidence）
> 　　支持某事物存在或真实性的数据(3.8.1)
> 　　注1：客观证据可通过观察、测量(3.11.4)、试验(3.11.8)或其他方法获得。
> 　　注2：通常，用于审核(3.13.1)目的的客观证据，是由与审核准则(3.13.7)相关的记录(3.8.10)、事实陈述或其他信息(3.8.2)所组成并可验证。

【理解要点】

（1）客观证据是支持某个事物存在的真实情况或信息，客观证据的信息是可以验证的。道听途说、主观猜想、未经证实的非当事人的说法等均不能作为客观证据。

（2）客观证据可以通过观察、查阅、测量、试验或其他方法获得。

（3）通常，用于审核目的的客观证据，是由与审核准则相关的记录、事实陈述或其他信息所组成。

四、审核证据

> **GB/T 19000—2016 质量管理体系　基础和术语**
> 3.13.8　审核证据（audit evidence）
> 　　审核证据与审核准则(3.13.7)有关并能够证实的记录、事实陈述或其他信息
> 　　［源自：GB/T 19011—2013,3.3,改写，注已被删除］

【理解要点】

（1）审核证据必须是与审核准则有关的。如在对内部质量体系审核时，要获取和评价的审核证据，必须是与质量管理体系文件和质量管理体系标准要求有关的证据。

（2）审核证据要能够被证实是真实的信息。记录、事实陈述或其他信息都可成为审核证据。

（3）审核证据可以是定性的，也可以是定量的。

五、审核发现

> **GB/T 19000—2016 质量管理体系　基础和术语**
> 3.13.9　审核发现（audit findings）
> 　　将收集的审核证据(3.13.8)对照审核准则(3.13.7)进行评价的结果
> 　　注1：审核发现表明符合(3.6.11)或不符合(3.6.9)。
> 　　注2：审核发现可导致识别改进(3.3.1)的机会或记录良好实践。
> 　　注3：在英语中，如果审核准则(3.13.7)选自法律要求(3.6.6)或法规要求(3.6.7)，审核发现可被称为合规或不合规。
> 　　［源自：GB/T 19011—2013,3.4,改写，注3已被修改］

【理解要点】

(1) 将审核证据作为输入,对照审核准则进行比较评价后,输出的结果是审核发现。

(2) 审核发现可以是符合的,也可以是不符合的。符合的要给以肯定,不符合的要形成不符合项和开列不符合报告,通过对不符合的纠正措施的实施,改进质量管理体系。

(3) 审核证据、审核准则、审核证据的关系。审核证据是输入,审核准则是评价的依据,评价的结果即审核发现是审核评价过程的输出。

六、审核结论

> **GB/T 19000—2016 质量管理体系 基础和术语**
> 3.13.10 审核结论(audit conclusion)
> 考虑了审核目标和所有审核发现(3.13.9)后得出的审核(3.13.1)结果
> [源自:GB/T 19011—2013,3.5]

【理解要点】

(1) 审核结论是由审核组做出的。

(2) 审核结论是考虑了审核目标和所有审核发现后,得出的综合评价结果。

(3) 审核证据与审核准则比较得出的所有审核发现是输入,结合审核目标对所有审核发现汇总分析后得出的审核结论是输出。

七、审核方案

> **GB/T 19000—2016 质量管理体系 基础和术语**
> 3.13.4 审核方案(audit programme)
> 针对特定时间段并具有特定目标所策划的一组(一次或多次)审核(3.13.1)安排
> [源自:GB/T 19011—2013,3.13,改写]

【理解要点】

(1) 审核方案是对一项审核项目的策划与安排。根据审核的目的和受审核组织的规模、性质及其他情况确定审核方案,一般包括:对审核进行策划、确定审核的形式(如一般审核、多体系审核、联合审核等)、确定审核的频次及次数、确定和提供审核的资源(审核人员的要求与配备、审核程序的制定与提供、审核的检查与改进规定的提供与实施等)。从审核方案的内容可以认识到,审核方案是对一项审核活动管理与实施的策划及安排。

(2) 审核方案一般是针对特定(专门)的项目,为满足某些特定的目标,在特定的时间段的审核策划与安排。审核方案是针对某些审核目的,如保持质量管理体系正常运行的内审、是否批准认证注册并在有效期内保持认证资格的外审、是否可以选为合格供方的顾客审核等目的,在某一时间段做出的审核安排。

(3) 审核方案是由执行审核管理的机构负责组织审核管理人员制定的。内审的审核方案一般可以由内审管理部门起草,由其主管领导批准实施。

八、审核计划

> **GB/T 19000—2016 质量管理体系 基础和术语**
> 3.13.6 审核计划(audit plan)
> 　　对审核(3.13.1)活动和安排的描述
> 　　[源自：GB/T 19011—2013,3.15]

【理解要点】

(1) 审核计划是一次/一项审核活动日程的安排及说明。一般安排到具体的人和小时。

(2) 审核计划的编制应满足审核方案的有关要求。审核计划一般由审核组长负责编制、审核方案管理部门批准、受审核方确认。

(3) 审核计划与审核方案是有区别的。审核计划与审核方案从内容、范围、目标、执行人、管理与实施等方面都不同(见表4-1)。

表4-1 审核计划与审核方案的区别

项目	审核方案	审核计划
定义	针对特定时间段所策划,并具有特定目的的一组(一次或多次)审核	一项审核活动及安排的说明
审核目标	一项审核方案所涉及的多次审核活动的目标(不同审核也有不同的目标)	一次审核活动的具体目标,是审核方案目标的一部分
范围	一项审核方案可涉及全部体系、所有产品和服务、所有过程	一项计划可能涉及全部体系、所有产品和服务、所有过程,也可能涉及部分体系、过程、产品和服务
主要内容	对一个特定时间段的审核进行策划,确定审核的形式、审核的频次及次数,确定和提供审核的资源	规定一次审核活动的期限和每日的具体审核日程,确定审核员的分工
执行人	审核管理人员	审核组长
管理与实施	要对审核方案进行 PDCA 的管理,不断改进审核方案及审核管理	审核计划经过审核委托方批准,受审核方确认后,审核组应严格按计划实施审核,一般不得更改
关系	方案包括对计划的制订与实施的有关要求	计划的编制、批准、实施应符合方案的规定

九、审核范围

> **GB/T 19000—2016 质量管理体系 基础和术语**
> 3.13.5 审核范围(audit scope)
> 　　审核(3.13.1)的内容和界限
> 　　注：审核范围通常包括对实际位置、组织单元、活动和过程(3.4.1)的描述。
> 　　[源自：GB/T 19011—2013,3.14,改写,注已被修改]

【理解要点】

（1）审核范围是对一项审核活动所涉及的产品和服务类别、组织（单位）、产品和服务提供时的过程/活动、场所（场地、部门）的界定。

（2）对受审核方来讲，审核范围也是其质量管理体系承诺的范围。通常，审核范围应在某些文件上标明，一次内审的审核范围至少要在审核计划、审核报告中予以标明。

第二节 质量管理体系审核的类型

按照 ISO 9000：2015 审核术语的规定，审核可以分为内部审核（简称内审）和外部审核（简称外审）两大类。通常，质量管理体系审核按照审核提出者的不同，可以分为三类：

（1）第一方质量管理体系审核；

（2）第二方质量管理体系审核；

（3）第三方质量管理体系审核。

第一方质量管理体系审核，是一个组织自己提出的对自己的质量管理体系进行的审核，通常，我们也称之为内部质量管理体系审核。内审的提出者是组织的管理者，执行审核的人可以是组织自己培养的审核员，也可以是组织外聘审核员。第二方质量管理体系审核，是由顾客或以顾客的名义对组织进行的审核。执行审核的人可以是顾客也可以是顾客委托的其他机构。组织对供方进行的评定活动就是第二方审核。第三方质量管理体系审核，是由独立于顾客和组织以外的第三方认证机构或独立审核机构对组织进行的审核。通常我们也将第二方和第三方质量管理体系审核称为外部质量管理体系审核。

一、第一方质量管理体系审核

1．目的

（1）保持质量管理体系正常实施和改进的需要。

一个组织要保持其质量管理体系的正常实施和改进，必须经常地开展内部质量管理体系的审核。通过审核促进组织质量管理体系的正常运行，通过审核发现问题，改进问题，从而不断改进和完善组织的质量管理体系，确保质量管理体系的正常实施。

（2）外部审核前的准备。

为顺利通过第二方、第三方的审核，外审前组织自己进行一次或多次内审，以检查自己是否做好了迎接外审的准备，同时可以提前发现问题，及时采取纠正措施，便于顺利通过外部的审核。

（3）作为一种管理的手段。

组织的管理者通过内审的实施，加强组织运作的管理，确保组织的各项工作有序开展。

2．审核准则

内部质量管理体系审核的主要依据是组织自己制定，并发布实施的符合相关标准要求的质量管理体系文件,形成文件的质量方针、质量目标和与产品相关的法律、法规。

二、第二方质量管理体系审核

1. 目的

(1) 组织签订采购合同或确定为合格供方前对供方进行的一种评定,以确定是否选择其作为合格的供方(选择合格的供方)。

一个组织要选择合格供方,在选定前对供方的质量管理体系进行审核或对其质量管理体系审核的结果进行评定,评价其是否符合有关规定的要求,是否可以作为合格的供方。组织的采购活动只能与合格的供方发生,这也是 ISO 9001 标准中 8.4.1 条款的要求。

(2) 在组织与供方建立了合作的合同关系并签订采购合同后,组织为监督和控制供方质量管理体系及产品质量而进行的审核(控制供方)。

通过经常性的对供方质量管理体系或提供的产品进行审核,可以对其保持质量管理体系的符合性,及确保产品/服务质量满足组织的要求,起到监督和控制的作用。通过监督审核及时发现供方的问题,或促使其改进,或取消其合格供方的资格。

(3) 促使供方不断改进质量管理体系,不断满足组织/顾客的要求,建立长期的相互依存、互利合作的伙伴关系,增强自己与合作伙伴共同创造价值的能力。

2. 审核准则

第二方质量管理体系审核的主要依据是合同要求或顾客要求。

第二方审核的依据,是由组织与供方通过合同方式予以规定的,可以是质量管理体系标准的全部要求,也可以是其中一部分要求,还可以增加其他必要的要求。

三、第三方质量管理体系审核

1. 目的

(1) 为潜在的顾客提供信任。

组织通过第三方审核或获得一张认证证书,可以增强组织良好的质量信誉,为顾客和潜在的顾客提供信任。

(2) 有利于减少重复的第二方审核。

第三方审核与认证具有较高的公正性、客观性和广泛的信誉,顾客在选择这样的组织作为供方时,可以通过验证认证证书或审核报告的方式进行供方评价,认可认证或第三方审核结果,减少重复的第二方审核,节省审核费用。

(3) 获得质量管理体系认证。

通过第三方认证机构组织的审核,证明组织满足认证的要求,获得质量管理体系的认证。

2. 审核准则

第三方质量管理体系审核的主要审核依据包括以下三个方面:

(1) ISO 9001《质量管理体系　要求》或其他相应的标准;

(2) 组织制定的质量管理体系文件;

(3) 组织适用的法律法规。

第三节 质量管理体系审核的特点

质量管理体系审核是依据 ISO 19011：2011 标准规定的程序和要求进行的审核活动，是一种规范性的审核活动，质量管理体系审核具有下列四个特点。

一、质量管理体系审核活动是一种系统性的评价活动

质量管理体系审核活动的系统性体现在两个方面。一是要求组织的质量管理体系是正规的。正规的质量管理体系必须符合 ISO 9001 标准要求的文件化体系，必须适合本组织的实际，并且在组织内得到了持续的实施。二是要求质量管理体系审核活动是一种正式的审核活动。正式的内部审核活动体现在内审员经过组织的最高管理者通过发布质量管理体系文件授权，并按照符合 ISO 19011 标准要求规定的内部质量管理体系审核程序进行。外审是按合同约定，并按 ISO 19011 规定的要求进行。无论是内审还是外审，从编制审核方案、制订审核计划、编制检查表、编写审核报告等全过程都要按规定形成文件和记录。执行审核工作的内审员/审核员要具备一定的资格与能力，要能够胜任内部/外部质量管理体系审核工作。

二、质量管理体系审核活动是一种独立性的评价活动

质量管理体系审核活动是一种独立、客观、公正的审核活动，无论是内审还是外审均要求执行审核的人员与被审核的区域没有直接责任。

内部质量管理体系审核活动是由组织自己组织实施的，但仍要求审核活动必须具有独立性。为确保内部质量管理体系审核的独立性，组织在安排内审活动时必须保证执行内审工作的人员不能与被审核的区域有直接的责任，对于规模较小的企业至少要做到内审员不能自己审核自己的工作，确保审核的独立性和公正性。

但内部审核主要目的之一是找出组织质量管理体系的改进的机会，内审员在保证执行审核时具有独立性的前提下，在审核的总结阶段可以参与分析产生不符合项的原因，也可以就如何改进组织质量管理体系提出改进建议，以便更有针对性地改进组织的质量管理体系。

三、质量管理体系审核过程是一个抽样的过程

质量管理体系审核是在规定的时限内，通过使用有限的审核人员完成的系统评价活动，不可能对要审核的体系的全部活动都审核到，只能采取抽样的方法进行审核评价，得出审核发现。通过汇总分析对抽取的样本进行审核和评价的结果，结合审核目标分析和确定总体审核结论。因此合理抽样对保证审核结果的有效性是至关重要的。关于合理抽样在本书第六章第三节的准备审核工作文件中予以介绍。

四、按过程评价质量管理体系

组织是通过识别过程,确定和管理过程而建立质量管理体系的,评价质量管理体系也应该按照过程的方法进行评价,便于得出正确的结论。按过程评价质量管理体系就是对过程提出四个基本问题,得出评价答案即可以确定评价结果。关于四个基本问题的内容,在审核术语的理解要点中已经介绍。

第四节 质量管理体系内部审核员

内部质量管理体系审核是一种内部评价活动,这种评价是通过内审员的审核工作完成的。内审员的能力与素质如何,是影响一个组织内部质量管理体系审核效果的主要因素。

一、内审员的作用

一个组织的内部审核员中的大多数人,除肩负内部审核任务外,往往还是本组织质量管理体系建设的骨干。与外审员不同的是,内审员不仅要对质量管理体系的运行进行检查、判定,还需对本组织质量管理体系的建立和实施起参谋、纽带、内外接口和带头作用。

1. 对质量管理体系的运行起监督作用

质量管理体系的运行需要持续地进行监督,才能及时发现问题并采取改进措施,这种连续监督主要是通过内部审核进行的,而内部审核的实施正是这支内审员队伍担当的。所以,从某种意义上来说,内审员对质量管理体系的有效运行起着监督员的作用。

2. 对质量管理体系的保持和改进起参谋作用

在内部审核时,内审员发现某些不符合项,要求受审核部门及时采取措施,对不符合进行处置,消除产生不符合的原因。此时,他必须向受审核部门解释为什么这是一项不符合,这样对方才能针对不符合找出原因,采取措施。在受审部门考虑纠正措施时,内审员可以提出一些方向性意见供其选择。当受审核部门提出纠正措施计划时,内审员应决定是否可以认可,并说明认可或不认可的理由。在纠正措施计划实施时,内审员要主动关心实施的进程,必要时给予指导。这一切都说明内审员在内审工作中,绝不仅仅是一个"裁判员",还应为保持和改进质量管理体系想办法、出主意,成为一名优秀的"参谋"。

3. 在质量管理体系运行过程中,在领导与员工之间起纽带作用

内审员在内审工作中与各部门的员工有着广泛的交流和接触,他们既可以收集员工对质量管理体系方面的要求和建议,通过审核报告向领导反映,又可以把领导层关于质量管理方面的方针、决策和意图向员工传达、解释和贯彻,起到一种沟通和联络的作用。内审员通过自己"上传下达"的工作,生动、具体地宣传贯彻了质量管理体系要求,可以收到更具说服力和感染力的效果。

4. 在第二方、第三方审核中起内外接口的作用

内审员有时被派往供方去做第二方审核,在审核中贯彻本组织对供方的要求,同时也可

了解供方的实际情况。当外部审核员来本组织进行审核时,内审员常担任联络员、陪同人员等,既能了解对方的审核要求、审核方式和方法,同时也可向对方介绍本组织的实际情况,起内外接口作用。

5. 在质量管理体系的有效实施方面起带头作用

内审员一般在组织的各部门都有自己的本职工作。因为其内审员的资格是经过一定的专门培训而获得的,他们又经常参加内审活动,因而他们对组织的质量管理体系的要求有更深刻的了解,更懂得应该如何做好自己的工作。所以内审员应以身作则,认真执行和贯彻有关质量管理体系涉及自己工作的要求,在全体员工中起模范带头作用,成为贯彻实施质量管理体系的骨干。

二、内审员的选择与能力要求

1. 内审员的选择

内审员一般从组织内部各部门从事过专业工作或体系建立与运行的业务骨干中初选,再经过专门的培训、考核和实践锻炼后予以确定。也可以从组织以外招聘熟悉本组织的行业特点、具有内审员经验的人员,或具有国家注册审核员资格的人员。从长远的需要和内部审核的工作特点考虑,组织应注意培养自己的内审员。

内审过程的可信性和审核结论的可靠性在很大程度上取决于审核员的能力和水平。"能力"是指"经证实的个人素质和应用知识和技能的本领"。作为一名合格的内审员,应在以下两个方面满足要求:

(1) 个人素质;

(2) 通过教育、工作经验、审核员培训、审核经历的综合实践,具有应用专业知识、审核知识的技能的本领。

2. 个人素质

作为一名审核员应具备下列良好的个人素质,包括:

(1) 有道德,即公正、可靠、忠诚、诚信和谨慎;

(2) 思想开明,即愿意考虑不同意见或观点;

(3) 善于交往,即灵活地与人交往;

(4) 善于观察,即主动地认识周围环境和活动;

(5) 有感知力,即能了解和理解处境;

(6) 适应力强,即容易适应不同处境;

(7) 坚定不移,即对实现目标坚持不懈;

(8) 明断,即能够根据逻辑推理和分析及时得出结论;

(9) 自立,即能够在同其他人有效交往中独立工作并发挥作用;

(10) 坚韧不拔,即能够采取负责任的及合理的行动,即使这些行动可能是非常规的,有时甚至可能导致分歧或冲突;

(11) 与时俱进,即愿意学习,并力争获得更好的审核结果;

(12) 文化敏感,即善于观察和尊重受审核方的文化;

(13) 协同力,即能与其他人有效沟通,包括审核组成员和受审核方人员。

3. 内审员能力的四大指标

教育、工作经历、审核员培训、审核经历是体现审核员能力的四个方面。作为一名内审员通常应满足下列几个方面的要求。

（1）教育。内审员至少应获得过中专或高中以上的学历。否则，不具备基本的教育基础，其他知识和技能的获取是难以实现的。

（2）工作经历。内审员具备三年以上工作经历和质量工作经历。没有一定的社会工作经验与实践，没有一定的专业和质量管理工作的经历，内审员难以对质量管理体系的运作有充分的了解，因而也就难以胜任独立的审核工作。

（3）内审员培训。接受过质量管理技术和质量管理体系标准与审核的培训。审核是一门技能，不经过一定的培训，难以对质量管理体系标准有充分的理解，也难以系统掌握审核的知识和胜任审核工作。

（4）审核经历。在具有一定经验的内审员带领下从事过审核工作。审核的实践帮助内审员将学习到的审核技能应用到审核的实践中，掌握审核的实际技能，积累审核的经验。

根据上述内审员素质与能力要求，组织在选定内审员的时候，应注意综合考虑。要选取具备良好素质、有一定的学历教育和工作经历的人员作为预备内审员，再采取请进来——请有经验和资格的人到组织内部开展培训或组织自己选用有关教材进行培训，或走出去——派员到有内审员培训资格的单位去接受培训。经考试合格者，再经过一定的审核实践锻炼并获得组织考核评价合格的，可以任命为内审员。

第五节 审核原则

作为规范审核、审核管理和审核员要求的 ISO 19011：2011《管理体系审核指南》标准，对管理体系审核工作规定了审核原则。审核原则是审核人员和实施审核工作所必须遵循的基本原则，是对审核员道德品行、思想作风、业务水平的明确要求，也是规范审核工作的重要指导思想。认真学习、理解和贯彻这些原则，对于确保审核的客观性、公正性和有效性具有重要的意义。审核原则包括下面六项。

1. 诚实、正直：职业的基础

这项原则是对一名合格的审核员的基本要求。诚实、正直、严谨、以不偏不倚的态度从事工作，是每一位审核员应具备的道德情操，是确保审核员正确实施审核的最基本的职业道德和素质要求。

2. 公正表达：真实、准确地报告的义务

这项原则是每个合格审核员（组）应尽的责任。客观、准确地报告审核工作是审核员的责任和义务。审核员/审核组在审核过程中得出的所有审核发现、审核结论、审核报告应客观、真实，能准确反映审核活动的真实情况。在审核中遇到重大疑难问题、遗留问题、审核组内部或审核组与受审核方之间的分歧均应向有关各方报告。

3. 职业素养：在审核中勤奋并具有判断力

这一原则要求审核员要充分认识自己执行的审核任务的重要性，珍视与审核有关的各方对自己的信任，在审核中应熟知相关专业，勤勉熟练执行审核工作并准确做出判断，这是一个合格审核员应具备的职业素养。

熟悉和掌握审核的技术和技巧，并能在审核工作中熟练运用审核技术与技巧认真地做好审核工作，是每一个审核员应具备的能力，也是确保职业素养的重要因素。

4. 保密性：信息安全

审核员应审慎使用和保护在审核过程获得的信息。审核员不应为个人利益不适当地或以损害受审核方合法利益的方式使用审核信息，包括正确处理敏感的、保密的信息。

5. 独立性：审核的公正性和审核结论的客观性的基础

这一原则是审核的公正性和审核结果客观性的基础。根据这一原则，审核员应独立于被审核的活动，不介入受审核方的任何利益冲突。在审核的全过程不带任何偏见，保持审核的独立性与客观性，确保得出的审核发现和审核结论以审核证据为准。

对于小型组织，审核员也许不可能完全独立于被审核的活动，但是应尽一切努力消除偏见和体现客观。

6. 基于证据的方法：在一个系统的审核过程中，得出可信的和可重现的审核结论的合理的方法

审核证据应是真实的和可验证的，应来源于真实的可验证的信息。在有限的时间内，利用有限的资源完成一项审核，采用合理的抽样对于确保审核结论的可信性也是十分重要的。

思考与练习

一、判断题

1. 审核发现是指与审核准则有关并且能够证实的记录、事实陈述或其他信息。（　　）
2. 审核范围就是质量管理体系的范围。（　　）
3. "审核"定义中的"审核准则"就是审核用的标准。（　　）
4. 审核方案是指针对特定时间段所策划并具有特定目标的一组审核。（　　）
5. 第二方审核由组织的顾客或由其他人员以顾客的名义进行。（　　）
6. 已经取得第三方认证证书，就不要进行第一方审核了。（　　）
7. 只有经验证的信息才可作为审核证据。（　　）
8. 当两个或两个以上审核组织合作，共同审核同一个受审核方时，这种情况称为结合审核。（　　）
9. 审核证据可以是定性的或定量的。（　　）
10. 审核原则是审核人员和实施审核工作所必须遵循的基本原则。（　　）

二、思考题

1. 质量管理体系审核的特点是什么？
2. 如何理解审核术语中"系统的、独立的"的含义？

3. 审核证据、审核准则、审核发现的关系是什么?
4. 审核方案和审核计划的区别是什么?
5. 质量管理体系审核有几种类型?
6. 内部质量管理体系审核的目的、准则是什么?
7. 内审员的作用有哪些?
8. 内审员的个人素质和能力要求是什么?
9. 与审核有关的原则是什么?

第五章
审核方案的管理

审核方案是对在某一段时间内进行的一组一次或多次审核的总体策划结果。一组审核的目标可以不同,可以是内审,也可以是要接受的外审,还可以包括多体系审核或联合审核。任何组织,无论其从事的审核活动是内审还是外审,为合理、有效实施审核均应制定相应的审核方案。一个组织可以根据不同的审核目标,制定多个审核方案。

审核方案管理流程如图 5-1 所示。

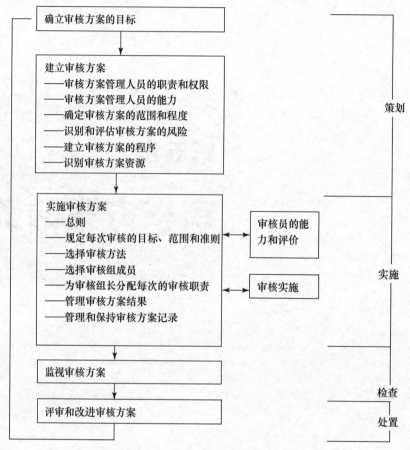

图 5-1 审核方案管理流程图

审核方案类型示例:

(1) 在一年内进行一系列覆盖本组织所有过程和所有部门的内部质量管理体系审核活动的审核方案,即年度内部质量管理体系审核方案,也可以称为年度内部质量管理体系审核工作计划;

(2) 在 6 个月内对关键产品的潜在(预选)供方进行质量管理体系审核的审核方案,也可以称为某一时间段对提供关键配套产品供方的审核工作计划;

(3) 根据认证委托方(申请认证的组织)与认证机构签订的协议,在 3 年内,由认证机构对申请认证的组织的质量管理体系进行认证审核及证后监督审核的审核方案。

第一节　审核方案目标的确立

审核方案是一组审核的策划与安排,在一组审核中的每次审核的目标不一定相同,所以说审核方案的目标是一组审核的目标。组织为做好内部质量管理体系审核的管理,应明确制定有关审核方案的目标,以便于针对不同的审核目标编制审核方案,进行审核活动的策划、安排并组织实施内审活动。

1. 确定内审审核方案的目标时可以考虑下列因素

（1）管理的重点项目。如当年重点是改善作业环境,则可以将加强作业环境的管理与控制要求确定为内审审核方案的目标。

（2）商业意图和其他的业务意图。如当年重点是扩大市场占有率,则可以将开发市场,改进产品和服务质量的要求确定为内审审核方案的目标。

（3）管理体系要求。如当年计划完成 ISO 9001《质量管理体系　要求》标准的宣传贯彻,获得认证,则以贯彻标准,获得认证为内审审核方案的目标。

（4）法律、法规及合同要求。国家有关规章规定组织生产的产品必须获得强制性产品认证,本组织决定当年内完成产品的认证工作,则可以将改进产品质量、建立符合产品认证规定的管理体系的要求确定为内审审核方案目标。

（5）对供方评价要求。如当年对所有供方进行一次重新评价,促进供方提高供货产品质量,则可以将促进供方改进供货质量作为组织内审审核方案的目标。

（6）顾客要求。顾客对本组织提出某项要求,则可以将满足顾客要求作为本组织某项内审审核方案的目标。

（7）其他相关方要求。

（8）组织的风险。

2. 内审审核方案目标的示例

（1）满足质量管理体系标准认证的要求；

（2）验证本组织对合同要求的符合性；

（3）获得和保持对供方能力的信心；

（4）促进组织质量管理体系及其绩效的改进；

（5）评价质量管理体系的目标与质量管理体系方针、组织的总体目标的兼容性和一致性。

第二节　审核方案的建立

一、审核方案管理人员的作用和职责

内审审核方案管理人员的主要任务是:

(1) 负责建立、实施、监视、评审和改进内审审核方案(即 PDCA 过程模式)。
(2) 负责确定组织建立、实施、监视、评审和改进内审审核方案时必需的资源,确保资源的获得。

具体职责包括:
① 确定审核方案的范围和程度;
② 识别和评估审核方案的风险;
③ 明确审核的责任;
④ 建立审核方案的程序;
⑤ 确定所需的资源;
⑥ 确保审核方案的实施,包括明确每次审核的目标、范围和准则,确定审核方法,选择审核组和评价审核员;
⑦ 确保管理和保持适当的审核方案记录;
⑧ 监视、评审和改进审核方案。

审核方案的管理人员应将审核方案内容报告最高管理者,并在必要时获得批准。

二、审核方案管理人员的能力

组织的最高管理者应从组织的管理层中指定一名或多名审核方案管理人员,负责管理内审审核方案。内审的审核方案管理人员可以是管理者代表,也可以是内审归口管理部门的负责人或其他与内部审核管理有关的人员。

内审审核方案管理人员应具备有效地和高效地管理审核方案的能力,并具备以下方面的知识和技能:

(1) 审核原则、程序和方法;
(2) 质量管理体系标准和引用文件;
(3) 本组织的活动、产品和过程;
(4) 本组织活动、产品有关的适用的法律法规要求和其他要求;
(5) 本组织的顾客、供方和其他相关方(适用时)。

审核方案管理人员应参加适当的持续专业发展活动,以保持管理审核方案所需的知识和技能。

三、确定审核方案的范围和详略程度

审核方案管理人员应确定审核方案的范围和详略程度,审核方案范围取决于组织的规模、性质、复杂程度和成熟度水平以及其他重要事项。

内审审核方案的范围和详略程度受下列因素影响:

(1) 每次内审的审核范围、目标和持续时间。某组织每季度进行一次内审,每次覆盖三个部门,每次进行三天,第一季度查企业管理办公室、最高管理层,目标是查证建立的体系文件是否满足标准的要求,体系文件是否予以实施;第二季度查开发部和两个生产车间,主要查产品实现过程的质量管理体系程序是否得到实施;第三季度查采购部、销售部、客户服务部,主要查证采购品的控制和销售控制及顾客满意情况;第四季度查人事部、设备部、检验部等。

(2) 进行内部审核的频次。每3个月进行一次内审,每年对所有部门、所有过程至少审核一次。每年对合格供方进行一次监督审核,每3年进行一次完整的质量管理体系审核。

(3) 内部审核活动的数量、重要性、相似性和地点。本组织有多少种内审活动,各种审核活动的重要性及相似性如何,具有相似性的内审可否对内审审核方案的内容进行调整,可以采取进行联合审核,便于提高审核工作的效率,减少不必要的重复审核。

(4) 适用的审核准则,例如标准、法律、法规及合同要求。与本组织适用的法律、法规要求有哪些,以及本组织对外签订合同的承诺有哪些,是否能做到符合要求,应作为审核方案的内容。

(5) 认证/注册的要求。本组织是否做好了迎接认证注册审核的准备,何时可以接受注册审核,也应作为审核方案的内容。

(6) 前几次审核结果和结论以及上一次审核方案评审结果。过去内审、外审的结果以及纠正措施的有效性应作为审核方案的内容,以确保内审的有效性。

(7) 相关方关心的问题。相关方关心的问题,尤其是顾客关心的问题,应列为审核方案的内容,以便通过审核保证体系的实施,保证顾客满意。

(8) 组织及其运行的重大变化。

四、识别和评估审核方案风险

在建立、实施、监视和评审审核方案过程中存在多种风险,这些风险可能影响审核方案目标的实现。内审审核方案的管理人员在制定审核方案时应考虑这些风险。这些风险可能与下列事项相关:

(1) 策划。例如,未能设定合适的审核目标和未能确定审核方案范围和程度。

(2) 资源。例如,没有足够的时间制定审核方案或实施审核。

(3) 审核组的选择。例如,审核组不具备有效地实施审核的整体能力。

(4) 实施。例如,没有有效地沟通审核方案。

(5) 记录及其控制。例如,未能适宜地保护用于证明审核方案有效性的审核记录。

(6) 监视、评审和改进审核方案。例如,没有有效地监视审核方案的结果。

五、建立审核方案的程序

一个组织要做好内审审核方案的管理,应制定相应的内审审核方案管理程序,这种程序可以是独立的,也可以是组织某个程序中的一部分。内审审核方案的管理程序应包括下列内容:

(1) 内审审核的策划、审核时间的安排,即某一阶段审核工作计划的制订和管理。一般由组织的内审管理部门(审核方案管理人员)负责策划本组织的内审安排,并负责编制年度(阶段)内审计划。常见的年度内审计划有两种模式:一种是集中式年度内审计划(见表5-1),另一种是滚动式年度内审计划(见表5-2)。

表 5-1　发达电器公司 2016 年度审核计划(集中式)

序号	受审核部门	1月	2月	3月	4月	5月	6月	7月	8月	9月	10月	11月	12月
1	企业管理办公室			▲						▲			
2	最高管理者			▲						▲			
3	开发部			▲						▲			
4	生产部			▲						▲			
5	检验部			▲						▲			
6	钣金车间			▲						▲			
7	装配车间			▲						▲			
8	采购部			▲						▲			
9	销售部			▲						▲			
10	客户服务部			▲						▲			
11	人事部			▲						▲			
12	设备部			▲						▲			
13	仓库			▲						▲			

表 5-2　发达电器公司 2016 年度审核计划(滚动式)

序号	受审核部门	1月	2月	3月	4月	5月	6月	7月	8月	9月	10月	11月	12月
1	企业管理办公室			▲									
2	最高管理者			▲									
3	开发部						▲						
4	生产部						▲						
5	检验部						▲						
6	钣金车间						▲						
7	装配车间						▲						
8	采购部									▲			
9	销售部									▲			
10	客户服务部									▲			
11	人事部												▲
12	设备部												▲
13	仓库												▲

(2) 确保内审员和审核组长具有满足实施内审活动要求的能力。即对一项审核实施时,对内审员和审核组长能力要求的识别和确定。也就是确定执行本组织每项内审活动时,应选择具备什么条件的人做内审员和审核组长。

(3) 选择合适的审核组并明确他们的职责和任务。即确定审核组组成的要求,明确审核组的职责和分工,按规定选派审核组。

(4) 实施内部审核。即要制定实施审核所需要的相应程序,这些程序可能是审核方案中规定的,也可能是组织体系文件中有关内部审核实施的程序,或是两者的结合。

(5) 必要时,进行审核跟踪。即审核发生不符合项时,如何进行跟踪验证的规定。

(6) 向最高管理者报告审核方案的实施概况。

(7) 保持审核方案的记录。即有关内审审核方案制订、实施、评审、改进的记录的执行和管理。

(8) 监视和评审审核方案的绩效和风险,提高审核方案的有效性。确定监视内容与方法,以证实内审活动是否满足要求、是否实现审核方案的目标。

每个组织无论其性质、规模如何,建立内审审核方案的管理程序时都应包括上述内容。在内容满足要求的前提下,程序的形式可以根据组织情况而异。为了方便组织运行与管理,对于较小的组织,上述内容可以在一个程序中予以规定,也可以在不同的程序中规定。

六、识别审核方案资源

为确保内审审核方案的建立、实施和改进活动的实施,组织应从以下几个方面考虑确定和提供必要的资源:

(1) 为策划、实施、管理和改进内审活动所需的经费。
(2) 审核技术,包括制定与提供内审管理文件、技术文件等。
(3) 培养、保持、提高内审员能力和改进内审员审核工作业绩的活动。
(4) 配备适合于专门项目和内审审核方案的专业内审员及技术专家,这是每个开展内部质量管理体系审核的组织必备的重要资源。
(5) 内审审核方案内容中规定的活动所必须配备的审核资源的提供。

不同的内审审核方案,审核的范围不同,需要的审核资源是不同的,组织应注意予以识别、确定和提供。

第三节 审核方案的实施

内审审核方案由组织的最高管理者指定的内审审核方案管理人员,通常是管理者代表或内审归口管理部门负责人负责组织实施。内审审核方案的管理人员应通过开展下列活动实施审核方案:

(1) 向有关方面沟通审核方案的相关部分,并定期通报进展情况。
(2) 确定每次审核的目标、范围和准则。
(3) 协调和安排审核日程以及其他与审核方案相关的活动。
(4) 确保选择具备所需能力的审核组。
(5) 为审核组提供必要的资源。
(6) 确保按照审核方案和协商一致的时间框架实施审核。
(7) 确保记录审核活动并且妥善管理和保持记录。

一、规定每次审核的目标、范围和准则

(一)审核目标

(1) 审核目标通常由组织的最高管理者或管理者代表予以确定,在内审审核方案中有明确规定,并应通知审核组及受审核部门。审核目标一般可以通过审核任务书或审核计划的方式通知审核组和接受审核的有关部门。

(2) 审核目标规定了一次审核要完成的任务。

一次审核的目标通常包括：

① 评价和确定被审核的质量管理体系与审核准则的符合程度；

② 评价和确定被审核的质量管理体系及体系的运行结果与适用的法律法规的符合程度；

③ 评价和确定被审核的质量管理体系运行的效果与预定的质量管理体系目标的符合程度；

④ 发现质量管理体系需要改进的机会。

（二）审核范围

审核范围由内审归口管理部门与审核组根据内审审核方案的规定及现场审核实施的情况共同确定，只有经过审核组现场审核确认过的审核范围，才能够在审核的报告上标明。审核范围是指一次审核活动的内容和界限，也可以说是一次审核活动所涉及的组织、过程/活动、场所、产品，对受审核部门来讲，审核范围是其质量管理体系实施所涉及的内容。过程/活动、场所、产品是审核范围的三要素。

1. 过程/活动

它决定了审核所涉及的具体活动内容，如本组织的质量管理体系不包括设计开发，其审核范围则不存在上述过程的活动。

2. 场所

场所可涉及部门和区域两个方面。凡是质量管理体系覆盖的产品和服务提供过程/活动涉及的部门都应列为审核范围。如果组织质量管理体系覆盖的过程/活动在不同的厂区、地区，如售后服务的活动是分散在不同的地区，只要是列入组织质量管理体系规定控制范围的，都必须列为审核范围的内容。

3. 产品和服务

凡是与组织质量管理体系审核有关的产品和服务及其活动均应列入审核范围。

4. 组织单元

组织单元是指承担相应质量管理体系职能的部门、岗位或临时性工作组织形式。

组织的质量管理体系活动是通过组织单元的活动实施的。凡是质量管理体系覆盖的组织单元都应作为审核范围予以考虑。

5. 审核覆盖的时期

审核覆盖的时期通常是指组织的质量管理体系运行的时间。如首次内审时审核覆盖的时期应是组织的体系文件正式批准发布运行以来的时期。以后的内审可根据审核方案或活动计划的安排确定审核时期。

内审每次审核的过程/活动、场所、产品、组织单元/部门、审核覆盖的时期由组织自己决定，可以一次审核所有过程/活动、场所、产品，也可以是一部分过程/活动、场所、产品。如果一次审核只是部分过程/活动、场所、产品时，组织可以制定一个内审的滚动计划，在一定的时间内（一般至少是一年内）要对所有过程/活动、产品、场所至少审核一遍。

审核范围一般在下列书面文件中表述：

(1) 审核计划;
(2) 审核报告;
(3) 组织对外宣传的资料。

(三) 审核准则

(1) 审核准则是内审时评价质量管理体系运行符合性的依据。

(2) 审核准则由内审的归口管理部门与审核组长按内审审核方案和内审管理程序的规定共同确定,并由体系主管领导批准。

(3) 审核准则一般包括组织的方针、政策、标准、法律法规、质量管理体系文件、合同规定的要求等。

(四) 审核目标、范围和准则的变更

对于经过有关方面确定和确认过的审核目标、审核范围、审核准则,无论是何种原因导致可能发生变更时,审核组长都要注意与原来参与过确定和确认审核范围的有关各方协商沟通,得到有关各方的认可或批准后,才能实施变更。

二、选择审核组成员

审核活动主要是由审核组实施的,审核组的组成是否与所要求的审核范围、目标相适应,将直接影响审核的有效性。审核方案的管理人员应指定审核组成员,包括审核组长和特定审核所需要的技术专家。

(1) 确定审核组的规模和组成时,应考虑下列因素:

① 审核的目标、范围、准则及预计的审核持续时间。

② 对审核组整体能力的综合考虑,至少要有1~2名有过审核经验的内审员,至少要有一名熟悉所需知识和技能的内审员或配备技术专家。

③ 确保审核组的独立性与公正性,内审员不能审核自己有责任的部门。

④ 审核组成员与受审核部门能够协调工作。

(2) 审核组中初次参加审核的内审员一般不宜独立从事审核,要在一名有过一定审核经验的内审员的指导下进行审核。

(3) 审核组长的条件。

通常来说,只有那些经过专门培训,具有一定质量管理体系管理和审核经验,并具有一定的组织协调能力的人才能够当审核组长。

内审的审核组长一般应满足下列条件:

① 经过内审员培训机构的培训并通过考试。

② 有一定的质量管理体系建立、实施或审核经验。

③ 具有一定的组织能力。

④ 熟悉本组织的专业及技术特点。

⑤ 与被审核区域或活动没有直接责任关系,能被受审核部门接受。

三、为审核组长分配每次的审核职责

内审审核方案的管理人员应在审核实施前的足够时间内向审核组长分配实施每次审核

的职责,以确保有效地策划审核。

为确保有效地实施每次审核,应向审核组长提供下列信息:

(1) 审核目标。

(2) 审核准则和引用文件。

(3) 审核范围,包括需审核的组织单元、职能单元以及过程。

(4) 审核方法和程序。

(5) 审核组的组成。

(6) 受审核部门的联系方式、审核活动的地点、日期和持续时间。

(7) 为实施审核所配置的适当资源。

(8) 审核方案要求的审核报告内容和分发范围。

四、管理审核方案结果

内审审核方案的管理人员应确保下列活动得到实施:

(1) 评审和批准审核报告,包括评价审核发现的适宜性和充分性。

(2) 评审根本原因分析以及纠正措施的有效性。

(3) 将审核报告提交给最高管理者和其他有关方面。

(4) 确定后续审核的必要性。

五、管理和保持审核方案记录

审核方案的管理人员应确保审核记录的形成、管理和保持,以证明审核方案的实施。

1. 与审核方案相关的记录

(1) 形成文件的审核方案的目标、范围和程度。

(2) 阐述审核方案风险的记录。

(3) 审核方案有效性的评审记录。

2. 与每次审核相关的记录

(1) 审核计划和审核报告。

(2) 不符合报告。

(3) 纠正措施和预防措施报告。

(4) 有不符合项时,责任部门制定实施纠正措施的报告,以及审核组对纠正措施进行跟踪验证报告。

3. 与审核人员相关的记录

(1) 审核组成员的能力和绩效评价记录。包括在确定为内审员之前,对其资格和能力的评审,及成为内审员后,从事内审工作的审核能力考核与评价结果的记录,都需要适当予以保持。具体保持哪些记录,由组织根据自己的情况予以规定,但一定要能够证实对内审员的能力进行了有效的评审。

(2) 审核组和审核组成员的选择记录。一般可以通过审核任务书(委派书)予以记录。

(3) 内审员能力的保持和提高的记录。能力保持一般可以通过内审员参与内审活动的记录予以证实,其能力提高的记录可以从对内审员的培训和其自学与内审和质量管理体系有关的知识的记录予以证实。

组织对所有记录都应明确规定保存的方式、保存的期限,确保便于查询和不受损坏。

第四节　审核方案的监视、评审和改进

一、审核方案的监视

审核方案的管理人员应监视内审审核方案的实施,一般应该检查和评价:
(1) 审核活动和结果与内审审核方案和审核计划的符合性。
(2) 审核组实施和完成审核计划的能力。
(3) 受审核部门、审核管理部门、内审员的反馈意见。

二、审核方案的评审和改进

审核方案的管理人员应评审审核方案,以评定是否达到目标。从审核方案评审中得到的经验教训应用于持续改进审核方案过程的输入。

审核方案评审应考虑下列各项:
(1) 检查和评价的结果及发展趋势。
(2) 内审的实施及效果与内审管理程序的符合性。
(3) 相关方对组织更高的期望与要求的识别和确定情况。
(4) 审核方案记录。
(5) 可以采纳的新的审核做法。
(6) 在类似审核的情况下,审核组之间审核结果的一致性。
(7) 与审核方案有关的保密和信息安全事宜。

管理审核方案的人员应评审审核方案的总体实施情况,识别改进区域,必要时修改审核方案,从而不断改进内审活动的效果。对于实施内审活动的组织,可以将内审审核方案及实施情况的评审结果作为管理评审的输入内容,向组织的最高管理者报告。

内部审核方案的示例

发达电器公司 2016 年审核方案

一、方案目标

检查本公司质量管理体系运行的符合性和有效性,考核质量方针、质量目标的实现程度,找出质量管理体系的改进机会。

二、审核方案的范围

质量管理体系覆盖的所有产品和服务、过程/活动、部门。

三、审核准则

1. ISO 9001:2015《质量管理体系　要求》
2. 质量管理手册(B版)、程序文件(B版)、作业指导书等本公司的质量管理体系文件

3. 国家关于电器产品实行强制性认证管理的规定及产品所涉及的国家标准 GB/4706.1—1998

四、审核的频次及日期(此部分内容可列成滚动式或集中式计划表形式)

3月　查企业管理办公室、最高管理层,目标是查证建立的体系文件是否满足标准的要求,是否予以实施;

6月　查开发部、生产部、检验部和两个生产车间(钣金成型及表面处理车间、装配车间),主要查产品实现过程的质量管理体系程序是否得到实施;

9月　查采购部、销售部、客户服务部,主要查证采购品的控制和销售控制及顾客满意情况;

12月　查人事部、设备部、仓库等。

五、资源

1. 经公司总经理授权,由企业管理办公室负责管理和组织实施本方案。

2. 审核组的组成

3月　　　许　亮、张平平

6月　　　张　黎、王　旭

9月　　　高小雪、赵　一

12月　　　薛　亮、王　欢

六、审核的程序及文件记录

执行《内部审核管理程序》(FDCX-018-B)。

七、对审核活动进行监视和检查(测量)安排

1. 审核计划的审核与批准

每次审核组长编制的审核计划,要由企业管理办公室负责审核,查证其与审核方案、审核程序的符合性以及策划的合理性,最后由体系主管领导批准后予以实施。

2. 审核实施过程的监视

每次审核时由企业管理办公室随时了解审核的情况,或派观察员观察审核的实施,发现问题,适时解决问题。但切忌由执行审核监视人员直接从事或代替审核组的审核工作。每次审核结束时,要向受审核方(部门)发放对审核实施情况的评价意见表,征求各方面的意见。

3. 审核结果的监视

企业管理办公室派员参加审核的末次会议,关注审核组的审核结论和审核结果确定的合理性,以及分析企业改进机会的正确性与合理性。

4. 审核文件的监视和测量

审核组完成审核后,要将审核的文件与记录交企业管理办公室,企业管理办公室按有关规定对其完整性和符合性进行评审。

八、内审审核方案的评审

1. 每次内审实施后,企业管理办公室负责组织内审组成员及受审核部门代表参加的审核总结会,对审核方案、审核程序的可行性提出意见。

2. 12月由体系主管领导组织企业管理办公室的人员及审核组长和有关部门的代表参加的审核方案与审核工作的总结检查会,对年度审核方案的可行性、有效性进行评审,提出

改进意见。

九、内审员的评价与管理

1. 公司于年底对内审员进行一次有关质量管理体系标准与质量管理体系审核的培训活动或研讨活动,以提高其审核和审核管理水平。

2. 企业管理办公室负责对 8 位内审员进行一次考核,对于能力欠缺者,继续予以有针对性的培训。

3. 适当时候再举办一期内审员培训班,计划再培养内审员 10 名,由企业管理办公室负责联系有关培训机构予以落实。

编制：　　　　审核：　　　　批准：

思考与练习

1. 简述审核方案的管理流程。
2. 审核方案的管理程序应包括哪些内容?
3. 确定审核方案目标时应考虑哪些因素?
4. 审核方案的记录包括哪些方面?
5. 确定审核组的规模和组成时应考虑哪些因素?
6. 审核范围包括哪些内容?

第六章
内部质量管理体系审核活动

第一节 内部质量管理体系审核的阶段

按 ISO 19011：2011《管理体系审核指南》标准的规定，内部质量管理体系审核可以划分为以下六个阶段：
（1）审核的启动；
（2）审核活动的准备；
（3）审核活动的实施；
（4）审核报告的编制与分发；
（5）审核的完成；
（6）审核后续活动的实施。
审核的不同阶段有不同的活动，下面将概要介绍实施内审时，每个阶段的主要活动。

一、内部审核的启动阶段

内审审核启动阶段主要包括以下活动：
（1）与受审核方建立初步联系；
（2）确定审核的可行性。

二、审核活动的准备阶段

审核活动的准备阶段主要包括以下活动：
（1）审核准备阶段的文件评审；
（2）编制审核计划；
（3）审核组工作分配；
（4）准备工作文件。

三、审核活动的实施阶段

审核活动的实施阶段主要包括以下活动：
（1）举行首次会议；
（2）审核实施阶段的文件评审；
（3）审核中的沟通；
（4）向导和观察员的作用和职责；
（5）信息的收集和验证；
（6）形成审核发现；
（7）准备审核结论；
（8）举行末次会议。

四、审核报告的编制与分发阶段

（1）审核报告的编制；

(2) 审核报告的分发。

五、审核的完成阶段

上述各个阶段的工作完成后,审核即告结束。

六、审核后续活动的实施阶段

审核后续活动主要是针对内审提出的不符合项采取纠正措施的有效性进行跟踪验证。

审核的各个阶段有各自的任务和要求,划分审核阶段的目的是便于审核的实施与管理,后面有关章节将分别具体讲述每个阶段的目的、任务、要求、执行人及有关操作方法等内容。通过这些内容的学习和掌握,使组织和内审员学会进行内审的通行做法。

典型的质量管理体系审核的阶段及活动也可见图 6-1 所示。

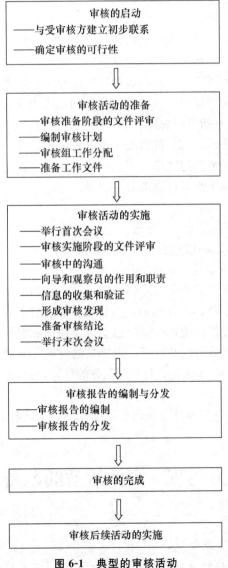

图 6-1 典型的审核活动

第二节　审核的启动

从审核开始直到审核完成,审核组长都应对审核的实施负责。启动一项审核应考虑图 6-1 中的步骤;然而,根据受审核方、审核过程和具体情形的不同,顺序可以有所不同。

一、与受审核方建立初步联系

审核组长应与受审核方就审核的实施进行初步联系,联系可以是正式的也可以是非正式的。建立初步联系的目的是:
(1) 与受审核方的代表建立沟通渠道;
(2) 确认实施审核的权限;
(3) 提供有关审核目标、范围、方法和审核组组成(包括技术专家)的信息;
(4) 获得用于策划审核的相关文件和记录;
(5) 确定与受审核方的活动和产品相关的适用法律法规要求、合同要求和其他要求;
(6) 确认与受审核方关于保密信息的披露程度和处理的协议;
(7) 对审核做出安排,包括日程安排;
(8) 确定特定场所的访问、安保、健康安全或其他要求;
(9) 就观察员的到场和审核组向导的需求达成一致意见;
(10) 针对具体审核,确定受审核方的关注事项。

二、确定审核的可行性

应确定审核的可行性,以确信能够实现审核目标。
确定审核的可行性应考虑是否具备下列因素。
(1) 策划和实施审核所需的充分和适当的信息。包括对各部门的文件化质量管理体系的宣传、贯彻和实施情况的了解,有足够的信息证明其具备接受审核的条件。
(2) 受审核方的充分合作。受审核部门愿意接受并积极配合审核活动。
(3) 实施审核所需的足够时间和资源。内审员的专业与审核技能以及必备的审核文件满足要求,内审员和受审核部门在时间上也有充分的保证,可以在规定的时限内完成内审的活动。

当审核不可行时,应向审核委托方提出替代建议并与受审核方协商一致。

第三节　审核活动的准备

一、审核准备阶段的文件评审

文件评审是组织建立、保持和审核质量管理体系的一项重要内容。内审时在实施现场审核之前,一般不再对质量手册和程序文件进行评审,但可以对受审核部门的操作性的三级文件、有关记录及以往的内部和外部审核的记录和审核报告进行适当的评审。

文件评审可由审核组长负责统一评审,也可由分工范围内的内审员自己评审自己分工范围的文件。审核准备阶段的文件评审的目的,是为了:

(1) 收集信息,例如过程、职能方面的信息,以准备审核活动和适用的工作文件,应考虑文件中所提供的信息是否:

① 完整(文件中包含所有期望的内容);
② 正确(内容符合标准和法规要求);
③ 一致(文件本身以及与相关文件都是一致的);
④ 现行有效(内容是最新的)。

(2) 了解体系文件范围和程度的概况以发现可能存在的差距。

二、编制审核计划

审核计划是关于一次审核活动的人·天和日程活动与安排的文件,是审核组长对一次审核活动的策划结果。

(一) 编制审核计划的目的

(1) 使内审管理部门、受审核部门、审核组就与审核有关的事项达成一致性意见。
(2) 做出审核日程、路线安排,便于协调审核活动。

(二) 审核计划的编制、审核、批准与确认

内审的审核计划一般要由内审组的组长在现场审核前一周编制完成,由内审归口管理部门负责人或体系主管领导负责审核批准,并通报接受审核部门、场所的人员予以确认。

(三) 审核计划的控制

审核计划不能随意更改,遇到特殊情况时可以做局部调整。如要做更改,则要按有关程序规定进行审批及确认。调整和更改都要与审核有关各方进行沟通,达成一致意见。

(四) 审核计划的内容

审核计划的内容应包括:

(1) 审核目标;
(2) 审核准则及依据文件;
(3) 审核范围;
(4) 现场审核活动的日程及地点,一般以小时为单位进行安排;
(5) 现场审核的日期(时限),包括审核过程的会议时间;
(6) 审核组成员;
(7) 审核跟踪验证活动的安排。

(五) 审核的方式及方法

在制订审核计划时要注意结合审核的具体目标和组织的具体情况选择审核方式。另外,在编制检查表时还应注意选择合适的审核方法。下面介绍几种审核时常用的审核方式及方法:

1. 按部门审核的方式

按部门审核是一种常用的审核方式,如被审核组织的部门较多,内审又是采取集中审核的方式进行,在制订审核计划时可以采用这种方式。因为质量管理体系是按过程建立的,一个部门往往涉及多个过程,在制订审核计划时一定要做好策划,与被审核部门有关的主要过程一定要查到,其他相关过程适当的查。这种审核方式的优点是:效率高,进到一个部门可以同时将与之有关的过程都查到,最后将调查到的审核证据集中起来汇总分析,得出结果,不必再反复去一个部门审核。缺点是:要审核的问题分散,如果策划得不好容易遗漏有关过程,如果集中汇总分析判断得不好可能影响审核的结果。

2. 按过程审核的方式

按过程审核时,是按照体系的运作过程进行审核安排。这种审核方式的优点是:目标清晰,便于评价。缺点是:一个部门涉及多个过程,往往要重复接受审核,审核的效率低。这种审核方式适用于审核的部门较少的情况,或一次审核过程较少的情况,也可以用于滚动式审核。

3. 顺向追踪的方法

顺向追踪的方法就是按照体系运行的过程进行审核。从合同签订查到产品销售及销售后的服务;或从内审的审核方案查到审核结果的跟踪验证。优点是可以系统地了解体系的过程,缺点是一般耗时较长。一般查证文件控制过程时,适用这种方法。

4. 逆向追溯的方法

逆向追溯的方法是按照体系运作的反过程审核,从结果查到开始。从售后服务追溯到合同评审,从控制结果查到控制规定的制定。优点是:目标集中,针对性强;缺点是:当问题复杂时,受时间和审核经验的限制,难以达到预期的效果。一般查证检验、试验和测量设备控制过程时,适用这种方法。

上述四种审核方式与方法在内审的实施中,可以根据不同的情况结合使用,无论是按部门审核还是按过程审核,都可以与顺向追踪和逆向追溯的方法相结合。选择合适的审核方式、方法对审核的有效性和效率有益处,应注意合理选用。

内审计划的案例

发达电器公司质量管理体系内部审核计划

一、审核目的:评价公司 2016 版质量管理体系的符合性,发现质量管理体系改进的机会,为迎接认证机构的认证审核做好准备。

二、审核范围:家用空调器产品的设计/开发、生产/制造、安装所涉及的本公司的所有部门、场所和活动。

三、审核准则:ISO 9001 标准、公司质量管理体系文件(B 版)、适用的法律法规。

四、审核日期:2016 年 11 月 3 日至 5 日。

五、审核组成员:

组长:许亮(质量管理部副部长、第一小组组长)。

组员:张黎(第一小组)、王旭(第二小组组长)、高小雪(第二小组组员)。

六、审核日程安排及分工:见附件。

七、受审核者需提供的资源:

每个部门确定一名联络人员,负责联络工作与现场审核见证。

八、跟踪行动要求:

审核中发生的任何不合格项,由发生不合格项部门的负责人牵头按规定的时间制定纠正措施,有关部门负责实施纠正措施,质量管理部将组织纠正措施的跟踪验证。

九、其他

编制:许亮 2016/10/20　　　　　　审核:李丁(质量管理部部长)2016/10/23

批准:宋春刚(管理者代表)2016/10/25　2016/10/28前发至各受审核部门与场所

附件:

表6-1　发达电器公司质量管理体系内部审核日程安排

日期	时间	一组	二组
11月3日	8:30—9:00	首次会议	
	9:00—12:00	审核最高管理者 4、5、6、7.1、9.1.2、9.1.3、9.3、10.1、10.3	
	13:30—15:00	生产部 8.1、8.5、8.6、8.7、9.1.1、7.1.3、7.1.4	质量管理部(检验科及测试室) 9.1.1、8.6、8.7、7.1.3、7.1.4、7.1.5、7.5.2、7.5.3
	15:00—17:00	钣金车间 8.1、8.5、8.6、8.7、7.1.3、7.1.4	
	17:00—18:30	审核组内部会议(沟通一天审核的情况)	
11月4日	8:00—10:00	蒸发器、冷凝器(两器)车间 8.1、8.5、8.6、8.7、7.1.3、7.1.4	质量管理部 4.3、4.4、7.5.1、6.1、9.1.2、9.1.3、9.2、9.3
	10:00—12:00	前处理及涂装车间 8.1、8.5、8.6、8.7、7.1.3、7.1.4	采购部(含材料及零件仓库) 8.4、8.5.2、8.5.3、8.5.4、8.6、8.7
	13:30—15:30	总装车间 8.1、8.5、8.6、8.7、7.1.3、7.1.4	市场部 8.2、9.1.2、8.5.2、8.5.4、8.5.5
	15:30—17:30		安装现场 8.5、9.1.1、9.1.2
	17:30—18:30	审核组内部会议(沟通一天审核的情况)	
11月5日	8:00—10:00	技术开发部 8.3、7.5.2、7.5.3	成品库 8.5.2、8.5.4、7.1.4
	10:00—12:00		办公室 7.1.2、7.2、7.3、7.5.3、7.5.4
	13:30—17:00	审核组内部会议(汇总分析审核结果、评价公司的体系符合性、开具不符合报告、编制审核报告、确定体系改进的内容)	
	17:00—18:00	召开末次会议	

注:6、7.1、7.4、9.1.3、7.5.3、10.2、10.3等为共用条款,在每个部门都可以审查。

三、审核组工作分配

审核组长负责按计划的安排向审核组成员分配审核工作,将具体过程、部门、场所、活动的审核任务分配到每一位审核员,同时明确具体的审核时间和时限。一般在现场审核开始之前,审核组长召集审核组全体人员召开一次审核准备会,会议上明确分配审核工作,需要时也可以做调整,目的是确保审核目标的实现。

四、准备工作文件

审核工作文件包括：检查表及抽样计划(方案)和记录审核情况的各种表格。

内审使用的表格通常是由内审的管理者在制定内部审核管理程序时统一编制,内审员在执行内审时,要注意使用现行有效版本的表格,但检查表中的内容以及现场审核的抽样方案则要由每一位执行内审活动的内审员负责编写。

（一）检查表的编写

检查表内容的编写是每一位内审员对内审活动策划和准备时的一项重要工作。内审员根据审核组长分配的任务,依据审核准则,策划和编写用于指导自己现场审核活动的检查表。审核组长负责对审核员编写的检查表进行统一协调指导,避免对总体审核内容的遗漏和不必要的重复审核某些过程,协调审核活动的接口。

（二）检查表的作用

（1）明确审核的具体内容和目标,明确审核的方法和样本要求。
（2）保持审核目标的清晰、明确,保证审核进度。
（3）保证审核的程序化、规范化。
（4）作为审核实施的记录。

（三）检查表的内容

检查表的主要内容包括：查什么？怎么查？

（1）查什么？是解决审查的内容问题。查什么的内容来自审核的准则,尤其是来自组织的体系文件。内审员在编制检查内容时一定要结合受审核部门应执行的体系文件的规定予以确定,只有这样,才能保证审核具有针对性。

（2）怎么查？是解决到哪里？找谁？用什么调查方法(问、听、观察、查阅、追踪验证)查？取多少样本？是解决具体审查方法的选用问题。

（四）设计检查表的思路

检查表应体现审核的思路,审核的一般思路为：
（1）过程是如何确定和规定的？相关职责是否明确规定？
（2）程序和规定是否得到实施和保持？
（3）实施的结果如何？是否满足预期的目标？
（4）过程需要做哪些改进？

（五）合理抽样

在设计检查表时，要合理策划样本，保证样本的代表性，从而保证审核结果的有效性。合理抽样体现在以下几个方面：

（1）保证样本有一定的量。根据受审核具体对象（母体）规模大小确定样本量的多少，一般经验数据是在3～12个之间取样。但样本数与母体数之间并非简单的等比例关系。关键是确保通过对抽取样本的检测/检查/分析能够对母体的符合性做出正确的判断。

（2）注意分层抽样。对受审核的母体抽样时要注意分层，例如，要评价其设备配备与管理是否符合规定时，在选取样本时既要查其关于设备的规定，也要查其规定的执行，还要查其控制的效果是否满足预期的目标。另外还应对各类设备如生产设备、动力设备、支持性服务设备（运输、通信设施）分别抽样检查。

（3）注意适度均衡抽样。抽样时要注意根据样本对要证明的问题的影响程度适度均衡，不能对评价结果有重要影响的样本取的很少，而对一些无关紧要的样本抽的很多。同等重要的样本不能有的部门抽得过多，有的部门抽得过少。

（4）要由审核员独立、随机抽样。应由审核员亲自策划并选取样本，而不能由受审核的人员随意选送样本。当然不是要审核员自己动手去取样，可以由审核员点样，并由受审核部门的人员根据内审员的点样去取样。比如要抽查记录执行情况，可由受审核部门人员提供其记录清单，内审员点出几份记录，由受审核部门的人员予以提供。

（六）编写和使用检查表应注意的事项

检查表是一个指导审核的重要文件，其编写的质量如何和使用的合理与否，直接影响到审核结果的有效性。因此，作为一名内审员要学会编写高水平的检查表和合理使用检查表，应注意以下几个问题：

（1）依据标准和质量管理体系文件策划并确定检查的内容。在按审核准则确定审核内容时，既要考虑标准规定的要求，更要充分考虑被审核部门质量管理体系文件规定的要求，确保审核内容的充分与适宜。切忌只考虑标准内容，忽视被审核部门适用的质量管理体系文件规定的内容。

（2）应用过程方法的思路设计检查表。无论是要审核哪一过程，都可以采取以下思路：先查其是否确定过程和规定过程，再查其规定的程序是否得到实施，再查其规定的实施效果是否达到预期规定的目标，最后查证是否识别了改进的机会并予以实施。

（3）要注重关键过程和主要因素的审核和评审，合理策划和选取样本。在策划审核内容和样本量时，应充分识别影响结果的关键过程。如一个以装配为主的生产组织，其采购过程的控制是关键；一个检查机构，其检查人员的选择与培训及人员的经验和能力是关键；一个百货商场，其采购过程的控制是关键。

另外，影响过程的因素往往是来自多方面的，一般会受到人、机（设备）、料（原材料）、法（加工/操作方法及程序）、环（工作/作业环境）因素的影响。但不同的过程影响其结果的主要因素不同，如：影响焊接过程的主要因素是人和焊料，而影响喷涂过程的主要因素是涂料的质量和喷涂设备的能力。

在策划审核时，一定要充分识别影响体系运行结果的关键过程和主要因素，对关键过程和主要因素的影响一定要审核充分。一个组织只有将关键过程和主要因素有效控制，其质量管理体系的运行效果才能得到保证。

（4）既要策划审核的内容，也要策划审核的方法和技巧。内审员在策划编制检查表时，既要注意依据审核准则策划查什么，也要注意根据不同的情况策划更方便、有效的检查方法以及合理的样本量。否则，到现场审核时由于工作紧张和时间有限，审核方法和样本量策划不周，容易导致审核不充分，影响审核结果的有效性。

（5）按部门审核时要注意策划和列出主要过程，一个部门往往涉及多个过程。按过程审核时要策划和列出主要部门，一个过程往往涉及多个部门。

（6）不要把检查表的内容事前透漏给受审核部门，但也不要过于神秘。检查表是内审员个人使用的一个检查提纲，不需要提前给被审核部门。但在现场使用时注意不要过于神秘。

（7）检查表是一个检查提纲，使用时不宜机械，也不要随意偏离检查表，遇到重大线索时可以调整检查表。尤其是遇到可能引起体系出现严重不符合的线索时，可以增加或适当减少一些检查内容或样本量。

检查表编写案例

表 6-2　某总装车间检查表

部门：总装车间　　　　　检查员：许亮　　　　　日期：

检查内容	检查方法	标准或体系文件条款	审核记录	结果
1. 车间的目标或指标有哪些？各类人员的职责是否明确？	找车间主任面谈进行了解，查阅有关文件的规定	5.3 8.1		
2. 车间生产的主要产品是什么？有哪些类型？多少规格型号？	找车间主任或生产调度询问，并在现场观察	8.5.1		
3. 总装车间产品实现的过程是否确定？如何确定的？判断其是否合理可行？包括产品的标准和要求是否明确规定？工艺流程是否确定，并适当形成文件（作业指导书）？	找车间主任或生产调度询问查证有关程序文件和作业文件的规定及检验规范	8.5.1		
4. 查作业指导书的规定和执行情况	抽查作业指导书若干份，并到现场询问和观察操作者的执行情况。审核关键过程（如：抽真空加冷媒的工序）的控制情况和效果	8.5.1		
5. 是否配备了必要的过程监视和测量设备并实施监视和测量？	同上	7.1.5/ 8.5.1		

续表

检查内容	检查方法	标准或体系文件条款	审核记录	结果
6. 观察和检查车间生产设备的配置和维护是否满足规定的要求?查证设备的适宜性和完好情况?	查车间使用的设备清单、维护和检修计划及检修记录若干份 观察车间使用的设备若干台套	7.1.3/ 8.5.1		
7. 查特殊过程确定和确认的情况是否满足规定的要求?	查证有关特殊过程的控制的规定若干份、询问和观察操作者执行情况及控制的效果 查焊接工序的控制和确认的规定及执行的记录;询问操作者;观察操作者的实际操作	8.5.1		
8. 检查产品标识和检验试验状态的管理与执行情况是否符合规定?是否确定了要做哪些必要的产品标识?是否对检验和试验状态做出必须标识的规定?如何标识?	到生产和检验现场观察,询问操作者3~5人,查证记录若干份	8.5.2		
9. 生产过程的零部件、半成品、成品的传递和输送是否进行合理的防护,防护措施是否可行、有效?	现场观察和检查	8.5.4		
10. 过程的检验和最终检验是否做出合理的规定?规定是否得到实施?是否达到预期的效果?是否明确了有权放行的人员?	在检测工序观察若干个操作者的操作,抽查检验记录若干份查证	8.6		
11. 不合格品是否按规定进行了识别控制?规定是否得到实施、是否达到防止非预期使用的效果?处置是否符合规定?	询问操作者和检验人员若干人,观察现场不合格品控制的情况与效果,查证不合格品处置的记录	8.7		
12. 查证人员的培训情况和实际能力情况	观察人员操作、询问、调阅档案若干	7.1.2/ 7.2		
13. 查证生产过程中的更改及其控制情况	如发生更改,查有关更改评审的结果、授权进行更改的人员及其所采取的措施	8.5.6		

表6-3 内部审核过程的检查表

检查内容	检查方法	标准或体系文件条款	审核记录	结果
一、体系运行负责人 1. 年度审核方案是如何策划的？是否考虑了过程的重要性、对组织产生影响的变化和以往审核的结果？是否对审核的频次、方法、职责、策划要求和报告做出相应规定？ 2. 审核员的培训、选定与评价是否有规定？是否具有公正性和独立性？ 3. 是否有内审的程序文件？文件是否具有可操作性？	找负责人面谈，调阅审核方案和内审程序	9.2		
二、到培训管理部门 内审员是如何进行培训与评价的？是否有相应的证据？	找培训部门有关人员面谈，调阅内审员的档案及培训记录3～5份	7.2		
三、到内审归口管理部门 查阅近两次内审的档案，审查下列文件和记录是否满足审核方案和内审程序的要求 ● 内审计划 ● 检查表 ● 不符合报告 ● 审核报告 ● 纠正措施的计划与实施记录 ● 纠正措施验证记录	调阅内审的档案2份	9.2		
四、到发生过不符合的1～2个部门 现场验证不符合及纠正措施的有效性，是否防止了同样问题的再次发生	到现场去观察、询问、追踪验证	9.2		

第四节　审核活动的实施

　　审核活动的实施以首次会议为开始，以末次会议为结束。该阶段主要包括：举行首次会议、审核实施阶段的文件评审、审核中的沟通、向导和观察员的作用和职责、信息的收集和验证、形成审核发现、准备审核结论和举行末次会议。

一、首次会议

首次会议是现场审核的开始,由内审组全体成员和受审核部门的代表参加,会议主要内容是对审核的目的、方法、时间安排进行介绍和沟通确认。因为是内审的首次会议,审核人员和受审核部门来自一个组织,一些问题可以提前交流,所以首次会议的程序可适当简化,关键是注重实效。

(一)首次会议的目的
(1) 确认审核计划。
(2) 由审核组对审核活动的有关事项做出说明。
(3) 澄清受审核部门提出的问题。

(二)首次会议的议程
(1) 确认审核时间表以及其他与受审核部门有关的安排,例如,末次会议的日期和时间,审核组与受审核部门管理层之间沟通交流时间。
(2) 进行现场审核所采用的方法和程序的介绍。
(3) 确认各部门的审核联络人员。
(4) 介绍审核结果和结论的报告方法。

(三)首次会议的注意事项
(1) 首次会议一定由审核组长主持,无论被审核人员的级别如何,首次会议都应由审核组长主持。
(2) 根据内审方案或内审程序的有关规定,做好首次会议的有关记录。
(3) 一般首次会议控制在 30 分钟以内。首次会议要创造一个务实、坦诚、融洽的会议气氛。

二、审核实施阶段的文件评审

审核开始实施还要对体系文件进行评审,文件评审可以与其他审核活动相结合,并贯穿在审核的全过程,只要不影响审核实施的有效性。

审核组应评审受审核方的相关文件,以确定文件所述的体系与审核准则的符合性,以及收集信息以支持审核活动。

如果在审核计划所规定的时间框架内提供的文件不适宜、不充分,审核组长应告知审核方案管理人员和受审核方。应根据审核目标和范围决定审核是否继续进行或暂停,直到有关文件的问题得到解决。

三、审核中的沟通

在现场审核中要注意做好审核组内部、审核组与受审核部门之间、审核组与内审管理部门之间的沟通安排,便于就审核中遇到的有关事项进行充分协商,取得一致意见,顺利完成审核任务。审核组内部在审核过程中一般要对审核计划的实施情况、审核过程与过程及部门与部门的接口情况、审核的不符合项的确定与判定、质量管理体系的评价意见和审核结论等及时进行沟通与协商,通过沟通,统一认识。沟通由组长主持,一般可以在每天进行一次或两次审核组的碰头会,可以在每天上午结束审核后,午饭前利用一些时间进行小组碰头,也可以利用下午结束现场审核后的时间进行小组碰头,就当天的审核情况进行沟通,审核组碰头会的时间视沟通的内容而定。但对审核的不符合项的确定与判定、质量管理体系的评价意见和审核结论,则要通过审核组的总结会进行讨论确定。

审核组在审核过程中一般要对审核的结果、审核的结论以及重大情况与受审核部门进行沟通,尤其是不符合的情况要一一向受审核部门进行通报,并请其予以确认,便于双方取得共识。一般每查完一个部门或过程,审核组在离开该现场之前,要将审核的情况,尤其是不符合的情况做一个简短的小结,请受审核部门人员予以确认。审核组总结会的结果与结论要由组长主持与受审核部门的负责人正式沟通,取得共识。

审核组与内审管理部门对一些重大风险情况、审核目标和审核范围改变以及审核计划更改情况要及时沟通,便于内审管理部门对审核的管理与监控。

一般可采取按计划规定时间和随时碰头的方法进行沟通。但要注意做好有关沟通的记录,对没有取得一致意见的情况,记录要更详尽一些。

四、联络员的作用

为了方便内审时的联络工作,每次进行内审的时候可以由各受审核部门指定一名联络员,配合内审员做好审核过程中的联络工作。联络员的主要职责是:
(1)为审核建立联系和沟通(帮助找被审核人员);
(2)代表受审核部门见证审核工作;
(3)在审核员收集信息时提供协助。

组织在内审时是否需要指定联络员,可根据其具体情况和内审活动的实际需要而确定。如部门较小、职责简单、人员很少也可不设联络员。

五、信息的收集与验证

(一)信息收集的方法
(1)面谈。与有关质量管理体系的执行人员、管理人员、验证人员面谈了解有关信息。
(2)观察。现场观察与质量管理体系有关的人员、设备、环境的情况。
(3)查阅文件与记录。调阅有关文件与记录,了解有关信息。
上述三种收集信息的方法是执行现场审核时调查取证的基本方法,它在审核过程中可以并行或交替使用,目的是获取到真实的客观证据。具体收集方法的策划,一般在编写检查表时就予以策划了,在现场审核时可以进一步充实和调整。

(二)经过验证的信息才能成为审核证据

内审员一定要注意所收集到的审核证据,必须要具有真实性。真实性主要应从以下几个方面体现:
(1)收集的信息是可重查的,也就是说是可以验证的,道听途说、个人推测、未经证实的任何信息均不能作为审核证据。
(2)收集的信息是在审核范围内,与审核的准则有关的信息。
(3)在审核过程中获得的信息基本是通过抽样获取的,抽样本身存在一定的风险。因此内审员一定要注意合理策划抽样方案并合理抽样,才能确保审核结果的有效性,才能减少审核的风险。

（三）从收集信息到得出审核结论的过程

从审核现场收集的信息,经过验证成为获得的审核证据。将审核证据与审核准则进行比较评价,得出审核发现。结合审核目标,对所有审核发现汇总分析评价,得出审核结论。

图 6-2 给出了从收集信息到得出审核结论的过程全貌。

图 6-2 从收集信息到得出审核结论的过程概述

（四）信息来源

信息来源受审核的范围和受审核部门的情况影响,一般包括以下几个方面：

(1) 与员工及其他人员面谈得到的信息；

(2) 对受审核部门的活动、工作环境和条件进行观察得到的信息；

(3) 查阅文件,如方针、目标、计划、程序、标准、指导书、许可证及承诺文件、规范、图纸、合同及订单得到的信息；

(4) 查阅记录,如检查记录、会议记录、监视大纲记录及测量结果记录得到的信息；

(5) 综合分析收集的有关数据及业绩指标得到的信息；

(6) 查阅受审核方的抽样计划、抽样的执行及检验和检查过程/活动得到的信息；

(7) 其他方面的信息,如顾客(包括下道工序和兄弟部门)的反馈意见、来自其他相关方的信息以及供方的可信度信息；

(8) 查阅计算机数据库及网络方面的信息得到的信息。

（五）合理运用调查方法

1. 面谈

面谈是收集信息的一个重要方法,应选择适宜的环境和方式与相关人员面谈。通过恰当的面谈,内审员可以获得很多的线索和信息,从中获得有效的客观证据。内审员应注意掌

握面谈的技巧,在进行面谈时要注意下列几点:

(1) 面谈要有针对性,要注意与审核范围内有关活动的执行人或部门或岗位的负责人进行面谈,不能与无直接关系和责任的人谈。

(2) 通常面谈应在正常工作时间和工作地点进行,在其他非正式审核的地方的谈话结果不能作为证据。

(3) 面谈时,要注意给谈话人创造宽松的环境,鼓励他们积极参与审核,告诉谈话人,审核主要是请他们介绍他们是怎样做的并提供有关的证据,不是来找他们的问题,使其处于放松的状态,否则达不到预期的效果。

(4) 面谈时需要记录的理由要向受审核人加以说明,取得理解。

(5) 面谈可以请被访谈人员从讲述他们的工作开始,例如请他们介绍自己的主要工作或本部门的主要工作开始,从他们的谈话中发现审核追踪的线索。但审核员要注意引导谈话人围绕审核的范围和审核主题谈,还要注意控制审核的时间,为了控制好时间,审核员可以在提问之前将谈话时间告知被谈话人,如:"请您用大约 10 分钟的时间介绍一下你们部门的主要质量职责与流程好吗?"这样便于控制时间。

(6) 要避免带有个人倾向性意见的提问。审核员切忌将自己的某种倾向性意见在谈话中流露,避免造成误导、影响审核证据的真实性。

(7) 面谈结束后审核员应加以小结,与被访谈人共同确认。小结时对于被审核人或部门做得好的地方要给以充分的肯定,激励他们继续努力。对于有问题的地方要向他们做简要的复述,请他们予以确认,并告诉他们这样做是不符合的,应注意纠正。

(8) 谈话时要注意合理使用提问方式。

① 开放式提问。这种提问方式一般常以"如何?""怎么样?""什么?"的方式提问,这种提问方式得到的回答结果信息广泛,但问题不集中,时间难以控制。这种方式适用于需要从较多的信息中找线索或被审核人过于紧张不愿意谈的情况。但使用时要注意控制时间和扣准主题。

② 封闭式提问。这种提问方式一般是以"是""不是""对""不对"等一两个字就做出回答。这种方式可以简单直接的获得要查证的结果,但如果审核员对有关情况了解不清的情况下,容易得出错误的结果,也容易给受审核人带来压力,不敢回答,只有当审核员已经充分了解有关情况时再予以使用。

③ 澄清式提问。这种提问方式一般是在现场审核中针对已经掌握的一些证据,请受审核人员予以确认,证实审核员获得的审核证据的真实性。

(9) 谈话结束时,应对被访人的参与及合作表示谢意。

2. 倾听

内审员要学会认真倾听受审核人员的陈述,可以使用一些身体语言,比如受审核人谈的对的内容,审核员可以点头予以肯定,使受审核人员感觉到你对他的谈话非常重视,愿意向你做翔实的介绍,从而使内审员有机会获取到足够的真实信息。

3. 查阅

查阅文件和记录也是一种主要调查方法,内审员应结合审核的具体情况合理使用查阅的方法,并注意以下几点:

(1) 查阅的文件记录一定要有针对性,要查阅确实属于被受审部门/人员有责任实施的文件和记录。

(2) 查阅文件和记录可以与面谈、观察相结合使用。如问到某操作工对某一项操作是如何做时,可让其提供相应的文件进行查阅;又如在观察某一车间环境时,可让其提供对环境要求和控制的文件规定。这样,一方面可以证实其说的是否符合规定,另一方面又可对有关文件和记录的符合性进行审查。

(3) 查阅文件和记录的数量要合理控制,切忌一味地待在受审核的车间、场所查阅文件和记录,忽视了现场实际操作的符合性和效果的查证。

4. 观察

仔细观察人员操作、设备状况、环境状况是内审查证实施性、效果性、符合性的重要方法,内审员一定要学会合理地使用这种方法,并在使用中注意以下几点:

(1) 观察要仔细,要通过观察发现现象获取真实的信息和客观证据。

(2) 观察到的信息一定要经过证实,确保其真实性。

(3) 观察到不符合的信息经证实后还要注意让受审核部门的有关人员或联络人予以见证。

5. 记录

审核员在倾听、观察、查阅的同时,还要对调查获取的信息做好记录。一般记录的内容包括时间、地点、人物、简要事实描述、凭证材料等。记录一定要清晰、准确,能够作为评价体系的证据。

六、形成审核发现

内审员通过现场调查,获取了大量的审核证据,将获得的审核证据与审核准则进行比较评价,得出审核发现。审核组要在审核的过程中随时对审核证据进行评审,确定审核发现和审核发现的符合性。对于符合审核准则的审核发现,要予以总结肯定,对于不符合审核准则的审核发现确定为不符合项。

对于不符合项的事实和证据内审员要做好记录,以便于查证。不符合项的事实要得到产生不符合项部门的负责人或联络员的确认。受审核部门如果对不符合项有意见分歧,审核组应向其做出耐心的解释,并提供相应的证据,也可以带受审核部门的代表到产生不符合项的地方去重新查证。

(一) 形成不符合项的三种情况

在对质量管理体系进行内审时,产生的不符合项通常有下列三种情况:

(1) 文件性不符合,文件与标准或是文件与文件的不符合,即写的不符合规定。如在做文件审查时,发现某一项规定与标准的规定不符,或是偏离或是缺少,是文件性不符合项。在现场审核时发现某些文件与文件规定的不协调、不可操作,也是文件性不符合项。

(2) 实施性不符合,过程运行不符合相应规定,即做的不符合规定。如程序文件或作业指导书有规定,但操作工没有按规定做,则构成实施性不符合项。

(3) 效果性不符合,体系或过程运行的结果,不符合预期的效果/目标,即做的无效。有规定,也按规定做了但没有达到效果,也构成不符合项。如某公司规定用两个不同外形的盒子装不同功能、相同外形的螺钉(一种高强螺钉、一种普通螺钉),由一个操作工在相同的工位安装,装的过程中仍造成普通螺钉掉入高强螺钉盒子中,且难以区分的情况。这种情况属于有防止产品混淆的标识的规定,也按规定做了,但没有达到防止混淆的效果,构成效果性不符合。

(二) 不符合项的两种性质

1. 严重不符合项

出现下列三种情况之一,即成为严重不符合项:

(1) 质量管理体系出现系统性失效。如某一过程反复出现不符合项,导致该过程整体失效。或某一项不符合反复发生,始终没有采取有效的纠正措施,问题依然存在,成为系统性失效。如监视和测量设备的控制过程,从监视和测量设备的管理制度及检定和校准管理台账的建立,到监视和测量设备的使用、搬运、维护及状态和状态标识出现了较多的不符合项,经分析认为上述现象已经导致监视和测量设备控制过程基本失效,构成系统性失效的严重不符合。

(2) 质量管理体系出现区域性失效。某一部门或场所与之相关的过程全面失效,导致该部门或场所的质量管理体系出现区域性失效。如某组织的外协件管理部门,对外协供方的评价有的做、有的不做,外协的订单有相当一批是在合格供方名录之外的单位实施订货的;进货检验的规定和抽样方案不统一、文件没有受控;检验不合格的不按规定进行审批,外协人员自行决定放行;进货检验不合格率高达59%,不采取任何措施等。经过分析认为上述情况已经导致外协件管理部门体系的区域性失效,构成区域性失效的严重不符合。

(3) 后果严重的不符合项。不符合造成了严重后果的,成为后果严重的不符合项。如经检验不合格的产品,未经批准予以放行,造成下道工序的严重质量事故。未按工艺文件执行,提前10分钟开炉,造成成批产品不合格形成重大经济损失。上述两个案例都属于造成严重后果的不符合项。

2. 一般不符合项

(1) 质量管理体系出现个别的、偶然的没有造成严重后果的不符合项。如某次检验记录,检验员漏签名,或某次文件发放时漏登记一份,均属于个别偶然的一般不符合。

(2) 质量管理体系出现少量不符合项,但对质量管理体系的影响是次要的和轻微的。如文件控制过程出现了5个不符合项,但对于整个质量管理体系文件的控制效果的影响是轻微的,没有构成系统性失效。

(三) 不符合报告的编写

经过审核组讨论确定,受审核部门确认的不符合项,由审核员负责编写不符合报告。

1. 不符合报告的主要内容

(1) 不符合事实的描述。

(2) 判为不符合的理由。

(3) 不符合的审核准则及对应的条款。

(4) 不符合项的性质。

(5) 审核员和受审核部门代表的签字。

2. 编写不符合报告时的注意事项

(1) 要注意准确描述不符合的事实,包括时间、事件、人物(一般不直接写人名而写职务、工位号等)、地点。

(2) 力求精练,还要具有可重查性和可追溯性。

具有可重查性和可追溯性就是要求将不符合事实发生的地点(车间、工段、部门)、涉及的设备(设备号)、文件、记录(文件、记录日期与编号)、人员都描述清楚,便于去重新查证。

(3) 判为不符合项的理由也要在事实描述中自然带出,要注意便于受审核方理解和采取纠正措施。

(4) 不符合的事实要经过受审核方的确认。

3. 典型不符合要求的不符合报告的分析

(1) 生产车间有一些岗位没有得到作业指导书。

分析:

这个不符合事实的描述,不知道是哪个车间、哪个文件、哪个事件,不具有可重查性,也难以落实纠正措施的责任部门。

正确描述:

ZD006 号作业指导书 11.6 条规定,退火温度为 800 度。审核员在热处理车间现场看到,正在运转的 8 号退火炉的温度监测仪显示温度值仅为 730 度。车间主任解释说,这份文件是新改的,我们还没有收到。

(2) 在三车间精镗工序的作业指导书 ZD008 号作业指导书没有得到实施。

分析:

这个不符合事实的描述,只给出了不符合的结论,没有给出事实,不利于受审核方采取纠正措施。

正确描述:

在三车间精镗工序,看到操作工加工后,没有用量具进行自查,直接转到下道工序,不符合 ZD008 号作业指导书中 11.7 条款"加工后由操作工自检合格后,转入下道工序"的规定。

(3) ZD008 号作业指导书中,应规定由车间工艺员做工艺检查执行情况的检查。

分析:

这个不符合事实的描述,明显带有咨询色彩。

正确描述:

ZD008 号作业指导书中的 11.9 条规定了要做工艺执行的定期和不定期的检查,没有规定执行人,作业指导书的有关规定没有得到执行。

4. 不符合报告的格式

不符合报告没有统一的格式规定,在保证基本信息足够的前提下,可以由组织自己规定适用的格式。常见不符合报告的一种格式如表 6-4 所示。

表 6-4　不符合报告

受审核方	三车间	审核日期	2016-11-07
问题发生地点	精镗工序	陪同人员	李立

不符合事实
　　在三车间精镗工序,看到操作工加工后,没有用量具进行自查,直接转到下道工序,不符合 ZD008 号作业指导书中 11.7 条款"加工后,由操作工自检合格后转入下道工序"的规定。

审核员(签名)　　王海

不符合　　ISO 9001:2015　　　　条款:8.5.1
　　　　　质量手册/其他体系文件　　文件号:ZD008　　　条款:11.7
性质　　　□严重
　　　　　■一般
要求完成纠正措施的时间　　30 天内完成纠正措施

受审核部门代表(签名)　　韩旭日

原因分析:1. 该操作工是新转岗的工人,没有进行专门的培训;
　　　　　2. 缺少对工艺文件执行情况的检查。
纠正措施:1. 对该员工补充培训;
　　　　　2. 检查车间是否还有未经培训的员工,一并予以培训;
　　　　　3. 修改 ZD008 号作业指导书,增加 11.9 条,每天由车间工艺员对工艺文件执行情况进行巡检,发现问题及时予以纠正,必要时采取纠正措施。

受审核部门代表(签名)　　韩旭日

纠正措施验证评价:
　　经过对三车间提交的纠正措施计划和执行的记录的验证,认为其原因分析准确,纠正措施计划可行。
　　经现场对三车间其他五个工序的验证审核没有再发生类似问题,纠正措施有效。

审核员(签名)　　王海

(四)不符合案例

为了让学员掌握制定不符合对应 ISO 9001:2015《质量管理体系　要求》条款的要领与技巧,下面给出对 10 个案例判定其不符合标准条款及判定其为不符合的理由的示例:

案例 1. 六车间装配工段,在对批号为 NO.123 的 50 个零件进行了对焊以后,遗漏了超声波检测,到发现时,50 个零件已全部完工,并难以再进行超声波检测了。

——不符合 ISO 9001 标准 8.6 条款

判定为不符合的理由:遗漏了 50 个批号为 NO.123 零件的超声波检测。

案例 2. 采购部门在未征得设计、管理等部门意见的情况下,就从对其情况一点不了解的一家新的供方××橡胶制品厂,以很低的价格订购了一批 φ6—φ15 的橡胶密封环。

——不符合 ISO 9001 标准 8.4.1 条款

判定为不符合的理由:采购部向一个未进行过是否具备按本组织要求提供产品能力评价的橡胶制品厂订购了橡胶密封环。

案例 3. 机械加工车间车工工段一名在 CW6140-1 型车床上操作的工人使用的 B252 型

水泵主轴的图纸编号为 B252-13B（即第二版），而设计科两星期以前就已用 B252-13C（第三版）取代 B252-13B 了。

——不符合 ISO 9001 标准 7.5.3 条款

判定为不符合的理由：机加工车间与设计科使用的同样文件是不同版本。

案例 4. 某汽车厂生产了一批新型卡车，投放市场后，用户纷纷来信申诉，提出由于这种汽车排出的有害气体已超过国家环境保护法规的规定，使用时被交通管理局及环保局罚款，有的市已明令禁止这种汽车行驶。

——不符合 ISO 9001 标准 8.3.3 条款

判定为不符合的理由：设计输入没有满足国家控制有害气体排放的规定。

案例 5. 审核员在元器件仓库中发现六个箱子，标有"需方来件"字样，仓库主任解释说，这是用户送来的一批特殊电力电子元器件，指定要安装在为他们制造的产品上。审核员问对用户提供的元器件是否经过验证。仓库主任说："这些元器件既然由用户提供，质量当然由他们负责，我们不用验证，再说，对这样的尖端产品我们根本就没有检验的手段。"

——不符合 ISO 9001 标准 8.5.3 条款

判定为不符合的理由：对顾客提供的一批电力电子元器件不进行验证。

案例 6. 审核员在审核某工程公司 08 工程时，没有找到 101 建筑物的基础检验记录，而按该公司施工程序规定，重要基础浇灌混凝土前应做好混凝土检验记录。现场检验员解释说："这几天工地的检验任务特别多，我要跑十几个地方，那天我到 101 建筑工地时，他们已经把基础浇灌好了。"而工地施工组长则说："那天混凝土车到了半个多小时也找不到检查员，我们只好先浇灌了，不然混凝土在车内时间太长，会变质的。"

——不符合 ISO 9001 标准 8.6 条款

判定为不符合的理由：没有按施工程序规定对 101 建筑物的基础进行检验。

案例 7. 某电扇厂对不合格品的控制程序规定："对返工产品由操作人员返工自检达到规定要求后，由专职检验人员检验合格后再返入生产线。"在现场发现一批返工的产品由操作工自检后直接返入生产线。

——不符合 ISO 9001 标准 8.7 条款

判定为不符合的理由：对不合格品返工后没有进行证实其符合性的检验。

案例 8. 审核员到某施工单位审核时，发现该施工单位（乙方）与某使用单位（甲方）所订合同中规定乙方在施工时必须使用甲方所指定的某水泥厂的水泥。审核员问施工单位的经理，这种水泥使用前是否经过检验或验证，施工经理说，这些水泥都是甲方指定的，质量当然由甲方负责，我们对某水泥厂的产品从不过问，拿来使用就是了。

——不符合 ISO 9001 标准 8.4.2d)/8.6 条款

判定为不符合的理由：对采购的水泥在使用前没有进行必要的检验或验证。

案例 9. 审核员在宏发成套设备公司审核时发现一封用户投诉，反映该公司提供的一台设备的计算机软件失效而无法使用。公司的设备制造部经理说这台设备的计算机软件就是该用户自己提供的。因此总经理在此投诉信上批示："请告用户，软件是他们自己提供的，如不能使用，可自行解决。"

——不符合 ISO 9001 标准 10.2.1 条款

判定为不符合的理由：没有对顾客、对产品的抱怨采取有针对性的措施。

案例 10. 在生产车间审核员发现一张图纸，上面有一尺寸用钢笔做了修改，并附有车间主任李×的签名。车间主任说，此尺寸是这台产品的关键尺寸，尺寸的修改有助于产品性能的改善。

——不符合 ISO 9001 标准 8.3.6 条款

判定为不符合的理由：车间自行更改设计尺寸，没有进行适当的评审和控制。

七、质量管理体系的有效性评价和审核结论

在现场调查后，审核组得到大量的审核证据和审核发现以及其他信息，面对大量的审核发现，审核组要做充分的分析、评价、归纳和总结，在此基础上得出对质量管理体系有效性的评价意见和审核结论。

（一）审核组总结会

在现场调查取证结束后，末次会议之前，组长要主持召开一次审核总结与评价会，审核组全体成员参加。会议的主要内容如下：

（1）对照审核目标，汇总分析现场调查期间获得的所有审核发现和其他方面的信息。

（2）确定不符合项，确定不符合项的数量与性质。

（3）对审核做出结论，包括对质量管理体系的评价意见和审核结论，审核组要尽可能达成一致的意见。

（4）在审核的目标中有规定时，要准备对质量管理体系改进提出建议。

（5）在内审审核方案/程序和审核计划中有规定时，讨论和确定有关不符合项跟踪验证的要求与安排。

（二）质量管理有效性评价的内容

质量管理体系评价的主要内容，包括经过汇总的所有审核发现及审核过程中了解和掌握的其他综合信息。综合信息可包括与产品质量、顾客反馈等信息。如产品一次下线的合格率、顾客及相关方对组织的反映、质量事故或政府抽查的结果、实物质量的总体水平等。评价的基本方法是：召开审核组全体成员参加的总结会议；做不符合项分布的汇总表。一般审核组汇总分析和讨论的内容包括以下几个方面：

（1）合格的审核发现汇总分析。尤其是组织做的已超越审核准则的那些方面，应给以充分的肯定。充分肯定做得好的方面，可以鼓励组织的员工更加积极地关心和参与质管理量体系的实施。只有组织全员都积极参与质量管理体系运行，才能获得最佳的运行效果。

（2）不符合的审核发现的汇总分析。把不符合的审核发现，按部门和过程的分布情况做出矩阵表，根据其分布情况，找出质量管理体系的薄弱环节，矩阵表示例见表 6-5。

（3）质量管理体系的发展趋势的分析。从以往审核结果及纠正措施的实施效果方面进行比较，通过比较分析得出质量管理体系运行的结果是进步，还是退步。

（4）产品的实物质量状况及发展的趋势。将过去及现在实物质量水平数据进行比较，通过比较分析对实物产品质量的发展趋势做出判断，有的放矢地采取相应的措施。

(5) 质量事故或投诉的处理情况。

(6) 顾客和社会对本组织产品质量的反映。

(7) 领导和员工的质量意识。汇总讨论内审员在现场审核时与员工接触和交流的感受,员工是否都积极参与质量管理体系的运作,人人从我做起,人人按规定去做。

(8) 组织自我改进和自我完善质量管理体系的意识与能力。这主要是从组织在实施内审、管理评审、纠正和预防措施、持续改进过程的能力和效果方面进行评价与判断。

(三) 质量管理体系的评价意见

在经过上述的汇总分析和评价后,审核组要从以下四个方面对质量管理体系运行的有效性做出总体评价。通过评价肯定体系运行的优点,找出不足和改进的机会:

(1) 质量管理体系的文件是否符合 ISO 9001:2015 标准的要求?包括各部门的支持性文件是否与本组织的情况适宜?是否具有可操作性?质量方针、目标是否适合组织的实际?是否在实现之中?

(2) 质量管理体系的各项规定是否得到了实施和保持?资源、基础设施、工作环境能否满足规定的要求?各项运行活动是否满足体系规定的要求?

(3) 质量管理体系运行结果是否有效?员工和管理者的意识是否得到提高?产品实物质量水平是否达到规定的目标?顾客的满意程度如何?质量目标和各职能层次的指标实现的程度是否达到了预期的目标?

(4) 质量管理体系自我完善、自我改进机制是否建立和健全?内审过程是否按规定予以实施保持?管理评审能否按规定实施并确保定期对质量管理体系的适宜性、充分性、有效性进行评审和改进?纠正措施和预防措施是否得到保持并收到相应的效果?体系的运行效果是否得到了持续改进?

(四) 审核结论

审核的结论是在考虑了审核目标,并对所有审核发现汇总分析后得出的结论性意见:

(1) 第三方认证审核的结论一般有以下三种情况:

① 推荐认证通过,需要受审核方对所有不符合项采取纠正措施,并经审核组验证有效后,向认证机构推荐通过认证。

② 推迟推荐认证通过,有个别过程或部门需要重新审核,对于一些严重的不符合项,受审核方采取纠正措施后,审核组要到现场进行审核性的跟踪验证,验证合格后才能推荐认证通过。

③ 不推荐认证通过,受审核方的所有过程或部门或大多过程或部门都出现了不符合项,所有过程部门都需要重新审核。不能通过认证。

(2) 内审的审核结论,一般包括以下几个方面:

① 本组织质量管理体系与审核准则的符合性和有效性如何?是有效、基本有效、还是无效?

② 本组织的质量管理体系是否具备接受外审的条件?

③ 本组织的质量管理体系有哪些方面还需要改进?

不符合项分布表编写案例

表 6-5 发达电器公司不符合项分布表

序号	企业管理办公室	技术开发部	生产管理部	检验管理部	钣金及表面处理车间	采购部	销售部	客户服务部	人事管理部	设备管理部	管理层	合计
4.1												
4.2												
4.3												
4.4												
5.1.1												
5.1.2												
5.2												
5.3												
6.1												
6.2												
6.3												
7.1.1												
7.1.2												
7.1.3												
7.1.4												
7.1.5				△								△
7.1.6												
7.2												
7.3												
7.4												
7.5												
7.5.1												
7.5.2												
7.5.3	△	△			△							3△
8.1												
8.2												
8.3.1												
8.3.2												
8.3.3												
8.3.4												
8.3.5												
8.3.6												
8.4.1												
8.4.2			△									△
8.4.3												
8.5.1												
8.5.2												
8.5.3												
8.5.4												

续表

序号	企业管理办公室	技术开发部	生产管理部	检验管理部	钣金及表面处理车间	采购部	销售部	客户服务部	人事管理部	设备管理部	管理层	合计
8.5.5												
8.5.6												
8.6				△								△
8.7												
9.1.1				△								△
9.1.2												
9.1.3												
9.2	△											△
9.3	△			△					△			3△
10.1												
10.2												
10.3												
合计	3△	△	△	3△	△	△			△			11△

注：△ 为一般不符合　　▲ 为严重不符合

质量管理体系评价案例

表 6-6　发达电器公司内审质量管理体系有效性的评价意见

质量管理体系有效性的评价意见
本公司于 11 月 3—5 日分两个组对本公司质量管理体系进行了一次全面的内审。现将质量管理体系有效性做出如下评价意见： 　　本公司换版后的 B 版质量管理体系文件，基本符合 ISO 9001:2015 标准的规定。本组织的处境分析判断与组织所处的环境基本适宜，过程的识别充分合理，对确定的过程控制规定明确、可行；质量方针和质量目标明确，与本企业的战略方向基本一致；质量管理体系文件结构合理，控制明确，具有可操作性，能满足本企业对质量管理体系实施和控制的需要，但操作性文件还有少数内容规定的不便于操作，还需进一步修改、完善。 　　质量管理体系文件基本得到充分实施。两个组通过 4 天的现场审核的抽样调查，仅发现 11 个一般不符合。自质量管理体系文件换版以来，共进行两次内审和一次管理评审，通过内审和管理评审保证了质量管理体系的实施。 　　质量管理体系实施基本达到预期的结果。10 月以来产品一次下线合格率达到 97%，比去年上半年提高 0.5 个百分点；所有产品已经于 11 月全部获得国家规定的"CCC"标志的安全认证，获得进入市场的准入证；材料消耗比上半年下降 1 个百分点；销售量比去年同期增加 5000 台；员工的质量意识得到了普遍提高，领导起到积极的推进和带头作用；质量目标正在实施之中，具备了在 2016 年末，实现产品一次下线合格率达 98%，销售量增加 20 000 台的质量目标的能力。 　　公司质量管理体系自我完善和自我改进的机制基本建立并得到实施。内审、管理评审、纠正措施和基于风险的思维已经在本企业正常实施，体系实现了持续的改进。 　　总之，我们的质量管理体系的运行已经收到了良好的效果，但从本次发现的 11 个不符合的情况分析，在操作层文件的可操作性方面、对部分外协加工单位的控制方面以及在一些记录的执行方面还存在一些薄弱环节，还需进一步改善。 　　建议公司对外协管理部门有关人员进一步加强培训，并适当充实一些力量，改进外协管理工作；各部门进一步组织对操作层文件的审查和运行，通过审查和运行找出问题，及时予以修订。

八、末次会议

在现场审核结束后,审核组做好汇总分析及体系评价与审核结论后,召开末次会议。末次会议由审核组长主持。

(一)末次会议的准备工作

末次会议的准备工作,是通过审核组的总结会、审核组与受审部门负责人的沟通会的充分讨论与协商后完成的。这两个会开得成功有效,就为末次会议做好了充分的准备,便于顺利开好末次会议。

审核组的总结会已在上一个条款中予以了讲述。

审核组在审核组总结会和末次会议之间,还要注意将总结会得出的所有结果和结论向受审核部门进行沟通,使受审核部门对审核组做出的审核发现,尤其是不符合项报告、审核结论有充分的理解并能够接受,这样才便于后续工作的开展。方式可以是召开沟通会议,由审核组长主持,审核组全体成员和受审核部门的负责人参加,一般管理者代表也参加沟通会议;小型企业也可以通过个别交谈等方式进行沟通。

(二)末次会议是一次正式的会议

内审的末次会议是一次正式会议,如果组织的规模小,末次会议的内容可以适当简化,但沟通审核发现,尤其是不符合项的内容及审核结论,是不可缺少的程序,且应有相关受审核部门代表及组织的管理层代表参加,并做好相应的记录。

在末次会议上,对于审核组与受审核部门之间对审核发现和审核结论的任何意见分歧,均应充分予以讨论,并尽可能取得共识。如果不能取得共识,所有不同意见均应详细记录。

(三)一般末次会议的主要内容

(1) 感谢受审核部门对审核工作的支持与配合。

(2) 重申审核的目的、审核范围、审核准则,如果在审核过程中范围发生了修改,应进一步予以确认。

(3) 宣布不符合项报告。对确定的不符合项报告要逐一进行宣布,可以由组长宣布,也可以由组长指定内审员予以宣布。

(4) 由受审核部门澄清宣布的不符合报告。对于宣布的不符合项允许受审核部门的代表予以澄清或解释,对于有不同意见的地方,审核组要给予耐心的解说,并可以采取举证的解释。如确实属于内审员的判定有误,也应实事求是地予以改正。

(5) 说明审核抽样的局限性。说明审核抽样的局限性的主要目的是告诉受审核部门没有发现有不符合项的地方不一定没有不符合项,但也要自觉地按体系文件的要求进行自我检查,确保组织的质量管理体系良好地运行。

(6) 对质量管理体系有效性做出评价意见。

(7) 宣布审核结论。

(8) 提出纠正措施的要求。

(9) 讨论找出本组织质量管理体系重要改进的薄弱环节,提出改进的建议。

(10) 宣布会议结束。

第五节　审核报告的编制、分发及审核的完成

一、审核报告的编制与分发

审核报告是对审核工作、审核结果、审核结论的综合性记载文件,是向内审归口管理部门/体系主管领导提交的审核活动的成果及工作报告。

(一)审核报告的编制

审核报告由审核组长负责编制,审核组长对审核报告的内容负责,并负责向内审归口管理部门/体系主管领导提交审核报告,由内部审核归口管理部门/体系主管领导规定其分发的范围。

审核报告的主要内容与末次会议的主要内容基本相同,是对末次会议主要审核结果和结论的记载。两者的区别是针对的对象不同,末次会议主要针对受审核部门,向其报告审核结果、结论。审核报告主要是向组织的最高管理者报告审核结果和结论。

(二)审核报告的主要内容

审核报告包括以下几个方面的内容:

(1) 审核的目标。
(2) 审核的范围。
(3) 审核组长及成员。
(4) 审核的日期、地点。
(5) 审核准则。
(6) 审核发现。

一般合格的审核发现不需要做一一的描述,而是在质量管理体系有效性评价意见中给予总结和肯定。不符合的审核发现的数量、性质、在部门和过程中分布情况要做出综合描述,并应将不符合报告作为审核报告的附件予以记载。

(7) 审核结论。

审核结论的内容,参见本章第四节的第7款。

审核报告也包括下列内容作为审核报告的附件:

(1) 审核计划。
(2) 受审部门代表名单。
(3) 审核过程总结,包括可能会降低审核结论的不确定因素的记载。
(4) 确认在审核范围内已按审核计划实现审核目标,有效地完成了审核任务。
(5) 虽在审核范围内,但由于某种原因未覆盖的领域的说明。
(6) 在审核组与受审核部门之间未能解决的意见分歧。
(7) 如审核目标中有规定,对质量管理体系提出改进的建议。
(8) 如果有不符合项时,提出对不符合项纠正措施跟踪验证的安排。

(9)审核报告分发清单。

(三)审核报告的分发

内审审核报告由内审归口管理部门/体系主管领导按审核方案的规定予以批准和分发,一般发至有关部门和管理层的有关人员。

审核报告示例见表 6-7。

表 6-7　内部质量管理体系审核报告

审核目的	评价本公司质量管理体系的符合性、有效性,考核方针、目标的实现程度,找出质量管理体系存在的薄弱环节和改进的机会。
审核范围	本公司所有部门(场所)、所有过程和所有产品。
审核准则	ISO 9001:2015,适用法律法规,本公司质量管理体系文件。
审核组成员	许亮(组长)、张黎、高小雪、薛亮、赵一、王欢。
审核日期	2016 年 11 月 3 日—5 日。
内部质量管理体系审核综述: 1. 审核概况 　　本次共分两个小组对本公司的本公司所有部门(场所)、所有过程和所有产品的进行了为期 3 天的审核。审核采取抽样的方式进行,审核组总共抽取文件性、实施性、效果性的样本近 800 个,总共发现 11 个不符合项。抽样审核的结果表明,本公司的质量管理体基本得到了正常的实施。 2. 主要优、缺点 　　公司在资源配置、应对风险和机遇的措施策划、生产和服务提供的控制、纠正措施及持续改进等方面,取得了较好的效果,没有发现任何不符合项。 　　公司在第三层次的文件的适宜性方面、在对外协加工单位的控制方面、在记录管理方面还存在薄弱环节,出现了较多的不符合项,应注意改进。	
不符合项情况	本次审核共发现 11 项不符合,均为一般不符合,主要分布在 6 个部门,具体分布情况见不符合分布表。
质量管理体系评价意见(包括改进的建议): (略,可参见表 6-6)	
审核结论: 本公司的质量管理体系运行基本符合质量管理体系标准和文件的要求,方针目标正在实现之中。	
纠正措施要求	要求各个部门于 30 日内完成纠正措施并向审核组长提交书面报告,审核组将采取书面与现场相结合的方式予以验证。
报告分发范围	各位最高管理者、各部门。
审核组人员签字	日期
体系主管领导批准签字	日期

二、审核的完成

当审核计划中所规定的内容均已完成,经批准的审核报告已按规定分发,一次内审活动即告完成。

在审核完成后,审核组的成员要按内审审核方案的规定,将审核过程中的全套文件及时归档保存。

第六节 不符合项的跟踪验证

现场审核提出的不符合项,一般都需要由受审核部门在规定的时间采取纠正措施,这是由内审的目的所决定的。内审的重要目的是通过审核发现薄弱环节,改进薄弱环节的问题,避免类似的问题重复发生,不断改进质量管理体系。内审提出的不符合项,在由产生不符合项的责任部门采取纠正措施后,审核组或内审的管理部门负责对纠正措施的完成情况及有效性予以验证。

1. 纠正措施跟踪验证的目的

(1) 对已经发生的不符合及时进行纠正,防止或减少已出现的不符合所造成的影响。

(2) 促使受审核方认真分析产生不符合的原因,针对产生不符合的原因采取消除原因的纠正措施,从而防止类似的不符合再次发生。

(3) 促进质量管理体系的不断完善和改进。

2. 纠正措施跟踪验证的方式

纠正措施的跟踪验证通常有下列三种方式:

(1) 受审核部门提交纠正措施完成的书面资料与证据,审核员通过书面评审予以验证。一般性的不符合通常采用这种验证方式。

(2) 到受审核部门的现场进行现场审核方式的跟踪验证。严重不符合项和只有到现场才能验证的不符合项采取这种验证方式。

(3) 先对书面纠正措施计划的可行性进行确认,到下次审核时,再验证其纠正措施的有效性。一般不符合,需要完成的时间较长可以采取这种验证方式。

3. 纠正措施跟踪验证的执行人

执行人通常由内审管理部门或管理者代表指派,可以是原审核组的人,也可以是另外指派的审核员。

内审的纠正措施的跟踪验证通常是由组织的审核管理者指派内审员执行。因为内审员大多来自组织的内部,不存在现场验证需要交通等费用问题,为确保验证结果的准确性,内审时尽可能采用现场跟踪验证的方式效果更好。

跟踪验证活动是一次审核活动的后续工作,审核组的成员执行跟踪验证时,应该注意保持独立性,尤其是在审核中提出过改进建议的审核员,在做跟踪验证时,更应注意验证活动的公正性。

4. 跟踪验证的主要内容

(1) 不符合项是否已采取了纠正行动,使已存在的不符合得以处置,避免其影响的继续存在?

（2）产生不符合项的原因是否找准确？

（3）是否针对消除产生不符合的原因，制订出纠正措施的计划？计划是否可行？

（4）纠正措施计划是否按规定的时间予以实施？

（5）在纠正措施实施后，是否进行了自我验证？是否有效？是否杜绝了同类不符合的再次发生？

（6）纠正措施计划及实施的情况是否有相应的记录？纠正措施引起的程序文件的更改是否形成文件？是否得到实施？

5．跟踪验证的流程

（1）内审员确定不符合项，开具不符合报告。

（2）受审核部门代表确认不符合项。

（3）内审员提出纠正措施的要求，包括完成纠正措施时间的要求及跟踪验证方式的要求。一般不符合项的纠正措施完成时间控制在 15 天（特殊情况除外），严重不符合项的纠正措施完成时间是 30 天，具体时间可以根据自己单位的情况确定。某些需要长时间才能彻底完成的纠正措施，可以先验证纠正措施计划的可行性，最终的有效性可以放到下次审核时再做进一步的确认。

（4）受审核部门制订纠正措施计划并实施纠正措施，制定和实施的纠正措施一定要能够消除产生不符合的原因，不能只是纠正。

如某次审核发现有一台测试设备没有校准标识，采取的纠正措施是"立即由计量部门检定后挂上标识"。这个纠正措施只有纠正没有纠正措施。正确的纠正措施至少应包括下列内容：一是分析这台设备没有校准标识的原因；二是根据找出的原因检查是否还有类似的情况，如果有一并送计量部门进行校准；三是修改有关文件的规定，加强定期检查，避免类似的情况再次发生；四是按新修订的文件进行一次自我检查，确实没有再次发生类似的情况。

（5）受审核部门自我验证纠正措施并记录。

受审核部门完成纠正措施后，自己组织自我验证，检查本部门是否还有类似问题产生，确认纠正措施已达到消除产生不符合原因的效果，确保今后不会再发生类似问题。

（6）内审员进行纠正措施有效性的跟踪验证，并完成验证报告。内审员进行纠正措施效果的验证时可以从书面分析，也可以到现场去做进一步审核，证实其没有再次发现类似的问题，证明纠正措施有效。

（7）内审员将跟踪验证的结果写出书面报告，交内审管理部门。

原因分析及纠正措施和纠正措施示例见表 6-4 中的后两栏中的内容。

思考与练习

一、单项选择题

1．检查表（　　）。

A．是审核员对审核活动进行具体策划的结果

B．应提前交给受审核部门的人员认可

C．必须经过受审核方管理者代表的确认

D. A+B+C

2. 可以作为质量管理体系审核证据的是（　　）。

A. 操作工人告诉审核员机加工车间的噪声太大，很多工人的听力都下降了

B. 审核员发现操作工人加工的零件不符合要求，认为该操作工人没有经过培训

C. 审核员看见操作工人没有按作业指导书加工零件

D. A+B+C

3. 针对内部审核中发现的不符合项，由（　　）实施纠正措施。

A. 审核组　　　B. 不符合项的责任部门　　　C. 体系主管领导　　　D. 审核组长

4. 审核是一个（　　）的过程。

A. 发现不合格　B. 对不合格品处置　　　C. 抽样调查　　　D. 检验产品质量

5. 如果在审核中没有发现不符合项，审核组长应（　　）。

A. 做出结论说："质量管理体系不存在不符合项"

B. 调整审核范围

C. 继续扩大抽样

D. 以上各项都不对

6. 以下不能作为质量管理体系审核证据的情况是（　　）。

A. 向导跟审核员说 A 产品不满足产品出厂验收条件就交付了

B. 车间主任说办公室文员可以修改设计图纸

C. 审核员在采购部看见近期有几次退回不合格的 A 材料的记录，审核员认为采购部是在非合格供方处采购的 A 材料

D. A+B+C

7. 在质量管理体系审核中，以下可以构成不符合的情况是（　　）。

A. 在审核餐厅时审核员看见后厨清洗人员没有按规定对清洗后的餐具进行消毒

B. 某饭店没有编制如何制作面点的作业文件

C. 热处理车间排放的污水超标

D. 审核员看见工作人员将生、熟食品分别存放到不同的冰箱内

8. 某大型商场只有一部电滚梯，但在一层卖场没有电滚梯的指路牌，致使顾客经常找不到电滚梯。此情景不符合 ISO 9001 标准（　　）条款的要求。

A. 7.1.3　　　B. 8.5.1　　　C. 8.5.2　　　D. 以上都不是

9. 请受审核方确认不符合项是为了（　　）。

A. 同意采取纠正措施　　　B. 找出不符合的原因

C. 确认审核证据的准确性　　　D. A+B+C

10. 以下不是审核准则的是（　　）。

A. 审核范围内产品应遵照的产品标准　　　B. 产品生产过程的相关记录

C. 工序作业指导书　　　D. 顾客的隐含要求

二、判断题

1. 对质量管理体系进行评价的方法就是内部审核。（　　）

2. 质量管理体系审核的审核准则就是 ISO 9001:2015 标准。（　　）

3. 为了找到更多的不符合项，审核时可以增加抽样量。（　　）

4. 审核员在审核中收集到的与审核准则有关的信息都可以作为审核证据。（ ）

5. 现场审核时可以对审核计划进行调整和修改。（ ）

6. 审核的结论是审核组根据不符合项的多少做出的审核结果。（ ）

7. 收集审核证据时，最好由受审核方管理资料的人帮审核员选择样本，因为他们对情况更了解。（ ）

8. 审核范围与受审核方质量管理体系的范围是一样的。（ ）

9. 末次会议上，审核组长应提出审核发现和审核结论。（ ）

10. 检查表可以规范审核程序并保持明确的审核目标，因此在现场审核时，必须严格按检查表审核。（ ）

三、思考题

1. 内部质量管理体系审核有几个阶段？每个阶段有哪几项活动？
2. 内部质量管理体系审核是否要进行文件审核？何时做？
3. 审核范围包括哪些内容？
4. 审核计划包括哪些内容？由谁负责制订审核计划？
5. 审核有几种方式？各有什么优点和缺点？各适合于什么情况？
6. 有几种现场调查方法？
7. 检查表的主要内容是什么？
8. 现场审查时是否绝对不能偏离检查表？
9. 如何保证合理抽样？
10. 现场审核时有哪几个方面的沟通？
11. 不符合项的性质有几种？各有几种情况？
12. 如何评价组织的质量管理体系？
13. 纠正措施跟踪验证的原则是什么？
14. 纠正措施跟踪验证的程序是什么？
15. 审核报告包括哪些内容？

四、判标题

请根据情景判断是否不符合 ISO 9001：2015 标准的某个条款，并说明理由。

1. 有一批客户退回的、含有外观不合格的产品，车间派一名工人将其中合格的挑选出来重新装箱后投入成品库。

2. 内审员在审核检验科时，要求调阅上月份的生产过程产品的检验记录。检验员从档案柜里搬出一大堆检验记录，不停地翻找了十几分钟还未找全，便很不好意思地向审核员解释道："这里的记录太多，三个车间、六个品种，每个班次每天都有一份记录。差不多了，我马上找全。"

3. 内审员到车间审核，发现工人使用的千分尺已损坏，工人未按规程操作。内审员询问为何这样，回答"师傅没有说。"

4. 内审员在车间审核时发现，近三个月车间不合格品率超过了指标要求，审核员问如何处理，车间主任回答说："我们对不合格品都进行了返工，没发生过不合格品放行或交付的情况。"

5. 在销售部，内审员问销售科长如何评价顾客满意，销售科长犹豫了一下后回答："我们公司目前还没有规定评价顾客满意的方法,但是顾客投诉很少,这表明顾客没有什么意见。"

6. 在管理评审报告中提出了在人力资源调配方面公司应采取的对策,事后不了了之。

7. 某建筑公司为某一小区建一标准宿舍,未解决屋面漏水问题就报了竣工,并向甲方办了移交手续。

8. 某眼镜店顾客在取回配装眼镜时发现镜架边框有一微小裂纹,问营业员这是怎么回事,营业员回答:"原来就有吧",但在有关配装记录中未有任何相关记录。

9. 装配车间下半年9~10月份两个月均未完成生产任务。车间主任解释说:"那两个月计划科说任务重,硬给我们下达了每月完成150台XYZ-8型产品的生产任务。但是我们车间正常生产能力每月只能生产100台,而且计划科也没有和采购科沟通好,导致一些重要零部件供应不上。因此,我们无法完成生产任务。"

10. 2016年12月13日内审员张工程师在施工现场发现了材料员刚送到的50件器材,被告知是因为安装急需,刚从市场上采购的。内审员问"是否是合格品",材料员说"已送一个到检验人员了,结果明天出来"。内审员仔细察看,这批器材与原来使用的一样,没有任何标识。

11. 某工厂为某国外品牌提供多种部件,产品图纸及主要工艺都由该品牌公司提供。半年后,该工厂业务发展,又将其中某些部件转包给另一家专业工厂生产,但未经该品牌公司许可,将图纸和工艺也全部转交给该专业工厂。

12. 在实验室,有一编号为No.2346的万用表已使用了两年多,从未检查过它是否还能精确地进行电阻、电压、电流的测量。

13. 一位工人正在按L-05号图纸加工一批零件,审核员看见图纸上的一个尺寸用红笔进行了修改。对此,车间主任解释说:我干这一行已经有25年了,这张图拿来时,我一眼就发现这个尺寸有问题,如果按原图加工肯定是错的,所以我就把这个尺寸改了。

14. 审核员在采购部查合格供方名单上有"利新公司",审核员询问如何对利新公司进行评价,采购部长说:利新公司是老关系了,从我们公司一成立就给我们供货;价格也合适,又送货上门,有什么问题,一个电话,人家就包退包换,评价就没有必要了。

15. 某建筑公司在内审时看到市场部有一份与甲方签订的合同中,要求水泥必须从某水泥厂采购。内审员来到项目经理部,问对该水泥厂进货是否委托试验站做配比试验和强度试验,项目经理说:"这厂的水泥是甲方指定的,质量问题由甲方负责,我们对水泥从不过问。"

16. 2016年3月3日内审员在检验部审核了解到:2015年1~12月各类型产品生产过程不符合为89项。其中:脱扣器连接板焊接变形占26项,采取了整形回用措施,并经验证合格。于是询问该岗位的检验员2016年1~2月的情况,回答:脱扣器连接板焊接变形仍是主要问题,没有变化。

17. 内审员按计划审核质量部,抽查聚酰胺产品每种产品的检验控制情况,按照检验规程、产品标准、客户要求实施了检验。内审员从客服主管了解到,近期客户针对薄膜产品存在气泡和色差投诉增多,客户已扣罚了60万元货款。向主管进一步了解获悉,薄膜产品气泡和色差是个老问题,已制定了应对的措施,但由于整天忙于处理生产一线的质量问题,还没有精力对这些措施是否有效进行评价。

18. 在公司业务办公室的"业务工作程序文件汇编"中，有10份程序文件均为第二版，但办公室主任介绍情况时却说，有的程序已改为第三版，且已输入主计算机，各业务科均可在他们的终端机上见到新的版本。审核员在计算机上查看了程序，发现其中已有5份改为第三版，且已被各业务科使用。

19. 审核员在市场部发现两封顾客投诉，均反映楼宇对讲门开启不灵活。市场部经理说："我们的产品性能很稳定，问题出在门锁上。这批门锁是顾客自己采购提供的，厂长说了，由顾客自行解决"。审核员问这一批门锁有多少，市场部经理说，不太清楚，反正由他们自己解决了。

20. 对某一企业进行初次审核，审核员在采购部要求出示运行以来的铸件采购合同和检验记录，发现所有铸件的合同均来自A厂，而检验记录显示该厂提供的铸件平均有50%以上不合格，并做了退货处理。审核员问采购部长：你们评价过这个供方吗？采购部长回答说："评价过，但因为附近只有这一家铸件厂，而且他们答应只要有不合格的产品，我们就可以退货，所以不会影响我们产品的最终质量。"审核员查看了评价记录，评价的结论是：只有这一家，只能使用。审核员要求出示相应的退货记录，采购部长无法提供。

21. 一厂家生产高压电力变压器，在出厂试验中有一项用高压试验器做耐压试验，最大电压达到100kV。审核员在审核监测设备的控制时，要求提供该高压试验器的校准记录，计量室主任说："有，因为试验器较大不便运送，每次我们都将表头拆下来，送去检定。"随后拿来了表头的检定证书，审核员看到所有表头均在有效期内。

22. 在经贸部审核时，李部长提到杭州办事处今年1月发生过一次售后服务人员服务态度生硬、语言粗鲁的事，在顾客提出申诉后，杭州办事处采取了有效的纠正措施。经贸部在"经贸通讯"（内部刊物）第2期上介绍了他们的经验，并提请各办事处注意。但上海办事处在今年9月底又发生了类似的情况，原因是上海办事处没有收到"经贸通讯"，没有及时吸取杭州办事处的经验教训。

23. 在企管办，审核员查阅了第一、第二次内审记录及不合格报告。其中编号为107的不合格报告事实描述中记有"科技部2015年1月17日发出的XYZI生产工艺临时修改单上无修改人、批准人的签字，也没有编号"，纠正措施为"立即补上"，纠正措施的验证栏上记有"确已补上"并有审核员签名。

24. 审核组在经贸部查阅了一封顾客投诉，内容是指江南公司销售的差压式含气量测定仪结构设计不合理。经贸部专卖中心的答复是"该仪器不是本公司设计的产品，本公司对其设计不承担责任。你们的意见我们已转至湖北第一仪表总厂。"

25. 在科技部，审核员查看了第二代XYZ试剂（XYZ-2）开发计划。该计划规定新产品要经过方案确认、初步设计、详细设计、设计定型和生产定型五个阶段。其中，初步设计和设计定型阶段完成后要经过评审和验证，生产定型阶段结束前要进行设计确认。审核员问："为什么不按手册规定，五个阶段都进行评审？"部长说："这是特殊情况，XYZ-2要得急，经贸部已签订了一批合同，今年6月初要交货，不得不压缩设计过程"。

26. 在科技部审核员发现XYZ-I产品在今年2月对生产工艺做了较大的修改（生产工艺是设计输出之一），审核员查阅了修改文件，发现修改手续齐全（原设计人修改，原批准人批准，原会签单位会签），当问及是否对设计修改的影响做了评审，张部长说，不用评审，我们有把握，修改不会影响产品质量的。

27．在销售部内审时抽查7份顾客调查表，发现其中2份写有顾客意见："不知道应找哪个部门询问产品信息？"有2份是顾客抱怨："购买产品后发现质量有问题，找不到联系的部门和人员。"销售部经理解释："因为销售人员经常外出，顾客找不到人是难免的。"

28．内审员到质管科查交付产品的（出厂）检验，从两个月的检验记录中抽查6份，看到检验项目和方法均符合检验规范。内审员问："该类产品是否有国家和行业标准？"科长说："有。"内审员把检验规范与GB 3906—91标准核对后，发现检验规范中缺少标准要求的出厂试验必做的"操作试验5次"和"绝缘电阻"项目，检验记录表中也无此两项栏目。科长说："操作试验我们都做的，只是没做记录，至于绝缘电阻，我们一直就没什么问题，所以就免检了。"

第七章
审核要点及案例分析

内部审核是组织对质量管理体系进行评价的主要方式,能够确定质量管理体系是否符合策划的安排、ISO 9001 标准的要求以及组织所确定的质量管理体系要求。在第二方审核或第三方审核之前进行的内审可以提前发现问题,并通过整改,降低第二方审核或第三方审核的风险性。内部审核作为一种管理手段,对质量管理体系的持续改进发挥着重要作用。

本章在本教程第三至第六章的基础上,对如何依据 ISO 9001 标准进行质量管理体系内部审核,从涉及的标准要求、审核思路方面提供了一些方法和指导,并结合审核的对象给出了一些审核案例,同时给出对案例的审核提示和评价结果,期望给内审员在实施内部审核时提供帮助。

第一节 组织环境

1. 涉及的标准要求

主要条款	4.1 4.2 4.3 4.4.1 4.4.2
相关条款	5.1 5.2 5.3 6.1 6.2 9.1.2 9.3 10.1 10.3

2. 审核思路

在对整体的质量管理体系评价之前,首先要了解体系的基础和背景,从审核来说,就是要搞清楚本组织对自身所处环境的了解和理解,进而了解组织环境及相关方要求对质量管理体系的关联和影响。审核应关注以下几点。

(1) 对自身所处环境的认识和应对。

——是否对与组织宗旨和战略相关并能够影响实现质量管理目标的能力的内、外部环境保持着充分关注?

——是否确定了决定组织环境状况的来自国际、国内、地区和当地的法律、法规、技术、竞争、市场、文化、社会和经济等方面的外部因素(包括正面和负面的要素或条件)?

——是否确定了决定组织环境状况的与组织的价值观、文化、知识和绩效等方面的内部因素(包括正面和负面的要素或条件)?

——是否对这些内部和外部因素的相关信息进行跟踪和监视?

——是否对这些因素的变化对组织的存在和发展的影响进行了评审?

——基于评审输出,是否相应调整了经营战略和质量方针,进而改进质量管理体系及过程?

(2) 对相关方及要求的识别和理解。

在组织环境的外部因素中,满足包括顾客在内的相关方要求是质量管理体系建立和有效运行的最终目的。应通过审核评价组织:

——是否识别和确定了与质量管理体系有关的相关方及他们的要求?

——是否对这些相关方及其要求的信息进行了跟踪和监视?

——是否对这些信息的变化对组织的存在和发展的影响进行了评审?

——基于评审输出,是否相应调整了经营战略和质量方针,进而改进质量管理体系及过程?

(3) 质量管理体系范围的确定。

——是否基于内外部环境影响因素和有关相关方的要求,以及组织的产品和服务,确定质量管理体系的边界和适用性,以确定体系范围?

——质量管理体系范围是否保持了成文信息?

——是否有质量管理体系标准要求不适用的情况?理由是否充分?

(4) 质量管理体系及过程。

可通过质量管理体系全面审核的结果对以下问题进行综合评价:

——质量管理体系的策划及运行的总体状况如何?

——是否体现了 PDCA 管理思路?

——是否体现了过程方法的应用,包括过程及相互关系的识别、确定过程要求、分派过程职责、实施和持续改进过程?

——是否考虑了组织所面临的风险和机遇?

——质量管理体系在必要的范围和程度上是否保持(文件)和保留(记录)了成文信息?

3. 审核案例及分析

>> 案例1

湖江工程开发集团公司承担了×××库区移民公路工程项目的代建,该公路已于2015年年底通车。在审核时尚未移交地方委托方,还处于代建管理当中,目前道路养护单位还未选定。该公路目前按照移民工作程序和规范实施项目管理,未按照当地交通工程建设程序和规范进行管理,代建单位对移民工作规范与地方交通建设的基本建设程序及规范存在的差异未予关注。

审核提示:

移民公路处于竣工使用,但并未交付,在此期间的道路通行质量与安全需作为重点管理,外部法规要求存在与移民工程规范和当地法规交叉适用的情况。应充分关注,并在相应管理过程予以落实。

评价结果:

没有考虑当地交通工程建设程序和规范的要求,使该工程项目管理存在质量和安全生产风险或隐患。不符合 ISO 9001:2015 标准 4.1 条款关于"组织应对这些内部和外部因素的相关信息进行监视和评审"的要求。

>> 案例2

××××(广东)光伏有限公司在 2016 年 7 月通过 PESTEL(外部宏观环境分析)对本企业的外部环境因素进行了识别和研判,特别关注了国际市场光伏太阳能电池片产品近年来复杂多变的形势和国内同行业资产重组的一些最新情况,相应对经营和管理提出了改进的意见。但没有查阅到企业所处环境的内部因素的识别、评审的证据。而 2015 年该公司与国际知名新能源公司已经签署了技术合作协议,引进的 YM 系列新产品已经在 2016 年上半年投入生产,产品结构及经营绩效已经发生了一些显著变化。

审核提示:

在审核前可以预先了解企业在内、外部因素和条件方面发生的新情况和新变化;在审核时追踪对那些与质量管理体系有关的情况和变化组织是否进行了跟踪和评审，是否有相应的对策。

评价结果：

企业只关注了外部环境因素对质量管理体系的影响，没有对实际已经发生的内部环境因素（本案：引进产品和技术对产品结构和经营绩效的改变）进行跟踪和评审，进而没有对质量管理体系进行必要的变更和改进。不符合 ISO 9001：2015 标准 4.1 条款关于"组织应对这些内部和外部因素的相关信息进行监视和评审"的要求。

》》案例3

上海×××装饰布艺有限公司质量管理体系的范围为"床上用品和窗帘产品的生产"。2015 年 6 月之前，公司只生产学校宿舍床上用品和窗帘产品，按照学校提供的样式和尺寸加工床单、被套、枕套和窗帘，故质量管理体系确认 ISO 9001：2015 标准关于"产品和服务的设计和开发的要求"不适用（即按照 ISO 9001：2008 标准的要求删减了 7.3 条款）。但审核员了解到，自 2015 年下半年起，公司也开始着手向市场提供法莱绒系列床上用品，2016 年春天已经有四个系列的产品上市销售。为面料选取、样式设计，公司还专门聘请了两名专业人员加强了技术力量。2016 年 6 月公司质量管理体系进行 ISO 9001：2015 换版，在修订质量管理体系文件时沿用了原来的"产品和服务的设计和开发的要求"不适用的结果，没有在质量管理体系成文信息中规定对"床上用品"设计和开发的要求。

审核提示：

这是标准的适用性问题，审核员要从成文信息开始关注，首先要看管理手册（或其他成文信息）中是否有质量管理体系范围内标准要求不适用的描述。如果有，首先要看对不适用理由的表述是否合理。更重要的是要看实际的业务和管理中是否存在与不适用标准要求相关的活动，包括外包过程。特别是当组织内、外部环境出现变化时，经营和业务活动发生变化，原来没有发生的活动现在可能已经发生，需要重新对体系范围内的不适用的标准要求进行重新确认。

评价结果：

不适用标准要求的过程应该不影响组织提供合格的产品和服务以及增强顾客满意的能力或责任。现在已经上市销售的法莱绒系列床上用品确实是组织自行设计开发的产品，产品和服务的设计开发活动确实存在。如果不纳入质量管理体系的控制，将会对公司提供符合要求的产品以及增强顾客满意的能力和责任产生负面影响。不符合 ISO 9001：2015 标准 4.3 条款关于"如果组织确定本标准的某些要求不适用于其质量管理体系范围，应说明理由。除非组织所确定的不适用于其质量管理体系的标准要求不影响组织确保其产品和服务合格以及增强顾客满意的能力或责任，否则不能声称符合本标准要求"的要求。

第二节　领　导　作　用

1. 涉及的标准要求

主要条款	5.1.1　5.1.2　5.2.1　5.2.2　5.3
相关条款	4.1　4.2　6.1　6.2　7.1　10.1　10.3

2．审核思路

"5．领导作用"要求是最高管理者领导力的表现,对"领导作用"审核的对象应是最高管理层(领导层)的人员。内部审核组在授权下对质量管理体系的审核是正式的、系统的评价,也应是权威的。内审员应对最高管理层在质量管理体系中领导的作用和承诺严肃、认真地进行审核,组织的领导也应认真接受审核,全面配合内审组的工作。审核应关注：

(1) 对领导作用和承诺的证实。

了解以下事项情况,并尽量获取证据进行证实,包括在其他相关过程的审核中进行验证：

——最高管理者是否清楚对质量管理体系的有效性如何承担责任；

——对质量方针和质量目标进行审核,是否与公司环境相适应,和使命、愿景和战略相协调；

——质量管理体系要求与组织业务过程的结合程度,最高管理者在其中发挥的作用；

——过程方法和基于风险的思维在质量管理体系中的应用,最高管理者在推动方面发挥的作用；

——通过交谈了解最高管理者提供了哪些资源；(可结合资源管理的审核进行证实,见本章第四节)

——最高管理者是如何在组织内部沟通质量管理和符合质量管理体系要求的,沟通效果如何；

——最高管理者为保证质量管理体系实现预期结果采取了哪些措施；

——在促进、指导和支持人员为质量管理体系的有效性做贡献和支持其他管理者在其职责范围内发挥领导作用方面最高管理者的做法和效果；

——最高管理者采取了哪些措施推动质量管理体系的改进。

(2) 以顾客为关注焦点的意识和行动。

——最高管理者以顾客为关注焦点的意识如何？

——是否清楚如何通过组织的一系列活动来实现满足顾客要求以及适用的法律法规要求的目的？是否明确了相关责任？

——是否清楚地了解市场变化和顾客需求？

——是否了解顾客满意或抱怨的情况？

——是否建立了识别影响产品和服务的符合性以及增强顾客满意能力的风险和机遇的过程？

——在应对风险和机遇方面有哪些表现及证据？

(3) 质量方针。

——是否制定了质量方针？是否形成了文件？是否经最高管理者正式批准发布？

——通过了解本组织总体经营战略、管理理念及其他综合信息,确定质量方针是否与组织的宗旨和环境相适应？是否能够支持其战略方向？

——质量方针是否体现了产品和服务的特点？是否体现了产品和服务满足顾客和适用的法律法规的要求？

——质量方针是否体现了持续改进的承诺？

——质量方针与质量目标是否有对应关系？质量方针是否为质量目标提供了框架？

——质量方针是如何向全体员工传达的？并通过其他过程审核时与各个层次员工的接触，了解员工对质量方针的理解程度。

——相关方可以通过什么方式或渠道获知组织的质量方针？

——质量方针是否持续符合组织实际？体现最高管理者的管理意图？

（4）查职责权限的确定和沟通。

——机构、部门和岗位如何设置的？

——各机构、部门和岗位的职责权限及接口是否已明确？有没有矛盾、含糊和不一致？

——从符合 ISO 9001 标准、保证过程有效性的角度和标准进行评估，组织机构及岗位职责权限的设置是否合理、妥当？

——是否明确了报告质量管理体系的绩效及其改进机会（特别是向最高管理者报告）的职责、权限？

——在推动以顾客为关注焦点意识和行动方面的职责安排如何？

——策划和实施质量管理体系变更时如何调整相应的职责权限，以保持体系的完整性？

——确定的职责和权限及接口是如何向员工传达的？

——通过各部门的审核，了解各层次管理者对自己的职责和权限是否已经清楚并理解？

（5）特定职责的安排。

——对质量管理体系建立、实施和保持，确保满足 ISO 9001 标准的总体职责由谁负责？履行情况如何？

——各业务过程、支持性过程和管理过程的质量管理职责由谁负责？履行情况如何？

——由谁、通过什么方式向最高管理者报告质量管理体系的业绩？提出了哪些改进的建议？

——在提高员工质量意识方面，由谁领导、协调、组织？实施了哪些活动？效果如何？

——由谁负责策划和实施质量管理体系变更？通过什么措施保持体系的完整性？

3. 审核案例及分析

>> **案例1**

大型超市的质量方针为"顾客是上帝，质量是生命"。这个方针在质量管理体系建立以来两年多的时间都没有变化，也从未进行过评审。而这两年，超市的营业面积增加了五六倍，又新开了 3 家连锁店。

审核提示：

质量方针的审核可先从质量管理体系成文信息开始，再在对管理层审核时向最高管理者了解质量方针的产生、批准、评审情况，请最高管理者解释质量方针意义和内涵。在审核时要特别关注体系的内、外部环境变化时对质量方针的评审与更新。

评价结果：

"顾客是上帝，质量是生命"的质量方针不能反映大型超市服务的特性，反映不出商业服务如何能满足顾客的要求，缺乏针对性；这个质量方针也没有体现持续改进的承诺。对质量方针应进行评审，特别是在质量管理体系内、外部环境变化时通过评审以确保其适宜性。在本案中两年多从未评审过质量方针的超市发生了很大变化，而质量方针却一直未进行变更，不符合 ISO 9001：2015 标准 5.2.1 条款关于"最高管理者应制定、实施和保持质量方针，质量方针应：c) 包括满足适用要求的承诺；d) 包括持续改进质量管理体系的承诺。"以及"质量方针应在持续适宜性方面得到评审"的要求。

案例2

某通信器材公司除总经理外还有三位副总经理，但对于客户服务中心和信息中心由哪位领导分管一直不够明确。质量管理体系文件中没有规定，客户中心主任有时找销售副总汇报工作，有时又直接向总经理反映情况。

审核提示：

对于质量管理体系覆盖的各方面职能，都应有相关人员承担其不同层次的管理职责。可先从文件规定中了解各职责和权限是如何规定的，从最高管理者了解分管情况，再到职能部门了解对上对下的接口职责。

评价结果：

在本案例中对于客户服务工作和信息管理工作，在最高管理层中的分工责任没有规定清楚，工作中的职责接口不明确。不符合 ISO 9001：2015 标准 5.3 条款关于"最高管理者应确保组织内相关岗位的职责、权限得到分派、沟通和理解"的要求。

案例3

××××机械设备厂管理手册中规定质量管理体系总体负责的职责由生产副厂长王××兼任，王厂长因为生产任务繁忙几乎没有时间和精力顾及质量管理体系的事情。他解释说："我主要起保证作用，质量管理体系的工作都由质管部组织进行，有什么解决不了的事情他们会找我的。"

审核提示：

先从文件规定中了解职责的安排，在管理层审核时通过交谈了解管理层成员在质量管理体系中的职责分工；再通过查阅相关文件和记录来证实组织高层领导的履职情况，如对文件的审批、内审的组织和领导作用，向最高管理者及管理评审活动提交的材料、报告，在提高员工质量意识方面所做工作等。

评价结果：

本案例的质量管理体系负责人没有时间和精力顾及质量管理体系的事情，没有证据能证明他履行了最高管理者赋予他的职责。而且该负责人对自己职责的认识也不够清楚，不能把自己的职责推给质管部。不符合 ISO 9001：2015 标准 5.3 条款关于"a) 确保质量管理体系符合本标准的要求；b) 确保各过程获得其预期输出；c) 报告质量管理体系的绩效及其改进机会，特别是向最高管理者报告；d) 确保在整个组织推动以顾客为关注焦点"等职责的要求。

案例4

2016年12月份上级集团公司对装饰工程公司的机制进行改革，装饰公司随即对内部的组织机构进行了调整。职能管理部门由8个减少到5个，职能也进行较大调整。但两个月过去了，质量管理体系并未及时调整到位，文件也未做相应变更，很多管理人员对于质量管理方面的接口职责已不清楚。

审核提示：

审核员要通过各种渠道了解体系变化的信息，追踪体系及相关文件相应的变化，并结合其他过程的审核了解：各级管理人员对体系的变更情况及自己职责的变化情况是否明确？体系在变更时是否仍能正常有效运行？

评价结果：

在案例中装饰工程公司的机制、机构发生了变化，时间已过去两个月，但质量管理体系未及时变更，相关人员也对接口职责不清楚，无法保证体系在变更过程中的正常运行。不符合 ISO 9001：2015 标准 5.3 e)条款关于"确保在策划和实施质量管理体系变更时保持其完整性"的要求。

第三节　策　　划

1. 涉及的标准要求

主要条款	6.1.1　6.1.2　6.2.1　6.2.2　6.3
相关条款	4.1　4.2　5.1　8.1　9.1　10.1　10.3

2. 审核思路

审核应关注：

（1）应对风险和机遇的措施。

——策划质量管理体系时，对组织环境的内、外部因素及变化是如何考虑的？在成文信息中如何体现？

——策划质量管理体系时，对相关方要求及变化是如何考虑的？在成文信息中如何体现？

——组织环境及变化、相关方要求及变化给组织带来了哪些风险和机遇？

——是否基于质量管理体系有效性增强有利影响、避免或减少不利影响、实现改进的目的，通过分析、评审对风险和机遇进行了确认？

——是否制定了应对这些风险和机遇的措施？

——这些措施是否考虑了对产品和服务符合性的潜在影响？

——应对风险和机遇的措施是否纳入质量管理体系过程？是否得到了实施？

——是否规定如何评价这些措施的有效性？评价实施的结果及对策如何？

（2）质量目标。

对质量目标的审核，应在组织的各个层次和过程展开，最终汇总形成结论。

——是否在质量管理相关的职能和层次建立了质量目标？部门和岗位所承担职责的过程（包括运行过程，也包括管理过程）是否明确了预期目标？

——质量目标是否与质量方针一致？是否是在质量方针的框架下展开的？

——质量目标是否可测量（包括定量的测量和定性的评价）？可行时，质量目标有没有量化？

——质量目标是否包括了满足适用要求的内容，与产品和服务合格以及增强顾客满意相关,具有针对性?

——质量目标是否考虑了本组织的现状,考虑了同行业水平,既具有先进性又具有实现性?判断其能否起到激励作用、可追求?

——对质量目标是否制定了相应的测量方法?是否实施?实现情况如何?

——是否对质量目标进行了定期或特定情况下评审?必要时是否更新?

——质量目标及评价结果通过什么渠道向相关职能的岗位和人员进行沟通?

——质量目标是否形成了成文信息?

(3)质量目标的实现。

通过对成文信息和最高管理者的审核,评价以下信息:

——是否制订了实现质量目标的行动方案?

——实现质量目标的行动方案是否明确了行动步骤(过程)、所需要的资源(过程输入)?

——是否规定了实现质量目标行动的职责及分工?

——是否规定了实现质量目标的时间要求和期限?

——是否对行动结果进行了评价?结果如何?

(4)变更的策划。

审核时要特别关注内、外部环境和相关方要求的变化信息,并追踪组织对变化信息的识别、评审和适时对质量管理体系的相应变更。对体系及过程变更的审核应关注:

——是否规定对质量管理体系及过程的变更要求?何种情况要实施何种变更?变更的程序和控制要求如何?

——是否基于变更目的及其潜在后果规定变更要求?

——变更要求中是否体现对保持质量管理体系的完整性的考虑?

——变更要求中是否体现对资源的可获得性的考虑?

——变更要求中是否体现对职责和权限的分配或再分配?

——质量管理体系变更时是否仍在正常有效地运行?已验证变更要求的实施有效性如何?

3.审核案例及分析

>> 案例1

在现场审核时,车间主任介绍说:我们今年搞了一项重大的措施,今年初1号生产线出了一起设备事故,我们对该设备进行了一项改造措施,效果很好。为了防止其他两条生产线也出现类似事故,我们把这项有效的措施也运用到了2号生产线和3号生产线。这应该是我们应对风险和机遇措施的证据吧。

审核提示:

应了解受审方责任人是否理解风险的概念、是否能与纠正措施区别、要注意收集组织内、外部环境变化可能对体系及产品和服务影响的信息,包括对数据和信息分析中发现的可能造成不合格产品和服务的潜在信息和趋势,追踪查证受审核方是否采取了应对措施。

评价结果:

车间主任把因设备事故而引发的纠正措施理解为风险应对措施,对概念的理解存在偏差。这样的情况容易忽略内、外部环境变化带来的潜在不合格的信息,不能够主动开展应对,发挥其应有的改进作用。不符合 ISO 9001:2015 标准 6.1.2a)关于"组织应策划:应对这些风险和机遇的措施"的要求。

>> 案例2

在质量手册中总厂质量目标是"型材性能达同行业先进水平,成品一次交验合格率为90%"。目标是在一年前制定的,当时生产线刚上马,生产还不够稳定,所以一次交验合格率定得不高。现在经过努力,成品一次交验合格率已经达到了94%以上,但在质量手册中的质量目标"成品一次交验合格率"仍是90%。

审核提示:

对质量目标的审核可从文件开始,再在管理层审核时向最高管理者了解质量目标的具体情况。如:质量目标的针对性如何?各相关职能和层次上的质量目标是否已建立?质量目标是否先进?是否可测量、评价?在本案中可向管理者询问:对"同行业先进水平"的质量目标如何进行评价?了解具体的测评方式,测评样本的选取如何能保证测评结果的可靠性。现在的成品一次交验合格率已经达到了94%以上,但质量目标仍是90%,可询问:如何能保证质量目标作为追求的目的?先进性如何体现?

评价结果:

"型材性能达同行业先进水平"的质量目标无法进行测量。不符合 ISO 9001:2015 标准6.2.1 条款关于"组织应在相关职能、层次和质量管理体系所需的过程建立质量目标。质量目标应:b)<u>可测量</u>"的要求。

在现在成品一次交验合格率已经达到 94%以上的情况下,质量目标仍停留在 90%的水平上,质量目标没有适时调整,已不具有先进性,不能作为在质量方面追求的目标,不符合ISO 9001:2015 标准 6.2.1 条款关于"组织应在相关职能、层次和质量管理体系所需的过程建立质量目标。质量目标应:e)<u>适时更新</u>"的要求。

第四节 支 持

一、资源管理

1. 涉及的标准要求

主要条款	7.1.1
相关条款	7.1.2　7.1.3　7.1.4　7.1.5　7.1.6　5.1

2. 审核思路

审核应关注:

——组织在质量管理体系人员、基础设施、运行环境、监视和测量资源和知识等各类资源管理方面的总体思路、职能和层次。

——通过管理层审核,查最高管理者在质量管理体系资源方面投入的总体情况。

——当下组织内部资源的能力总体情况如何,能否满足质量管理体系的要求?是否存在局限,如何改善?

——是否需要从外部供方获得资源?进展如何?

二、人力资源(人员及能力、意识)管理

1. 涉及的标准要求

主要条款	7.1.2 7.2 7.3
相关条款	5.1 5.2.2 5.3 8.1 8.5.1

2. 审核思路

主要的审核在人力资源的主管部门进行,对人力资源管理有效性的审核还应结合其他部门的审核进行。最重要的是要对员工的能力是否能胜任质量工作进行验证。审核应关注:

(1) 人力资源(人员)管理。

——人力资源管理的职责如何安排?

——人力资源管理的工作目标是否已经明确?

——是否制订了人力资源发展长期规划和短期计划?是否实施?

——人员配备及总体能力、意识是否满足质量管理体系要求?组织是否进行?

(2) 人员能力。

——根据各机构、部门和岗位的职责权限规定,是否确定了与质量管理有关的任职人员的能力要求?

——是否从教育、培训或经验方面确定上岗条件?

——抽查部分人员的教育、培训或经验的记录,确认是否满足能力要求。

——是否对现有人员建立了考核、评估制度?

——是否从考核评估的结果中,或是业务发展的需求中确定了培训或其他人力资源管理措施的需求?

——对培训或其他措施(如辅导、招聘、任免、岗位调整、分包等)是否进行了策划?实施情况如何?

——对这些措施是否进行了评价?如果效果不能满足要求,后续又采取了哪些措施?

(3) 员工的质量意识。

——进行了哪些质量意识方面的教育或培训?

——员工对质量方针、与本岗位质量管理有关的质量目标是否理解?

——员工是否知道自己的工作质量和改进绩效对组织质量管理的影响?

——是否清楚如何为实现质量目标做出贡献?

——是否明确了不符合质量管理体系要求可能造成的后果?

3. 审核案例及分析

>> **案例1**

检验科共有 8 名检验员。检验科每月对每名检验员抽核 20 件产品的 5 项指标,以检查

他们的工作质量。2016年3月核查的结果共发现32项错判,有4人都出现了错判,最少的2项,最多的达16项。其中,检验员王某在C项指标上共20件产品错判了9件,检验员胡某某在20件共100个指标中错判达到了16项。以前的情况也不好,检验科采取了奖惩措施,但效果不大。科长解释说,检验员新老接替不上,老同志文化低一些,对新的检测设备掌握不好。

审核提示:

从各类对人员评估活动的结果中了解现有人员对岗位职责的胜任情况,如本案例中的检验工作质量出现的较大问题的情况。追踪查证这些人员在教育、培训或经验等方面的能力是否满足岗位要求。这是对人力资源管理有效性的评价。

评价结果:

部分检验员教育、培训或经验等能力不能胜任本岗位质量职责,使重要的产品质量检验过程出现了比较严重的问题。不符合ISO 9001:2015标准7.2b)关于"基于适当的教育、培训或经验,确保这些人员是**胜任**的"的要求。

>> 案例2

物业公司连续出现了几起因员工责任心不强造成的工作差错:工程部的工人进行设备维修时丢失了工具,保安部的大门警卫与业主打起来了,管家部的文秘找不到业主的档案和文件。经查,在培训记录中只考虑了知识和技能的培训,没有安排质量意识方面的培训。

审核提示:

对人员质量意识方面的审核可从两个方面进行:一方面,在各部门和过程审核时注意了解员工在工作中质量意识情况的表现;另一方面,评价人力资源管理工作是否对员工质量意识、工作责任心方面的教育培训活动进行策划和实施、效果如何。

评价结果:

由于没有进行质量意识方面的教育和培训,员工的质量意识和工作责任心方面存在差距,造成工作出现了一系列差错。不符合ISO 9001:2015标准7.3条款关于"组织应确保受其控制下的工作人员知晓;c)他们对质量管理体系有效性的贡献,包括改进绩效的益处;d)不符合质量管理体系要求的后果"的要求。

三、基础设施

1. 涉及的标准要求

主要条款	7.1.3
相关条款	7.1.1 8.1 8.5.1

2. 审核思路

审核应关注:

——查基础设施的分类情况,了解与基础设施分类相应的管理职责和分工情况。

——是否确定了基础设施管理的工作目标?查基础设施相关的文件规定,包括分类、管理要求、维护保养制度等。

——与质量有关的基础设施,如适用的建筑物、工作场所和相关设施、过程设备(包括硬件和软件）、运输资源、信息和通讯技术等是否都已纳入质量管理体系的管理？是否建立了管理台账？是否保存了技术资料？

——与质量有关的基础设施是否能确保提供？现场核实是否与台账相符？

——采购、配置如何管理？

——对基础设施维护保养管理的基本制度是否执行？大、中、小修是否进行了计划安排并按要求实施？

——对基础设施管理和完好状况的检查如何进行？检查的结果怎样？

——对有问题的基础设施是否进行了处置？对发现的重大的、重复发生的问题是否采取了纠正措施？

3. 审核案例及分析

>> 案例1

在质量管理体系文件及设施清单中只规定了生产过程中的基础设施，没有把其他与质量有关的基础设施纳入体系进行管理。

审核提示：

ISO 9001：2015 标准 7.1.3 条款要求的是与质量有关的所有基础设施，包括生产过程的，也应包括管理过程的。这方面的审核是对质量管理体系过程识别充分性的评价，主要是查质量管理体系成文信息的相关内容，查基础设施的管理台账或清单，还可以到现场核实基础设施的实际情况，以判断是否识别充分。

评价结果：

质量管理体系没有包括生产过程以外的基础设施，在基础设施的识别上不充分。不符合 ISO 9001：2015 标准 7.1.3 关于"组织应确定、提供并维护所需的基础设施，以运行过程并获得合格产品和服务"的要求。

>> 案例2

一特殊工序的工艺参数两天来一直达不到工艺标准的要求，原因是设备出现故障，维修车间没有及时修理。

审核提示：

在生产过程审核时可同时审核基础设施的管理情况。除了审核基础设施的现场管理、维护保养以外，如果发现生产过程失控，如本案例中工艺参数持续偏离工艺标准的情况，应追踪查证是否与基础设施管理失误有关，以评价基础设施管理的有效性。

评价结果：

没有对出现故障的生产过程设备及时维修，导致重要的工艺参数不能达到要求，影响了生产过程的能力。这对产品质量会产生直接影响，不符合 ISO 9001：2015 标准 7.1.3 条款关于"组织应确定、提供并维护所需的基础设施，以运行过程并获得合格产品和服务"的要求。

>> 案例3

三车间有三台龙门刨床，是 20 世纪 90 年代的产品，已经很陈旧了。车间主任介绍说：这些刨床已经用了几十年了，已经超过了报废期限，但它们仍是主要生产设备，现在加工精度很不稳定。我们打了多次报告,要求购买新设备,领导一直没有批,据说是最近效益不好,经费紧张。

审核提示:

通过台账、资料和与当事人交谈了解设备的使用年限及报废情况,现场观察设备的完好状况,对陈旧、老化,不能保证过程能力的设备要进一步追踪它的使用情况:是否经常发生故障?生产能力是否能够满足工艺要求?是否由于设备的问题影响了产品质量?

评价结果:

三台龙门刨床已超过了报废期限,而且加工精度很不稳定,设备的能力已不能满足要求,而且又不购买新设备,不能给生产过程提供充分的资源。不符合 ISO 9001:2015 标准 7.1.3 条款关于"组织应确定、提供并维护所需的基础设施,以运行过程并获得合格产品和服务"的要求。

四、过程运行环境

1. 涉及的标准要求

主要条款	7.1.4
相关条款	7.1.1 8.1 8.5.1

2. 审核思路

应对过程运行环境的主管部门进行审核,更重要的是要到实地现场进行观察、查证。审核应关注:

——识别了哪些过程运行环境?是否包括了质量管理体系相关的物的因素和人的因素?

——过程运行环境管理的目标,是否有相应的文件规定?

——过程运行环境的管理是否按要求实施,是否达到了环境标准的要求?

——过程对运行环境的检查是否进行安排并按要求实施?

——过程运行环境有了哪些改进?

3. 审核案例及分析

>> 案例1

列车客运公司承诺并规定空调列车冬季温度不低于 18℃,但 5 号车厢内的温度表显示 15.8℃。现场询问,旅客纷纷抱怨。

审核提示:

对过程运行环境的审核首先要了解文件对环境要求的规定,再到现场实地观察,查证实际环境情况是否能达到要求。服务组织审核时还应征询在场顾客对环境情况的满意情况。

评价结果:

环境温度没有达到质量承诺和规定的要求,不能满足旅客的需求。不符合 ISO 9001:2015 标准 7.1.4 条款关于"组织应确定、提供并维护所需的环境,以运行过程并获得合格产品和服务"的要求。

>> **案例2**

啤酒灌装车间靠近大门口的地上堆放着待灌装的啤酒瓶,而大门是敞开的。大门外有汽车来往,道路上尘土飞扬。

审核提示:

特殊行业往往对工作环境有特殊要求,如食品、精密仪器、微电子等。对这些行业的工作环境的审核比较重要,主要的审核方法是观察、询问。

评价结果:

敞开的大门外汽车往来,扬起的尘土会给靠近大门口放置的待灌装的啤酒瓶带来污染,已清洁待灌装的啤酒瓶也不应该放在地上。这些现象不能满足食品生产过程中环境卫生的要求。不符合 ISO 9001:2015 标准 7.1.4 关于"组织应确定、提供并维护所需的环境,以运行过程并获得合格产品和服务"的要求。

五、监视和测量资源

1. 涉及的标准要求

主要条款	7.1.5.1 7.5.1.2
相关条款	8.1 8.5.1 9.1

2. 审核思路

(1) 监视和测量资源的配置。

——确定了哪些监视和测量资源,包括监视和监测仪器/仪表、标准物质、计算机测试软件等?为验证产品和服务符合要求的资源是否充分识别?

——抽样选取各类监视和测量资源及相关信息,查证其功能是否与监测任务的要求相一致。

——抽样选取各类监视和测量资源及相关信息,查证其监测能力是否能够确保结果有效和可靠。

——是否按照规定的并维护要求进行了定期或不要的维护、保养,包括搬运、维护和贮存期间?

(2) 监视和测量设备的溯源。

——抽查部分测量设备是否有检定、校准计划?是否实施?

——在用设备是否在有效的校准、检定周期内?是否有明确的标识或其他真实性成文信息表示其状态?

——校准或检定是否有国家或国际基准?

——是否有自校活动?是否有自校规程和标准?是否保存了自校记录?

——查对测量设备的保护管理,防止可能使校准状态和随后的测量结果失效的调整、损坏或劣化。

——当设备不合格时,对以往测量结果进行了哪些评价?结论如何?

——对不合格的设备和受影响的产品采取了哪些措施?效果如何?

3. 审核案例及分析

>> 案例1

计量员用小推车将两台精密仪器送到生产线去校准生产检测用的仪表,因厂区修路,直接放在小车底板上的仪器颠簸不停。两台精密仪器中有一台有校准合格且在有效期内的标志,但另一台却只有出厂合格证而无校准证明。

审核提示:

对监视和测量设备的审核可以在管理层次上自下而上进行。首先到各使用现场了解设备使用、调整、搬运、维护、贮存及标识情况,再查基础管理,如台账、清单、检定或校准计划、检定或校准的实施等情况。本案即是在现场观察到了两台精密仪器的搬运情况,继续追踪它们的校准情况。

评价结果:

校准用的两台精密仪器直接放在小车底板上且颠簸不停,在搬运中没有采取保护措施以防止损坏或失效,其中一台精密仪器也没有校准证明。不符合 ISO 9001:2015 标准 7.1.5.1 b)条款关于"得到维护,以确保持续适用其用途"的要求和 7.1.5.2 a)条款关于"对照能溯源到国际或国家标准的测量标准,按照规定的时间间隔或在使用前进行校准和(或)检定(验证)"的要求。

>> 案例2

×××公司采用了一种微机控制的空调器自动测试仪,审核员问,在对测试软件是否进行查验,以后是否定期复验。测试室主任说,一般不需要查验,只是为了防病毒,定期杀毒。如果真的软件出问题了,我们就通知研究所来人解决。

审核提示:

在审核中首先要识别哪些计算机软件是用于规定要求的监视和测量的;接着查证这些计算机软件是否在初次使用前进行了确认、是否规定了重新确认的要求、是否按重新确认的要求进行了实施。

评价结果:

计算机软件用于空调器自动测试,应该对其进行确认,以保证软件满足测试任务的能力。在本案中仅仅进行杀毒操作,是不能满足质量管理要求的。不符合 ISO 9001:2015 标准 7.1.5.1 a)条款关于"适合所进行的监视和测量活动的类型"的要求。

六、组织的知识

1. 涉及的标准要求

主要条款	7.1.6
相关条款	7.5.3

2. 审核思路

审核应关注:

——组织是否确定了质量管理体系所需的知识类别?是否确定了知识管理的归口职能?

——是否建立了知识管理的制度?
——是否对必需的知识予以保持?在需要的场合职能和层次上能否获得所需的知识?
——是否建立了对现有知识的评估机制,并适时补充?
——是否对如何获取更多必需的知识和知识更新做出了安排,包括内部或外部来源?
——知识积累与更新实施情况如何?是否有对质量管理发挥积极作用的证据?

3. 审核案例及分析

>> 案例

某市政工程建设集团没有建立科技创新的知识和信息的管理制度,在×××市环城高速建设中承担的"QTC模式基础施工关键技术研究"的省级科研课题完成后,有关课题资料和相关施工技术文件没有及时收集、整理和保存。后来课题负责人离职,这项影响施工质量的关键技术资料和信息因此流失。

审核提示:

在审核中首先要了解组织建立的知识管理制度,如外出参加标准研究、科研课题、专业会议等获知的信息(外部知识)和内部知识产权、科研及技术创新、失败和成功项目的经验总结等信息(内部知识)的反馈、收集、整理和总结、评审、更新等制度;接着查证这些制度的执行情况。

评价结果:

组织没有建立科技创新的信息和知识的管理制度,不能妥善地将施工技术科研课题的信息和知识进行管理,造成"QTC模式基础设施施工关键技术研究"的成果信息流失。不符合 ISO 9001:2015 标准 7.1.6 条款关于"这些知识应予以保持,并能在所需范围内得到"的要求。

七、沟通

1. 涉及的标准要求

主要条款	7.4
相关条款	7.5

2. 审核思路

审核应关注:

(1) 内部沟通。
——有哪些内部沟通渠道和方式?
——是否根据不同的沟通类型确定了负责沟通的职责?
——不同的沟通类型是否都明确了沟通对象?是否有沟通时间、沟通内容的规定?
——通过一些具体事例了解沟通的效果。

(2) 外部沟通。
——和顾客以及其他相关方建立了那些沟通渠道和方式?特别是法律法规规定的信息通报要求是否建立了沟通制度?
——不同的沟通类型是否都明确了沟通对象?是否有沟通时间、沟通内容的规定?

——通过一些具体事例了解沟通的效果。

3. 审核案例及分析

>> 案例

2016年5月份西安公司的一位维修工人在服务时与客户大吵了一次，引起了客户的强烈投诉。这件事及处理的结果刊登在公司6月份的内刊"通讯"上，发往全国的22个分公司，希望各分公司的售后服务人员要加强服务意识，避免发生类似的服务质量的投诉。但22个分公司中有5个没有收到这份内刊，其中成都分公司又出现了因维修人员服务态度不好引起客户投诉的事件。

审核提示：

从文件规定中了解内部沟通的渠道和方式，再查沟通过程的实施和效果。最好能掌握一些质量管理体系有效性的信息，去追踪这些信息是否按规定的渠道和方式顺利沟通了、通过沟通是否达到了目的。

评价结果：

作为内部沟通方式的内刊"通讯"没有发放到位，使得内刊中关于改进售后服务质量的信息没有传递到5个分公司，而且成都分公司又出现了对服务质量投诉的类似问题，没有达到沟通的目的。不符合ISO 9001：2015标准7.4条款关于"组织应确定与质量管理相关的内部和外部沟通"的要求。

八、成文信息

1. 涉及的标准要求

主要条款	7.5.1　7.5.2　7.5.3
相关条款	7.1.6　7.4　及标准要求成文信息的所有条款

2. 审核思路

审核宜从成文信息（包括保持成文信息的文件和保留成文信息的记录，以下同简称文件、记录）管理的主要责任部门查起，先评价管理的基础工作，再到各使用和保存部门，结合其他过程一起进行审核。

对于作为符合性证据需要保留的成文信息（即记录），如果具体到某一特定过程未按要求保留成文信息或信息有误，应该首先评价这一特定过程的控制情况。如发现不符合的情况，在判定不符合时也应首先判定该特定过程的条款，如设计评审记录未提供或内容有误，不符合8.3.4条款。

审核应关注：

——查质量管理体系文件的分类情况、相应的职责安排，如何规定？通过交谈了解实际情况与规定是否相符？

——抽样各类型体系文件，查标题、日期、作者、索引编号等是否齐全、清楚？各部门使用的文件编号、名称是否明确？不容易误用？

——抽样的体系文件的格式（如语言、软件版本、图示）和载体（如纸质、电子格式）是否与规定一致？

——抽样查文件(包括记录的清单和表格样式)更改和修订状态用什么方法识别？是否满足规定要求？查控制清单、文件目录，查抽取的文件是否明确了更改和修订状态？是否与控制清单、文件目录一致？更改和修订状态有没有混乱？

——抽样的文件是否经过了审批？如何证实？审批人的权限是否符合相关文件的规定？文件的充分性、适宜性是否存在问题？

——发放范围是否根据质量管理的过程职责和使用要求来确定？如果是用发放记录进行控制，发放记录能证实发放的全部情况吗？是否能区别文件的发放对象？是否有发放编号？是否有文件的签收证据？

——是否对访问(如查阅、授权修改)、检索进行了控制？

——到体系文件的使用部门，查相关的文件是否发放到位？有效、适用的文件是否能够提供？各部门使用的文件或保存的记录如何存储？是否完好？是否有适当的保护措施(如防止失密、不当使用或不完整)？

——对所保留的作为符合性证据的成文信息(记录)的保存期限如何规定？是否合理(与过程性质相符)？内容是否清晰？是否会产生有误的信息？

——审核在周期内，哪些文件进行了评审和修改？

——修改经过审批了吗？对更改的审批符合文件规定吗？更改后的文件是否保证了充分性和适宜性？

——抽样文件的修改履历与实际文件上版本标识、清单和目录上的更改和修订状态信息是否相符？

——对所保留的作为符合性证据的成文信息(记录)是否有非预期的更改？

——作废文件是否都已收回或自行销毁？收回的废文件是否已销毁？如有发放记录，可从中抽一些作废文件查收回或销毁的证据。

——合理保留的作废文件是否有标识能防止误用？查文件使用部门是否有非保留目的、无关的作废文件？

——外来文件的分类情况如何？职责如何安排？特别是对外来文件更新的跟踪渠道和职责怎样规定？

——查外来文件清单或目录，组织对与质量管理体系有关的外来文件是否识别充分了？特别是新换版或修订的外来文件是否已识别了？

——外来文件的发放如何控制？重要的外来文件是否有明确的发放对象？

——作废的外来文件是否收回或销毁？

——在使用部门查必要的外来文件是否能提供？保存是否完好？是否有无关的外来文件？

3. 审核案例及分析

案例1

公司生产线为2013年引进项目，当时设备、工艺和主要原材料均为国外进口。近一年来公司进行了较大技术改造，设备、工艺有所变化，特别是主要原材料基本由国产替代。但公司相关文件并未做相应变化，工艺文件有大量钢笔手改，现行有效的原材料进货检验规程和检验标准还是针对进口原材料的，对国产原材料的检验要求没有形成受控文件。

审核提示：

先从管理层或技术、生产部门的审核中了解公司发生变化的信息，根据变化信息追踪对相关文件的更新情况。

评价结果：

当体系出现较大变化时应对文件进行评审与更新，应确保文件是充分与适宜的。此案例未在设备、工艺及原材料发生较大变化时及时对相关文件进行评审，也未进行相应更改，不能保证文件符合变化以后生产过程的管理实际，不适宜。故不满足 ISO 9001：2015 标准7.5.2 条款"在创建和更新成文信息时，组织应确保适当的：c）评审和批准，以确保适宜性和充分性"的要求。

>> 案例2

宾馆保安部有两份《治安巡逻规定》：一份贴在墙上，是去年贴上去的；另一份由保安部长提供，是今年新修订的。两份文件对治安巡逻的频次和路线的规定不同。

审核提示：

可在体系文件主管部门查阅文件控制清单或相关证据，了解保安部执行文件的有效版本情况。到保安部后可按文件目录（或收文记录）抽查几份文件，看现场提供的文件是否有效。如果墙上张贴、悬挂有规范、制度等文件，可核对一下这些文件的内容，看是否与部门负责人提供的有效文件一致。

评价结果：

墙上的《治安巡逻规定》是作废文件，不应该保留在保安部。由于新文件对治安巡逻的频次和路线等内容进行了修订，墙上的旧文件容易使保安人员的治安巡逻工作偏离规定。不符合 ISO 9001：2015 标准 7.5.3.2 条款"为控制成文信息，适用时，组织应进行下列活动：d）保留和处置"的要求。

>> 案例3

开发部研制一种新型化工原材料，因为负责标准跟踪的情报室未及时了解到该类化工原料的国家标准去年底已做了修订并发布实施，设计仍然执行的是修订前的旧标准，并已准备投产。

审核提示：

在审核准备时，应充分了解与产品有关的法律、法规和产品标准的最新修订情况。在审核设计输入（8.3.3）、产品和服务要求的确定和评审（8.2.2、8.2.3）、产品和服务的放行（8.6）时，应查对上述过程是否及时采用了修订后的新法规和标准。如果发现类似本案例中的情况——仍按旧标准设计、检验，则应追踪调查一下原因：外来文件的主管部门是否及时跟踪？外来文件修订情况的信息有没有及时传递？与此修订相关的体系文件是否相应修订？修订后的新文件有没有及时获取、发放？

评价结果：

对外来文件——国家标准没有及时识别其修订情况，设计依据仍采用了旧标准，造成了设计和开发过程的失误，也险些给生产过程和产品质量带来损失。不符合 ISO 9001：2015 标准 7.5.3.2 条款"对于组织确定的、策划和运行质量管理体系所必需的、来自外部的成文信息,组织应进行适当识别,并予以控制"的要求。

>> 案例4

品质部4月8日开出了一份《纠正措施要求表》,不合格项事实是:4月5日检验科发现8箱瓶装产品出现浑浊现象。技术科的原因分析是:产品发霉所致。技术科和生产车间共同制定的纠正措施是:在产品中加入防腐剂,并修改工艺文件。车间主任的自我验证是:已加入防腐剂,产品经检验科检验已完全解决问题。品质部的验证是:纠正措施有效。但这次工艺更改是技术科通知生产部,生产部口头通知车间改的,并未对相关工艺文件进行修改。

审核提示:

由采取的纠正措施中发现有相关规定的变化信息时,应追踪文件的修改情况。本案例在生产过程中加入防腐剂,这是工艺的变化,应抽取相关的工艺文件,查证文件是否进行相应的修改?修改是否按文件控制要求重新进行了审批?修改后的新文件是否发放到了使用场所?现场等相关场所中旧的工艺文件是否已经全部收回?如果有保留的旧文件是否有标识能够识别?

评价结果:

因改进措施引起了工艺变化,但相应的工艺文件却未进行修改,不符合ISO 9001:2015标准7.5.2条款"在创建和更新成文信息时,组织应确保适当的:c) 评审和批准,以确保适宜性和充分性"的要求。

>> 案例5

因房间漏雨,还在保存期内的最终产品检验记录的字迹已模糊不清。

审核提示:

对所保留的作为符合性证据的成文信息(记录)的管理通常可以结合其他过程的审核一并进行。在抽查记录时内审员最好能随受审核人员一同去记录的保存处取样。一方面,可以保证样本的抽取过程是独立的;另一方面,可以现场观察一下记录的保存环境。如果发现保存环境不好,应追查一下记录在保存时是否受到了损坏。

评价结果:

在本案例的情况中记录的保存环境不能满足要求,导致了重要的质量记录中信息的丧失,不能保证记录的证实和追溯作用。不符合ISO 9001:2015标准7.5.3.1条款"应控制质量管理体系和本标准所要求的成文信息,以确保:b) 予以妥善保护(如防止失密、不当使用或不完整)"的要求。

>> 案例6

对与产品有关的要求评审的记录保存期限是3年,但保存的记录是热敏纸传真原件。

>> 案例7

记录的保存期一律定为1年。

审核提示:

记录的保存期限通常在记录清单和(或)记录的管理文件中进行规定。审核时应先了解各类记录保存期限的规定是否合理？是否与记录相关的过程相适应？再结合其他过程的审核判断实际记录的载体和保存条件能否保证保存期内记录的完好和准确。

评价结果：

在案例 6 中热敏传真纸的记录时间长了字迹会退去，无法保存 3 年。在案例 7 中记录的保存期一律定为 1 年不合理，记录的保存期限应根据过程的实际情况确定，如重要的产品检验记录的保存期与产品的寿命周期有关。不符合 ISO 9001：2015 标准 7.5.3.2 条款"为控制成文信息，适用时，组织应进行下列活动：d)保留和处置"的要求。

第五节 运 行

一、运行的策划和控制

1. 涉及的标准要求

主要条款	8.1
相关条款	6.1 6.2 6.3 8.2 8.3 8.4 8.5 8.6 8.7

2. 审核思路

主要是对各类过程规范，即相关文件进行审核策划的结果，并进一步追踪及在后续相关过程的审核中对过程的实施和控制情况进行审核。

——是否对"产品和服务的要求"作了规定？

——是否对"过程"和"产品和服务的接收"制定了准则？

——通过体系文件的审核，确认对产品实现过程的策划结果是否体现"PDCA"、过程管理的思想？是否与质量管理体系的其他要求协调一致？

——在策划过程要求时，是否有基于风险的思维对未来给组织带来的风险和机遇的考虑？

——策划的结果是否符合组织的过程实际？是否适合运行需要？各类、各层文件的规定是否具有可操作性？

——是否确定符合产品和服务要求所需的资源？

——各运行过程是否能够按照准则实施？

——是否基于对过程、产品和服务的符合性的证实，对需要保留的成文信息进行了策划？

——是否识别了过程、产品和服务的变更？

——是否对策划的变更进行了控制？是否对非预期的变更后果进行了评审？必要时，采取措施减轻不利影响？

——是否识别了组织的外包过程？是否策划了对外包过程的控制要求？是否实施？

3. 审核案例及分析

>> 案例

工厂接到一批给某系列工程配套风机的生产任务。这批风机因有特定用途,技术质量有一些特殊要求。厂方在没有经过认真策划并制定过程规范的情况下就匆忙开始了生产,对这些特殊要求没有相应的控制规定。

审核提示:

在对与产品有关的要求确定与评审的审核时,了解是否存在特殊要求的产品、订单或合同,追踪查证对这些特殊要求的产品是否进行专门的质量策划,是否制定了特定的过程规范(质量计划)。

评价结果:

因产品有特殊要求,质量管理体系文件不能确保与特殊要求相关的过程得到有效控制,所以要进行质量策划,并制定相应规范(质量计划),对此特殊产品的实现过程及其他相关过程和资源进行安排。此案例未按要求做到这一点,不符合 ISO 9001 标准 8.1 条款关于"a)确定产品和服务的要求;b)建立下列内容的准则:1)过程;2)产品和服务的接收"的要求。

二、产品和服务的要求

1. 涉及的标准要求

主要条款	8.2.1 8.2.2 8.2.3 8.2.4
相关条款	5.1.2 8.5.3 9.1.2

2. 审核思路

在明确了与顾客的沟通、产品和服务要求的确定和评审等职责安排及分工的基础上展开审核。审核应关注:

(1) 顾客沟通

——产品和服务的信息如何与顾客沟通?

——顾客的问询、对合同和订单的处理、合同或订单的更改通过什么渠道沟通?

——与产品和服务有关的顾客的意见、抱怨和投诉如何受理?是否对顾客反馈的信息进行了记录并及时处理,特别是顾客的抱怨、投诉?是否进行了必要的改进?

——就处置或控制顾客财产的事宜与顾客的沟通情况如何进行?

——当关系重大时,制定有关应急措施的特定要求的紧急沟通方式是否建立?是否发生此类情况?

(2) 产品与服务要求的确定

抽取主要产品和服务,查:

——有关产品和服务的要求是否明确?

——是否考虑了与产品和服务有关的所有法律法规要求?

——是否考虑了组织认为的必要要求,包括来自顾客方面明示的和隐含的要求、组织自己认为必要的要求等?

——在确定产品和服务要求时,是否有基于风险的思维对未来的产品和服务给组织带来的风险和机遇的考虑?

——组织已经交付的主要产品和服务,能否满足组织对外发布的介绍、宣传、承诺等相关信息的要求?

(3) 产品和服务要求的评审

——评审是否在做出向顾客提供产品和服务的承诺(正式签订合同、订单、提供产品和服务的口头承诺等)之前实施?

——评审的内容是否包括了 ISO 9001 标准 8.2.3a)/b)/c)/d)/e)条款的要求?

——与先前合同或订单的要求存在差异时,组织是如何处理和解决的?组织和顾客双方是否存在矛盾或不一致?

——评审中发现问题时是否采取了后续措施?

——口头合同/订单/要求的评审是否按要求实施?

——在特殊情况(如网上销售、学校招生等)下,对产品和服务的信息(如产品目录、招生简章等)是否进行了提前评审?

——组织是否有能力满足经评审确定了的产品和服务要求,包括技术条件、数量、交付方式、交货期、后续服务等各种要求?

——对于评审结果、经评审确定的产品和服务的要求,是否保留了适当的成文信息?

(4) 产品和服务要求的更改

——产品要求变更时相关成文信息是否得到了修改?

——是否传达到了相关人员?

3. 审核案例及分析

>> 案例1

彩印厂成品库里,有一批烟盒彩印成品,包装上显示3月份发往卷烟厂,至今已过去5个多月了。仓库主任解释说,用户先提走了一批货,认为与他们要求的颜色不一样,所以余下的就不来提了,一直存在这里,其实我们产品的质量是没问题的,他们的要求太过分了。查文件规定,此类产品应是用户提供样板,彩印厂依据用户的样板打样,样品经用户确认后正式签订合同。查这批烟盒彩印产品,并未提供经顾客确认的打样样品。

审核提示:

本案例的审核思路是:在成品库发现超期5个多月未发货的成品线索,了解到问题的原因是顾客认为产品不满足其要求。追查文件是如何规定对与产品和服务要求进行评审的,这批产品在签订合同前是否按要求进行了评审。最后追踪到问题的原因:没有按要求对用户要求的产品进行评审。

评价结果:

打样样品未经用户确认,即彩印厂是否有能力满足用户的要求没有评审、确认,致使最终生产的产品无法满足用户的要求。不符合 ISO 9001:2105 标准 8.2.3.1 条款关于"在承诺向顾客提供产品和服务之前,组织应对如下各项要求(顾客明示的要求)<u>进行评审</u>"的要求。

>> 案例2

物业公司对一个新建成的综合写字楼投标,投标前企划部对要提交的投标书组织了一次评审,评审保存了记录。当问及是否对业主发布的招标书进行评审,企划部刘部长回答:没有,我认为对投标书的评审才是重要的。

审核提示:

审核投标过程对产品要求的评审,首先应查业主发布的招标书的评审,这主要是评审业主的要求是否已经明确;再查物业公司投标书的评审,这主要是评审公司是否有能力满足业主对物业管理的要求;如果中标,还应查合同草案的评审,这是解决双方可能存在不一致,明确双方权利、义务的评审。

评价结果:

物业公司没有对业主发布的招标书进行评审,不能确保业主的要求得到规定和明确。不符合 ISO 9001:2015 标准 8.2.3.1 条款关于"在承诺向顾客提供产品和服务之前,组织应对如下各项要求(顾客明示的要求)进行评审"的要求。

案例3

装配车间上半年 5~6 两个月均未完成生产任务。车间主任解释说:计划科说那两个月任务重,硬给我们下达了完成 120 台 XYZ-8 型产品的生产任务。但是我们车间的生产能力每月只能生产 100 台,而且计划科也没有和采购科沟通好,导致一些重要零件供应不上,因此我们无法完成任务。计划科下达任务脱离实际,销售科只知道接合同,也不考虑我们的压力。

审核提示:

审核的思路可以是:查生产任务完成情况,是否存在不能按时完成按时交货的情况?如果有不能按时完成任务的情况,追查是生产过程控制的原因,还是生产能力不足的原因?如果是生产能力不足,追查计划科在安排生产任务和销售部门在接受顾客合同或订单时,是否对生产能力能否满足生产任务和顾客要求进行了评审?

评价结果:

由于生产能力不足,不能满足生产任务的要求,装配车间 5~6 月没有完成生产任务。这说明没有对生产能力是否能满足生产任务要求进行评审,或是评审了但没有进行调整以确保"有能力满足要求"。不符合 ISO 9001:2015 标准 8.2.3.1 条款关于"组织应确保有能力满足向顾客提供的产品和服务的要求"的要求。

三、产品和服务的设计和开发

1. 涉及的标准要求

主要条款	8.3.1 8.3.2 8.3.3 8.3.4 8.3.5 8.3.6
相关条款	8.2 8.4 8.5 9.1

2. 审核思路

审核应关注:

(1) 产品和服务的设计和开发的总体情况。

——设计与开发过程的职责和相关的质量目标是否明确?

——是否对产品和服务的设计和开发过程规定了明确的程序和要求?

——抽查一些重要设计开发项目的管理，要特别注意随机、分层选择不同类型的设计样本，如大型、小型、改进型设计开发项目等，然后以所选定的样本，按照设计开发流程逐步展开审核。

(2) 设计开发的策划。

——对特定产品和服务的设计和开发过程是否明确了阶段？阶段的划分和控制要求是否体现了对其性质、持续时间和复杂程度的考虑？

——各阶段必要的评审、验证和确认活动是否已做好安排？

——是否规定设计和开发活动的职责和权限？

——是否规定了产品和服务的设计和开发所需的内部和外部资源？

——各不同职能和人员间的接口是否已经明确？组织接口是否已明确了职责？技术接口是否已规定了沟通渠道？沟通活动的有效性是否达到？

——是否对顾客和使用者参与设计和开发过程已经做好了安排？并予实施？

——策划过程是否对设计和开发的输出满足后续产品、产品的生产和服务提供的要求的考虑？

——策划过程是否考虑了顾客和其他相关方对设计和开发过程控制水平的期望？

——是否规定了证实满足设计和开发要求所需的成文信息？

(3) 设计和开发的输入。

——输入是否包括了标准 8.3.3 a)、b)、c)、d)、e)条款的内容？是否充分与适宜？

——输入是否清楚、明确，没有不一致或含糊不清？输入之间是否存在互相矛盾？通过何种方式确保？

——有关设计和开发输入的成文信息是否保留？

(4) 设计和开发的控制

——是否规定了设计和开发拟获得的结果？

——是否策划的安排实施了评审、验证和确认？

——评审、验证和确认的实施是否符合标准 8.3.4 b)、c)、d)条款关于这三项活动的要求？

——评审、验证和确认活动发现了哪些问题？引发了哪些后续措施？是否进行了跟踪验证？

——确认如果不能在产品交付或实施之前完成，是否合理？

——有关设计和开发评审、验证、确认的成文信息是否保留？

(5) 设计开发的输出

——输出是否包括了标准 8.3.5 a)、b)、c)、d)条款的内容？

——输出是否得到批准？

——设计和开发的输出的成文信息是否保留？

(6) 查设计和开发的更改

——抽取设计和开发项目信息，查是否明确了发生的更改？

——设计和开发的更改是否进行了评审？情况怎样？

——为防止设计和开发的更改造成的不利影响而采取了哪些措施，如对产品其他组成部分和已交付的产品的影响？

——设计和开发的更改是否经过了批准？

——设计开发的更改、评审结果、变更的授权和批准、评审后续措施等是否保留了必要的评审成文信息？

3. 审核案例及分析

>> 案例1

查开发部提供的第二代自控系统（HC-2）型产品的设计开发计划书，计划中规定整个新产品的设计过程分成方案确认、初步设计、详细设计、样机试制、设计定型、生产定型六个阶段。其中初步设计、详细设计、设计定型三个阶段完成后都要经过评审和验证，生产定型阶段结束后进行设计确认。问及为什么不按质量手册和程序文件的规定，六个阶段都进行评审，设计开发部部长解释说，这是特殊情况，HC-2型产品要得急，销售部已签订了一批合同，今年年底要交货，不得已加紧完成设计。

审核提示：

查文件对设计开发策划的规定：设计和开发阶段如何划分？各阶段如何安排评审、验证和确认活动？各个设计开发阶段和不同小组之间的职责、权限及接口如何确定？再抽查一些设计和开发的项目的策划文件，如设计开发计划、设计开发进度表等。查这些项目的策划是否按照文件的要求实施？是否符合文件规定的要求？本案查到对各阶段评审活动没有按照文件的要求六个阶段都进行安排，还可以继续追踪此设计开发项目实施没有？实际的设计开发过程的评审活动是如何实施的？没有实施符合要求的评审，对设计的最终产品产生了什么影响？

评价结果：

手册和程序文件规定六个阶段都要进行设计开发的评审，而HC-2型产品的设计和开发计划中仅安排了三个阶段的评审。设计开发的控制活动没有按规定的要求实施，不符合ISO 9001：2015标准8.3.4 b)条款关于"<u>实施评审</u>活动，以评价设计和开发的结果满足要求的能力"的要求。

>> 案例2

曙光房地产开发公司在城市近郊一块风景优美的地方买下了一块地，准备进行休闲旅游度假村的开发，设计委托给了建业设计院。由于曙光公司原来一直从事住宅小区的开发，没有开发休闲旅游项目的经验，虽参观、调查了一些宾馆饭店，但是对度假村的功能、客房如何设计、目前国内外休闲旅游业的发展趋势，都提不出具体的意见。考虑到建业设计院以前设计过类似项目，公司便对设计单位说：你们看着设计，你们觉得可以就肯定行。

审核提示：

虽然设计任务委托给了建业设计院，但此项目的设计开发责任仍在曙光公司，该公司对设计开发的各过程负有管理责任。此案涉及设计开发输入的审核。应查文件中公司对设计开发的输入负有哪些责任？与设计院的接口是什么？实际开发活动中公司是否对该项目提出了明确的设计开发输入要求？是否对这些输入进行评审，以保证输入的充分、适宜、完整、清楚？度假村的功能、建筑物及客房设计如何能满足休闲旅游业的需要等，应该是曙光公司通过市场调研或其他委托活动确定，再通过文件转递给设计院作为设计开发输入。

评价结果：

房地产开发公司没有明确对此度假村开发项目的设计开发输入，没有给分包方建业设计院明确的设计开发要求，无法保证设计开发的输出满足公司的要求，以及将来满足顾客的要求。不符合 ISO 9001：2015 标准 8.3.3 条款关于"组织应针对所设计和开发的具体类型的产品和服务，确定基本的要求"的要求。

案例3

某摩托车设计任务书中规定时速应达到 90 公里/小时。经测试三台样车的最大时速分别为 88 公里/小时、86 公里/小时、87 公里/小时。经了解按此设计已经开始了第一批此型号摩托车产品的生产。

审核提示：

查设计和开发的输出，如文件、图纸、规范、配方、计算说明书、样机等，针对设计开发输入验证其是否满足要求。

评价结果：

三台样车的最大时速都没有达到设计任务书的规定，设计和开发的输出没有满足输入的要求。不符合 ISO 9001 标准 8.3.5 条款关于"组织应确保设计和开发输出：a)满足输入的要求"的要求。

案例4

在一危改住宅小区的施工工地，工人正在进行钢筋绑扎。工地监理发现某部位钢筋直径偏细，于是要求停工，向设计院询问。设计院经核对后承认出现了计算错误，并说，由于是计算机辅助设计软件设计的，很准确，设计人一般情况下就不再核对计算了，可能是计算机软件用错了。

审核提示：

审核前应注意从各种渠道或在对其他部门和过程的审核中了解出现了质量问题的线索和信息，如本案例中工地由钢筋偏细造成停工的情况。对设计院的审核应追踪出现此质量问题的原因。

评价结果：

设计开发的结果没有通过变换方法计算进行验证，对计算机软件辅助设计的结果没有实施控制，软件使用错误的情况未能提前发现，使不符合要求的设计开发输出放行给了顾客，险些产生严重后果。不符合 ISO 9001：2015 标准 8.3.4 条款关于"组织应对设计和开发过程进行控制，以确保：c)实施验证活动，以确保设计和开发输出满足输入的要求"的要求。

案例5

在查 DYS-3 型通信电源系统的设计资料时，发现编号为 007 的新产品信息反馈单上写明："根据 414 厂对 DYS-3 型系统使用的意见，原设计中的电阻件尺寸应予修改"。查看相应的修改和对设计修改的影响进行评审的记录，部长说已经修改了，没有留下什么记录。

审核提示：

在设计和开发过程的审核中，应注意抓住设计开发活动中可能引起原设计更改的线索，去追踪设计开发更改的控制：设计开发的更改是否针对了更改的需求？是否根据具体情况和文件要求对更改进行了评审、验证和确认？是否对更改的影响进行了评审？更改是否经过了批准？以上过程及后续措施是否保持了记录？

评价结果：

设计更改的记录没有保持，设计更改对产品的其他影响也没有评审的记录。不符合 ISO 9001:2015 标准 8.3.6 条款关于"组织应对产品和服务设计和开发期间以及后续所做的更改进行适当的识别、评审和控制，以确保这些更改对满足要求不会产生不利影响"的要求。

四、外部提供过程、产品和服务的控制

1. 涉及的标准要求

主要条款	8.4.1,8.4.2,8.4.3
相关条款	8.1 8.2 8.3 8.5

2. 审核思路

审核应关注：

（1）外部提供的过程、产品和服务

——本组织存在哪些产品和服务的采购过程、外包过程，是否已经识别清楚？ISO 9001 标准 8.4.1 a)/b)/c)条款所述情况是否都已识别？

——对这些过程的职责如何规定？

——是否确定了相关的质量目标？采购过程或外包过程的质量要求是否明确？

——是否确定了外部供方的评价、选择、绩效监视以及再评价的准则？评价是否基于外部供方按照要求提供过程、产品和服务的能力？

——是否按要求实施了对外部供方的评价、选择、绩效监视以及再评价？

——抽样选取进货供方和（或）外包供方是否是合格供方？是否根据采购产品和（或）外包过程的要求，供方提供合格产品的能力对供方进行了评价选择？

——是否对供方的质量情况进行了跟踪控制？是否进行了重新评价？

——对供方评价的结果及后续措施是否留下了记录？

——对于这些活动和由评价引发措施，是否保留了成文信息？

——了解外部提供的过程、产品和服务总体质量状况，是否出现问题？

（2）控制的类型和程度

——对外部提供的过程是否纳入质量管理体系？是否规定了控制要求？

——对供方、采购产品控制的类型和程度如何划分？是否考虑外部提供的过程、产品和服务对组织能力的潜在影响？是否考虑由外部供方实施控制的有效性？

——对采购过程、产品和服务的结果验证做了哪些安排，包括在供方现场的验证？实施情况如何？

——关注外部提供的过程、产品和服务有无对组织持续地向顾客交付合格产品和服务的能力产生不利影响？原因是什么？

（3）提供给外部供方的信息

——针对具体的采购产品、服务或过程，抽查相关的采购及相关信息，看是否包括了标

准 8.4.3a)/b)/c)条款的内容?

——对重要的外包过程的控制还应审核是否符合标准 8 的其他过程要求。

——提供给外部供方的信息中是否包括外部供方与组织的互动、对外部供方绩效的控制和监视、组织或其顾客拟在外部供方现场实施的验证或确认活动安排等?

——提供给外部供方的信息在发出前是否得到了评审或批准?

3. 审核案例及分析

>> 案例1

管理某大型写字楼的物业公司在"十一"国庆节之前要对大厦的玻璃外墙进行清洁,在供方评价时阳关保洁公司因没有劳动局的安全许可证明而落选。七个月后阳关保洁公司却承担了"五一"期间大厦外墙清洁工作。

审核提示:

在对供方的评价选择进行审核时,除了关注通过了评价成为合格的供方情况,也应关注评价中发现不满足组织要求而不合格的供方情况,并追踪后续措施情况。如果供方在实施改进措施并达到了组织要求而重新合格时,应查阅对供方重新评价的记录。

评价结果:

外包供方应评价选择。前一次评价不通过再一次选择时仍要评价,并应保存相关证据。本案例没有对阳关保洁公司进行重新评价并留下相关记录,就把"五一"期间大厦外墙清洁工作委托给了阳关公司。不符合 ISO 9001:2015 标准 8.4.1 条款关于"确定外部供方的评价、选择、绩效监视以及再评价的准则,并加以实施"的要求。

>> 案例2

某旅游风景区最近连续接到游客投诉,反映景区内的几家餐厅饭菜质量差、收费不合理等。办公室负责人解释说:这几家餐厅承包出去了,我们只负责收场租费,其他的事管不了,也就未纳入质量管理体系。现场观察及询问的结果,这几家餐厅并没有以自己店名品牌开业,而是作为风景区的一部分来经营的。

审核提示:

服务类型的组织,如公园、风景区、宾馆、物业公司等,经常存在将一部分服务项目承包给其他组织或个人经营的情况。这类承包活动只要是以组织的名义提供服务,就必须纳入组织的质量管理体系进行管理。本案例的审核,可首先通过风景区的经营管理部门了解和到现场实地观察服务项目的承包情况,再进一步追踪对那些以风景区名义经营的承包项目的管理情况:是否纳入了质量管理体系的管理范围?是否按要求进行了承包方的评价和选择?对承包方日常的服务过程是如何监控的?对承包方服务中发生的问题是如何处理和改进的?

评价结果:

以风景区名义经营的餐厅没有纳入质量管理体系进行管理。风景区只收场租费,而没有按要求进行承包方的评价、选择和服务质量的控制。不符合 ISO 9001:2015 标准 8.4.1 条款关于"确定外部供方的评价、选择、绩效监视以及再评价的准则,并加以实施"的要求。

>> 案例3

机械设备制造厂供应科对零配件供方进行分级控制。分级的标准是：一次采购涉及金额为 5000 元以下的为 C 级，5000~10000 元为 B 级，10000 元以上的为 A 级。并根据 A、B、C 分级制定了供方评价、选择、控制的不同要求。体系建立以来的两个多月，供应科一直是这样做的，并保存了相关的记录。

审核提示：

从文件的评审中就能发现，供应科在制定供方分级标准时，仅以采购涉及的金额作为标准是不符合标准要求的。可以再追踪实际的评价、选择和控制的实施情况，查证是否因此造成了供方控制上出现问题。

评价结果：

对供方及采购产品控制的类型和程度不应仅限于采购资金的多少，而重要的是采购产品或过程对质量的影响程度。本案对零配件供方控制分级的标准，不符合 ISO 9001：2015 标准 8.4.2 c)条款关于"考虑：1)外部提供的过程、产品和服务对组织持续地满足顾客要求和适用的法律法规要求的能力的<u>潜在影响</u>"的要求。

五、生产和服务提供

1. 涉及的标准要求

主要条款	8.5.1 8.5.2 8.5.3 8.5.4 8.5.5 8.5.6
相关条款	8.2 8.3 8.4 8.6

2. 审核思路

主要在生产现场和服务现场进行审核，除了查阅相关的文件和记录以外要特别重视现场的观察和询问。审核应关注：

(1) 基本情况。

——主要的生产过程和服务提供过程有哪些？

——过程的结果(产品)是什么？

——产品的接收者(过程的顾客)是谁？

——过程的输入有哪些？

——过程的活动(步骤、程序)有哪些？

(2) 对生产和服务提供过程策划。

——进行了哪些策划？

——产品的质量目标和要求是什么？

——过程的质量目标是什么？

——制定了哪些成文信息？对所生产的产品、提供的服务或进行的活动的特性以及拟获得结果的要求是否明确？

——是否规定了适当阶段的监视和测量活动，以验证符合过程或输出的控制准则以及产品和服务接收准则？

——是否明确了需要提供的资源？

(3) 按生产和服务提供过程的流程，对过程按照策划的要求实施情况进行审核。
——生产和服务提供过程如何进行计划安排的？
——生产和服务过程的现场实施是否按规定进行？
——是否按操作规程正确使用设备？设备是否按规定进行了日常维护保养？设备是否完好？
——是否使用适合的监视和测量资源，按照策划的要求对适宜的过程参数或产品特性进行了监控？
——是否按要求提供了所需资源，包括为过程的运行提供基础设施和环境、具备能力的人员（包括所要求的资格）？
——在上述生产和服务提供过程中是否存在输出结果不能由后续的监视或测量加以验证的过程？是否对这些过程进行了能力确认和再确认？
——放行、交付活动的实施情况怎样？
——交付后的活动（售后服务）的情况怎样？
——在生产和服务提供过程控制方面，有哪些防范人为错误的措施？

(4) 标识和可追溯性。
——在上述生产和服务提供过程以及其他过程中，是否能够识别产品？
——识别产品方法是否适宜、可行？
——在产品和服务提供的整个过程中，产品的监视和测量状态是否清楚？
——有可追溯性要求时，是否记录并控制了产品的唯一性标识？是否保留了保留所需的形成文件的信息？

(5) 顾客或外部供方的财产。
——在上述生产和服务提供过程以及其他过程中，有哪些在组织控制下或使用的顾客或外部供方财产，包括材料、零部件、工具和设备、顾客的场所、知识产权和个人信息？
——对顾客或外部供方财产的识别、验证、防护和保护活动是否按要求实施？
——当顾客或外部供方财产丢失、损坏和发现不适用时是否向顾客或外部供方报告？是否保留了相关的成文信息？
——顾客财产或外部供方财产是否因组织的原因发生了损坏？原因及后续措施如何？

(6) 产品和服务的防护。
——在上述生产和服务提供过程以及其他过程中，有哪些对产品、中间产品、产品的组成部分、服务的防护要求？
——关于防护的标识、处置、污染控制、包装、储存、传输或运输以及保护是否形成了相关的制度或规定？
——这些制度和要求是否实施？

(7) 与产品和服务相关的交付后活动。
——是否确定特定产品和服务的交付后的活动要求，包括覆盖范围和程度？
——确定交付后活动时是否依据适用的法律法规要求？
——确定交付后活动时是否考虑与产品和服务潜在的不期望的后果、产品和服务的特性、用途和预期寿命、顾客要求、顾客反馈等信息？

(8) 更改控制。

——是否充分识别了生产和服务提供过程中的更改？

——是否对生产和服务提供过程中的更改的评审和控制进行了策划安排？是否对实际发生的更改按要求进行了评审和控制？

——是否留下了必要的成文信息，包括有关更改评审结果、授权进行更改的人员以及根据评审所采取的必要措施？

3. 审核案例及分析

>> 案例1

车间喷漆工在给抽油烟机喷漆时，用小桶收集残漆，再倒入贮漆桶与新漆混合使用，结果因残漆带入尘土使喷枪堵塞，抽油烟机喷漆后表面粗糙不平。油漆工说："工长只告诉我，此漆很贵，不能浪费，没有告诉我该如何做才对。"审核员问是否有这方面的作业指导文件，工人回答说没有。

审核提示：

在现场观察工作的操作情况，发现有影响产品质量的情况时，进一步追踪审核：工人是否知道正确的操作要求？是否有相关的作业指导文件？如果有文件，内容是否符合标准和相关的技术要求并具可操作性？

评价结果：

因为没有规定，工人不知怎样进行喷漆操作，导致抽油烟机表面粗糙不平。不符合 ISO 9001 标准 8.5.1 a)条款关于"可获得成文信息，以规定以下内容：1)所生产的产品、提供的服务或进行的活动的特性"的要求。

>> 案例2

机械热处理工段进行的渗碳热处理过程是关系到机械零件性能的一个关键工序，对热处理的温度、时间和炉内气氛有严格要求，不能随便改动。审核员按检查表的策划对该工段进行审核。在即将结束审核时，午休铃响了，工人急忙开炉卸出炉内正在处理的零件，淬入油池，然后纷纷去食堂吃午饭。审核员注意到这时离规定的开炉时间整整提早了30分钟。

审核提示：

审核前应通过查阅文件充分了解生产过程中关键过程及控制要求，再通过查过程控制记录了解过去对这些过程控制的情况。除了查阅以外，对生产过程的审核，还应运用现场观察的方法了解现实的生产过程的控制情况。本案例正是在现场观察中获取的生产过程未按规定的工艺要求实施的证据。

评价结果：

机械零件的渗碳热处理是重要的特殊过程，温度、时间等工艺参数的控制对产品在组织性能方面的质量有重要影响。工人提前开炉，使加热时间比规定减少了30分钟，生产过程没有执行工艺标准。不符合 ISO 9001 标准 8.5.1 条款关于"组织应在受控条件下进行生产和服务提供"的要求。

>> 案例3

机械加工段一台磨床附近的操作台上放有16个DS-1型零件,工艺卡上显示该批零件共有20个。工人解释说,在磨床加工前小组互检时他发现有4个零件漏钻了几个孔,因此退回到本工段的钻床上去补钻了。审核员在钻床前果然发现了4个零件,没有任何文件。钻床工人说,我不太清楚这些是什么零件,也不知为何放在这里,可能是前一班留下的。

审核提示:

在生产过程中标识管理的审核主要在生产现场进行,可以从对现场情景的观察中、从过程控制记录和工艺卡、流程卡的查阅中获取审核证据。本案例就是通过对磨床现场的仔细观察发现了问题的线索,追踪到钻床现场发现了问题。

评价结果:

返回补钻的4个零件没有标识,易使产品混淆。不符合ISO 9001标准8.5.2条款关于"需要时,组织应采用适当的方法识别输出,以确保产品和服务合格"的要求。

>> 案例4

在机械零件加工车间规定用1号架子放待检零件,2号架子放检验合格的零件,用红色的3号架子装不合格零件,每个架子上还有该批零件的过程卡。审核员在红色的3号架子最里端发现单独存有几个零件,没有任何标识。工段长笑着说:这其实都是合格品,是多生产的,一旦出了不合格品,好用它们顶上。

审核提示:

首先了解文件对监视和测量状态识别的规定,再到现场通过观察、交谈、查证实际的状态识别是否与文件要求一致,评价是否能明确无误地识别监视和测量状态。

评价结果:

合格的零件放在了规定放不合格产品的架子上。不符合ISO 9001:2015标准8.5.2条款关于"组织应在产品和服务提供的整个过程中按照监视和测量要求识别输出状态"的要求。

>> 案例5

审核员在总装车间发现两个箱子,标有"顾客来件"字样。车间主任解释说,这是用户送来的一批零件,指定要安装在为他们制造的设备上。审核员问对用户提供的零件是否经过验证。主任说:"这些零件既然由用户提供,质量当然由他们负责,我们不用验证,再说,对这样的产品我们也没有检验的手段。"

审核提示:

对顾客财产的识别应在各个过程的审核中加以关注,审核员要注意发现那些没有被纳入质量管理体系进行管理的顾客财产。对确定的顾客财产应查证其是否按标准要求进行了验证、保护和维护。

评价结果:

对顾客送来的零件在接收时没有进行验证。不符合ISO 9001:2015标准8.5.3条款关于"对组织使用的或构成产品和服务一部分的顾客和外部供方财产,组织应予以识别、验证、防护和保护"的要求。

>> **案例6**

原料仓库存放着各种生产用的化工原料,卡片上写着共有 O、P、Q 三个品种。审核员看到包装袋上写明保存有效期为 6 个月。审核员抽查 P 原料,共有 5 批,其中最早的一批生产日期是 2015 年 9 月 8 日,最近的一批是 2016 年 5 月 13 日。

审核提示:

产品防护过程主要是现场观察,结合记录查阅和交谈了解来收集证据。对仓库管理的审核可以按以下思路进行:全面观察仓库的环境情况;是否能够保证产品质量→现场产品的放置、标识管理情况是否符合要求?→抽查部分贮存产品,查账、卡、物是否相符?是否在规定的保存期限内?→查出入库管理制度及执行情况。

评价结果:

原料仓库贮存的 P 原料,至少最早的一批已超过了 6 个月的有效期,不能保证原料的质量。不符合 ISO 9001:2015 标准 8.5.4 条款关于产品"组织应在生产和服务提供期间对输出进行必要防护,以确保符合要求"的要求。

六、产品和服务的放行

1. 涉及的标准要求

主要条款	8.6
相关条款	8.5 8.7

2. 审核思路

审核应关注:

——是否策划了在适当阶段放行活动的安排,以验证产品和服务对要求的符合性?产品的监视和测量分成了哪些阶段?做了哪些安排?职责如何规定?

——产品的监视和测量方面的质量目标是否建立?

——对所有的外部提供的产品和服务是否按要求实施了验证?包括在供方现场的验证是否按要求实施?

——其他组织控制的内部各适当阶段的产品和服务(中间、最终)的放行活动(检验、验证)是否按照策划的要求实施?

——验证证据表明产品和服务是否满足了规定的准则要求?总的合格率是多少?不良率是多少?是否达到质量目标要求?如未达到,采取哪些对策?

——是否存在没有完成策划的安排就向顾客放行产品和交付服务的情况?如果有,是否合理(包括适用的法律法规和其他要求)?是否得到有关授权人员的批准,适用时得到顾客的批准?

——是否保留了有关产品和服务放行的成文信息,包括:符合接收准则的证据、授权放行人员的可追溯信息?

3. 审核案例及分析

>> 案例1

某化工厂对老供应商供应的化工原料只进行外观验证,不再送化验室进行检验、小试。如果更换供应商则送化验室检验、小试,合格才能使用。在老供应商供应的产品中也有重要物资,检验科长的解释是,因为老供应商供应的产品质量比较稳定,我们长期合作,对他们比较信任,就不想太麻烦了。

审核提示:

可从进货记录中抽取采购的原料,追查进货检验情况。当发现案例所述情况,首先要了解清楚:哪些原料没有进行质量方面的检验或验证?对老供应商的产品不进行质量检验或验证是否是因为检验规程规定得不合理?如果不是文件的问题,再追查检验科在执行检验规程时是否存在偏差?无论供应商新、老,采购的原料都应该进行质量方面的检验或验证。

评价结果:

对老供应商供应的包括重要物资在内的化工原料没有进行质量检验或验证活动,不符合 ISO 9001:2015 标准 8.6 条款关于"组织应在适当阶段实施策划的安排,以验证产品和服务的要求已得到满足"的要求。

>> 案例2

在原材料检验工段,一名对 Cr13 型合金钢材进行压痕硬度测量的检验员,不知道如果两个压痕靠得太近,测试结果将是不准确的。问他为什么还是这样做时,该检验员说他是看别人操作学着样子干的,而不是按作业指导书的要求那么干。

审核提示:

在检验现场观察检验活动是否按文件要求实施。如果有违反规定的现象,应追踪到文件内容、文件的培训和文件的执行方面。

评价结果:

对合金钢材进行硬度检验的检验员不是按检验文件的要求进行原材料检验,会导致检验结果偏差。不符合 ISO 9001:2015 标准 8.6 条款关于"组织应在适当阶段实施策划的安排,以验证产品和服务的要求已得到满足"的要求。

>> 案例3

审核某宾馆客房时,发现 4015 房间的床具未按服务规范要求进行整理。服务员解释说这是客人要求的,但却提供不出相关证据。

审核提示:

发现类似本案例这样的特殊情况,要向当事人或责任人详细了解原因,判断其合理性。如果合理,又不违反标准的要求,则要获取相关的证据。

评价结果:

此案例是 ISO 9001:2015 标准 8.6 条款的一种特例情况,情况虽然是合理的,但未按标准的要求保持授权人员和顾客批准的证据。不符合 ISO 9001:2015 标准 8.6 条款关于"除非得到有关授权人员的批准,适用时得到顾客的批准,否则在策划的安排已圆满完成之前,不应向顾客放行产品和交付服务"的要求。

七、不合格输出的控制

1. 涉及的标准要求

主要条款	8.7
相关条款	8.5 8.6

2. 审核思路

审核应关注:

——不合格的产品和服务的控制是否建立了成文信息?

——是否对不合格产品和服务的控制、处置的职责和权限进行了规定?

——是否对所有发现的不合格产品和服务都进行了处置?

——对不合格产品和服务的处置措施(纠正、返工、返修、降级、报废隔离、限制、退货、暂停对产品和服务的提供、告知顾客、获得让步接收的授权等)是否根据不合格的性质及其对产品和服务符合性的影响确定?是否按规定实施?

——让步处理是否经授权人员批准,适用时顾客批准?

——不合格产品和服务处置后的再次验证是否实施?

——是否存在交付或开始使用后,以及在服务提供期间或之后发现的不合格产品和服务的情况?组织采取了哪些措施?效果如何?

——是否存在不合格产品和服务的非预期使用或交付?如果有,原因如何?

——是否保留了不符合产品和服务的相关成文信息(描述合格、描述所采取的措施、描述获得的让步、识别处置不合格的授权等)?

3. 审核案例及分析

>> 案例1

在质检科发现编号为2016—023的检验报告上写着"YH-02-0209设备箱体焊接裂缝",受审核人员提供不出不合格处理单,并解释说这是大件,只能在下一工序结束后修补返工,我们只能在工件上做个返工记号,通知焊接车间来补焊。

审核提示:

对不合格产品控制过程的审核可以首先在质检部门发现不合格品的信息,追踪查证不合格品信息的反馈(本案例中的不合格处理单),再追踪不合格品的处置。要查证这些过程保持的相关的记录。本案例中提供不出不合格处理单,返工补焊的情况是否留下了记录需进一步追踪。

评价结果:

没有保持不合格产品的性质和随后采取的任何措施的记录。不符合ISO 9001:2015标准8.7.1条款关于"组织应保留下列成文信息,以:a) 描述不合格;b) 描述所采取的措施"的要求。

>> 案例2

一批工件按规定经检验人员全数检验后有15件不合格,决定回原工序返工。审核时发现这些工件经操作者返工后就直接转入装配工序了。

审核提示：

对不合格处置过程要跟踪审核,在不合格处置之后要追踪是否重新经过了检验人员按规程进行的检验。

评价结果：

返工后的工件要重新进行检验,但此案例中工件仅由操作者返工后没有重新检验,在不知是否合格的情况下就转入装配工序了。不符合 ISO 9001：2015 标准 8.7.1 条款关于"对不合格输出进行纠正之后应验证其是否符合要求"的要求。

第六节 绩 效 评 价

一、监视、测量、分析和评价

1. 涉及的标准要求

主要条款	9.1.1 9.1.2 9.1.3
相关条款	5.1 5.1.2 10

2. 审核思路

审核应关注：

（1）监视、测量、分析和评价。

——组织策划了哪些过程的监视和测量活动？是否对过程监视和测量的事项及内容进行了规定？

——为确保结果有效,规定了哪些监视、测量、分析和评价的方法？

——是否明确了对过程监视和测量活动的时间安排,包括频次？

——是否规定了对过程监视和测量的结果进行分析和评价的时机？

——是否按要求实施了这些监视和测量活动？

——对发现的问题采取了哪些处置措施？采取了哪些纠正措施？效果如何？

——是否通过过程监视和测量活动结果的汇总、分析,对质量管理体系的绩效和有效性进行了评价？

——是否保留了适当的成文信息作为结果的证据？

（2）顾客满意。

——对顾客满意安排了哪些监视和测量活动（顾客调查、顾客对交付产品服务的反馈、顾客座谈、市场占有率分析、顾客赞扬、担保索赔和经销商报告、中介组织的调查服务等）？职责如何规定？与顾客的沟通渠道是否畅通？

——顾客满意监视和测量的内容是什么？是否合理、充分？
——顾客反馈的意见、抱怨、投诉是否纳入了监视和测量范围？
——顾客满意监视和测量活动的实施：实施符合规定的要求吗？样本策划是否合理？获取的信息是否可靠？
——监视和测量的结果是否进行了统计分析？是否采取了相应的对策？
——监视和测量的结果显示是否实现了质量管理体系业绩的目标？

（3）分析与评价。
——是否确定对哪些监视和测量获得的数据和信息要进行分析？
——收集、传递、分析这些数据和信息的职责如何安排？
——确定了哪些分析方法？是否使用了统计技术？
——数据和信息分析的实施是否符合规定的要求？
——数据和信息分析的结果是否对产品和服务的符合性、顾客满意程度、质量管理体系的绩效和有效性、过程实施有效性、风险和机遇应对措施的有效性、外部供方的绩效、改进需求等进行了评价？
——针对数据和信息分析的结果，是否采取了相应的措施？效果如何？

3. 审核案例及分析

>> 案例1

公司规定对生产过程的能力和质量每月要进行一次检查评定，确定人员、设备、工作环境、测量方法及设备和计算机控制系统是否满足质量要求，每季要召开质量分析会，对检查评定工作进行总结以便对过程进行改进，但2016上半年并未按月按季开展此项工作。

审核提示：

首先应从文件规定中了解有哪些对质量管理体系过程进行监视和测量的方法，这些方法是否能够评价过程的能力。再查体系实际运行中是否按规定要求实施了对过程的监视和测量。按"PDCA"的思路审核时，对"C检查"活动的评价可结合标准 9.1.1 条款的审核进行。

评价结果：

对过程的检查评定工作未按要求实施，即过程的监视和测量未按公司自己的规定进行。不符合 ISO 9001：2015 标准 9.1.1 条款关于"组织应评价质量管理体系的绩效和有效性"的要求。

>> 案例2

某公司以顾客满意率作为公司的一项质量目标。该公司在全国有 12 个分公司，每个分公司每月都要求通过调查问卷进行顾客满意度调查，并以此为依据测量顾客满意程度。因没有明确顾客满意度调查工作的具体要求，2016 年下半年的调查情况极不平衡：业务量最大的广州分公司仅收回 5 份调查问卷，而业务量较小的西安分公司却收回了 120 份调查问卷，其他分公司的情况也不一致。而半年一次的质量目标评价就是根据这样的调查结果做出的。

审核提示：

首先要了解顾客满意的监视和测量采取什么渠道和方法，再查其实施情况。要注意问卷的发放方式、数量和回收率，结合业务量评价收回问卷的代表性。出现案例中样本不合理、不具代表性的情况,可以追踪一下文件对获取顾客满意信息的方法是否有明确规定。

评价结果:

因没有确定获取顾客满意情况的方法,使上述调查样本分布不平衡、不合理,无法保证样本的代表性,测量的结果不可靠,以此来评价质量目标的实现情况也不够客观。不符合 ISO 9001:2015 标准 9.1.2 条款关于"组织应确定获取、监视和评审这些信息的方法"的要求。

案例3

某住宅小区的物业公司通过发放满意度调查问卷的形式对业主进行调查,但问卷内容只涉及了保安、保洁两项工作,而且只有满意和不满意两种结论供业主选择。查 2016 年顾客满意度调查情况,住宅小区共有 800 户业主,发放问卷 100 份,收回 50 份,其中 45 份表示满意,5 份表示不满意,其余 40 份未收回或表示没意见。物业对这次调查的结果进行了统计,认为顾客满意率达到了 95%。

审核提示:

首先了解物业公司对顾客满意测量的方法,查具体的调查问卷,看内容是否覆盖了物业服务的主要过程和产品?调查问卷中顾客的感受程度是否能够反映?满意调查的样本是否合理(发放数量、回收数量、样本覆盖面、样本分层等)?满意的信息是否顾客亲自的感受?是否存在凭主观判断、猜测来替代顾客感受的现象?

评价结果:

物业公司对满意度调查问卷的内容没有包括物业管理的其他服务内容,如工程及维修、社区服务及活动等。只有满意和不满意两种结论不能反映业主满意的不同程度;800 户业主,发放问卷 100 份,样本数量不足;在对结果进行统计时,不应该把 40 份未收回或表示没意见的凭主观判断都算作满意。不符合 ISO 9001:2015 标准 9.1.2 条款关于"组织应监视顾客对其需求和期望已得到满足的程度的感受"的要求。

案例4

质量检验部每月要形成大量的检验记录,但未按程序要求对这些检验的结果进行整理分析。

审核提示:

先从成文信息的规定中明确哪些数据和信息应该进行收集和分析,再抽查相关记录,查数据分析的实施情况。特别是数据分析的结果怎样?是否起到了证实作用?是否从中发现了改进的机会?对重要的产品质量检验的记录,应进行整理分析,以提供质量管理体系有效性的证据,也为改进提供依据。

评价结果:

没有对重要的产品质量检验的信息和数据进行整理分析,不符合 ISO 9001:2015 标准 9.1.3 条款关于"组织应分析和评价通过监视和测量获得的适当的数据和信息"的要求。

二、内部审核

1. 涉及的标准要求

主要条款	9.2.1 9.2.2
相关条款	9.3

2. 审核思路

组织应自我评价本组织内审是否能够满足标准的要求。因此在内审策划时应考虑如何安排。特别是初次认证审核前,在第一次内审之后应再安排至少对内审和管理评审活动的内部审核,以全面、系统地评价质量管理体系的符合性、实施性和有效性。审核应关注:

(1) 内部审核是否保持了成文信息。

(2) 内部审核的策划。

——审核方案是否已制定并管理?内审的覆盖面是否合理?时间间隔、方法、职责、策划要求和报告是否合理?

——查内审组任命或授权、内审员的选择和管理,是否具备能力并确保公正性?

——对具体审核的安排,即每一次审核的审核计划(包括审核准则、范围和日程安排)是否合理?

——审核文件(如相关法律法规、必要的成文信息、检查表等)的准备是否充分?

(3) 查审核的实施。

——首次会议的情况;

——现场审核是否按程序的要求和审核计划实施?

——审核过程的控制情况如何?审核的覆盖面和审核深度如何?

——审核发现判定是否准确?不合格报告是否要求?

——审核结论是否依据审核发现?是否全面、准确、客观、公正?

——审核报告和末次会议是否完整地报告了审核的结果?

(4) 审核的后续活动。

——对不合格是否采取了纠正和纠正措施?

——纠正和纠正措施是否已实施?

——实施结果是否进行了跟踪验证?结果怎样?

(5) 成文信息:

——是否保留了内审有关的成文信息,作为实施审核方案以及审核结果的证据?

3. 审核案例及分析

>> 案例1

查公司内审的计划及检查记录,没有对最高管理层及内审和管理评审进行审核的证据。

审核提示:

从审核计划和审核检查记录中可以评价内审的策划与实施是否覆盖全面,是否根据过程和区域的状况和重要性以及以往审核的结果来安排和实施内部审核。

评价结果:

最高管理层及内审和管理评审是质量管理体系重要的职能和过程,内审应覆盖。不符合 ISO 9001:2015 标准 9.2.2 a)条款关于"依据有关过程的重要性、对组织产生影响的变化和以往的审核结果,策划、制定、实施和保持审核方案,审核方案包括频次、方法、职责、策划要求和报告"的要求。

>> 案例2

上一次内审的一项不合格是:"包装工段的第五组包装箱有较多破损现象"。这次审核员在现场又发现其他包装组仍有较多包装箱破损的现象。

审核提示：

根据上一次内审的不合格报告查现在类似情况是否仍然存在或发生。

评价结果：

上次内审发现的问题这次内审又再次发生,说明内审的纠正措施无效。不符合 ISO 9001：2015 标准 9.2.2 e)条款关于"及时采取适当的纠正和纠正措施"的要求。

三、管理评审

1. 涉及的标准要求

主要条款	9.3.1　9.3.2　9.3.3
相关条款	5.1　5.2　6.2　9.2　10.1　10.3

2. 审核思路

审核应关注：

——管理评审的时机是否明确？是否规定了定期管理评审的时间间隔和应追加管理评审的特殊情况？

——如果出现了体系内、外部环境的重大变化,最高管理者是否组织了管理评审？

——管理评审活动是否进行了策划？

——管理评审的输入是否满足标准 9.3.2 a)～f)条款的要求？

——管理评审的内容是否围绕质量管理体系持续的适宜性、充分性和有效性？是否评审了质量管理体系(包括质量方针和质量目标)改进的需要？

——管理评审是否形成了关于质量管理体系改进的机会、质量管理体系所需的变更、资源需求的决定和措施？

——是否保留了管理评审相关的成文信息,作为管理评审及结果的证据？

3. 审核案例及分析

>> 案例1

工程施工单位在 4 个月中连续出现了 3 起重大质量事故,仅是相关责任人受到了处理,没有通过管理评审对质量管理体系进行改进。

审核提示：

通过各种信息了解体系出现的重大变化和重大质量问题,追踪查证管理评审活动是否及时进行,并做出了改进的决定。

评价结果：

出现如此重大的质量问题,质量管理体系的改进过程(管理评审)没有反应,没有把握好管理评审的时机,没有发挥管理评审作为最重要的持续改进活动,以确保体系持续的适宜性、充分性和有效性的作用。不符合 ISO 9001：2015 标准 9.3.1 条款关于"最高管理者应按策划的时间间隔对组织的质量管理体系进行评审,以确保其持续的适宜性、充分性和有效性"的要求。

>> **案例2**

查2016年唯一的定期管理评审,评审的输入仅是各部门质量管理体系运行情况的总结和产品检验情况的统计分析。

审核提示:

查管理评审输入,可详细查阅提交管理评审的各方面的材料、各部门总结、各类统计结果和管理评审会议记录中各方面管理人员的发言等。从这些证据当中评价是否覆盖了标准9.3.2 a)～f)条款的内容。但要注意的是一个时间间隔周期内的定期管理评审应该是完整的、系统的评审,应该覆盖全面,而追加的专题性的管理评审也可以是部分体系的评审,管理评审的输入也可以只涉及标准9.3.2条款的一部分要求。

评价结果:

定期的管理评审的输入应满足标准9.3.2条款的全部要求以便能全面评价质量管理体系的充分性、适宜性和有效性。本案例仅覆盖了标准9.3.2条款的部分要求,无法全面评审质量管理体系。不符合ISO 9001:2015标准9.3.2条款关于管理评审输入的要求。

第七节 改 进

1. 涉及的标准要求

主要条款	10.1 10.2 10.3
相关条款	9.1 9.2 9.3

2. 审核思路

审核应关注:

(1) 改进。

——涉及改进方面的质量目标有哪些?关于改进活动的安排及职责是否规定?

——是否策划了确定和选择改进机会的要求,包括纠正、纠正措施、持续改进、突破性变革、创新和重组?是否规定了如何采取措施,以实现满足顾客要求和增强顾客满意?

——改进活动是否包括了对产品和服务的改进,以满足要求并关注未来的需求和期望?

——改进活动是否发挥了纠正、预防或减少不利影响的作用?

——改进活动对质量管理体系的绩效和有效性的作用如何?

(2) 不合格和纠正措施。

——有关人员对纠正、纠正措施概念的理解是否正确?

——对不合格的信息是否进行了管理?

——是否对不合格采取措施进行了控制和纠正,并处置了所产生的后果?

——对不合格(包括顾客抱怨)是否进行了评审和分析?不合格原因的分析是否准确?

——纠正措施是否根据与所产生的不合格的影响相适应?是否确定可能存在或可能发生类似的不合格?

——确定的措施是否针对了问题的原因?

——是否实施了所确定的措施？

——对纠正措施的结果是否进行了跟踪验证？是否有效？

——是否在需要时，更新了策划期间确定的风险和机遇？是否在需要时，变更了质量管理体系？

——采取措施的过程是否保留了成文信息，以作为不合格的性质以及随后所采取的措施、纠正措施结果的证据？

(3) 持续改进。

——策划了哪些持续改进体系适宜性、充分性和有效性的活动？

——是否充分考虑了分析、评价的结果以及管理评审的输出，确定持续改进的需求和机遇？

——总体来看，组织持续改进机制的建立和运行水平如何？是否发挥了积极作用？

3. 审核案例及分析

案例1

某涉外宾馆的餐厅收到了不少客人的投诉。餐厅服务生态度很好，但对西餐服务程序和标准掌握不好，出现了一系列问题：送食品的顺序不对；一个服务员为客人订完饮料后，另一个服务员送来的却不是客人需要的；送饮料的服务员总是拿着杯口送到客人面前；摆台也出过错；酒杯常有水渍；等等。对上述客人提出的投诉，餐厅经理总是给出问题的服务员填写过失单，罚款50元。

审核提示：

对出现的质量问题，特别是顾客的投诉，审核员应追踪查证：当事人或责任人是否针对问题分析了原因？是否采取了消除原因的纠正措施？

评价结果：

餐厅经理仅仅是开出了过失单，罚款了事，并没有分析产生这一系列问题的原因，并采取切实可行的措施，加强服务员对西餐程序和标准的学习培训以及技能训练，以防止再继续发生类似问题。不符合 ISO 9001：2015 标准 10.2 条款关于"b)通过下列活动，评价是否需要采取措施，以消除产生不合格的原因，避免其再次发生或者在其他场合发生：1)评审和分析不合格，2)确定不合格的原因，3)确定是否存在或可能发生类似的不合格；c)实施所需的措施；d)评审所采取的纠正措施的有效性"的要求。

案例2

工厂提供了32项纠正措施计划，其中25项均已完成，但没有措施效果验证的证据。二车间的5项（计划编号为 2016-04 至 2016-08）和销售部的2项（计划编号为 2016-11 至 2016-12）的完成情况无记录可查。

审核提示：

纠正措施的审核一般的思路是：针对发现的不合格是否分析了原因？原因是否准确？是否根本原因？纠正措施是否针对原因？纠正措施是否与不合格的影响程度相适应？纠正措施是否已实施？纠正措施是否有效？以上这些都应查到相关记录或现场实况予以证实。

评价结果：

没有保持纠正措施计划的实施及其有效性记录。不符合 ISO 9001 标准 10.2 d)条款关于"评审所采取的纠正措施的有效性"和 10.2.2 条款"组织应保留成文信息，作为下列事项的证据：a)不合格的性质以及随后所采取的措施，b)纠正措施的结果"的要求。

第八节 典型过程的审核

对某一特定过程实施审核,要运用过程方法的思路展开。在了解过程基本情况的基础上,要识别主要/关键过程,明确过程的输入、输出、活动和资源,明确过程之间的相互关系。要按"PDCA"循环审核质量管理体系过程,即先审核过程的策划,再审核过程是否按策划的过程要求实施,然后再审核对过程的实施和结果的检查,最后审核过程的改进。

以下给出几个典型过程的审核提示,以供内审员在内部审核时参考。

一、成文信息

用"成文信息"替代"文件化的程序和记录",对体系文件的强制性要求减弱,是2015版ISO 9001一个重要的变化。2015版标准的应用,可以使组织易于真正将质量管理体系要求融入组织的业务过程,更加灵活地建立和运行质量管理体系,为质量管理体系实现预期目的奠定基础。

内审之前,可以对组织的质量管理体系"成文信息"进行一下全面的自我梳理,主要是为了确定在成文信息方面是否满足标准的要求,是否适合本组织的实际情况。特别是第三方认证审核前的内审,提前对"成文信息"进行一下系统的评审,能够保证质量管理体系的符合性和适宜性,以顺利通过认证审核过程中对成文信息符合性的评价。

内审时对"成文信息"的审核,还有一个目的,是从审核准则的角度来熟悉质量管理体系要求,为审核进行策划与准备。

1. 涉及的标准要求

2015版ISO 9001标准直接提出"成文信息"要求的条款有27处,涉及条款如下:

阐明"成文信息"的管理原则和管理要求的条款3处,为4.4.2、7.5、8.1;表述通过策划确定的活动及要求的需保持的"成文信息"的条款4处,为4.3、5.2.2、6.2.1、8.5.1;明确在体系运行过程形成的需要保留的证实性信息要求的条款20处,为7.1.5.1、7.1.5.2、7.2、8.2.3.2、8.2.4、8.3.2、8.3.3、8.3.4、8.3.5、8.3.6、8.4.1、8.5.2、8.5.3、8.5.6、8.6、8.7.2、9.1.1、9.2.2、9.3.3、10.2.2。

2. 审核思路、方法及说明

(1) 有关"成文信息"的管理原则和管理要求的审核:

序号	条款	ISO 9001:2015 要求	审核思路
1	4.4.2	在必要的范围和程度上,组织应:a) 保持成文信息以支持过程运行;b) 保留确信其过程按策划进行的成文信息。	● 是否结合组织的业务过程建立了满足ISO 9001要求的成文信息? ● 是否策划了对体系运行进行证实的需保留的成文信息的清单、表式或模板(包括信息化数据结构)?
2	7.5	7.5.1总则:组织的质量管理体系应包括:a) 本标准要求的成文信息;b) 组织确定的为确保质量管理体系有效性所需的成文信息。 7.5.2略 7.5.3略	● QMS成文信息是否包含了ISO 9001:2015相关要求? ● 是否根据组织实际及业务过程策划并确定了其他成文信息?先初步了解情况,现场审核应通过这些成文信息实施性及有效性来判断其适宜性 ● 涉及7.5.2、7.5.3成文信息的管理要求的审核见本章第四节

续表

序号	条款	ISO 9001：2015 要求	审核思路
3	8.1	运行策划和控制：e) 在必要的范围和程度上，确定并保持、保留成文信息：1) 确信过程已经按策划进行；2) 证实产品和服务符合要求。	● 对实现产品要求和服务提供要求的过程运行策划结果形成了哪些成文信息？ ● 上述成文信息是否充分且适宜？初步了解情况，有待现场审核时根据过程实施的有效性进行判断 ● 是否策划了证实产品和服务符合要求的成文信息（质量记录）清单、表式或模板（包括信息化数据结构）？

（2）对需保持的"成文信息"的审核：

序号	条款	ISO 9001：2015 要求	审核思路
1	4.3	组织的质量管理体系范围应作为成文信息，可获得并得到保持。	● 是否有对 QMS 范围进行描述的信息？ ● 了解 QMS 覆盖的产品、服务、过程、组织机构、区域和时限等
2	5.2.2	a) 质量方针应：作为成文信息，可获得并保持。	● 质量方针是否保持了成文信息，并有正式批准的证据？ ● 是否与组织的战略、宗旨和管理理念一致？ ● 是否体现了本组织的产品和服务特点？是否体现持续改进的承诺？ ● 与质量目标是否有相应的框架关系？
3	6.2.1	组织应保持有关质量目标的成文信息。	● 在与质量管理相关的职能和层次上是否建立了质量目标？是否保持了成文信息？有批准的证据吗？ ● 是否包括了组织在产品和服务主要质量特性方面要达到的具体目的？是否体现了增强顾客满意的追求？ ● 是否可测量、可评价？ ● 与质量方针是否一致？
4	8.5.1	生产和服务提供的控制：a) 可获得成文信息，以规定以下内容：1) 所生产的产品、提供的服务或进行的活动的特性；2) 拟获得的结果。	● 为实现生产和服务提供的控制，组织保持了哪些成文信息？ ● 是否表述了所生产的产品、提供的服务或进行的活动的特性？ ● 是否表述了产品生产和服务提供过程拟获得的结果？

（3）对需保留的成文信息要求的审核应结合所属过程的审核一并进行，见本章第四、五、六、七节。

二、最高管理者

1. 涉及的标准要求

最高管理者即组织的最高管理权限的领导层，负有 ISO 9001：2015 标准第 5 章的管理职责及质量管理体系全部过程的领导职责。

审核涉及的标准要求：

主要条款	5.1.1　5.1.2　5.2　5.3
相关条款	4　6　7　8　9　10

第七章 审核要点及案例分析

2. 审核路线、方法及说明

审核路线及方法	说　　明
询问最高管理层分工和职责	● 核查与成文信息中规定的职责是否相符； ● 了解最高管理层成员是否清楚自己职责； ● 了解分工,以便于后面审核的针对性
↓	
询问本组织的产品、服务、顾客和供方情况,了解顾客的需求	● 确定组织的顾客和供方； ● 明确质量管理体系的输入、输出
↓	
询问质量管理体系的策划和建立过程	● 了解建立质量管理体系的出发点； ● 确认质量管理体系的策划和建立是否依据了顾客的需求； ● 了解在建立质量管理体系过程中最高管理者的重视程度和参与程度
↓	
询问最高管理者对以顾客为关注焦点的理解及在质量管理体系过程的实现情况	● 了解最高管理者的质量意识； ● 了解质量管理体系的主要过程； ● 了解质量管理过程如何能实现以顾客为关注焦点； ● 要查证对顾客需求和满意情况的了解程度
↓	
询问及查阅相关证据,了解最高管理者为质量管理体系资源配备情况	● 了解总体情况,并查证重要资源的配备； ● 掌握信息,便于标准第7章的审核
↓	
通过交谈和查阅相关证据,了解最高管理者在沟通有效的质量管理,传达满足顾客和适用的法律、法规要求重要性的情况	● 不但要交谈,更重要的要有相关证据进行证实
↓	
通过交谈和查阅相关证据,查质量方针	● 质量方针的审核思路见本章第二节
↓	
通过交谈和查阅证据,查质量目标	● 质量目标的审核思路见本章第三节； ● 最后要查质量目标的实现情况,评价质量管理体系的总体有效性
↓	
结合对质量管理体系成文信息的审核,评价质量管理体系策划的有效性和体系运行中的完整性	● 查质量管理体系的策划结果,即质量管理体系成文信息的框架,评价是否满足质量目标和6.2的要求； ● 根据内、外部环境变化查体系的完整性
↓	
通过查阅文件和交谈,查职责、权限的规定及沟通	● 审核思路见本章第二节； ● 在各部门审时确认沟通的有效性
↓	
询问及查阅相关证据,查质量管理体系特定职责的安排及最高管理者对其他管理者质量管理工作的支持	● 审核思路和审核的客观证据见本章第二节； ● 要特别注意质量管理体系特定职责的权限是否到位,能否对质量管理体系负责； ● 要查被授权者在内审、质量管理体系方面的培训、质量管理体系改进等活动中的作用
↓	
了解对过程方法的使用和基于风险的思维情况	● 审核思路见本章第三节； ● 可以通过质量管理体系的策划过程及结果,以及运行中的改进机会的识别和应对进行评价
↓	
询问及查阅相关的成文信息,查管理评审的策划,实施和有效性	● 审核思路见本章第六节； ● 要特别关注第一管理者在管理评审活动中的作用

三、质量管理的主管部门

1. 涉及的标准要求

质量管理的主管部门对质量管理体系的推进和管理负有主要职责。各组织的实际状况不同,具体的职责规定也有不同。一般情况下其主要职责有:质量管理体系策划的组织,质量管理体系成文信息的管理、监视、测量、分析和评价、内部审核管理、数据和信息分析、改进等。以下按上述一般情况下的主要职责规定给出审核提示。

审核涉及的标准要求:

主要条款	6 7.5 9.1.1 9.2 10
相关条款	4 5

2. 审核路线、方法及说明

审核路线及方法	说明
询问部门人员、主要职责和其他基本情况	● 了解部门人员及分工,以便于后面审核的针对性; ● 核查与成文信息规定的职责是否相符,包括与其他部门的接口职责部门成员是否清楚自己的职责; ● 了解其他与质量管理体系有关的基本情况
询问主要的管理过程或查阅过程的流程文件,明确过程的输入、输出和活动	● 识别过程及过程接口
询问并查阅主要的管理过程的质量目标	● 明确管理过程的预期结果; ● 也可能反映在工作标准或岗位责任制中
询问并查阅对本部门的管理过程做了哪些策划	● 根据部门负责的管理过程,查相关的文件规定; ● 可顺便审核成文信息在使用场所的管理情况
通过交谈和查阅相关证据,了解部门的资源配备情况	● 根据实际过程的需要查资源; ● 质量管理部门的主要资源是人员
通过交谈和查阅相关证据,查质量管理体系保持的成文信息管理过程的实施情况	● 保持的成文信息管理的审核思路见本章第四节; ● 对质量管理部门主要查成文信息的基础管理,即分类、有效状态的识别、审批、发放、评审和更改、作废管理及外来文件的管理等
通过交谈和查阅相关证据,查保留的成文信息管理过程的实施情况	● 保留成文信息管理的审核思路见本章第四节; ● 对质量管理部门主要查保留成文信息的基础管理,即标识、保护、检索、贮存、保存期限和处置等
询问和查阅具体的内部审核过程的策划和实施情况	● 审核思路见本章第六节

续表

审核路线及方法	说　　明
询问和查阅监视、测量、分析和评价活动的实施情况	● 审核思路见本章第六节； ● 具体过程的监视、测量、分析和评价的审核结合其他特定过程的审核一并进行，在质量管理部门的审核应是该部门直接负责的活动和对其他部门检查结果的总结
询问和查阅数据和信息分析过程的实施情况	● 审核思路见本章第六节； ● 具体的数据分析活动的审核结合其他特定过程的审核一并进行，如顾客满意信息的统计分析。在质量管理部门的审核应是该部门直接负责的活动和对其他部门数据分析结果的汇总
询问及查阅相关证据，查改进措施的实施和有效性	● 审核思路见本章第六节； ● 特别注意对不合格和潜在不合格的信息的管理情况，如与数据分析过程的关联； ● 要注意判断改进活动的主动性
询问和查阅质量管理部门在质量管理体系策划和管理评审过程中的情况	● 查最高管理者的管理职责，但质量管理部门往往是具体落实和操作的部门
询问及查阅部门对自己的工作的检查、评价活动情况，部门的质量目标的实现情况查、评价活动情况，部门的质量目标的实现情况	● 查对部门管理过程的检查
查部门工作的改进	● 从检查、评价活动中发现的问题，追踪改进措施和结果

四、市场/销售过程

1．涉及的标准要求

各组织的实际状况不同，市场/销售部门具体的职责规定也有所不同。在一般情况下其主要职责有产品和服务的要求、顾客满意的监视和测量等。以下按上述一般情况下的主要职责规定给出审核提示。

审核涉及的标准要求：

主要条款	8.2　9.1.2
相关条款	

2．审核路线、方法及说明

审核路线及方法	说　　明
询问部门人员、主要职责和其他基本情况	● 了解部门人员及分工，以便于后面审核的针对性； ● 核查与成文信息规定的职责是否相符，部门成员是否清楚自己的职责； ● 了解其他与质量管理体系有关的基本情况

续表

审核路线及方法	说　明
询问与顾客有关的管理过程或查阅过程的流程文件,明确过程的输入、输出和活动	● 识别过程及过程接口
↓	
询问并查阅与产品和服务要求有关的管理过程的质量目标	● 明确过程的预期结果; ● 也可能反映在工作标准或岗位责任制中
↓	
询问并查阅对与产品和服务要求有关的管理过程做了哪些策划	● 根据过程,查相关的成文信息规定; ● 可顺便审核成文信息在使用场所的管理情况
↓	
通过交谈和查阅相关证据,了解部门的资源配备情况	● 根据实际过程的需要查资源; ● 市场/销售部门的主要资源是人员
↓	
通过交谈和查阅相关证据,查与产品和服务有关的要求的确定情况	● 审核思路见本章第五节; ● 要注意与其他部门的接口,如研究发展部门、设计部门等
↓	
通过交谈和查阅相关证据,查与产品和服务有关的要求的评审情况	● 审核思路见本章第五节
↓	
询问和查阅与顾客的沟通及结果	● 审核思路见本章第五节; ● 如有顾客的抱怨/投诉,要追查纠正措施及有效性
↓	
询问和查阅顾客满意的监视和测量	● 审核思路见本章第六节; ● 对顾客满意情况的统计分析也是与产品和服务要求有关的过程控制情况的检查
↓	
询问及查阅部门对自己工作的检查、评价活动情况,部门的质量目标的实现情况	● 是对部门管理过程的检查; ● 可检查合同执行情况以验证与产品和服务要求有关的过程的控制情况
↓	
查部门工作的改进	● 从检查、评价活动中发现的问题,追踪改进措施和结果

五、供应/采购过程

1. 涉及的标准要求

各组织的实际状况不同,供应/采购部门具体的职责规定也有不同。一般情况下其主要职责有:外部提供过程、产品和服务,外部提供产品和服务的标识,外部提供产品和服务的防护等。以下按上述一般情况下的主要职责规定给出审核提示。

审核涉及的标准要求:

主要条款	8.4　8.5.2　8.5.4
相关条款	

2. 审核路线、方法及说明

审核路线及方法	说　　明
询问部门人员、主要职责和其他基本情况	● 了解部门人员及分工,以便于后面审核的针对性; ● 核查与成文信息规定的职责是否相符,部门成员是否清楚自己的职责; ● 了解其他与质量管理体系有关的基本情况
↓ 询问外部提供过程、产品和服务的相关过程或查阅过程的流程文件,明确过程的输入、输出和活动	● 识别外部提供过程、产品和服务相关过程及过程接口
↓ 询问并查阅采购及相关过程的质量目标	● 明确过程的预期结果; ● 也可能反映在工作标准或岗位责任制中
↓ 询问并查阅对外部提供过程、产品和服务的相关过程做了哪些策划	● 根据过程,查相关成文信息的规定; ● 可顺便审核成文信息在使用场所的管理情况
↓ 通过交谈和查阅相关证据,了解部门的资源配备情况	● 根据实际过程的需要查资源; ● 供应/采购部门的主要资源是人
↓ 通过交谈和查阅相关证据,查外部提供过程、产品和服务过程的实施情况	● 审核思路见本章第五节; ● 要注意与其他部门的接口,如生产/服务提供部门、质量检验部门等; ● 注意对产品的进货供方和外包过程的供方进行管理的不同职责规定。如果都在供应/采购部门负责,则要关注两类采购过程管理的不同特点
↓ 通过现场观察、交谈和查阅相关证据,查供方提供产品和服务标识的管理情况	● 审核思路见本章第五节; ● 主要的审核方法是现场观察
↓ 通过现场观察、交谈和查阅相关证据,查外部提供产品和服务的防护情况	● 审核思路见本章第五节; ● 主要的审核方法是现场观察
↓ 查产品的检验或验证结果,确认过程的控制情况	● 外部提供产品是过程的输出,对这些产品的质量的评价能够作为过程质量的检查
↓ 询问及查阅部门对自己的工作的检查、评价活动情况,部门的质量目标的实现情况	● 是质量管理体系对部门管理过程的检查
↓ 查部门工作的改进	● 从检查、评价活动中发现的问题,追踪改进措施和结果

六、生产/服务提供过程

1. 涉及的标准要求

各组织的产品生产和服务提供过程不同,具体的工作内容也有所不同。但一般情况下其主要职责有一定共性,都应包括:生产和服务提供过程的策划,生产和服务提供的控制、生产和服务提供过程的确认、标识和可追溯性、顾客财产、产品防护、监视和测量设备的控制、产品的监视和测量等。以下按上述一般情况下的主要职责规定给出审核提示。

审核涉及的标准要求:

主要条款	8.1 8.5
相关条款	

2. 审核路线、方法及说明

审核路线及方法	说　明
通过询问和查阅,了解部门的基本情况	● 确定本部门过程的结果——产品是什么? ● 确定主要的生产过程和服务提供过程,包括过程流程及过程之间的相互关联; ● 明确产品的接收者——过程的顾客; ● 明确过程的输入——原材料、过程要求(图纸和规程)、资源等; ● 明确过程的活动——步骤、程序
通过询问和查阅,查对生产和服务提供过程策划	● 查产品和服务的质量目标和要求; ● 查过程的质量目标; ● 查相关的文件规定及规定; ● 需要提供哪些必要的资源; ● 部门接到生产和服务提供的任务后,进行了怎样的策划
通过询问、查阅和观察,按生产和服务提供过程的流程审核生产和服务提供过程的实施	● 查生产和服务提供过程的计划安排; ● 查生产和服务过程是否按规定实施; ● 是否按操作规程正确使用设备; ● 查设备的日常维护保养情况,设备的完好情况; ● 是否使用适合的监视和测量设备对适宜的过程参数或产品特性进行了监控; ● 查放行、交付活动的实施情况; ● 查交付后的活动(售后服务)的情况; ● 审核方法中要重视现场观察
通过询问、查阅和观察,查特殊过程的确认	● 明确生产和服务提供过程的特殊过程; ● 查这些特殊过程的确认; ● 查确认对过程能力的证实
通过询问、查阅和观察,查标识和可追溯性的	● 查生产和服务提供过程以及其他产品实现过程中对产品的识别; ● 确认识别产品和服务方法的适宜性和可行性; ● 查产品和服务的监视和测量状态的识别; ● 确认在有可追溯性要求时对产品的唯一性标识记录和控制; ● 主要的审核方法是观察

续表

审核路线及方法	说　明
通过询问、查阅和观察,查顾客或外部供方的财产	● 确认在生产和服务提供过程以及其他产品实现过程中的顾客或外部供方财产; ● 查对顾客或外部供方财产的识别、验证、保护和维护活动的实施情况; ● 当顾客或外部供方财产丢失、损坏和不适用时追踪查向顾客或报告; ● 了解顾客或外部供方财产有没有因组织的原因发生了损坏的情况
通过询问、查阅和观察,查产品和服务的防护	● 明确生产和服务提供过程以及其他过程中的产品和服务、中间产品和服务、产品和服务的组成部分有哪些防护; ● 查关于防护的标识、搬运、包装、贮存和保护相关的制度或规定; ● 查防护的标识、搬运、包装、贮存和保护的实施情况
通过询问、查阅和观察,查生产和服务提供过程中的监视和测量资源的管理	● 明确本部门的生产和服务提供过程确定了哪些监视和测量资源,识别是否充分; ● 抽样选取各类设备,查监视和测量设备的校准和检定,包括自校。现场的监视和测量设备是否在有效的校准、检定周期内。校准状态如何识别; ● 查对设备调整、搬运、维护和贮存期间对设备的保护; ● 用于监视和测量的计算机软件等资源在使用前和其他必要的情况下的确认
通过询问和查阅,查产品和服务的放行	● 包括原材料、中间产品和服务,本部门的最终产品和服务; ● 审核思路见本章第五节; ● 注意与质量检验部门的接口
通过询问和查阅,查现场不合格输出的控制	● 主要查不合格输出在现场的隔离,标识和处置
通过询问和查阅,查生产和服务提供过程监视和测量	● 审核思路见本章第六节
通过询问和查阅,查持续改进	● 审核思路和审核的客观证据见本章第七节; ● 根据生产和服务提供过程监视和测量中发现的问题,追踪改进的措施及效果

思考与练习

一、思考题

1. 保持的成文信息管理与保留的成文信息管理,审核的方式主要是什么?
2. 如何审核最高管理层?请你编制内审检查表。
3. 评价人力资源是否能够满足 ISO 9001:2015 标准的要求,从哪些部门要收集哪些证据?

4. 基础设施和运行环境的审核主要运用什么审核方法？举例说明。
5. 如何审核产品和服务要求有关的过程？
6. 请编制设计开发部门的审核检查表。
7. 外部提供的物资如何满足质量要求？在内审中如何评价？
8. 说明对生产和服务过程的审核如何体现过程审核的思路？
9. 以监视和测量资源为例，说明可以采用哪些审核路线？
10. 如何通过顾客满意的监视和测量来评价质量管理体系的总体业绩？
11. 如何审核成品检验站？
12. 不合格输出控制的审核主要思路是什么？
13. 数据和信息分析的审核要收集哪些证据？
14. 如何评价质量管理体系的持续改进能力？

二、案例分析题

1. ISO 9001：2015 版标准新增战略的要求，审核员在审核 2015 版标准质量管理体系时，从哪些方面关注企业的质量管理体系是否考虑了战略的要求？

2. 审核员在企业依据 2015 版标准审核质量管理体系时，应从哪些方面关注企业的质量管理体系是否应用了基于风险的思维？

3. 以审核某营销部门为例，请阐述如何把基于风险的方法，应用在审核营销过程中？

4. 工厂不合格品控制程序规定：车间返工后的不合格品要由检验科进行重新检验，合格后方可放行或交付。但审核员在检验科没发现近三个月的重新检验的记录。你会如何继续审核？（写出 2~3 个步骤）

5. 一家公司的文件管理现状，技术部存在顾客提供的原材料要求标准文件，还有设计院提供的图样，还有标准出版社买的产品标准，还有根据上次审核不符合所修订的设计变更控制文件。问：

(1) 从管理控制角度来看，涉及标准的哪些条款和过程？

(2) 针对文件管理存在哪些问题，如何进一步追踪？

(3) 作为审核员，针对技术部的文件控制情况，如何对技术部进一步审核和对现场所有文件的审核？

6. 很多组织都设置有技术部、人力资源部、质检部，你认为这些部门在质量管理体系中通常会承担哪些质量管理职责？对这些部门进行审核时，重点审核 ISO 9001：2015 标准中的哪些条款？（各部门分别做出说明）

7. 在审核"顾客满意"时，公司销售部部长告诉审核员："自体系运行以来，我们没有收到任何顾客投诉，也没有出现过顾客退货的情况，这说明顾客对我们的产品质量很满意，因此，我们没有有关的记录。"审核员很满意他们的工作，道谢后就离开了。你认为这种审核是否符合要求？为什么？如果你去审核，你将用什么方法？审核那些内容？

8. 审核员在审查产品的监视和测量过程时，在质量部办公室抽查了原材料、零部件和成品的检验规程和规程所附的记录表式，又抽查了已归档的成品质量档案三份，发现没有什么问题，审核员就结束了审核。这样的审核是否符合要求？为什么？如果请你去审核，你会怎么做？

9. 审核员在检查已投入批量生产的 SB-311 产品的设计开发过程时，发现在《设计评审报告》的结论中写明"产品使用的环境温度是 0～200℃",就此,审核员检查了该产品的《使用说明书》,发现说明书上写明"产品使用的环境温度为 0～280℃"。作为审核员,应该如何进一步追踪审核?(至少写出两个步骤)

10. 审核员在某企业查最近一次的管理评审,发现在管理评审报告中针对评审情况,共提出了四项改进决策,审核员只看见其中一项由办公室完成的改进措施的实施情况及其有效性的验证记录。你作为审核员应如何处理?

11. 审核员发现某工序生产的产品质量不太稳定,而且该工序也没有作业指导书。作为审核员,你应该如何进一步追踪审核?(至少写出两个步骤)

12. 在某建筑施工项目部的施工现场,审核员发现了如下事实:

(1) 项目经理办公室放着一整套建设部编发的《建筑施工规范》大全,但该项目的技术负责人不知道哪些规范适用于现在施工的项目。

(2) 施工现场露天堆放着一些水泥,因前两天下雨而受潮,且部分包装袋已破损。

(3) 施工现场的一名电焊工没有焊工证。

(4) 施工现场没有瓦工作业指导书。

(5) 施工现场堆放着一批要退货的不合格钢筋,但没有看见不合格的标牌。

根据以上证据,请说出该审核员审核了哪些标准条款?并判定是否存在不符合。

第八章
质量管理体系的建立和实施

第一节　建立和实施质量管理体系的意义和几点认识

一、建立和实施质量管理体系的意义

任何组织为实施和达到其目标的活动,均需要管理。没有管理,一个组织就不可能运行。管理是多方面的,当管理与质量活动有关时,则为质量管理。质量管理是在质量方面指挥和控制组织的协调活动。通常包括制定质量方针和质量目标以及质量策划、质量控制、质量保证和质量改进等活动。无论其是否经过正式策划,每个组织都有质量管理活动。实现质量管理的方针目标、有效地开展各项质量管理活动,必须建立相应的管理体系,这一管理体系称为质量管理体系。

采用质量管理体系是组织的一项战略决策,能够帮助其提高整体绩效,为推动可持续发展奠定良好基础。

组织根据 ISO 9001 标准实施质量管理体系具有如下潜在益处:
(1) 稳定提供满足顾客要求以及适用的法律、法规要求的产品和服务的能力;
(2) 促成增强顾客满意的机会;
(3) 应对与组织环境和目标相关的风险和机遇;
(4) 证实符合规定的质量管理体系要求的能力。

二、建立和实施质量管理体系的几点认识

一个能完成自身职能的组织,在客观上都存在一个质量管理体系,但并非每个组织的质量管理体系都能保持和有效运行。根据 ISO 9000 族标准的要求和已取得认证注册组织的经验,在建立和实施质量管理体系过程中统一以下认识是有益的:

(1) 正规的质量管理体系为策划、执行、监视和改进质量管理活动的绩效提供了框架。质量管理体系无须复杂化,而是要准确地反映组织的需求。

(2) 质量管理体系策划不是一劳永逸的事情,而是一个持续的过程。这些计划随着组织的学习和环境的变化而逐渐完善。计划要考虑组织的所有质量活动,并确保覆盖 ISO 9000 族标准的要求。

(3) 必须强调,ISO 9001 要求(并总是要求)一个"形成文件的质量管理体系",而不是一个"文件的体系"。标准允许组织灵活地选择质量管理体系形成文件的方式。

——对于正在实施或打算实施 QMS 的组织,ISO 9001 标准强调过程方法。要通过对过程的分析作为驱动力,来定义质量管理体系所需的成文信息的数量,而不应是用成文信息来驱动过程。文件的程度应足以保证过程有效运行和控制。

——已有质量管理体系的组织不需要重写所有的成文信息以满足 ISO 9001:2015 的要求,特别是如果一个组织的 QMS 是使用过程方法、基于其有效运行的方式构建的;但可以对已有的成文信息进行一些简化和/或合并以简化其 QMS。

(4) 定期监视和评价质量管理体系的计划的执行情况及其绩效状况,对组织来说是非

常重要的。应仔细考虑这些指标,以有利于这些活动的开展。

(5) 审核是一种评价质量管理体系有效性的方法,以识别风险和确定是否满足要求。为了有效地进行审核,需要收集有形和无形的证据。在对所收集的证据进行分析的基础上,采取纠正和改进的措施。知识的增长可能会带来创新,使质量管理体系的绩效达到更高的水平。

第二节　建立和实施质量管理体系的基本方法和步骤

一、建立和实施质量管理体系的基本方法

ISO 9000 标准倡导在建立、实施质量管理体系以及提高其有效性时采用过程方法(第二章第二节),通过满足顾客要求增强顾客满意。采用过程方法所需满足的具体要求见 ISO 9001 标准 4.4 条款,该条款给出了建立、实施、保持和持续改进质量管理体系有效性的总体思路、要求和步骤。

ISO 9001 标准 4.4.1 条款要求组织应确定质量管理体系所需的过程及其在整个组织中的应用,且应:

a) 确定这些过程所需的输入和期望的输出;

b) 确定这些过程的顺序和相互作用;

c) 确定和应用所需的准则和方法(包括监视、测量和相关绩效指标),以确保这些过程有效的运行和控制;

d) 确定这些过程所需的资源并确保其可用性;

e) 分派这些过程的职责和权限;

f) 应对按照 6.1 的要求所确定的风险和机遇;

g) 评价这些过程,实施所需的变更,以确保实现这些过程的预期结果;

h) 改进过程和质量管理体系。

ISO 9001 标准 4.4.2 条款要求在必要的范围和程度上,组织应:

a) 保持成文信息以支持过程运行;

b) 保留确信其过程按策划进行的成文信息。

二、建立和实施质量管理体系的工作步骤

不同的组织在建立、完善质量管理体系时,可根据自己的特点和具体情况,采取不同的步骤和方法。总体来说,按照上述方法建立和实施质量管理体系的工作步骤可概括为下列四个阶段:

(1) 质量管理体系的策划与准备;

(2) 质量管理体系的建立;

(3) 质量管理体系的实施运行;

(4) 质量管理体系的评价和改进。

建立和实施质量管理体系的工作流程如表 8-1 所示。

表 8-1 建立和实施质量管理体系工作流程

阶段	项目	工作内容
策划与准备	体系策划准备	(1) 理解组织及其环境 (2) 理解相关方的需求和期望 (3) 确定质量管理体系范围
	体系策划	(4) 制定质量方针和目标 (5) 确定质量管理所需的过程 (6) 确定组织机构/进行职能分配 (7) 应对风险和机遇措施的策划 (8) 质量管理体系文件的策划
体系建立	基础培训	(9) ISO 9000 族标准理解与实施培训 (10) 质量管理体系文件编写培训 (11) 内审员培训
	文件编写	(12) 质量管理体系文件编写 (13) 质量管理体系文件审批和发布
体系运行	体系运行	(14) 质量管理体系运行动员与宣布实施 (15) 确定和提供必需的资源 (16) 质量管理体系运行
体系评价和改进	体系评价和改进	(17) 内部审核 (18) 管理评审 (19) 持续改进

第三节 质量管理体系的策划和准备

质量管理体系策划是建立质量管理体系之前的一个过程,ISO 9001 标准 6.1.1 条款要求在策划质量管理体系时,组织应考虑到标准 4.1 条款所描述的因素和标准 4.2 条款所提及的要求,并确定需要应对的风险和机遇。

一、理解组织及其环境

组织环境是指对组织建立和实现目标的方法有影响的内部和外部因素的组合。它不仅适用于营利性组织,同样适用于非营利性组织或公共服务组织。

(一)组织环境的构成

组织环境可分为组织的外部环境和内部环境。

1. 组织外部环境的构成

(1)经济环境(包括宏观经济和微观经济)。组织的宏观经济环境就是指在国家和地区的水平上给组织造成市场机会或环境威胁的社会力量;可理解为泛指一个国家的社会制度、执政党的性质、政府的方针与政策,以及国家制定的有关法律、法规等。组织必须明确其所在国家和政府目前禁止哪些事情,允许哪些事情以及鼓励哪些事情,从而使组织活动符合全社会利益并受到某些方面的保护和支持。组织的微观经济环境主要包括所在地区消费者水平、消费偏好、就业程度等。微观经济环境因素会直接决定企业目前及未来的市场规模。

(2) 政治环境。政治环境就是指一个国家或地区在一定时期内的政治大背景。政治环境的好坏影响着宏观经济形势,从而也影响着组织的生产经营活动。

政治环境分析的内容,如我国提出了优化产业结构、转变经济增长方式、以信息化带动工业化、以工业化促进信息化、实施科教兴国战略等。这一切都对企业生产经营活动有着决定性的影响,指导着企业正确地确定自己的经营方向、经营目标、经营方针、经营战略和策略。

(3) 技术环境。社会科技的进步会促进组织活动过程中物质条件的改善和技术水平的改进,从而使利用这些物质条件进行活动的组织取得更高的效率。技术环境对组织活动成果有着重要的影响。技术进步了,企业现有产品就可以被采用了新技术的竞争产品所取代。产品更新换代以后,组织现有的生产设施和工艺方法可能显得落后,生产作业人员的操作技能和知识结构可能不再符合要求。

(4) 自然环境。通常是指组织所处地区的地理位置、自然资源的状况。我国地域辽阔,各地区自然条件和资源差异较大,沿海地区与内陆地区的经济发展条件和水平也完全不同。

2. 组织内部环境的构成

(1) 组织使命。组织使命是指该组织(作为一个子系统)在社会(大系统)中所处的地位、所起的作用、承担的义务以及扮演的角色。组织使命体现组织的根本目的,既反映外界社会对本组织的要求,又体现组织的创办者或高层领导人的追求和抱负。

(2) 组织资源。组织资源是组织拥有的,或者可以直接控制和运用的各种要素。这些要素既是组织运行和发展所必需的,又是通过管理活动的配置整合,能够起到增值的作用、为组织及其成员带来利益的。

(3) 组织文化(企业文化)。企业文化,或称组织文化(corporate culture 或 organizational culture),是一个组织由其价值观、信念、仪式、符号、处事方式等组成的、组织所特有的文化形象。文化是企业的灵魂,企业文化产生自然的影响力,牵制人的思想,驱动人的行为,是一种非制度的强大驱动力。

(二) 组织环境的确定和分析

由于一个组织的质量管理体系的设计和实施受组织的环境、该环境的变化以及与该环境有关的风险影响,因此,组织在策划质量管理体系时,应确定与其宗旨和战略方向相关并影响其实现质量管理体系预期结果的能力的各种外部和内部因素。组织应通过各种渠道收集内外部环境的信息,如网络、媒体、咨询机构、行业协会、高层或普通员工座谈等,这些信息应是有用的信息,需要进行整理和分析,确保这些信息与组织宗旨和战略方向相关,对质量管理体系建立和改进有重要参考作用。

开展组织环境分析的方法很多,如宏观环境 PEST 分析、产业环境分析、SWOT 分析、竞争力分析、价值链分析、关键成功因素分析(Key Successful Fact,KSF)、主要障碍因素分析(Critical Business Issue,CBI)等,组织可选择适合组织自身特点和类型的分析方法。

1. PEST 分析法

PEST 分析是指宏观环境因素的分析。不同行业和企业根据自身特点和经营需要，分析的具体内容会有差异，但一般都应对政治(political)、经济(economic)、社会(social)和技术(technological)这四大类影响企业的主要外部环境因素进行分析，简称为 PEST 分析法。PEST 分析模型如表 8-2 所示。

表 8-2 PEST 环境因素汇总分析

政治/法律(political)	经济(economic)
(1) 招投标法、合同法、对外贸易法； (2) 环境保护法、资源能源政策； (3) 安全生产法、职业病防治法； (4) 产品质量法、标准化法； (5) 与产品和服务有关的国家政策、法规； (6) 政局稳定、反恐等	(1) GDP 趋势； (2) 利率、货币供给； (3) 国家经济发展战略； (4) 通胀、失业率； (5) 组织的能源供应； (6) 工资、价格控制等
社会文化(social)	技术(technological)
(1) 组织面临的消费人群； (2) 生活方式演变； (3) 工作期望水平； (4) 教育水平； (5) 消费者态度、购买方式等	(1) 政府对研究的投入； (2) 政府对技术的重视； (3) 新技术开发； (4) 工业化、信息化； (5) 知识产权保护等

2. SWOT 分析法

SWOT 分析是将对组织内外部环境信息和条件进行综合和概括，进而分析组织的优势(strength)、劣势(weakness)、面临的机会(opportunity)和威胁(threat)，从而根据组织所处环境状况采取相应策略的一种方法。利用 SWOT 分析，采取的策略通常可以分为四类：

(1) 内部处于优势，外部有机会的策略(SO 策略)：依靠内部优势，利用外部机会；
(2) 内部处于劣势，外部有机会的策略(WO 策略)：利用外部机会，弥补内部劣势；
(3) 内部处于优势，外部有威胁的策略(ST 策略)：利用内部优势，规避外部威胁；
(4) 内部处于劣势，外部有威胁的策略(WT 策略)：减少内部劣势，规避外部威胁。

表 8-3 所示为某组织 SWOT 分析，表 8-4 所示为根据 SWOT 分析结果而采取的质量战略矩阵。

表 8-3 某组织 SWOT 分析

内部优势(strength)	内部劣势(weakness)
(1) 员工队伍稳定； (2) 质量部门能够独立行使职权； (3) 领导重视质量管理，亲自挂帅； (4) 质量体系职责分层，组织机构完整； (5) 拥有多个管理体系认证，质量管理体系能够有效运行； (6) 已明确了企业发展的近、中、远期的发展战略目标； (7) 产品质量稳定，在用户中有较高的声誉	(1) 员工质量意识仍然薄弱； (2) 缺乏有效的质量考核机制； (3) 缺少有效的质量事先预防机制； (4) 质量管理和质量检验手段还较落后、效率低； (5) 成品出厂质量的一次检验合格率不高； (6) 收集的质量信息不完整，统计技术的应用没有有效开展； (7) 质量成本数据的准确性不够

续表

外部机会(opportunity)	外部威胁(threat)
(1) 国家政策重点扶持行业; (2) 产品受到用户支持和理解; (3) 已开展同行业质量部门间的沟通; (4) 全社会关注质量、重视质量; (5) 与认证公司保持良好的沟通	(1) 用户对质量要求的提高; (2) 网络营销对小批量、多品种生产要求越来越高; (3) 国内外行业内部竞争; (4) 工业4.0对组织的要求

表8-4 质量战略矩阵

SO战略	WO战略
(1) 实施总成本领先战略; (2) 树立品牌形象,实施名牌战略; (3) 加强外部沟通; (4) 加强质量信息化建设; (5) 选择质量竞争标杆,开展标杆对比	(1) 开展全员质量意识教育; (2) 建立质量问题预防及总结机制; (3) 完善检测手段,提高工序控制能力; (4) 导入卓越绩效管理模式; (5) 质量成本管理化、科学化
ST战略	WT战略
(1) 推行5S管理、导入精益生产管理模式; (2) 开展质量可靠性工程; (3) 导入PPAP、APQP、MSA、SPC、EMEA五大管理工具; (4) 实施客户满意度工程; (5) 加强质量信息网络化建设,导入ERP	(1) 完善供应商评价管理机制; (2) 建立顾客需求信息反馈机制; (3) 提高制造环境质量管理水平; (4) 整治现场质量问题; (5) 提高检验水平; (6) 加强售后服务

3. 行业环境分析

行业是组织生存、发展的空间,也是对企业生产经营活动最直接产生影响的环境。组织开展行业环境分析具有更强的针对性:

——行业的经济特性是什么?
——行业中发挥作用的竞争力有哪些?
——行业中的变革驱动因素有哪些?它们有何影响?
——竞争地位最强和最弱的公司分别有哪些?
——决定成败的关键因素有哪些?
——行业吸引力是什么?

4. 其他分析方法

价值链分析组织还可以采用价值链分析、企业竞争态势分析等。

当然,对于组织环境的分析还可以有很多的方法,甚至包括组织多年形成的一种应对内外部环境变化的行之有效的方法和行动。对组织环境的分析的目的是确定解决方法,所以无论所选择的方法或简或繁,其考虑的方面至少会涉及:

——识别与认识机会与挑战;
——正确地认识与把握管理者的任务与目标;

——准确把握问题的现状与趋势；

——把握组织的条件和环境；

——明确解决问题的方向与思路。

二、理解相关方的需求和期望

"相关方"是指可影响决策或活动、受决策或活动影响或自认为受决策或活动影响的个人或组织。相关方可以是顾客、所有者、组织内的员工、供方、银行、监管者、工会、合作伙伴以及可包括竞争对手或相对立的社会群体。某些相关方的需求和期望如果不能得到满足，将给组织稳定提供符合顾客要求及适用的法律、法规要求的产品和服务的能力形成威胁。为了降低风险，组织应识别和理解相关方及其需求，监视和评审相关方的信息及需求。

每个相关方的需求和期望是不同的。有些可能相互冲突，有些可能变化很快。一个组织的质量管理体系的建立和实施，需考虑与质量管理体系有关的相关方的需求，平衡相关方的利益，组织才能持续成功，质量管理体系的有效性才能得到保障。相关方及其需求和期望的示例，见表3-1。

识别相关方及其需求和期望，可以采取市场调研、合作谈判，从网络渠道、行业分析报告、相关方信息披露等渠道获取信息。组织应关注相关方及其需求信息的变更，这些信息应作为质量管理体系策划的输入。

(1) 加强与相关方的信息沟通。如对产品和服务要求的评审；招投标信息的评审、合同评审、合同履行中沟通及信息反馈；与供方及合作伙伴建立互利共赢的合作关系，签订战略合作协议；开展相关方满意度调查；开展员工满意度调查；采取多种形式与相关方建立沟通渠道；等等。

(2) 履行社会责任，关注环境保护和职业健康安全要求。如定期组织与社区、政府部门、员工召开座谈会，就产品和服务、环境和职业健康安全等方面的信息沟通与交流。

(3) 加强与质量有关法律、法规、产品标准的收集和分析，自觉履行合规性义务。

三、制定质量方针和质量目标

质量方针是由组织的最高管理者正式发布的该组织总的质量宗旨和方向。质量目标是组织在质量方面需要实现的结果。建立质量方针和质量目标为组织提供了关注的焦点，为质量活动确定了预期的结果。对内可以用于形成全体员工的凝聚力，对外可以显示组织在质量领域的追求，以取得顾客的信任。

原则上，组织先要制定质量方针和目标，再建立和实施质量管理体系来确保质量方针和目标的实现，而不是在质量管理体系形成文件后，用质量方针和目标来点缀。

制定质量方针和目标是一个过程，而且是一个很重要的过程，应认真对待。对组织现状的调查和分析可以形成此过程的输入；讨论、确定方向和目标是制定方针目标的活动；最后形成一个切合实际、满足要求的质量方针和目标就是此过程的输出。

(一) 质量方针的策划

质量方针的制定可以七项质量管理原则为基础，在满足标准对质量方针要求的前提下适当精炼，经过调查、研究而确定的方针内容可涉及(突出本组织特点，不是面面俱到)：

(1) 组织如何贯彻七项质量管理原则；

(2) 组织质量方针如何适应组织的宗旨和环境并支持其战略方向；

(3) 组织产品的追求达到什么水平，如国际的、国内的或行业的；

(4) 在满足顾客要求方面要做出哪些承诺；

(5) 在满足与产品相关的法律、法规方面要做出哪些承诺；

(6) 在持续改进方面要做出哪些承诺；

(7) 组织的价值观和企业文化特点如何体现。

在实践中，许多组织结合实际情况认真制定了较好的质量方针，起到了指导作用。但也有一些口号式、广告式的质量方针不尽如人意，空洞、抽象，讲大话、空话。现举不同行业、不同产品和服务组织的质量方针部分实例供参考：

××物业公司

客户至上的理念，规范细致的管理，高效满意的服务，安全舒适的环境，持续发展的追求。

××建筑工程公司

遵纪守法，交优良工程；信守合同，让业主满意；坚持改进，达行业先进。

××出租车服务公司

一流的车况车貌、一流的队伍素质、一流的调度服务，以安全、舒适的出租车服务使顾客满意。

××设计院

以为顾客提供精品工程设计为永恒的质量追求，为顾客提供优质的服务是我院不变的主题

质量方针在实施方面要求在组织内得到沟通、理解和应用，因此质量方针的内涵需要给出明确解释，这样也便于组织全体员工共同遵循。这里也举两例：

××物流公司

安全、迅速、准确、完善

安全——在为顾客提供服务中做到货物、设施、工具、单据的完好和安全，不发生货物损坏和意外事故。

迅速——严格按照顾客要求的时间，完成物流配送任务，努力提高工作效率。

准确——在物流配送全过程中，货物处理、单证手续、运输过程、计收费用等各个环节都应准确无误。

完善——不断提供服务质量和提升工作效率。

××某重型机械制造厂

精神、卓越、效能

精神——靠创造力、革新精神和每个员工努力达到我们的目标，我们在研究和开发上的投入，是为了寻求革新的成果。

卓越——我们是一家能提供优质产品的企业，我们持续采用所阐述的技艺来改进我们的产品和服务。

效能——为了我们顾客的利益，我们坚持成果导向管理和有竞争力的绩效。

口号式的方针最常见的是："质量第一，顾客至上""质量第一，永远第一"；广告式的方针如"我的产品就是你的满意""没有最好，只有更好"等。显然这样的方针难以指出组织奋

斗的方向。

（二）质量目标的策划

质量目标的设定和质量目标实现的策划，可帮助组织达成组织目标的一致性。

质量目标的设定应在质量方针的框架下进行，与提供合格产品和服务以及增强顾客满意相关，这并不是要把相关产品和服务的各项特性指标都作为质量管理体系的目标，而是一些综合性的与产品和服务或过程有关的质量目标。通常是：

（1）与产品和服务特性有关。如产品使用寿命、产品可靠性、产品安全性、服务及时性；

（2）与产品和服务过程有关。如交验产品一次合格率、铸造废品率、工程返工率、采购产品不良率、设计差错率、在用设施完好率；

（3）与顾客满意有关。如顾客满意率、顾客投诉率、顾客投诉处理率。

关于质量目标应在质量方针的框架下进行这一点的理解，可以用某组织"质量第一，用户至上"的质量方针和"产品出厂合格率100%，用户投诉为零"的质量目标来说明。众所周知：合格是对产品质量的最低要求，不一定能体现质量第一，贴近质量第一的，应是优等率指标；再说合格率100%，还要看合格标准的高低，如果定得很低，合格率100%与质量第一毫不相干；同样，用户投诉率为零的质量目标并不反映用户至上的框架。

组织需在过程或各职能级别中设定合适的质量目标，以确保战略方向和质量方针的实施。

（1）市场营销质量目标举例：

营销计划完成率

合同履约率

客户满意度

客户投诉解决率

合同归档率

客户信息管理的完整性

销售结算及时率/准确率

市场占有率

货款回收及时率

利润率

（2）生产管理质量目标举例：

生产计划完成率

按时交货率

工艺纪律执行率

工艺参数达标率

过程能力指数(Cpk)

设备完好率/设备故障率

生产安全事故损失率

生产作业现场5S达标率

过程产品抽样合格率

成品一次交验合格率

目标产能达成率

原材料\半成品\在制品库存减少 20%

投入产出率＞90%

(3) 质量管理质量目标举例：

质量检验差错率

检测设备周期检定率

入库产品抽检合格率

出厂产品返修率

质量事故处理及时率

客户质量问题处理及时率

检验资料保存完好率

内部审核计划完成率

审核问题整改有效率

工序产品报废率＜100PPM

质量损失＜10万元

(4) 人力资源管理质量目标举例：

员工培训计划完成率

特种作业人员持证上岗率

人才引进完成率

员工岗位说明书完备率

员工能力绩效考核完成率

(5) 采购管理质量目标举例：

采购计划完成率

采购产品一次检验合格率

采购产品及时交货率

采购成本降低率

供应商信息保存完整率

重要供应商稳定率

供应商开发目标完成率

(6) 技术管理质量目标举例：

研发计划完成率

标准化审查差错率

技术图档更改及时性

技术出图及时性/准确性

新产品开发成功率

(7) 仓储管理质量目标举例：

物资入库差错率

物资领用差错率

报表/台账出错率

库存物资损失率

标准库存量与实际库存量比率

(8) 文件资料管理质量目标举例：

受控文件审批及时性

受控文件发放差错率

资料归档及时性

组织在建立质量目标后,应策划确定如何实现质量目标。组织应确定实现目标的措施(what)、需要的资源和相应的时间进度(when)。另外,根据相应的职责权限,指定实施措施的责任人(who)。最后,根据监视、测量、分析和改进的要求确定总体结果的评价机制。

四、质量管理体系所需过程的策划

质量管理体系所需过程的策划,主要是识别和确定质量管理体系所需的过程及其在组织中的应用,并按照 PDCA 循环,对过程实施管理,如图 8-1 所示。

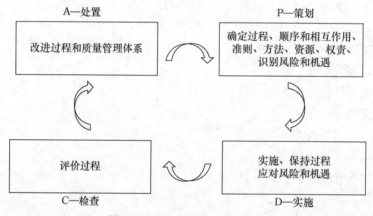

图 8-1　过程方法的 PDCA 循环

从 2015 版质量管理体系标准的构架和章节的逻辑顺序(即条款顺序)来看,质量管理体系过程主要包括了"运行过程",以及为保证"运行过程"有效的"支持过程"和确保管理体系有效运行所需的"管理过程"。"运行过程"主要是标准第 8 章所涉及的与产品和服务实现直接相关的过程。"支持过程"主要是标准第 7 章所涉及的资源保障、员工能力、意识、信息沟通、文件管理等。"管理过程"主要涉及标准的其他条款中与管理体系策划、绩效评价、体系改进等有关的过程。以制造业为例："运行过程"可能包括市场开发、订单与合同管理、产品实现策划、产品设计开发、制造过程设计开发、更改控制、采购产品和服务管理、产品生产、产品检验放行、产品交付、售后服务等；"支持过程"可能包括人力资源管理、设备设施管理、工作环境管理、文件管理、记录管理、监视和测量资源管理等；"管理过程"可能包括目标和绩效管理、内部审核、管理评审、纠正措施和持续改进等。在通常情况下,各个过程中都包括监视、测量活动。

关于过程及过程相互关系的识别与策划,在本书的第二章第二节中已做了讨论。此处不再赘述。不同的组织在所属行业、产品和服务的类别、组织的类型和规模等方面存在差异；组织所处的外部和内部环境、内部资源条件,以及顾客的期望和要求也有不同。因此,组织应该根据自身的具体情况,确定适合组织质量管理体系所需的过程。不同产品的实现的运行过程会有很大的差异。如:有的组织有设计和开发过程,有的组织没有;有的组织有采购过程,有的组织自己不采购,只有采购产品的验证这个子过程。而生产和服务提供过程,则几乎每个组织都不完全相同。如,同为机械制造企业,有的生产过程包括铸造、锻造、焊接、热处理、机加工、装配等主要过程,而有的则仅有机械加工和装配,其毛坯生产和热处理等过程都是外包;又如酒店,其服务过程可能包括客房接待、餐饮接待、商品销售、商务活动提供、康乐活动服务、旅游接待服务等,而一些小型酒店可能只有客房接待和餐饮服务。因此,过程的策划必须首先要准确、完整地识别过程,这是控制过程的前提条件。过程既包括组织自己实施的过程,也包括外部提供的过程。

在识别所需的过程后,要确定过程的顺序和相互作用,要识别每个过程的输入和输出,识别与过程有关的接口关系。通常上一过程的输出就是下一过程的输入。在识别过程顺序时,要明确:谁是过程的顾客?这些顾客的要求是什么?谁为本过程提供输入产品(相当于供方)?对供方的要求是什么?对过程顺序和相互作用的表述,常用的方法是流程图。

现举一些不同产品实现过程,如图 8-2、8-3 和 8-4 所示。

例 1　机械产品实现过程

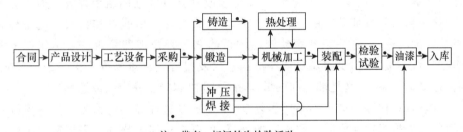

注:带有 • 标记的为检验活动。

图 8-2　机械产品实现过程

例 2　物业管理服务实现过程

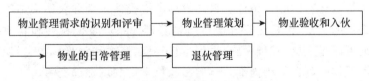

图 8-3　物业管理服务实现过程

其中日常管理涵盖:设备管理,包括供水设施、空调、电梯、建筑物维护、公共设施管理;保洁、绿化管理;消防、保安管理;车辆管理;采购管理;应急处理以及便民服务、小区文化服务等。

例 3　施工企业的产品实现过程

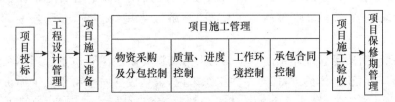

图 8-4　施工企业的产品实现过程

五、组织结构和资源的策划

组织结构和资源是质量管理体系的主要组成部分,是建立和实施质量管理体系并持续改进其有效性的前提和物质基础。最高管理者应确保组织内的职责、权限得到规定和沟通,并提供体系实施、保持以及满足顾客要求所需的资源。

(一)组织结构的策划

组织结构是指人员的职责、权限和相互关系的安排,这种安排通常是有序的。显然,组织结构是按组织的经营生产方式建立起来的运作机构及其职责、权限和相互关系,一般由决策层、管理层和执行层组成。特大型组织管理层次更为复杂:在决策层中,分为最高决策层和委托代理层;在管理层中,分为一级管理层(一般称为系统归口管理)和二级管理层(一般为基层管理机构)。体系的建立和运行需要稳定的组织结构,但在瞬息万变的市场环境下又要求有快速反应的运作机构。组织应当依据其发展战略和规划建立一个管理到位、协调有序、精简高效的组织结构。

ISO 9001 标准 5.3 条款指出:"最高管理者应确保组织内相关岗位的职责、权限得到分配、沟通和理解",这是质量管理体系运行和持续改进其有效性的组织保证。要求在组织内根据过程落实质量管理职能,明确各部门、各职位的质量管理职责和权限。这是最难的一步,也是最关键的一步,它关系到质量管理体系建立是否合理即是否符合本组织的实际情况。在职责、权限策划时,要避免只从经济利益出发或者只从难易程度出发来分配职责,还要特别注意接口关系,尤其是部门间的横向联系,解决职责重叠交叉或遗漏。

组织对职责和权限的描述不必详尽复杂,重要的是这种描述应清晰地反映实际情况和具有灵活性。如果组织需要职责和权限的细节,可以进行岗位描述或采用简单的组织结构图。另外,职责和权限的描述也可以出现在组织的过程文件中或程序文件中,也可以是适用于组织的其他方法,使相关人员理解并沟通职责和权限。

(二)资源的策划

资源是体系得以运行的必要条件。最高管理者应确保识别并获得实施组织战略和实现组织目标的所必需的资源,包括运行和改进质量管理体系以及使顾客和其他相关方满意所需的资源。它们可以是人员、基础设施、过程运行环境、监视和测量资源、组织的知识。在考虑资源配置时不仅仅局限在组织内部,也可合理、科学地利用外部资源。

组织在进行资源策划时,需要考虑如何提供以下资源:

一是与质量管理体系建立、实施相关的,包括硬件和软件。例如,从事的工作影响质量管理体系绩效和有效性的人员,在教育、培训或经验等方面是否符合需求;为了贯彻执行标准需要进行哪些方面的培训;采取哪些措施来满足这些需求。

二是与质量管理体系所覆盖的产品和服务相关的需求,即如何满足顾客要求和相关的法律、法规要求的资源。如旅游酒店可依照"旅游饭店星级划分与评定"标准,配备相关资源。

这里特别说明质量管理体系建立所需的人力资源要求。尽管质量管理体系建设涉及一个组织的所有部门和全体员工,但对多数组织来说,策划成立一个精干的工作班子可能是需要的。根据一些组织的做法,这个班子成员包括最高领导层、中层干部、编写人员和内部审

核员,可分为两个层次:

第一层次:成立以最高管理者(厂长、总经理等)为组长,质量主管领导为副组长的质量管理体系建设领导小组,其主要任务包括:

——体系建设的总体规划;
——制定质量方针和目标;
——进行质量管理职能的分配。

第二层次:成立由各职能部门领导(或代表)参加的工作班子。这个班子一般由质量管理部门的领导牵头,包括文件编写人员及内部审核员,其主要任务是按照体系建设的总体规划具体组织实施。文件编写人员要熟悉本组织的业务流程和管理现状,最好是谁负责谁编写;内部审核员应思路开阔,有很强的判断和分析能力,最好是每个部门至少有一位。

六、质量管理体系文件的策划

ISO 9001:2015 标准 4.4 条款"质量管理体系及其过程"要求组织按需要的程度"保持成文信息",以支持过程运行,并按需要的程度"保留成文信息",以确认过程按策划进行。

条款 7.5.1"总则"解释了质量管理体系文件应包括:

a) 本标准要求的成文信息。

b) 组织确定的为确保质量管理体系有效性所需的成文信息。

该条款后的注说明,各组织的质量管理体系成文信息可因以下情况而不同:

——组织的规模,以及活动、过程、产品和服务的类型;
——过程的复杂程度及其相互作用;
——人员的能力。

ISO 9001:2015 标准中成文信息要求的指南(ISO/TC 176/SC2/N1276)给出成文信息可以是:

a) 基于组织建立 QMS 高层文件的目的需要保持的成文信息。包括:

——质量管理体系的范围(条款 4.3)
——支持过程运行所需的成文信息(条款 4.4);
——质量方针(条款 5);
——质量目标(条款 6.2);

该成文信息应遵从条款 7.5 的要求。

b) 组织为过程运行沟通信息的目的而保持的成文信息(低层、特定文件),见条款 4.4。尽管 ISO 9001:2015 标准并不特别要求任何文件,可为 QMS 增加价值的文件的实例。包括:

——组织结构图;
——过程路线图、流程图和/或过程描述;
——程序;
——作业和/或测试指引;
——规范;
——包含内部沟通的文件;
——批准的供应商清单;

——测试和检验计划；
——质量计划；
——质量手册；
——战略计划；
——表格。

所有的此类文件，如果有，就应按条款 7.5 的要求受控。

c) 组织基于为已实现的结果提供证据的目的而需要保留的成文信息（记录）。包括：

——为过程按照策划的要求运行（条款 4.4）保持信息所需的成文信息；
——表明监视和测量资源适合于目的的证据（条款 7.1.5.1）；
——用作校准监视和测量资源的基准的证据（当没有国际或国家标准时）（条款 7.1.5.2）；
——在组织控制下工作并可影响 QMS 绩效和有效性的人员的能力（条款 7.2）；
——产品和服务的新要求及评审结果（条款 8.2.3）；
——为证实设计和开发要求已被满足所需的记录（条款 8.3.2）；
——设计开发输入的记录（条款 8.3.3）；
——设计和开发控制活动的记录（条款 8.3.4）；
——设计和开发输出的记录（条款 8.3.5）；
——设计和开发变更、包括评审结果、变更授权和必要措施（条款 8.3.6）；
——对外部供方的评价、选择、绩效监视和再评价记录，以及因这些活动产生的任何措施的记录（条款 8.4.1）；
——当要求可追溯性时对于输出的唯一标识证据（条款 8.5.2）；
——顾客或外部提供方的财产的丢失、损坏或发现不适用的记录以及与所有者沟通的记录（条款 8.5.3）；
——生产或服务提供变更的评审、授权变更的人员、采取的必要措施等记录（条款 8.5.6）；
——授权放行产品和服务以交付给顾客的记录，包括接收准则以及对放行人员的可追溯性（条款 8.6）；
——不符合、采取的措施、让步、针对不符合的措施决策的授权标识等记录（条款 8.7）；
——QMS 的绩效和有效性评价结果（条款 9.1.1）；
——审核方案的实施证据以及审核结果（条款 9.2.2）；
——管理评审的证据（条款 9.3.3）；
——不符合的性质及采取的任何后续措施的证据（条款 10.2.2）；
——任何纠正措施结果（条款 10.2.2）。

组织可任意开发其他可能需要的记录，以证实其过程、产品和服务及质量管理体系符合性。如有，所有此类记录应按条款 7.5 受控。

关于质量管理体系文件结构、层次、数量，ISO 9001 标准并没有提出要求。ISO/TR 10013：2001《质量管理体系文件指南》提出了典型的质量管理体系文件层次结构（如图 8-5 所示），并强调文件层次的多少可根据组织的需要进行调整，如一个小型组织将整个质量管理体系表述都放在质量手册中，也是适当的。表格可应用于所有层次。已有质量管理体系的组织大多数采用的是这种文件结构。

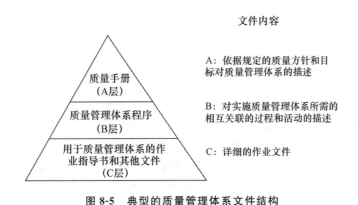

图 8-5 典型的质量管理体系文件结构

第四节 质量管理体系文件的编制

在经过质量管理体系策划后,就要开始质量管理体系文件的编制过程了。编制质量管理体系文件是一个组织实施 ISO 9000 族标准,建立并保持其有效运行的重要基础工作;也是一个组织为达到所要求的产品和服务质量,评价质量管理体系,进行质量管理体系持续改进必不可少的依据。2015 版标准没有弱化对体系文件的要求,只是对体系文件的要求更加灵活。

一、质量管理体系文件编制应遵循的原则

（一）系统性

质量管理体系文件应反映一个组织质量管理体系的系统特征,应对产品和服务实现过程中影响质量的技术、管理和人员等因素的控制做出规定。由于质量管理体系文件是由多种层次和多种文件构成,体系文件的各个层次之间,文件与文件之间应做到层次清楚、接口明确、结构合理、协调有序,彼此间不能相互矛盾、互不统一。

（二）继承性

一个已经建立并完成其职能的组织,即使没有贯彻实施 ISO 9000 族标准,客观上也存在着一个质量管理体系,只是可能不系统、不科学、不规范、不能确保其体系有效地实施而已。但是,任何组织在其长期的生产和服务提供实践中也完全可能有适合其运作的各种管理经验。因此,在编写质量管理体系文件时,一定要注意继承性,要将组织的一些行之有效的管理经验、规章制度加以选择和吸收,而不是全部重起炉灶。

（三）适宜性

质量管理体系文件的编制和形式应充分考虑组织的产品和服务特点、组织规模、质量管理活动的具体性质以及自己的管理经验等因素,切忌脱离组织实际、按照外来文件照抄照搬。此外,质量管理体系的适宜性还取决于人员的素质、技能和培训程度。在任何情况下,

都应寻求体系文件的详略程度与人员的素质、技能和培训等因素相适宜,包括用组织熟悉的运作形式和语言来编写,以使体系文件保持一个合理水平,从而便于有效贯彻,真正起到指导实际工作的作用。

(四)指令性

质量管理体系文件是企业内部的指令性文件,类似于组织内部的"法规",是全体员工必须依照实施和检查的依据。因此,在内容上不应有不切实际、好高骛远的、经过努力都不能达到的要求;在文字上措辞要严谨,表述要明确和确切,不能含糊其词、模棱两可。

质量管理体系文件既然是一种指令性文件,就不能存在与产品和服务相关的法律、法规有不一致的规定,也不能与依据的标准要求相违背。指令性还要求文件修改必须按规定的程序进行。

(五)增值性

质量管理体系文件的编制和使用是一个过程,这个过程是一个动态的增值转换活动,文件的形成本身并不是目的。质量管理体系文件将随着质量管理体系的不断改进而完善,而这种动态的"增值"作用对质量管理体系的影响也将越来越显著。

二、质量管理体系文件编制的注意事项

(一)领导决策

领导决策是质量管理体系文件编写的前提。组织在考虑标准4.1所提及的组织的环境和4.2所提及的相关方的需求和期望,并经过充分、细致的质量管理体系策划后,应该对方针、目标、组织机构、职责、权限规定、体系覆盖范围、资源配置等有明确的意见,并形成文件,作为编写质量管理体系文件的依据。

(二)培训先行

培训是质量管理体系文件编写的基础。质量管理体系文件编写的水平,取决于全体编制人员的水平和素质,人员的水平又与其对ISO 9000族标准的理解、对组织现状的熟悉、对组织产品和服务有关专业技术的掌握程度有关。因此,文件编写前的培训十分重要,培训的主要任务是了解标准、理解标准、消化标准、掌握并执行标准,具体可包括:

(1)对最高管理层的培训,重点是了解标准,清楚质量管理体系建立、实施的过程和要求,理解质量管理体系的原理、七项质量管理原则和最高管理者主要职责等。

(2)对包括部门负责人在内的全体骨干的培训,重点是理解标准,理解ISO 9001标准质量管理体系的要求,并结合本部门如何应用等。

(3)对文件编写人员的培训,除包括针对骨干的培训内容外,还要消化标准,清楚如何将标准要求转化为组织自身的要求,学习质量管理体系文件及其编写的知识。

(4)对内部审核员的培训,除掌握必要的标准知识外,还要学习有关内部审核理论和实施知识。

(5)全员培训,通过各种沟通渠道,对全体员工进行质量管理体系有关知识的培训,为执行标准、实施质量管理体系文件创造条件。

(三)调查入手

调查研究是质量管理体系文件编写的重要工作。质量管理体系文件的编写,要始于调

查研究,要把组织的实际状况和历史情况都摸清楚并加以系统的分析,将成功的经验和失败的教训提炼出来,体现到所编写的文件中去,以充分发挥文件的实际指导作用。调查活动主要包括:

(1) 对原有的、在用的与质量有关文件的清理。通过清理,可以初步认识到哪些文件是有使用价值的、哪些文件有部分使用价值,以及哪些文件与标准要求不一致,需要作废或停止使用。对有使用价值的,特别是一些作业文件,可以稍加修改后,直接采用;

(2) 对工作或生产现场情况的调研。对照标准要求,判定哪些要求组织内部已经实施了、哪些要求部分实施了、哪些要求根本就没有做过。

(3) 对领导和有关人员的调查。从机构职责权限规定、现行的规章制度、资源配置等全面调查分析,哪些是好的、需要保留的做法和经验,哪些环节需要改进或调整。

(四) 编写规范

在质量管理体系文件正式编写前,首先要对文件格式、编目方法、采用术语等做出统一的、规范化的要求。主要包括:

(1) 统一文件形式,采用幅面大小、封页页面安排、正文页面安排、版号、修改状态号等;
(2) 统一文件编号方法,分别对质量手册、程序文件、作业指导书、记录等加以规定;
(3) 统一文件采用的名词术语;
(4) 统一文件审定、批准栏目。

(五) 上下结合

在充分调查研究的基础上,由指定的文件起草人起草初稿,待初稿完成后,要复制分发到与文件使用有关的所有部门讨论,并征集修改意见。一些重大的、涉及多部门的修改意见,必要时,要集中讨论后做出修改决定。在根据修改意见修改后,还应再次将文稿发放到有关部门征求意见,直到大多数部门满意为止。

(六) 精心审批

在文件定稿后,应由授权人负责审批。一般授权人是:
(1) 质量手册由最高管理者审批;
(2) 程序文件由管理者代表审批;
(3) 作业指导书由该使用部门负责人审批;
(4) 记录可与程序文件或作业指导书结合,由相关负责人审批。

除主要负责人对内容的完整性、准确性、有效性、适用性审批外,事前还应有专人对文字进行严格审校。

三、质量管理体系文件编制方法

(一) 质量手册的编制

1. 质量手册的基本内容和作用

ISO 9000:2015 标准 3.8.8 条款定义质量手册是组织的质量管理体系的规范。ISO 9001 标准不再明确提出质量手册的要求,具有更大的灵活性。在实际应用时,已有质量管理体系的组织,特别是按照 ISO 9001:2008 标准建立质量管理体系的组织,都有质量手册。

质量手册的作用是：对外(如申请认证和投标时)提供、介绍和证明本组织的质量管理体系，对内可作为质量管理体系实施的依据。建议质量手册包括如下内容：

（1）质量管理体系的范围、质量方针、质量目标、组织机构、角色(岗位)、职责和权限；

（2）对质量管理体系过程及其相互关系的描述；

（3）对 ISO 9001：2015 标准的所有条款给出解释性的说明；

（4）明确 ISO 9001：2015 标准需要保持的文件和保留的记录；

（5）对 ISO 9001：2015 标准中所要求的、但程序文件没有涉及的部分条款内容明确给出具体的作业指引。

2. 质量手册的结构

质量手册的编写结构没有统一的要求。一般认为，如果质量手册按 ISO 9001 标准提出的结构编写，对达到证实满足标准要求的目的比较有利，但不能理解为质量手册的章节、标题应与标准一一对应。现给出一个质量手册结构和编写思路的示例，供参考：

封页（包括手册名称、版本、制定、审定、批准、发布日期、实施日期）

修改记录（列出对质量手册修改和状态的信息）

前言（组织概况；组织质量管理状况简述）

0　目录

1　目的和范围

1.1　目的

1.2　范围

2　质量方针和目标

2.1　质量方针

2.2　质量目标

3　组织机构、岗位、职责和权限

3.1　组织机构图及岗位设置

3.2　部门职责和权限

3.3　岗位描述

4　组织环境

4.1　理解组织及其环境

4.2　理解相关方的需求和期望

4.3　确定质量管理体系的范围

4.4　质量管理体系及其过程

5　领导作用

5.1　领导作用和承诺

5.2　方针

5.3　组织内的岗位、职责和权限

6　策划

6.1　应对风险和机遇的措施

6.2　质量目标及其实现的策划

6.3　变更的策划

7 支持

7.1 资源

7.2 能力

7.3 意识

7.4 沟通

7.5 成文信息

8 运行

8.1 运行的策划和控制

8.2 产品和服务的要求

8.3 产品和服务的设计和开发

8.4 外部提供的过程、产品和服务的控制

8.5 生产和服务提供

8.6 产品和服务的放行

8.7 不合格输出的控制

9 绩效评价

9.1 监视、测量、分析和评价

9.2 内部审核

9.3 管理评审

10 改进

10.1 总则

10.2 不合格和纠正措施

10.3 持续改进

相关文件：

附表1 质量目标分解表

附表2 组织环境外部因素分析表

附表3 组织环境内部因素分析表

附表4 相关方需求与期望应对表

附表5 风险评估与应对措施表

附表6 机遇评估与应对措施表

附表7 防错措施一览表

(二) 程序文件的编制

1. 程序的概念及要求

ISO 9000:2015 标准的 3.4.5 条款对程序的定义是："为进行某项活动或过程所规定的途径。"程序可以形成文件，也可以不形成文件。当程序形成文件时，通常称为书面程序或形成文件的程序，含有程序的文件可称为程序文件。

程序是否需要形成文件，取决于程序能否有效或高效运行。程序文件的多少和复杂程度取决于组织的类型和规模、过程的复杂性和相互作用、顾客要求、适用的法律法规要求、经证实的人员能力和满足质量管理体系要求所需证实的程度。如一些过程相对简单、涉及相

关部门和活动不多、工作方法又是众所周知的,不制定程序文件是可以的,但是对于那些没有文件化程序就不能有效控制的过程及活动,就必须形成程序文件。通常,可以考虑编制表 8-5 所列举的程序文件。

表 8-5　程序文件清单

序号	程序文件名称	对应标准条款
1	组织环境理解和分析管理程序	4.1
2	风险和机遇管理程序	6.1
3	质量目标管理程序	6.2
4	人力资源管理程序	7.1.2;7.2;7.3
5	基础设施管理程序	7.1.3
6	监视和测量资源管理程序	7.1.5
7	知识管理程序	7.1.6
8	成文信息管理程序	7.5
9	产品和服务要求控制程序	8.2
10	设计和开发控制程序	8.3
11	采购及外部供方控制程序	8.4
12	生产和服务提供控制程序	7.1.4;8.5.1～8.5.5
13	产品和过程变更控制程序	8.5.6
14	产品和服务质量控制程序	8.6
15	不合格输出控制程序	8.7
16	顾客满意监视控制程序	9.1.2
17	内部审核控制程序	9.2
18	管理评审控制程序	9.3
19	改进控制程序	10.1—10.3

　　制定程序文件要考虑有效性、适宜性和可操作性。有效性是指按程序文件规定实施的结果,能确保达到活动或过程控制的目的;适宜性是指既能满足标准的要求,又能适合组织自身的具体情况;可操作性是便于实施,便于检查,不是"原则规定"。程序文件的内容通常包括:活动的目的和范围;做什么和谁来做;何时何地和如何做;应使用什么材料、设备和文件;如何对活动进行控制和记录。

　　2. 程序文件的结构和格式

　　程序文件的格式也没有统一的要求,但一个组织的文件应当规范化,所有程序文件应保持一致的格式。程序文件的结构和内容应由组织通过文字内容、流程图、表格这些方法的组合,或组织所需要的任何其他适宜的方式做出规定。

　　程序文件的正文通常包括以下条目。

　　(1) 目的:即实施本程序应达到的目的。

　　(2) 范围:即本程序的适用范围。

　　(3) 职责:本程序所涉及部门的职责,包括归口管理部门及相关部门的职责。

　　(4) 术语:当本程序使用了非标准用语时,如缩略语或组织内部的习惯用语,应当给出它们的含义。本条目不是必需的。

　　(5) 工作程序:列出需要开展的各项活动,对每一项活动如何实施应详细展开,保持合理的编写顺序。通常按照 5"W"1"H"进行描述,即规定做什么(what)、谁做或哪个部门做(who)、何时(when)、何地做(where)、为什么做(why)以及如何做(how)。

(6)记录和表格:即实施本程序所产生的记录和表格。

(7)相关文件:指实施本程序时还需要使用的其他文件,这些文件应在工作程序中提到。例如,文件控制程序中会提到,文件编号执行《文件编号规定》。相关文件不是指与程序"沾边"的文件,如质量手册、质量管理体系的国家标准等,这些文件不是执行本程序时必须使用的。

3. 程序文件的编制方法

在编写程序文件时,首先应考虑的是"过程",它是程序的主体。过程和活动应尽可能用流程图的方式表达。如果对过程的流程做了完整的表述,过程活动的主要步骤和描述要点就自然地呈现出来了。在此基础上,略作整理就可以将程序的目的、范围、职责、作业过程和控制要点条理清楚、主次分明地表达出来。

以下是某玩具制造企业《采购控制程序》示例。

1　目的

对采购的过程及供方进行控制,确保采购产品符合规定要求。

2　范围

适用于产品生产所需要材料采购及外包加工和供方提供服务的控制,对供方进行选择、评价和控制。

3　职责

3.1　采购部

3.1.1　采购部负责按公司要求组织对供方评价,编制《合格供方一览表》,并对供方的供货业绩进行评价,建立供方档案;

3.1.2　负责编制《订(请)购单》,执行采购作业。

3.2　开发部

负责编制规定采购物料的技术和质量要求文件,鉴定供方供货质量的有关技术方面的符合程度。

3.3　生产部

负责提供采购资料和参与年度供方产品使用性能方面的评价。

3.4　品管部

制定采购物料的检验规程,并按规程检验供方的提供物料的质量,参与供方的选择与评价。

4　采购过程

4.1　采购物料分类与控制

序号	类别	定义	举例	业绩总评	评定厂商资格
1	重要物料	主要部件、关键材料、涉及安全性能	铁管、布、塑料类	85分以上	合格供方
2	一般物料	次于重要物料、起支持、辅助作用	螺丝、发泡轮、五金件	70~84分	
3	辅助物料	非直接用于产品本身	纸箱、说明书、PE袋等	60~69分	

4.2　对供方的评价和选择

采购员筛选几家厂商,会同各相关单位对其价格、品质、配合度、服务进行综合评估,合格者列为合格供应商,每年持续做好年度再评价工作。流程如下:

过程顺序	供方评价和选择操作流程图	过程描述	执行者	审批者	输出
1	开始 / 采购员开发新供应商	采购通过对几家厂商筛选,选择较理想新厂商,提供样品与报价,样品交由品管部评定,报价由采购部处理	品管部 采购部	品管部总助 副总经理	供方样品检验记录表 报价单
2	提供样品、报价	根据公司相关检测标准检验,在样品检验记录表上评定检测意见	品管部 开发部	品管部总助 开发部总助	供方样品检验记录表
3	样品确认	采购要求新供应商提供小批量的原材料,交由生产部试用,品管部跟进品质状况	供应商	品管部总助	供方样品检验记录表
4	提供合格小批量材料	品管人员对供应商提供的小批量材料进行检验,并做出判定	品管部	品管部总助	进料品质验收报告单
5		采购部对质量合格材料厂商作情况调查后评审、主管审批,及总经理批示价格	品管部 采购部 总经理	副总经理 总经理	供方企业情况调查表 报价单
6	检验合格?	采购和品管人员对供应商情况进行现场调查,并做出判定	品管部 采购部	副总经理	供方企业情况调查表
7	审核价格与供方情况调查	录入合格供方一览表并派发相关单位,供方情况调查表与品质确认资料一并归档存查	采购部	采购主管	合格供方一览表
8	合格?	根据公司实际要求制成采购单,经审批后下发到各供应商	采购部	副总经理	订(请)购单
9	录入合格供方一览表并派发	品管部根据每月进料情况作汇总报告,筛选出有品质问题的厂商及查核厂商进料标签填写的准确性与完整性,通知采购部要求厂商做针对性改善	品管部 采购部	品管部总助	进料汇总表
10	执行采购 / 月度质量考核	采购和品管人员对供应商情况进行现场调查,并做出判定	品管部 采购部	品管部总助	进料汇总表
11	合格?	同一厂商同一物料连续两批不合格,或质量下降,品管开出整改通知书,采购要求厂商限期整改,采购与品管部重新评估	供应商	品管部	品质异常报告单
12	整改	合格厂商继续合作,不合格厂商则继续整改,经评审可重新合作	品管部 采购部	N/A	N/A
13	继续合作 / 年度再评价	每年采购制定厂商评价表,会同品管部对主要关键供方现场评价,其他部分从价格、进料合格率、生产性能做综合评价	采购部 品管部	采购主管 品管部总助	供方业绩评价表
14	评价审核 / 继续合作 / 淘汰	评价结果分A、B、C、D级 A级:85分以上 B级:70~84分 C级:60~69分 D级:60分以下 D级淘汰,A、B、C级可继续合作			

4.3 采购的执行和实施

过程顺序	供方评价和选择操作流程图	过程描述	执行者	审批者	输出
1	开始 → 生成BOM表	工程、设计人员根据业务制造规格单生成BOM表	工程、设计人员	N/A	BOM表
2	审批	设计主管对BOM表进行审批	开发部总助	开发部总助	BOM表
3	制订请购计划	生产部根据设计下发的BOM表制订请购计划，生成请购单	生管员	N/A	订(请)购单
4	制订采购计划	采购根据生管的请购单制订采购计划	采购员	采购员	订(请)购单
5	查询库存	采购员按采购计划查相关物料是否有库存，进行扣减，库存足量则不用采购，不足或不能扣除则进行采购	采购员	采购员	订(请)购单
6	生成采购订单	采购订单内容需具备采购物料的型号、规格、质量要求、数量及交货期	采购员	N/A	订(请)购单
7	审批	采购订单经副总经理审批签名	副总经理	副总经理	订(请)购单
8	发出订(请)购单	采购订单经主管审批后，由各采购员通知相关供方在订单上签名确认	采购员	N/A	订(请)购单
9	编制送货计划	采购员根据生产计划安排表编制送货计划表分发到相关的合格供方	采购员	采购员	送货计划表
10	厂商确认交期	按合格供方反馈的信息，不能按期送货的，要求供方确定一个交货日期，并及时通知生产部等相关部门调整	供应商	采购员	送货计划表
11	厂商送货	合格供方凭订购单、送货单送货到仓库	供应商	N/A	送货单
12	品管验收	品管核对订单、签版、图纸等对采购物料进行验证，合格的填写《进料品质验收报告单》，不合格物料作退货处理	品管部	品管部总助	进料品质验收报告单
13	物料进仓 → 结束	仓管员按品管的合格《进料品质验收报告单》对采购物料清点入库，并开立收料单	仓管员	N/A	收料单

5　相关文件

5.1　《采购物料技术和质量要求》(QC-CG-003)

5.2　《合格供方一览表》(QD-CG-002)

5.3　《合格供方评价标准》(QC-CG-002)

6　质量记录

6.1　《订(请)购单》(QD-CG-001)

6.2　《供方样品检验记录表》(QD-QC-015)

6.3　《进料品质验收报告单》(QD-QC-JL1～4)

6.4　《供方企业情况调查表》(QD-CG-009)

6.5　《供方业绩评价表》(QD-CG-008)

6.6　《制造规格单》(QD-YW-001)

6.7　《品质异常报告单》(QD-QC-013)

6.8　《送货计划表》(QD-CG-010)

6.9　《收料单》(QD-CW-001)

(三) 作业指导书的编制

1. 作业指导书及其要求

作业指导书是指为某项活动的具体操作提供帮助和指导信息的文件,描述具体的工作岗位和工作场所如何完成某项工作任务的具体做法。与程序文件相比,文件化程序描述的通常是跨职能部门的活动,而作业指导书往往只应用于某一职能部门内的任务,是一项具体活动,它可以比程序文件规定的更具体、更详细。例如,某个产品的加工程序,程序文件规定用什么设备、什么方法、什么资格的人员去加工;而作业指导书则可能是针对这种设备的操作规程。在程序文件中通常不可能将操作规程细节均写进去,因此,往往需要各种不同的作业指导书作为支持和补充,这在体系运行时还会随需要不断产生。

2. 作业指导书的编制方法

作业指导书往往按照不同习惯,采用不同的名称,如"库房管理办法""设备操作规程"等。由于作业指导书往往涉及一项具体活动,这种活动可能是带有共性的,如"机械加工安全操作规程";也可能只涉及其活动的单一部门,如"冲压模具使用、维护、修理管理办法"。因此,只涉及单一部门使用的作业指导书,可由使用部门自行管理,包括制定、批准、更改,组织的文件管理部门保存其备案文本即可。这样既减少了组织需要集中控制的文件类别和数量,又有利于提高管理效率。

3. 作业指导书的结构和格式

作业指导书的结构和格式没有统一规定,可以按照组织适宜的方式去编制,也可以参照程序文件的结构和格式。下面以 ISO/TR 10003：2003《质量管理体系文件指南》附录的器具消毒作业指导书示例：

器具消毒的作业指导书

1. 一次性器具

将一次性器具放在特殊的容器中。应按废物处理规定销毁容器。

2. 高温消毒类器具

2.1 用一次性纸巾清除表面污渍。

2.2 将器具放入10%的氯气溶液中。溶液应一个星期更换一次。

2.3 将器具浸泡至少2个小时。

2.4 将器具取出、刷洗干净。刷洗时带防护手套。

2.5 擦干器具。

2.6 检查器具是否完好。损坏的器具送维修部门。

2.7 将器具放入袋中消毒：

——将器具放入耐热袋中；

——将器具的尖锐部分用纱网保护起来；

——抓住口袋边缘，抖动几次，收紧袋口；

——使用耐热胶带封口；

——标记日期并加贴高温消毒标签；

——将口袋放入蒸汽烤箱内，温度180℃，时间30分钟。

经消毒的器具放在封口的袋中妥善保存，在一个月内可供使用。

2.8 将器具放入金属容器中消毒：

——将耐热纱布放在容器底部以保护器具；

——将器具放在容器底部；

——在金属容器上加贴高温消毒标签；

——将金属容器加热到180℃，持续30分钟。

两个金属容器一天一换，轮流使用。

3. 其他器具（如耳镜）

在氯气溶液中放置2个小时后取出擦干。

(四) 记录的编制

1. 记录的概念及要求

记录是"阐明所取得的结果或提供所完成活动的证据的文件"，是质量管理体系建立、实施、保持和持续改进所不可缺少的。记录的编制通常都与程序文件、作业指导书相结合。一般来说哪些活动或结果应当记录、何时记录、怎样记录、由谁记录、记录在什么地方、记录后怎么办等等都在相应的程序文件中规定，程序文件难以具体规定的，则由相应的技术规范（如工艺规程）来规定。在建立质量管理体系的过程中，组织应当对现有的质量记录进行清理，并按程序文件和技术规范重新设计一套质量记录（当然包括直接采用原有的质量记录）。

2. 记录的结构和形式

记录要从实际需要出发，设计其栏目和采用多大的幅面，其中表格要有记录编号、顺序号、记录人、记录日期、记录内容和事项等；报告则可根据内容多少，采用单页或多页，并设计相关栏目，如管理评审报告。

3. 记录的制定要强调系统性、适用性和简洁性的原则

(1) 系统性：任何一个组织都有自己的质量记录，但由于政出多门，往往缺乏系统性。其内容很可能欠缺，很可能无法追溯。为此，在清理的基础上，该废除的要废除，该修改的要修改。另外，针对某一活动的质量记录应该是统一的，不能今日一个花样，明日又一个花样。

(2) 适用性：一是要适用于所记录的活动，在表格栏目设置上即可反映该项活动的特征；二是要适用于做记录的人员，尽量减少他们的麻烦，减少他们书写的工作量，不要使用或设置超出他们理解能力的文字或内容；三是要适用于质量记录的控制要求，便于标识、贮存、检索、防护。

(3) 简洁性：质量记录并不是越多越好、越详细越好。能够不记录的内容就不要纳入，能够合并的质量记录就应合并。质量记录过于复杂、过多过滥，不仅不必要，而且将加大成本，甚至还可能引起虚假记录等不良现象，使其失去作用。

第五节 质量管理体系的运行和改进

质量管理体系运行是执行质量管理体系文件、实现质量方针和目标、达到质量管理体系持续改进和初步完善的过程。体系运行是否有效，需要依靠组织内的全员参与、各职能层次的组织协调、利用监督和考核、开展信息反馈，并通过体系内部审核和管理评审来实现。

一、质量管理体系运行

质量管理体系文件编制后，质量管理体系进入运行阶段。其目的是通过运行检验质量管理体系文件的适用性、有效性，并对暴露出的问题，采取改进措施，以达到进一步完善质量管理体系文件的目的。

在质量管理体系运行过程中，要重点抓好以下几个方面的工作：

(1) 宣传贯彻质量管理体系文件。根据质量管理体系文件的不同内容应进行不同范围的宣传贯彻，如关系到全局的质量管理体系文件内容——质量方针、质量目标，组织机构及各职能部门的接口关系等，应在全体人员中宣传贯彻，而不同的程序文件应在和其程序有关的人员范围内进行宣贯。应使每个员工了解和自己有关的文件，知道自己应做什么、什么时间做以及如何做等等，了解自己在整个质量管理体系运行中的作用和地位，了解质量管理体系在整个组织内是如何运作的。

(2) 对全体员工进行培训。除了本职工作要求的技术培训外，应对他们进行质量管理体系有关知识的培训，使每个员工了解如何才能保持质量管理体系的有效运行。每个员工应了解如何改进质量管理体系，如何提出存在的问题，并提出改进的方法等。

(3) 实践是检验真理的唯一标准。通过质量管理体系文件运行，在实践中检验其是否可行，是否符合本组织的实际情况，按新的质量管理体系文件能否达到预期的结果，实现质量方针和质量目标，能否满足顾客和相关方的要求，等等。这可通过有计划的内部审核和管理评审来完成。只有满足以上要求，才能说明新的质量管理体系是有效的、可行的。

(4) 加强信息管理。在体系运行过程中必然会出现一些问题，全体员工应将实践中发现的问题和改进意见及时反映到有关部门，以采取改进措施，使质量管理体系逐步完善、健全。做好质量信息的收集、分析、传递、反馈、处理和归档工作是体系运行的需要，也是体系运行成功的关键。

二、质量管理体系的改进

质量管理体系运行阶段的内部审核和管理评审,是质量管理体系自我改进、自我完善的手段,是重要的一环。

内部审核对任何组织或部门都是必要的,内部审核可以自我诊断和评审本单位的成绩、需求、优势和不足,以确定质量管理体系是否符合策划的安排,是否符合标准和组织所确定的要求以及确定是否得到有效实施与保持,是进一步改进、完善体系的强有力手段。管理评审每年至少进行一次,应按照策划的时间间隔来安排。管理评审一般由最高管理者亲自主持,各部门的负责人和有关人员参加。主要是对质量管理体系进行系统的评价,提出并确定各种改进的机会和变更的需要,进而确保质量管理体系持续的适宜性、充分性和有效性。

除内部审核、管理评审外,组织还可通过自我评定方法寻找改进组织整体业绩的机会。自我评定是一种仔细、认真的评价,通常由组织的管理者来实施,最终得出组织的有效性和效率以及质量管理体系成熟水平方面的意见或判断。组织通过自我评定可将其业绩与外部组织和世界级的业绩进行水平对比。ISO 9004 标准把体系成熟水平分为五级,并做了说明。自我评定在目的、做法上与内部审核、管理评审都有所不同。管理评审是对体系所做的适应性检查,答案是适应(或基本适应)或是不适应;内部审核是对体系和过程的符合性检查,答案是符合(或基本符合)或是不符合;而自我评定是对体系成熟水平的检查,答案往往是多少分、属于哪一级成熟水平。前两者是认证/注册常用的判断方法,而后者则是评定质量奖的常用方法。

第六节 质量管理体系的认证过程

一、概述

认证与审核是两个不同的概念。有关审核的情况,特别是质量管理体系第三方认证审核的情况,在前几章中已有详细的叙述,认证审核是认证过程中的几个环节或子过程。它们之间的关系如图 8-6 所示。

二、质量管理体系认证的申请、受理和准备

一个组织的最高管理层在做出申请质量管理体系认证的战略决策后,就面临如何建立或完善质量管理体系、如何选择认证机构并商签认证合同等一系列问题。有关建立或完善质量管理体系已在本章前几节描述过。体系接受认证时一般要运行 3~6 个月,规模大、过程复杂的组织可考虑运行 1~1.5 年,期间至少经过一次和多次内审(审核部分过程)、一次管理评审,内部审核应覆盖全部过程。

1. 如何选择认证机构

申请认证的组织可自主选择认证机构,不必考虑地区划分或行政业务系统的划分。一般在选择时可考虑以下几个因素:

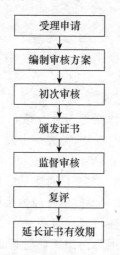

图 8-6 质量管理体系认证过程

(1) 专业是否对口,即认证机构的认可范围中是否包括本组织的产品和服务专业?

(2) 是否有权威性,即认证机构是否在专业上有权威?认证机构的信誉、业绩是否优秀?

(3) 认证机构管理是否严密、高效,对申请认证的组织服务是否周到?工作中是否能体现公正、公平和公开等原则?

(4) 认证费用是否合理?需注意的问题不是高价,而是低价"倾销",造成不公平竞争。

2. 如何申请认证

认证机构选定后,申请认证的组织就可以正式提出认证的申请,须提交一份正式的、由其授权代表签署的申请书,申请书及附件应包括:

(1) 申请认证的范围。

(2) 申请人同意遵守认证要求,提供评价所需要的信息,包括:

① 申请人概况,如组织性质、名称、地址、法律地位以及有关的人力和技术资源;

② 有关质量管理体系及其活动的一般信息,如何时开始建成体系;

③ 质量手册及所需的重要记录和/或相关文件。

然后双方商谈有关认证及审核的有关问题,正式签订认证合同。

3. 如何做好审核前的准备工作

认证机构应指定审核方案管理者,编制审核方案,并确定审核组长共同进行审核启动阶段的各项工作。

在准备阶段,审核组长应编制审核计划,进行审核分工和编制审核工作文件。受审核方则应向全体员工宣布审核计划的内容并做好迎接审核的准备工作,并与认证机构的审核方案管理者和已指定的审核组长密切联系,解决准备工作中的各项问题。

三、认证的决定

认证机构根据认证过程,特别是初次审核过程以及其他方面得到的信息做出是否批准的决定。在认证过程中收集到的信息应足以使：
(1) 认证机构能够做出有根据的认证决定。
(2) 遇事时(如遇到申诉时)，可以追溯。
(3) 保证连续性，例如在策划下一次审核时(可能由不同的审核组进行)。

在决定过程中，审核组的审核结论和审核方案管理者的意见具有重要的作用。但做决定的人员不能是参加该项审核的人员，并应具备足够的知识和经验以评价审核过程中和审核组的相关推荐意见。还要坚持一个原则，即所有不合格项都已经采取了纠正措施并经认证机构验证有效后，才能批准认证。

鉴于认证的决定是一件非常重要的事情，所以认证机构不应把批准、保持、扩大、缩小、暂停、撤销认证资格的权力授予外部人员或机构，而必须由认证机构亲自掌握。

当决定批准某申请组织的认证资格时，认证机构将向该组织颁发认证的证书，证书中应说明认证所覆盖的组织及每个场所的如下信息。
(1) 名称和地址。
(2) 批准的认证范围，包括：
① 质量管理体系认证所依据的质量管理体系标准和/或其他规范性文件；
② 产品、过程或服务的类别(适当时)；
③ 提供产品和服务所依据的法规要求、标准或其他规范性文件。
(3) 证书的生效日期和有效期。

此外，认证机构还应处理对获证的认证范围的更改申请。认证机构应采用适当的程序，以决定是否批准更改并依此执行。

四、认证与审核的关系

如前所述，认证与审核是两个不同的概念。审核有第一、第二、第三方审核三种方式。第一、第二方审核与认证无关，第三方审核主要是认证审核，但也可以是非认证的第三方审核。例如，质量管理咨询机构对受咨询组织的符合性审核，保险公司对组织的风险审核，消防机构对公共场所的火灾隐患的审核均属第三方审核，但不是体系认证审核。质量管理体系审核和质量管理体系认证之间的关系可以用表 8-6 表示。

表 8-6　质量管理体系审核与质量管理体系认证的关系和区别

项目	质量管理体系审核	质量管理体系认证
性质	是对质量管理体系全面、系统和独立地形成文件检查和评价	是按程序对质量管理体系符合规定要求(标准)提供书面保证的活动
类型	有第一、第二、第三方审核三种，第三方审核的一个目的是为了体系认证	是第三方(认证机构)的活动
过程	第三方认证审核是认证过程中的几个阶段，包括初次审核、监督审核、再认证等	是从受理申请到初审、发证、证后监督直到再认证或停止证书的全过程
执行者	审核组	整个认证机构
结果	提交审核报告	颁发认证证书

思考与练习

1. 简述建立和实施质量管理体系的意义。
2. 简述建立和实施质量管理体系的基本方法。
3. 结合你所熟悉的行业,识别和确定其质量管理体系所需的过程。
4. 程序文件的内容通常包括哪些方面?
5. 简述认证和审核的关系。

第九章

质量管理专业基础

第一节　ISO 9000 族标准中统计技术应用概论

一、什么是统计技术

（一）随机事件（随机现象）

体系运行过程或产品实现的各阶段出现的各现象、状态或结果，在统计技术中统称事件。事件又进一步分为确定性事件和随机事件。

（1）确定性事件。

确定性事件是指在某一级条件下，必然出现的现象（必然事件）；或者在某一级条件下，必然不出现的现象（不可能事件）。

（2）随机事件（随机现象、偶然事件）。

随机事件是指在某一级条件下，可能出现或可能不出现的事件（出现具有不确定性），但在大重复试验（观察）下，呈现某种规律性（统计规律性）的事件。

在质量管理体系运行过程或产品实现过程中随机现象是大量存在的。比如：从一批产品中任取一件，取到的可能是正品，也可能是次品；在连续生产的某工序上加工产品的某质量特性值大小具有不确定性；等等。

（二）概率统计学（数理统计）与统计技术

建立在概率论基础上的数理统计是研究随机事件变异及其规律性的学科，是研究如何以有效的方式收集、整理和分析受到随机性影响的数据，从而对观察的事件做出推断、预测，以便决策与控制。

数理统计即传统的统计技术（推断型统计技术）。

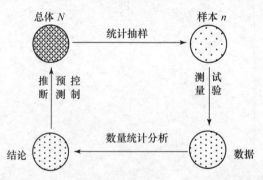

总体（N）：研究对象的全体。可以是一批产品，一道工序加工的某一组条件下的某种产品等。

个体：总体中的每一个单位（样本单位、样品）。

样本（n）：从总体中统计抽样的部分个体集合，样本中包含样品的数量称为样本容量。

（三）统计技术分类

20世纪在推行全面质量管理中，推行了一些便于应用的统计技术，称为描述型统计技术。于是，一般可将统计技术分为以下两大类：

（1）描述型统计技术。利用数据的特征值或图表描述事物。"描述统计是指以揭示数据分布特性的方式汇总并表达定量数据的方法"（《ISO/TR 10017 统计技术在 ISO 9001 中的应用》）。

（2）推断型统计技术。解决从样本如何推断总体（概率论和数理统计研究的大多此类）。

二、统计技术在质量管理体系中的作用

在"ISO/TR 10017 引言"中描述了统计技术在质量管理体系中的基础作用。标准指出：

> 应用统计技术可帮助组织了解变异，从而有助于组织解决问题并提高有效性和效率。这些技术也有助于更好地利用可获得的数据进行决策。
>
> 在许多活动的状态和结果中，甚至是明显的稳定条件下，均可观察到变异。这种变异可通过产品和过程可测量的特性观察到，并且在产品的整个寿命周期（从市场调研到顾客服务和最终处置）的各个阶段，均可看到其存在。
>
> 统计技术有助于对这类变异进行测量、描述、分析、解释和建立模型，甚至在数据相对有限的情况下也可实现。这种数据的统计分析能对更好地理解变异的性质、程度和原因提供帮助，从而有助于解决，甚至防止由变异引起的问题，并促进持续改进。

标准从以下四个方面描述了统计技术的作用：

（1）统计技术研究的对象是变异，而变异存在于产品实现的各阶段和质量管理体系全过程，但变异往往难以被直接观测，往往需要通过蕴含变异的数据进行整理分析，以便识别。

（2）变异并非杂乱无章，变异具有规律性（统计分布规律——统计分布）。

（3）数据分析能使我们更好地理解变异性（正常变异——受控状变异，异常变异——非受控状变异）、程度和原因，从而有助于针对不同变异采取不同的预防和控制。

（4）组织运用统计技术目的——有助于解决，甚至防止由变异引起的问题，提高管理的有效性和效率，并促进持续改进。

三、统计技术在 ISO 9001 标准中的应用

ISO 9001：2015《质量管理体系要求》标准 9.1.3 条款提出对统计技术应用的要求：组织应分析和评价通过监视和测量获得的适宜的数据和信息。

应利用分析结果评价：

（1）产品和服务的符合性；

（2）顾客满意程度；

（3）质量管理体系的绩效和有效性；

（4）策划是否得到有效实施；

（5）应对风险和机遇所采取措施的有效性；

（6）外部供方的绩效；

（7）质量管理体系改进的需求。

注：数据分析方法可包括统计技术。

ISO/TR 10017 标准用浅显语言介绍了 12 类常用统计技术概念、应用领域、益处、局限

性、注意事项及应用示例。最常见的应用是：

(1) 设计和开发过程的可靠性设计。

(2) 产品、过程的监视测量采用的过程能力控制、统计过程控制(SPC)、抽样检验等识别、分析、控制变异的方法，以及优化参数改进质量的方法(试验设计)；寻找变异规律以便预测和控制质量的方法(回归分析)。

(3) 为"确保监视和测量活动可行并与监视和测量要求相一致"，应该并可以采用测量系统分析(MSA)。

(4) 纠正措施，需要借助数据分析和统计技术应用。

(5) 顾客满意，需要借助多种统计技术去充分"利用这种信息"，分析研究顾客的"期望"和"感受"与"满意度"诸变量之间因果关系，甚至建立模型，以发现问题、改进质量、提高顾客满意度。

四、对组织应用统计技术的审核

对组织应用统计技术审核时，应掌握以下一些原则：

(1) 应由组织按自身的实际情况识别对统计技术的需求并选择适宜的统计技术。

① ISO 9001 标准中统计技术的应用并非强制性要求。

② 采用何种统计技术是由组织顾客对产品质量保证的要求、组织对采购产品的控制要求以及组织自身的要求和资源条件来决定的。审核员不能主观地判断组织对统计技术的选用是否充分与正确。例如，军工产品在汽车制造业质量管理体系标准中对供方产品要求提出了应用统计技术的明确要求；不应用统计技术就不能确保产品或体系的质量时，审核员就应该审核组织的统计技术识别与应用。

应用统计技术更多的是提高质量管理体系的有效性和效率；并且统计技术应用是循序渐进的过程，是与组织能力相适应的应用过程。

(2) 正确应用统计技术。

① 统计技术是工具，是为某一目的而应用的，要明确应用目的。

② 每一项统计技术都限于在一定约束条件、前提下使用，在不满足条件与前提时是不能使用的。如，过程能力分析的前提，要求过程是稳定状态时。

③ 统计技术应用应遵循固有的应用程序。

④ 应灵活、综合地运用统计技术。应结合质量管理体系的过程要求形成的多项管理活动中的技术与管理要求，分析使用定量数据统计分析要求，综合选用统计技术方法。

(3) 重点是审核统计技术应用的有效性。

统计技术应用是增值活动，重点在于审核组织运用统计技术的实际效果。

(4) 对组织应用统计技术，应以鼓励为主。

第二节　描述型统计

一、概述

(一) 什么叫描述统计

《ISO/TR 10017 统计技术在 ISO 9001 中的应用》指出："描述统计是指以揭示数据分

布特性的方式汇总并表达定量数据的方法。"是用特征数据、图表或语言来揭示数据分布的规律性的简便、直观的方法,是推断性统计的基础。

从以上定义可以看出,描述统计有如下特征:

(1) 概括并表示定量数据是其主要作用。描述统计可通过计算得出一些统计量,这些统计量在一定程度上定量地表达了组织所关注的数据的集中趋势和离散程度。

(2) 揭示数据分布特征是其主要功能。通过描述统计的图示方法,直观地给人们数据分布特征的印象,揭示数据分布的一些规律。

(3) 描述统计是一类统计方法的汇总。它不局限于已被人们总结出来的一些常用方法,还应包括在建立、实施、保持和改进质量管理体系中,人们正在创造、应用的一些新的方法。其表述方法可以从相对简单、直观的饼分图、条形图、趋势图到较为复杂的概率图、多变量图等。

(二) 常见的描述统计

常用描述型统计方法可分为以下三类。

(1) 用数据的统计量来描述。如均值、标准差等。

(2) 用图示技术来描述。如直方图、散布图、趋势图、排列图、条形图、饼分图等。

(3) 用文字语言分析和描述(严格讲某些方法并无"统计"性质)。如统计分析表、分层法、因果图、亲和图、流程图等。

二、直方图

(一) 什么是直方图

直方图是用一系列等宽不等高的长方形不间断地排列在一起的图形,其宽度表示数据间隔范围,高度表示在此范围内数据出现的频数,高低不同的变化形态描述了数据的分布情况(离散性和规律性)。

图形:将一批数据按取值大小分为若干组,在横坐标上将各组为底作矩形,以落入该组的数据的频数(在组中的数据个数 n_i)或频率 $f_i = \dfrac{n_i}{n}$ (n 为数据个数,即样本量)为矩形的高。

用途:

(1) 直方图的形状及数据集中位置(频数最大的质量特性横坐标)可以表明质量特性的分布状况,判断生产是否异常。

(2) 将图形与质量要求范围(公差)比较可以估计生产过程的产品不合格品率,或过程能力满足技术要求的程度(过程能力分析)。

(二) 数据的整理和分析

1. 数据的离散性和规律性

在生产线上,同一生产条件下,抽取同一种产品 100 件,测定某质量特性获得 100 个数据。其数据分布一般具有两个重要特征:

(1) 离散性。无论生产条件如何严格控制,数据总是波动的。

(2) 规律性。波动并非杂乱无章,数据总是在某一范围内波动,且遵从一种分布规律。

统计技术的一个重要方面:选用恰当的统计方法揭示数据的统计特征,实现预测质量、控制质量、预防问题发生和改进质量。

2. 统计特征的描述——数据的特征值

若从总体中抽取一个样本,得数据 $X_1, X_2, \cdots, X_n$,则有以下数据特征值:

(1) 数据的位置特性值。通常用平均值 $\overline{X}$ 或中位数 $\widetilde{X}$ 来描述。

① 平均值(样本均值、均值)。

平均值 $\overline{X}$ 是样本数据的算术平均值。

$$\overline{X} = \frac{x_1 + x_2 + \cdots + x_n}{n} = \frac{1}{n}\sum_{i=1}^{n} x_i$$

② 中位数 $\widetilde{X}$。

将一组数据,按大小次序重新排序(有序样本),取居于中间的数(当数据样本量 n 为奇数时)或中间两个数的平均数(当 n 为偶数时),当有序样本为 $x_{(1)}, x_{(2)}, \cdots, x_{(n)}$ 时,中位数为:

$$\widetilde{X} = \begin{cases} x_{\left(\frac{n+1}{2}\right)}, & \text{当 } n \text{ 为奇数} \\ \frac{1}{2}\left[x_{\left(\frac{n}{2}\right)} + x_{\left(\frac{n}{2}+1\right)}\right], & \text{当 } n \text{ 为偶数} \end{cases}$$

与平均值相比,中位数不受极端值的影响,在某些场合,$\widetilde{X}$ 比 $\overline{X}$ 更能代表一组数据的中心位置。

【例 9-1】 一组数据 10.0, 10.4, 10.6, 10.5, 10.3,求:$\overline{X}$ 和 $\widetilde{X}$。

解 ① $\overline{X} = \frac{1}{5}(10.0 + 10.4 + 10.6 + 10.5 + 10.3) = 10.36$

② 上述数据的有序样本为:

10.0, 10.3, 10.4, 10.5, 10.6

则 $\widetilde{X} = 10.4$

【例 9-2】 一组有序样本为:10.0, 10.3, 10.4, 10.5,

则 $\widetilde{X} = \frac{1}{2}[X_{(2)} + X_{(3)}] = \frac{1}{2}(10.3 + 10.4) = 10.35$

(2) 数据的离散特征值。常用方差(样本方差)s^2、标准偏差 s 或极差 R 来描述。

① 方差 s^2:

$$s^2 = \frac{1}{n-1}\sum_{i=1}^{n}(x_i - \overline{x})^2$$

② 标准差 s:

$$s = \sqrt{s^2} = \sqrt{\frac{1}{n-1}\sum_{i=1}^{n}(x_i - \overline{x})^2}$$

③ 极差 R:测定值中最大值 $X_{\max}$ 与最小值 $X_{\min}$ 之差。

$$R = X_{\max} - X_{\min}$$

(三) 直方图的绘制

现举例说明直方图的画法。

【例 9-3】 某食品厂自动装罐机生产罐头,由于诸多因素,罐头重量有差异。现从生产线上随机抽 100 只罐头称其重量,数据如表 9-1 所示。试作直方图并分析。

表 9-1　100 只罐头的重量数据　　　　　　　　　　　　　　　　单位：g

342	342	346	344	343	339	336	342	347	340
340	350	340	336	341	339	346	338	342	346
340	346	346	345	344	350	348	342	340	356
339	348	338	342	347	347	344	343	339	341
348	341	340	340	342	337	344	340	344	346
342	344	345	338	341	348	345	339	343	345
346	344	344	344	343	345	345	350	353	345
352	350	345	343	347	343	350	343	350	344
343	348	342	344	345	349	332	343	340	346
342	335	349	343	344	347	341	346	341	342

解　(1) 从样本中找出最大值和最小值，并求出极差。

$$X_{\max} = 356 \qquad X_{\min} = 332$$

$$R = X_{\max} - X_{\min} = 356 - 332 = 24$$

(2) 确定分组数 k 和组距 d。

组数 k 的确定可参考表 9-2。

表 9-2　确定组数 (k) 表

数据数目	组数 k
20~50	5~7
51~100	6~10
101~250	7~12
251 以上	10~20

本例 $k=8$，$d=24/8=3$

组距一般取整数，以便于分组。

(3) 确定分组组界。

第一组下界为：$X_{\min} - \dfrac{d}{2} = 332 - 1.5 = 330.5$

第一组上界(第二组下界)为：$330.5 + 3 = 333.5$

依此类推确定各组界。

(4) 分组的频数、频率分布表(见表 9-3)。

表 9-3　分组的频数、频率分布表

组号	组　界	组中值	频数	频率
1	330.5~333.5	332	1	0.01
2	333.5~336.5	335	3	0.03
3	336.5~339.5	338	9	0.09
4	339.5~342.5	341	26	0.26
5	342.5~345.5	344	31	0.31
6	345.5~348.5	347	19	0.19
7	348.5~351.5	350	8	0.08
8	351.5~354.5	353	2	0.02
9	354.5~357.5	356	1	0.01
合计			100	1.00

(5) 罐头重量样本的频数直方图(见图9-1)。

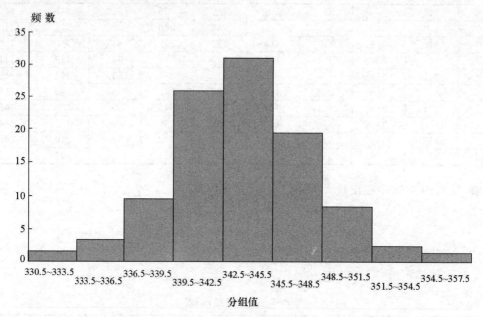

图 9-1 罐头重量直方图

(6) 计算平均值和标准差。

均值：$\overline{X} = 343.64$

标准差：$s = 4.0189$

(四) 直方图的分析

1. 常见直方图型的分析

常见直方图如图9-2所示。

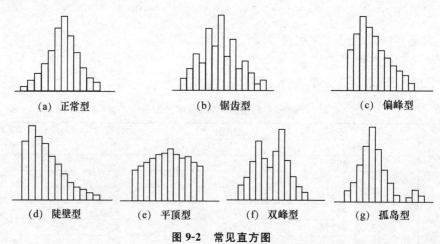

图 9-2 常见直方图

正常型(对称型)——图形中间高、两边对称下降,这是质量特性处于正常稳定状态生产中的数据分布。数据服从正态分布,是大多数(具有双向技术要求)产品质量特性图形。

锯齿型——可能因测量方法不当,或测量系统精度较差,或作图时分组不当所致。

偏峰型(偏态型)——可能是被抽样作图的产品是经检验后剔除了不合格品后的总体,也可能是技术要求是单侧容差的质量特性的数据分布。

陡壁型——是偏峰型的极端情况。

平顶型——可能是生产中有某种缓慢变化的加工因素,导致分布的图形平移所致。

双峰型——两个不同总体的产品数据混合所致。

孤岛型——双峰型的加剧,由于生产出现明显异常,过程条件有明显变化,导致两个均值或标准差差异很大的产品数据混合所致。

2. 运用直方图作分布及质量分析

(1) 数字特征对应图形分析。

事实证明,在过程相对稳定的条件下,由于大量的、独立的、极小的、有正有负的影响所产生的质量数据分布都类似于"正常型",也就是呈中间高、两边低、左右基本对称。

如果我们在稳定状态的系统中,抽取很大的样本,测量精度也很高,作直方图时组距分得足够细,则可得到近似的正态分布曲线。如图 9-3 所示。

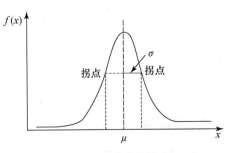

图 9-3 正态分布曲线

图 9-3 中 μ 为总体均值,表示数据分布的中心位置;σ 为总体标准差,表示数据分布的离散程度。

标准差 σ 固定时,不同的均值,如 $\mu_1 < \mu_2$ 时,对应的正态曲线的形状完全相同,仅位置不同,如图 9-4 所示。

均值 μ 固定时,不同的标准差,如 $\sigma_1 < \sigma_2$ 时,对应的正态曲线的位置相同,但形状不同,如图 9-5 所示。

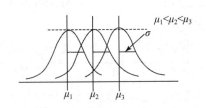

图 9-4 标准差相同,均值不同的正态分布

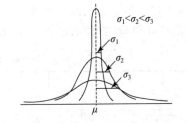

图 9-5 均值相同,标准差不同的正态分布

观看直方图主要应注意以下几点:

① 看形状——是否具有正态分布的中间高、两边低、左右对称的特点。

② 看集中——均值相同的几个直方图,瘦高的为好,σ 小的质量波动小。

(2) 直方图型对应技术要求(公差)分析。

① 看位置——直方图的分布中心与公差中心逼近为好(如图 9-6 中的左图)。

② 看超差——直方图未超出公差带的为好(如图 9-6 中的左图,左上图最好)。

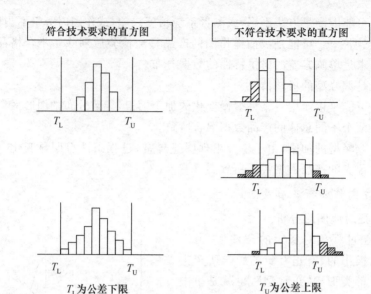

T_L 为公差下限 T_U 为公差上限

图 9-6 符合与不符合技术要求的直方图

三、散布图

（一）什么是散布图

散布图是研究成对出现的两组数据之间关系的图示技术。

散布图的作用有以下几点：

(1) 可发现两组数据之间关系是相关或不相关。

(2) 如相关可分析其相关的程度。

(3) 如相关可进一步用回归分析法找出两者之间的近似函数关系。

（二）散布图的画法

【**例 9-4**】 为了考查某种纤维强度与其拉伸倍数之间关系，实测 30 个纤维样品的强度与相应的拉伸倍数，其数据如表 9-4。试作散布图并分析。

表 9-4 强度与拉伸倍数测量数据

编号	1	2	3	4	5	6	7	8	9	10	11	12	13	14	15
倍数	1.9	2.0	2.0	2.1	2.4	2.5	2.7	2.7	3.5	3.5	3.5	3.8	4.0	4.0	4.5
强度	1.4	1.3	1.4	1.8	2.1	2.5	2.8	2.8	3.0	2.7	2.7	3.0	4.0	4.0	4.2
编号	16	17	18	19	20	21	22	23	24	25	26	27	28	29	30
倍数	4.6	5.0	5.2	5.5	6.0	6.3	6.5	7.1	7.5	8.0	8.0	8.9	9.0	9.5	10.0
强度	3.5	5.5	5.3	5.3	5.5	6.4	6.0	5.3	5.6	6.5	7.0	8.5	8.0	8.1	8.1

(1) 建立平面坐标系。

本例以拉伸倍数为横坐标、强度为纵坐标，并确定相应的单位刻度。

(2) 将数据表中成对数据在坐标中打点，得散布图如图 9-7 所示。或用 Excel 计算机软件制图：将表 9-4 数据复制到电子表格中，选中 xy 散点图即可。

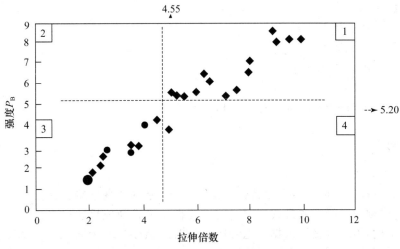

图 9-7 强度与拉伸倍数相关

表 9-4 中共测量了 30 个数据,其中有 3 个两点重合(7、8;10、11;13、14),在图 9-7 中用小圆点表示,有 1 个三点近似重合(1、2、3),在图 9-7 中用大圆点表示。

（三）散布图的分析

1. 直观分析判定

按图 9-8 对照判断(图中 γ 为相关系数)。

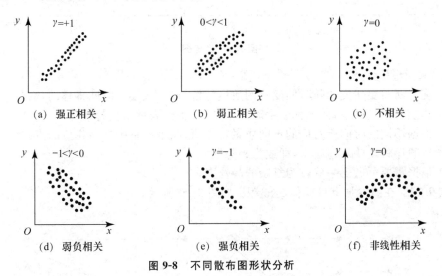

图 9-8 不同散布图形状分析

2. 简单象限法

简单象限法是一种半定量的判断方法,可判定两组数据是否线性相关。

具体画法是在绘制好的散布图上画两条中值直线,一条与横轴平行,另一条与纵轴平行,两条直线上下或左右的点子数要大致相等,如图 9-7 所示。

两条相互垂直的直线将图划分成 1、2、3、4 四个部分,即四个象限。

本例 $n_1=14, n_2=0, n_3=15, n_4=1$。

判断规则是：

$n_1+n_3>n_2+n_4$，则为正相关

$n_1+n_3<n_2+n_4$，则为负相关

$n_1+n_3\approx n_2+n_4$，则为不相关

本例 $n_1+n_3=29>n_2+n_4=1$

所以，纤维拉伸倍数与其强度存在正相关关系。

四、趋势图

（一）什么是趋势图

趋势图是一段时间内所研究的特性值的描点图，借以观察这些特性值在该时间内的变化状态，有时也称为运行图或折线图。它的主要作用是直观地反映质量特性值随着时间变化的趋势与走向，为决策提供依据。趋势图也是时间顺序分析中的一种简易图表法。趋势图的基本图形如图 9-9 所示。

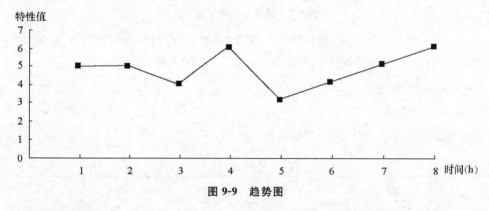

图 9-9　趋势图

（二）趋势图的画法

（1）确定所需要研究的随时间变化的质量特性值，并收集随时间推移的数据。

（2）建立直角坐标系，横坐标表示时间系列，纵坐标表示质量特性值。

（3）根据不同的时间所对应的不同质量特性值，在坐标系中描出相应的点。

（4）按顺序将这些点连起来，即成为趋势图。

（5）根据需要可做出一些较为复杂的趋势图。

【例 9-5】　在图上加上目标值、公差限，如图 9-10 所示。

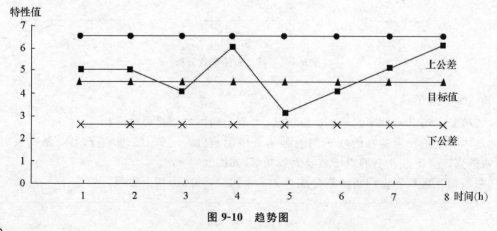

图 9-10　趋势图

【例 9-6】 一图多折线,如图 9-11 所示。

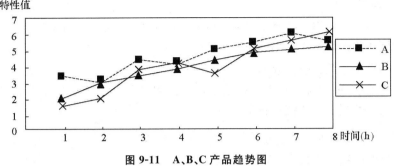

图 9-11　A、B、C 产品趋势图

五、审核要点

(一) 概述

ISO 9001 标准在 9.1.3 条款中指出:"组织应分析和评价通过监视和测量获得的适当的数据和信息。数据分析方法可包括统计技术。"

《ISO/TR 10017 统计技术在 ISO 9001 中的应用》指出:

"本指导性技术文件指在帮助组织建立、实施、保持和改进符合 ISO 9001 所要求的质量管理体系时确定可使用的统计技术。"

"本指导性技术文件不拟用于合同、法规或认证/注册目的,也不拟用作是否符合 ISO 9001 要求的强制性检查清单。组织使用统计技术的理由,在于其应用有助于提高质量管理体系的有效性。"

由上,审核人员应了解如下事实:

(1) 数据分析对证实质量管理体系的适宜性、有效性和持续改进的重要性。

(2) 应用统计技术可给组织带来潜在的效益。

(3) 描述统计是在质量管理活动中应用最方便简易的一种统计方法,作为审核人员应了解描述统计的常用方法,识别质量管理体系中的潜在要求,并能对组织应用的方法是否合理有效进行判别。

(二) 审核思路及审核要点

描述统计技术的应用的一般流程如图 9-12 所示。

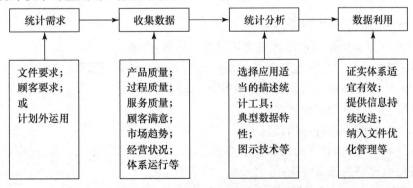

图 9-12　统计技术的应用的一般流程

根据上述流程审核描述统计技术运用的思路以及要点。

1. 了解统计需求

在《ISO/TR 10017 统计技术在 ISO 9001 中的应用》中列出的描述统计技术应用的潜在需求是否在质量管理体系文件中确定？

顾客是否提出了统计技术要求？

虽无文件要求，但在质量管理体系建立、实施、保持和改进的过程中对已识别有需求的地方是否应用了恰当的描述统计技术？

2. 审核数据收集情况

对统计技术的输入进行审核。

（1）了解数据的来源。

来自何处——产品、过程、服务、顾客、市场、经营；使用何种测量器具——设备、仪表、量具、调查表格等；提供数据的部门、人员等。

（2）了解数据的种类。

确认其质量特性值是计量值或计数值。

（3）了解数据采集的随机性。

数据的真实性和随机性是整个统计技术的基础，离开数据的真实性和随机性，后续的统计技术的应用就失去了意义。这一点在审核中尤其应注意。

（4）了解数据的分层情况。

看是否将不同性质的数据加以区别、分别整理，以便于在后面的统计技术应用中能更好地找出数据内在的规律性。

3. 审核统计技术的应用

对应用统计技术的过程进行审核。

（1）是否正确选择了合适的统计工具？

（2）文件中如果有要求，是否按要求进行？

（3）样本数据的特性应在规定的误差界限和置信水平下，否则不能认为就是从中抽取样本的总体特征的有效估计。

（4）根据不同的图示技术，注意其方法要点。

例如，直方图要注意分组多少对图形的影响，散布图要注意数据的成对性，趋势图要注意时间间隔的大小。

4. 审核统计分布结论的利用情况

对统计技术分析结论的输出后利用情况进行审核。

在得到统计结果后，应审核统计技术的结论是否得到正确、合理的应用。

（1）证实质量管理体系适宜性和有效性方面；

（2）在顾客满意度的信息方面；

（3）在产品和服务符合性的信息方面；

（4）在过程、产品和服务的特性及趋势的信息方面；

（5）在持续改进的信息方面；

（6）在供方的有关信息方面；

(7) 在将已证实的好结果纳入并优化文件方面。

第三节 统计过程控制(SPC)——控制图与过程能力分析

一、概述

(一) 过程控制概念

ISO 9000 是建立在"所有工作都是通过过程来完成的",因此,一个组织的质量管理就是通过对产品质量形成的各过程进行管理(包括控制)来实现的。

统计过程控制(Statistical Process Control,SPC)是应用统计技术对过程中各个阶段进行评估和监控,建立并保持过程处于稳定且可接受(合格率)的水平,从而保证产品与服务符合规定的要求的一种质量管理技术。

统计技术是过程控制的一部分,主要分为两方面:一是利用控制图分析过程的稳定性,对过程发现异常因素进行预警;二是过程能力指数分析(在统计稳态条件下),分析稳态下过程能力满足技术要求的程度,从而可对过程质量状态进行评价。

(二) 过程控制的内容与作用

(1) 运行控制图,分析过程的稳定性,找到过程中的异常因素,采取改进措施使过程进入稳定状态;

(2) 利用过程能力指数分析,对过程质量评估,采取措施使过程进入理想状态(过程能力稳定地满足技术要求),确保满足规定的过程(产品)合格率。

(3) 建立控制标准,持续地监控、评价过程,实现异常因素预防控制;使维护过程处于理想状态并持续改进(逐渐减小过程的变异)。实现预防为主、持续改进。

二、控制图原理

(一) 控制图的构造

当过程仅存在偶然因素引起的波动时(见下文解释),过程输出的质量特性 X 通常服从正态分布 $N(\mu,\sigma^2)$,其中 μ 为(总体)均值,σ 为(总体)标准差。在 μ 与 σ 已知时,正态分布的概率特性可用表 9-5 和图 9-13 说明。

表 9-5 正态分布的 $N(\mu,\sigma^2)$ 的概率特性

界限($\mu \pm k\sigma$)	界限内的概率(%)	界限外的概率(%)
$\mu \pm 0.67\sigma$	50	50
$\mu \pm 1\sigma$	68.26	31.74
$\mu \pm 1.96\sigma$	95	5
$\mu \pm 2\sigma$	95.45	4.55
$\mu \pm 2.58\sigma$	99	1
$\mu \pm 3\sigma$	99.73	0.27
$\mu \pm 4\sigma$	99.993	0.00631

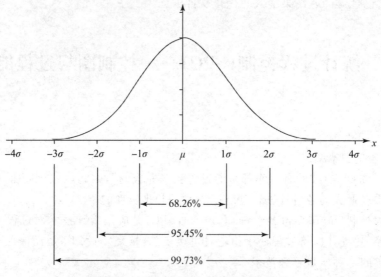

图 9-13　正态分布 $N(\mu,\sigma^2)$ 的概率特性

控制图创导者休哈特博士于 1924 年提出建议用界限 $\mu\pm3\sigma$ 作为控制限来管理过程。这意味着：在 1000 个产品中有不超过 2.7 个不合格品出现，就认为该过程的波动属正常波动。若有更多个不合格品出现，就认为该过程的波动属异常波动。

为了便于在生产现场使用和及时记录质量波动情况，休哈特还建议把正态分布图及其控制限 $\mu\pm3\sigma$ 同时左转 90°（见图 9-14），并以横轴为时间或样本编号，以纵轴为过程参数（均值、标准差等），并在 $\mu\pm3\sigma$ 处引出两条水平线（用虚线表示）。这样就形成一张控制图（图 9-14）。图 9-14 是一张单值（X）控制图，图中的 UCL 为上控制限，CL 为中心线，LCL 为下控制限。

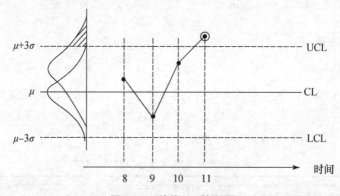

图 9-14　单值（X）控制图

在现场使用时，先规定一个时间间隔，然后按时抽取一个样本，测量样本中每个样品的质量特性，计算其平均值（或其他统计特征量）。最后把计算结果点在控制图上，如此不断重复，累计到一定数量后就对过程有无异常波动做出判断。若无异常波动，可认为过程受控；若有异常波动，则认为过程失控，这时要查找原因，采取适当措施，使过程调整到受控状态。

(二)控制图原理的第一种解释

为了控制加工螺丝的质量,每隔 1 小时随机抽取一个加工好的螺丝,测量其直径,将结果描点在图 9-14 中,并用直线段将点连接,以便观察点的变化趋势。由图中可看出,前 3 个点都在控制界限内,但第四个点却超出了 UCL,为了醒目,把它用小圆圈圈起来,表示第四个螺丝的直径过分粗了,应引起注意。现在对出现这第四个点应做什么判断呢?摆在我们面前有两种可能性:

(1) 若过程正常,即分布不变,则出现这种点超过 UCL 情况的概率只有 1‰左右(见图 9-14)。

(2) 若过程异常,譬如设异常原因为车刀磨损,则随着车刀的磨损,加工螺丝将逐渐变粗,μ 逐渐增大,于是分布曲线上移,发生这种情况的可能性很大,其概率可能为 1‰的几十乃至几百倍。

现在第四个点已经超过 UCL,问在上述(1)、(2)两种情形中,应该判断是哪种情形造成的。由于情形(2)发生的可能性要比情形(1)大几十乃至几百倍,故合乎逻辑地认为上述异常是由情形(2)生成的。于是得出结论:点出界就是判异!

用数学语言来说,这就是小概率事件原理:小概率事件在一次试验中几乎不可能发生,若发生即判断异常。控制图是假设检验(统计技术的一种方法)的一种图上作业,在控制图上每描一个点就是做一次假设检验。

(三)控制图原理的第二种解释

现在换个角度来研究一下控制图原理。根据来源的不同,影响质量的原因(因素)可归结为"5M1E"(人员、设备、原材料、工艺方法、测量和环境)。但从对产品质量的影响大小来分,又可分为偶然因素(简称偶因)与异常因素(简称异因,在国际标准和我国国家标准中称为可查明原因)两类。偶因是过程固有的,始终存在,对质量的影响微小,但难以除去,如机床开动时的轻微振动等。异因则非过程固有,有时存在,有时不存在,对质量影响大,但不难除去,如车刀磨损等。

偶因引起质量的偶然波动,异因引起质量的异常波动。偶然波动是不可避免的,但对质量的影响一般不大。异常波动对质量的影响大,且可以通过采取恰当的措施加以消除,故在过程中异常波动及造成异常波动的异因是我们注意的对象。一旦发生异常波动,就应该尽快找出原因,采取措施加以消除。将质量波动区分为偶然波动与异常波动两类并分别采取不同的对待策略,这是休哈特的贡献。

偶然波动与异常波动都是产品质量的波动,如何能发现异常波动的存在呢?我们可以这样设想:假定在过程中,异常波动已经消除,只剩下偶然波动,这当然是正常波动。根据这正常波动,应用统计学原理设计出控制图相应的控制界限,当异常波动发生时,点就会落在界外。因此点频频出界就表明存在异常波动。控制图上的控制界限就是区分偶然波动与异常波动的科学界限。

根据上述,可以说休哈特控制图即常规控制图的实质是区分偶然因素与异常因素两类因素。

图的原理可归纳为三点:

(1) 在一切生产过程中所呈现出的波动有两个分量。第一个分量是过程内部引起的稳定分量(即偶然波动),第二个分量是可查明原因的间断波动(即异常波动)。

(2) 那些可查明原因的波动可用有效方法加以发现,并可被消除,但偶然波动是不会消失,除非改变基本过程。

(3) 基于 3σ 限的控制图可以把偶然波动与异常波动区分开来。

这三点即说明了控制图的基本原理。

(四) 两类错误

控制限 $\mu \pm 3\sigma$ 是用来判断正常波动和异常波动所用的一种控制限,要考虑到由统计思想确立任何一种控制限都有可能使判断发生错误。这种错误可以分为以下两类:

(1) 第一类错误:当所涉及的过程处于受控状态时,但某点由于偶然原因落在控制限之外,这时按准则判断,过程失控。这时判断是错误的,这种错误称为第一类错误,其发生概率记为 α(见图 9-15),又称为虚发警报。

(2) 第二类错误:当所涉及的过程失控时,其产生的点由于偶然原因会落在控制限内,这时按准则判断,过程受控。这时判断也是错误的,这类错误称为第二类错误,其发生概率记为 β(见图 9-15),又称为漏发警报。

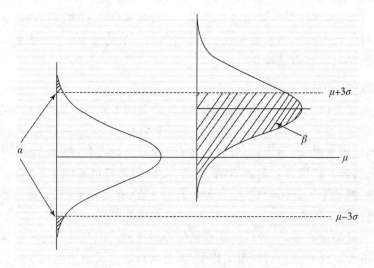

图 9-15　两类错误及其发生概率示意图

发生第一类错误会引起去寻找根本不存在的异常波动而造成损失。发生第二类错误会由于未及时采取措施消除异常原因而造成损失。

研究表明,减小 α 将导致增加 β,减小 β 将导致增加 α。例如,若扩大控制限到 $\mu \pm 4\sigma$,这时 α 减小,但 β(图 9-15 中阴影面积)显然扩大。若缩小控制限为 $\mu \pm 2\sigma$,这时 β 明显减小,但 α 显著增加。

要使 α 与 β 同时减小只有增加样本量 n,这在实际中又很难实现。另外,β 的计算与失控状态时的总体分布有关,此时总体分布多种多样,很难对 β 做出确切的估计。为此常规控制图仅考虑犯第一类错误的概率 α。在控制限定为 $\mu \pm 3\sigma$ 和过程受控场合,可以算得 $\alpha = 0.27\%$,即犯第一类错误的概率为 $2.7‰$。

有些情况可以作为个案处理。例如:

(1) 若产品不合格的后果会造成严重损失,如某些药品生产,这时犯第二类错误不易过大,为了减小犯第二类错误的概率 β,可考虑使用较小的控制限,如 $\mu\pm2.5\sigma$ 或 $\mu\pm2\sigma$ 控制限。

(2) 若犯两类错误的概率都要加以限制,这时可考虑增加每次抽取的样本量 n,如 $n=$ 10、15 甚至 20。

三、常规控制图

(一)常规控制图类型

根据过程输出的质量特性的数据性质,常规控制图主要有两类:一类是计量控制图,另一类是计数控制图。

计量控制图的统计基础是正态分布 $N(\mu,\sigma^2)$,它含有两个参数:均值 μ 与标准差 σ。因此,要控制计量值的过程波动需要两张控制图:一张用于控制均值,另外一张用于控制标准差。根据样本量的大小和用于估计 μ 与 σ 的统计量的不同,计量控制图共有 4 对,它们是:

(1) 均值-极差控制图($\bar{x}$-R):精度尚可,使用方便,$n=2\sim9$。
(2) 均值-标准差控制图($\bar{x}$-s):精度最高,计算量较大 $n\geqslant2$。
(3) 中位数-极差控制图($\tilde{x}$-R):精度较差,计算量较小,$n=2\sim9$。
(4) 单值-移动极差控制图($\tilde{x}$-Rs):每次抽样只能得到 1 个样本,$n=1$。

计数控制图根据背景不同又可分为两类:计件控制图与计点控制图。计件控制图的统计基础是二项分布 $b(n,p)$。它只含一个参数 p,p 是不合格品率,控制不合格品率只需一张控制图。再根据使用时的样本是否相同,又有两类,它们是:

(1) 不合格品率控制图(p 图):样本量由 p 决定,一般较大,可不相等。
(2) 不合格品数控制图(np 图):样本量由 p 决定,一般较大,且要相等。

计点控制图的统计基础是泊松分布 $P(\lambda)$,它只含一个参数 λ,λ 是单位产品上的不合格数,控制 λ 只需一张控制图。再根据使用的样本量(单位产品数)是否相同,又有两类,它们是:

(1) 单位产品不合格数控制图(u 图):样本量由 λ 决定,可不相等。
(2) 不合格数控制图(c 图):样本量由 λ 决定,但要相等。

要注意只有在样本量相等的场合,不同的不合格品数 np 图或不合格数 c 图才具有可比性。

(二)各种常规控制图的用途

1. $\bar{X}$-R 控制图

对于计量数据而言,这是最常用的控制图。它用于控制对象为长度、直径、重量、强度、浓度、时间和产量等计量值的场合。

均值 $\bar{X}$ 控制图主要用于观察正态分布均值的变化,极差 R 控制图用于观察正态分布的分散情况,即波动的情况。$\bar{X}$-R 控制图将二者联合运用,用于观察正态分布的取值的平均状态和分散程度的变化。

2. $\bar{X}$-s 控制图

$\bar{X}$-s 控制图与 $\bar{X}$-R 图相似,只是用标准差控制图(s 图)代替极差控制图(R 图)。因为子组极差 R 的计算要比子组标准差 s 简便,所以 R 图应用较广泛。但是当子组大小 $n>9$ 时,极差对数据的利用效率大为降低,需要应用标准差 s 来代替极差 R。现在由于计算机、计算器的使用非常普及,标准差的计算已不成问题,故 $\bar{X}$-s 控制图的应用越来越普及。因为,子组标准差 s 能够充分利用子组的信息,所以,$\bar{X}$-R 控制图可由 $\bar{X}$-s 控制图代替。

3. $\tilde{x}$-R(Me-R) 控制图

$\tilde{x}$-R 控制图与 $\bar{X}$-R 图也很相似,只是用中位数控制图 $\tilde{X}$(Me) 图代替均值控制图($\bar{X}$ 图)。由于中位数的计算比均值简单,所以多用于现场需要把测定数据直接记入控制图进行控制的场合。当然,为了简便,一般规定数据取奇数个。现在计算机(器)的普及,$\bar{X}$ 的计算已很简便,故 $\tilde{x}$-R 控制图已经很少在实际应用中使用。

4. X-Rs 控制图

用于下列场合:如对每件产品都进行检验,采用自动化检查和测量的场合;获取测量值的成本高或时间长的场合;以及如液体浓度、化学溶液的 pH 值等质量均匀,多抽样也无太大意义的场合。总之,子组大小为 1,每个子组只有一个数据。由于它不像前三种控制图那样可以得到较多的数据信息,所以,使用 X-Rs 控制图判断过程变化的灵敏度也要略差一些。

5. p 控制图

p 控制图控制对象为不合格品率或合格品率等计件值质量指标,可应用于子组大小变化时。这里需要注意的是,在根据多种检查项目综合起来确定不合格品率的情况,当控制图显示异常后难以找出异常的原因。因此,使用 p 图时应选择重要的检查项目作为判断不合格品的依据。常见的不良率有不合格品率、废品率、交货延迟率、缺勤率、邮电和交通运输部门的各种差错率等。

6. np 控制图

np 控制图控制对象为不合格品数。设 n 为子组大小,p 为不合格品率,则 np 为不合格品个数。故取 np 作为不合格品数控制图的简记记号。在子组样本大小相同的情况下,才能应用这些图。

7. c 控制图

当子组大小保持不变时,可以应用 c 控制图。它用于控制一部机器、一个部件、一定的长度和一定的面积,或任何一定的单位中所出现的不合格数目。如一定面积的布匹上的疵点数,单件铸件上的砂眼数,单台机器设备的问题数或故障次数,每台电子设备的焊接不良数,每张传票的误记数,每页印刷错误数,每次提供的服务的差错次数等。

8. u 控制图

当子组大小变化时,则须将数据换算为平均每单位的不合格数,使用 u 控制图。例如,在制造厚度为 2 mm 的玻璃平板的生产过程中,一批样品的面积是 1 m^2,下一批样品的面积是 2 m^2 的。这时就应将数据都换算为每平方米的平均不合格数,然后再应用 u 控制图来进行控制。

(三)分析用控制图与控制用控制图

一道工序一般总是存在异因的,若以这种非稳态参数建立控制图,将不能达到控制的目的。因此,一般首先要将非稳态过程改进到稳态即进入分析用控制图,当经改进后通过了分析用控制图后(过程调整到稳态后),才能将控制限作为控制用控制图,所以控制图按用途分类为分析用控制图和控制用控制图。

1. 分析用控制图

分析用控制图主要分析以下两个方面:① 分析过程是否处于统计控制状态(统计稳态,即图无异常);② 在统计稳态条件下,该过程的过程能力指数 C_p 是否满足规定要求(技术稳定,有关内容在本节第四部分)。

控制状态的四种情况如表 9-6 所示。

表 9-6 控制状态的四种情况

技术控制状态	统计控制状态	统计稳态	
		是	否
技术稳态	是	Ⅰ	Ⅱ
	否	Ⅲ	Ⅳ

(1) 状态Ⅳ:统计控制状态与技术控制状态均未达到稳态,是进入过程控制的起点,是最不理想的不受控制状态。

(2) 状态稳定Ⅲ:统计控制达到稳态(分析用控制图中已消除了异常状态),但技术控制状态尚未达到稳态(C_p 未满足规定要求)。

(3) 状态Ⅱ:统计控制未达到稳态,而技术控制已达到稳态。

(4) 状态Ⅰ:统计控制和技术控制均达到稳态,是最理想的控制状态。

当应用分析控制图,并通过分析与过程改进,实现过程从状态Ⅳ到Ⅰ,分析用控制图的应用过程便是质量改进的过程。一般可遵循状态Ⅳ→状态Ⅲ→状态Ⅰ或状态Ⅳ→状态Ⅱ→状态Ⅰ的改进过程序。

2. 控制用控制图

控制用控制图用于已通过了分析用控制图分析及过程能力充足的"理想状态"的过程控制,通过对过程质量特性数据的收集、统计、计算,并在控制图上打点,运用控制图的判断准则可以及时发现过程是否存在异常原因引起的波动。如有异常,通过分析原因,采取纠正措施,对过程进行调整,从而能对过程质量起到预防作用(虽有异常状态,其时产品加工尚处于高合格率状态,因为控制限处于公差限之内)。在实际应用中,控制用控制图的控制限是受控过程分析用控制图控制界限的延长。

控制用控制图使用阶段不是无限制的进行下去,而是经过一个阶段的使用后,可能是一个月、半年、也可能是一年(这段时间的长短需根据产品、过程的具体变化情况来确定)。利用在这段时间内新收集到的过程质量数据,再次使用分析用控制图来重新判断过程是否受控,分析过程的受控状态是否已经发生变化。

(四)常规控制图的判断准则

当出现以下两类情况:点出控制限或界内点排列不随机可判定过程出现异常,应发出警报、停止生产,查明原因并改进。

国家标准 GB/T 4091—2001/ISO 8258:1991《常规控制图》明确给出了变差(波动)的可查明原因的八种模式。下面对这八种模式一一进行分析。

上、下控制限分别位于中心线的上、下 3σ 距离处。为了便于应用这八种模式,将控制图分为六个区,每个区的宽度为 1σ,如图 9-16 所示。六个区的标号 A、B、C、C、B、A,A 区、B 区、C 区各两个分别在中心线两侧,与中心线对称。

图 9-16 控制图的分区情况

这八种检验模式主要适用于 $\bar{X}$ 图和单值(X)图,且假定质量特性 X 的观测值服从正态分布。如图 9-17 所示。

四、过程能力与过程能力指数

(一)过程能力 PC(process capability)

过程能力或称为工序能力是指过程处于稳定状态下的实际加工能力,它是衡量过程加工内在一致性的,也是过程固有变异的一种量度。过程能力决定于质量因素,即人、机、料、法、测、环,而与规范无关。

过程能力的测定一般是在成批生产状态下进行的。为了便于过程能力的量化,可以用 3σ 原理来确定其分布范围:当过程处于稳态时,产品的计量质量特性值有 99.73% 落入 $\mu\pm3\sigma$ 范围内。因此以 $\pm3\sigma$,即 6σ 为标准来衡量过程的能力是具有足够的精确度和良好经济特性的。所以在实际计算中就用 6σ 的波动范围来定量描述过程能力。记过程能力为 B,则 $B=6\sigma$。显然 6σ 越大,即过程质量波动越大,过程能力越低;6σ 越小,过程能力越高。过程能力是过程本身客观存在的一种性质。

测定过程能力的条件是:过程已处于统计稳态。

(二)过程能力指数 PCI(process capability index)

过程能力指数表示过程能力满足产品技术要求的程度。技术要求是指加工过程中产品必须达到的质量要求,通常用标准、公差(容差)、允许范围等来衡量,一般用符号 T 表示。技术要求(T)与过程能力(B)之比值,称为过程能力指数,记为 C_p。

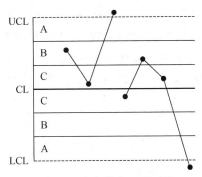
检验1：1个点落在A区以外

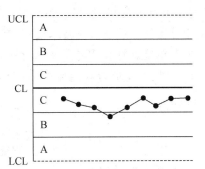
检验2：连续9点落在中心线同一侧

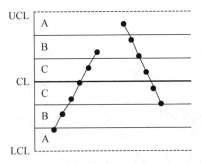
检验3：连续6点递增或递减

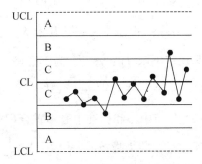
检验4：连续14点中相邻点交替上下

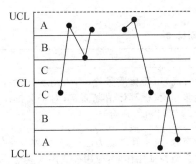
检验5：连续3点中有2点落在中心同一侧的B区以外

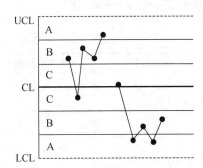
检验6：连续5点中有4点落在中心线同一侧的C区以外

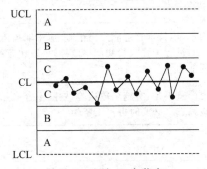
检验7：连续15点落在中心线两侧的C区以内

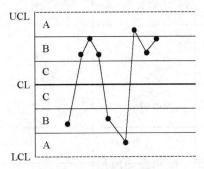
检验8：连续9点落在中心线两侧且无一在C区内

图9-17 可查明原因的检验

过程能力指数 C_p 值，是衡量过程能力满足产品技术要求程度的指标，过程能力指数越大，说明过程能力越能满足技术要求，甚至有一定的能力贮备。但是不能认为过程能力指数越大，加工精度就越高或者说技术要求越低。过程能力和判断标准见表9-7。

(1) 当技术要求为双侧要求，且分布中心和标准中心重合，即 $\overline{X}=M$（公差中值 $M=\frac{T_u+T_L}{2}$）时：

$$C_p = \frac{技术要求}{过程能力} = \frac{T_u-T_L}{6\sigma} \approx \frac{T_u-T_L}{6s}$$

(2) 单侧公差情况下：

只规定上限 T_u：$\chi > T_u$ 为不合格

$C_{pu} = \frac{T_u-\overline{X}_u}{3\sigma} \approx \frac{T_u-\overline{X}_u}{3s}$，其中 $\overline{X}_u$ 为样本均值。

只规定下限 T_L：$\chi < T_L$ 为不合格

$C_{pL} = \frac{\overline{X}_L-T_L}{3\sigma} \approx \frac{\overline{X}_L-T_L}{3s}$，其中 $\overline{X}_L$ 为样本均值

(3) 分布中心和标准中心不重合（$\overline{X} \neq M$），有偏移情况：

实际过程能力指数 $C_{pk} = (1-K)\frac{T}{6\sigma} \approx (1-K)\frac{T}{6s}$

其中 $K = \frac{2\varepsilon}{T}$，$\varepsilon = |M-\overline{X}|$

表 9-7 过程能力的判断标准

过程能力指数	加工等级范围	评价
$C_p \geq 1.67$	Ⅰ	过程能力过高，可简化质量检验，采用统计抽样检验或减少检验频次（视具体情况而定，对于关键质量特性，$C_p \geq 1.67$ 风险低，适合）
$1.33 \leq C_p < 1.67$	Ⅱ	过程能力充分，技术管理能力已很好，应继续维持，对过程现状实施标准化作业，应用控制图或其他手段对过程进行监控
$1.0 \leq C_p < 1.33$	Ⅲ	过程能力较差，技术管理能力较勉强，应设法提高为Ⅱ级
$0.67 \leq C_p < 1.0$	Ⅳ	过程能力不足，技术管理能力已很差，应采取措施，立即改善。对过程加强检验和严格监控，采取纠正措施提高过程能力
$C_p < 0.67$	Ⅴ	过程能力严重不足，实施全数检验，剔除不合格品，或进行分级筛选。必要时可停工整顿

五、控制图的应用

（一）过程改进策略

国家标准 GB/T 4091—2001《常规控制图》给出的过程改进策略如图 9-18 所示。

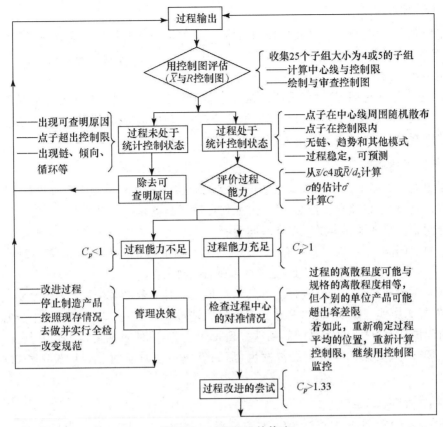

图 9-18 过程改进的策略

图 9-18 基于以正态分布为前提的计量值控制图,以 $\bar{X}\text{-}R$ 为例。从图中可知,过程改进策略包括判断过程是否处于统计控制状态(即判稳)和评价过程能力两个环节。

(二)应用控制图需要考虑的问题

1. 应用控制图的基本条件

(1)过程管理规范,人、机、料、法、环、测六大因素已经标准化,生产过程相对稳定,产品质量具有可追溯性。

(2)有关员工,特别是质量管理专职人员接受 SPC 等数理统计方法的系统培训,具备应用的能力。

(3)具备必要的技术、物质条件。

2. 控制图的应用条件

从原则上讲,对于任何生产过程(管理过程或服务过程),凡是需要对于产品质量(或工作质量)进行控制的场合都可以用控制图,但是要求:

(1)对于所确定的控制对象(质量指标)应能够定量,如果只有定性的要求而不能够定量,那就无法应用控制图;

(2)所控制的过程具有可重复性,对于只有一次性或少数几次的运行过程显然不能应用控制图进行控制。

3. 控制对象的选择

应用控制图，首先就要选择需要控制的质量特性（即质量指标），主要选择能定量的质量特性、产品生产和使用中重要的质量特性，对下道生产工序影响较大的质量特性，产品在生产或使用中经常出现质量问题的质量特性。

例如，某厂生产电阻，使用者关心的是其电阻值的大小，则可以把电阻值作为控制的质量特性。又例如，某电镀工段通过生产数据的分析，发现电镀液的温度是影响产品质量的重要的工艺因素，那么可把温度作为控制图的控制特性值。

4. 取样方法的确定

控制图的优点是通过抽取较少数量的样品就能够在长时间内对生产过程（管理过程或服务过程）的变化予以监视或控制。因此，如何抽取样品就是一个很重要的问题。

取样问题一般涉及样本量和取样时间间隔。

作控制图（分析用控制图）时，有一个总样本量 N 的问题，一般要求取 $K=20\sim25$ 个样本组，总样本量 N 应在 100 个以上，这样才能保证有效性。

时间间隔的确定要视生产过程的具体情况而定。休哈特提出"合理子组原则"，其内容是"组内差异只由偶因造成，组间差异主要由异因造成"。如果担心生产过程中异常原因在很短的时间内就会发生，那么时间间隔就要定得短一些，以便早期可以发现系统异常原因。而在有些场合，系统异常原因不经常发生，那么就应当把时间间隔定得长一些，以减少工作量。

（三）控制图应用举例

以 $\bar{x}$-R 图为例。$\bar{x}$-R 图是最常用、最基本的控制图，它的控制对象为长度、重量、纯度、时间和生产量等计量值的场合。GB/T 4091—2001《常规控制图》中，给出了 $\bar{x}$-R 图的应用程序：

（1）收集与分析数据，计算平均值与极差。

（2）首先点绘 R 图。与控制限进行对比，检查数据点是否有失控点，或有无异常的模式或趋势。对于极差数据中关于可查明原因的每一个征兆，分析过程的运行，以便找出原因，进行纠正，并防止它再次出现。

（3）剔除所有受到某种已识别的可查明原因影响的子组，然后重新计算并点绘新的平均极差（$\bar{R}$）和控制限。当与新控制限进行比较时，要确认是否所有的点都显示为统计控制状态，如有必要，重复"识别→纠正→重新计算"程序。

（4）若根据已识别的可查明原因，从 R 图中剔除了任何一个子组，则也应该将它从 $\bar{x}$ 控制图中除去。应利用修正过的 $\bar{R}$ 和 $\bar{x}$ 值重新计算平均值和控制限。

注：排除显示失控状态的子组并不意味着"扔掉坏数据"。更确切地说，通过剔除受到已知可查明原因影响的点，可以更好地估计偶然原因所造成变差的背景水平。这样做，同样也为那些用来最有效地检测出未来所发生变差的可查明原因的控制限提供最适宜的基础。

（5）当极差控制图表明过程处于统计控制状态时，则认为过程的离散程度（组内变差）是稳定的。然后就可以对平均值进行分析，以确定过程的位置是否随时间而变动。

（6）点绘 $\bar{x}$ 控制图，与控制限比较，检验数据点是否有失控点，或有无异常的模式或趋势。与 R 控制图一样,分析任何失控的状况,然后采取纠正措施和预防措施。剔除任何已找到可查明原因的失控点;重新计算并点绘新的过程平均值($\bar{x}$)和控制限。当与新的控制限进行比较时,要确认所有数据点是否都显示为统计控制状态,如有必要,重复"识别→纠正→重新计算"程序。

(7)当用来建立控制限基准值的初始数据全部包含在试用控制限内时,则在未来时段内延长当前时段的控制限。这些控制限将用于当前过程的控制,责任人(操作者或监督者)将对 $\bar{x}$ 图或 R 图中任何失控状态的信号做出反应,并采取即时的行动。

六、控制图审核要点

(一)控制图的策划与选择

在使用或审核控制图时,首先要考虑控制图使用的适宜性。控制图的选择和质量特性的数据类型(计量型、计数型)、样本量、取样成本、测量成本等因素有关。选择适宜正确的控制图类型是对质量特性进行有效控制的前提。控制图的选择参见"各种常规控制图的用途"章节。

(二)控制图数据的采集

数据的采集质量是控制图使用有效性的基础,所以在收集数据之前一般要对获得数据的测量系统进行分析,以确保数据的真实与客观。因此,在审核过程中可以要求受审核方提供相关测量系统的分析评价资料。

在审核控制图数据的采集时,应关注子组大小、子组数等信息,并特别关注数据的采集方法,这一点很重要却往往容易被忽视。

(三)图形判断

控制图的图形判断参见"常规控制图的判断准则"。

(四)过程失控采取的措施

针对控制图失控的情况应分析原因,并采取措施,这是控制图使用有效性关键而又困难的一环。过程失控原因的分析可能需要应用其他统计技术。

(五)使用控制图的效果

使用控制图对过程进行控制的意图是预防,所以控制用控制图应在生产现场由与过程直接有关的人员进行绘制和使用。使用控制图的效果应最终体现在过程稳定性的提高,过程能力提高方面。

在审核控制图使用时要特别关注使用的效果。控制图是过程控制的一种方法,某些行业(如汽车制造、电子、军工、通信行业)顾客会要求供应商在过程控制时采用控制图,在这种情况下尤其要关注控制图使用的效果。

对于有些重要/关键特性,又无法实施100%检验,而必须通过过程监控来证实产品质量得以保证的,SPC是非常重要的手段。

(六)审核中常见的问题

(1)数据采样不具有代表性,有的来自不同的生产流水线或者不同的班次,有的来自分层不当,没有注意合理子组等。

(2) 没有注意一、二类错误及其产生的风险。
(3) 控制界限计算错误,分不清楚控制界限与顾客要求或技术要求之间的区别。
(4) 混淆分析用和控制用控制图。
(5) 事后画图,没有实时控制。

七、过程能力审核要点

过程能力分析用于评价过程生产合格品的能力。它可用来评定任何一个子过程的能力,如某加工过程或某一台设备,并能帮助做出有关过程改进的决定。汽车、宇航、电子、食品、药品和医疗器械等行业的企业通常用过程能力作为评价供方和产品的一个主要标准。制造业和服务业的一些企业寻求把过程能力指数用于识别过程改进需求或验证过程改进的有效性。审核员在审核企业运用过程能力分析这一统计技术时要注意以下几点。

(1) 过程能力应在过程受控条件下评定。因此,要审核受审核方在评定前是否验证过程受控这一前提。如通过应用 SPC 控制图或用正态概率纸验证过程数据是否来自正态总体。

(2) 计算过程能力指数要注意规范限是否满足顾客或技术要求,标准差 σ 的估计用极差 R 估计时,要求子组样本量 n 一般小于 10,否则估计的误差较大,效率较低;而用 s 估计就无此限制。

(3) C_{Pk} 或 C_p 多大为好无统一规定,一般根据顾客要求和/或组织质量目标。当不能满足要求时,要进行原因分析,根据原因调整过程,而不只是仅仅计算了过程能力指数。

(4) 当过程质量特性不服从正态分布时,C_{Pk} 的计算结果就会引起误解,这时要考虑进行数据变换或者采取与过程分布相适应的分析方法来进行。

(5) 数据来源的代表性问题,如过程的代表性:没有采用典型过程的数据;取样的代表性:数据剔除不合理。

第四节 抽 样 检 验

一、概述

抽样是通过研究总体中的样本获得有关总体的某些特性的一种系统的统计方法。抽样大致分为两个方面:验收抽样(acceptance sampling)和调查抽样(survey sampling)。

验收抽样是根据从某批交验产品中抽取和检验样本的结果,决定是否接受这批产品的活动。验收抽样一般按制订的抽样方案(或抽样计划)实施。在许多场合,"验收抽样"一词常以"抽样检验"代替。

调查抽样是为了估计总体中的一个或一个以上的特性状况或为了估计这些特性在总体中的分布状况而进行的计算研究活动。比如顾客调查、过程稳定状况调查、过程能力调查、产品在流通领域的监督调查、体系审核调查等。

抽样同 100% 的检验或总体调查相比,能节省时间、费用和劳动力。当产品检验包含破坏性试验时,抽样是获取信息的唯一切实可行的途径。

抽样是一种既经济有效又及时的方法，以获取有关总体的某一所关心的特性值或分布情况的初始信息。它在建立、实施、保持和改进质量管理体系中，应用十分广泛。

现将抽样检验中常用术语择其主要的介绍如下：

（1）计数检验：根据给定的技术标准，将样本中每个单位产品简单的分成合格品或不合格品的检验；或是统计出单位产品中不合格数的检验。根据样本中的不合格品数或不合格数，与标准对比，以判断产品批是否可接收。前一种检验又称"计件检验"；后一种检验又称"计点检验"。

（2）计量检验：根据给定的技术标准，将样本中每个单位产品的质量特性（如重量、长度、强度等）用连续尺度测量出其具体数值，利用样本质量特性数据计算相应统计量，并与标准对比，以判断产品批是否可接收的检验。

（3）单位产品：为实施抽样检验而划分的单位体。对于按件制造的产品来说，一件产品就是一个单位产品，如一个螺母、一台机床、一台电视机。但是，有些产品的单位产品的划分是不明确的，如钢水、布匹等，这时必须人为地规定一个单位量，如一米布、一千克大米、一平方米玻璃等。

（4）检验批：是作为检验对象而汇集起来的一批产品，是提交进行检验的一批产品，有时也称交检批。一个检验批应由基本相同的制造条件、一定时间内制造出的同种单位产品构成。

（5）批量：是指检验批中单位产品的数量。用符号 N 来表示。

（6）缺陷：质量特性未满足预期的使用要求，即构成缺陷（defect）。

（7）不合格：不合格（nonconformity）是指单位产品的任何一个质量特性未满足规定要求。

（8）不合格品：具有一项或一项以上不合格的单位产品，称为不合格品（nonconforming unit）。

（9）抽样方案：规定了每批应检验的单位产品数（样本量或系列样本量）和有关批接收准则（包括接收数、拒收数、接受常数和判断准则等）的组合。

（10）抽样计划：一组严格度不同的抽样方案和转移规则的组合。

二、随机抽样方法

（一）简单随机抽样（simple random sampling）

这种方法就是通常所说的随机抽样。之所以叫简单随机抽样，就是指总体中的每一个个体被抽到的机会是相同的。为实现抽样的随机化，可采用抽签（或抓阄）、查随机数值表，或掷随机数骰子等方法。例如，要从100件产品中随机抽取10件组成样本，可把这100件产品从1开始编号一直编到100号，然后用抽签（或抓阄）的方法，任意抽出10张，假如抽到的编号是3、7、15、18、22、35、46、51、72、89等10个，于是就把这10个编号的产品拿出来组成样本。也可以利用查随机数表的办法来产生这10件产品。这种方法的优点是抽样误差小，缺点是抽样手续比较烦琐。在实际工作中，真正做到总体中的每个个体被抽到的机会完全一样是不容易的。这往往是受到各种客观条件和主观心理等许多因素综合影响而造成的结果。

（二）系统抽样（systematic sampling）

系统抽样又称等距抽样法或机械抽样。例如，要从100件产品中抽取10件组成样本，首先应将100件产品按1,2,3,…,100顺序编号；然后用抽签或查随机数表的方法确定1～10号中的哪一件产品入选样本(此处假定是3号)；其余依次入选样本的产品编号是：13号、23号、33号、43号、53号、63号、73号、83号、93号；最后由编号为03、13、23、33、43、53、63、73、83、93的10件产品组成样本。

由于系统抽样法操作简便，实施起来不易出差错，因而在生产现场人们乐于使用它。像在某道工序上定时去抽一件产品进行检验，就可以看作系统抽样的例子。

由于系统抽样的抽样起点一旦被确定后(如抽到了第3号)，整个样本也就完全被确定，因此这种抽样方法容易出现大的偏差。比如，一台织布机出了大毛病，恰好是每隔50m(周期性)出现一段疵布，而检验人员又正好是每隔50m抽一段进行检查，抽样的起点正好碰到有瑕疵的布段，这样一来，以后抽查的每一段都有瑕疵，进而就会对整匹布甚至整个工序的质量得出错误的结论。总之，当总体含有一种周期性的变化，而抽样间隔又同这个周期相吻合时，就会得到一个偏倚很厉害的样本。因此，在总体会发生周期性变化的场合，不宜使用这样的抽样方法。

（三）分层抽样(stratified sampling)

分层抽样也叫类型抽样。它是从一个可以分成几个子总体(或称为层)的总体中，按规定的比例从不同层中随机抽取样品(个体)的方法。比如，有甲、乙、丙3个工人在同一台机器设备上倒班干同一种零件，他们加工完了的零件分别堆放在3个地方，如果现在要求抽取15个零件组成样本，采用分层抽样法，应从堆放零件的3个地方分别随机抽取5个零件，合起来一共15个零件组成样本。这种抽样方法的优点是，样本的代表性比较好，抽样误差比较小。缺点是抽样手续较简单随机抽样还要烦琐。这个方法常用于产品质量验收。

（四）整群抽样(cluster sampling)

整群抽样又叫集团抽样。这种方法是将总体分成许多群，每个群由个体按一定方式结合而成，然后随机抽取若干群，并由这些群中的所有个体组成样本。这种抽样法的背景是有时为了实施上的方便，常以群体(公司、工厂、车间、班组、工序或一段时间内生产的一批零件等)为单位进行抽样，凡抽到的群体就全面检查，仔细研究。比如，对某种产品来说，每隔20h抽出其中1h的产量组成样本；或者是每隔一定时间(如30min、1h、4h、8h等)，一次抽取若干个(几个、十几个、几十个等)产品组成样本。这种抽样方法的优点是，抽样实施方便。缺点是，由于样本只来自个别几个群体，而不能均匀地分布在总体中，因而代表性差，抽样误差大。这种方法常用在工序控制中。

（五）多级抽样(multistage sampling)

多级抽样又叫多阶抽样。它是一种分级抽取样本的抽样方法。第一级抽样是从总体中抽取初级单位产品，以后每一级抽样都是在上一级抽出的单位产品中抽取次一级的单位产品。它用在抽样面广或批量太大无法直接抽取样本的场合。散料抽样检验中常用这种抽样方法。

在此举一个例子来说明这5种抽样方法的运用。

假设有某种成品零件分别装在20个零件箱中，每箱各装50个，总共是1000个。如果想从中取100个零件组成样本进行测试研究，那么应该怎样运用上述5种抽样方法呢？

(1) 将20箱零件倒在一起，混合均匀，并将零件从1～1000逐一编号，然后用查随机数表或抽签的方法从中抽出编号毫无规律的100个零件组成样本，这就是简单随机抽样。

(2) 将 20 箱零件倒在一起,混合均匀,并将零件从 1~1000 逐一编号,然后用查随机数表或抽签的方法先决定起始编号,比如 16 号,那么后面入选样本的零件编号依次为 26,36,46,56,…,906,916,926,…,996,6。于是就由这样 100 个零件组成样本,这就是系统抽样。

(3) 对所有 20 箱零件,每箱随机抽出 5 个零件,共 100 件组成样本,这就是分层抽样。

(4) 先从 20 箱零件随机抽出 2 箱,然后对这 2 箱零件进行全数检查,即把这 2 箱零件看成是"整群",由他们组成样本,这就是整群抽样。

(5) 若先从 20 箱零件中随机抽取 5 箱,再从这 5 箱中每箱随机抽取 20 件,共 100 件组成样本,这便是二级抽样。

三、计数抽样检验概述

(一) 基本概念

抽样检验就是利用所抽取的样本对产品或过程进行的检验。如果抽样检验的目的是想通过检验所抽取的样本对这批产品的质量进行估计,以便对这批产品做出能否接收的判定,那么就称这种抽样检验为验收抽样(或抽样验收)。

抽样检验的对象是一批产品而非每个产品。经过抽样检验判为合格的批,不等于批中每个产品都合格;经过抽样检验判为不合格的批,不等于批中全部产品都不合格。

抽样检验一般用于下述情况:

(1) 破坏性检验,如产品的可靠性试验、产品寿命试验、材料的疲劳试验、零件的强度检验等。

(2) 测量对象是散装或流程型材料,如煤炭、矿石、钢水、铁水化验,整卷钢板的检验等。

(3) 希望节省单位检验费用和时间。

(4) 批量很大,全数检验工作量很大的产品的检验,如螺钉、垫圈、电阻等。

抽样检验按收集的数据性质分为计数抽样检验和计量抽样检验;按抽取样本的次数可分为一次抽样检验、二次抽样检验、多次抽样检验和序贯抽样检验;按提交检验时是否组成批分为逐批抽样检验和连续抽样检验;按抽样方案能否调整分为调整型抽样检验和标准型抽样检验;按不合格批的处置方法分为挑选型抽样检验和非挑选型抽样检验。

(二) 产品批质量的表示方法

计数抽样检验常用的批质量的表示方法有以下几种:

1. 批不合格品率

批不合格品率 p 等于批的不合格品数 D 除以批量 N,即

$$p = \frac{D}{N}$$

2. 批不合格品百分数

批不合格品百分数等于批的不合格品数除以批量,再乘以 100,即

$$100p = \frac{D}{N} \times 100$$

这两种表示方法常用于计件抽样检验。

3. 批每百单位产品不合格数

批每百单位产品不合格数等于批的不合格数 C 除以批量,再乘以 100,即

$$100p = \frac{C}{N} \times 100$$

这种表示方法常用于计点检验。

(三) 产品批质量的抽样验收判断过程

为了对提交检验的产品批实施抽样验收,必须先科学、合理地制订一个抽样方案。

在最简单的计数型抽样方案中通常要确定两个参数:一个是抽取的样本量 n;另一个是对样本进行检验时,判断批是否接收的接收数 A_c。有了两个参数后,就能够容易地进行抽样检验并评定产品批是否被接收。于是,对于计数抽样检验来说批质量的验收判断过程是:从批量 N 中随机抽取含量为 n 的一个样本,检验测量样本中全部产品,记下其中的不合格品数(或不合格数)d。如果 $d \leqslant A_c$(称接收数),则认为该批产品质量可以接收;如果 $d \geqslant R_e$(称不接收数或拒收数,这里 $R_e = A_c + 1$),则认为该批产品质量被拒收。其判断程序如图 9-19 所示。

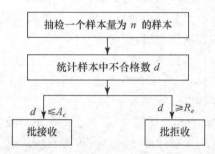

图 9-19 一次抽样批合格性判断程序框图

四、计数调整型抽样检验

(一) 概述

什么叫计数调整型抽样检验,它就是根据已检验过的质量信息,随时按一套规则"调整"检验的严格程度从而调整抽样检验方案的抽样检验过程。

计数调整型抽样检验适用于:

(1) 连续批产品(由同一生产厂在认为相同条件下连续生产的一系列的批);

(2) 进厂原材料、外购件、出厂成品、工序间在制品交接;

(3) 库存品复检;

(4) 工序管理和维修操作;

(5) 一定条件下的孤立批。

(二) GB/T 2828.1 抽样系统

在抽样检验中,抽样系统由一系列抽样方案组成,GB/T 2828.1—2012 就是由批量范围、检验水平和接收质量限(AQL)检索的一个抽样系统。

下面就 GB/T 2828.1—2012 抽样系统中涉及的若干要素及其应用中的重要内容加以阐述。

1. 抽样系统的设计原则

(1) AQL 是整个抽样系统的基础。在考虑过程平均的基础上,确定一个"接收质量限"

(AQL)。

(2) 采取了保护供方利益的接收准则。当供方提交了等于或优于 AQL 的产品质量时,则应当几乎全部接收交检的产品批。

(3) 当供方提交的产品批质量坏于(有时甚至很坏于)AQL 值时,基于 AQL 的接收准则,一般不能对使用方进行令人满意的保护。为了弥补这个不足,在抽样系统中拟定了从正常检验转为加严检验的内容、规则,从而保护了使用方的利益,这是基于 AQL 的整个抽样系统的核心。

(4) 不合格分类是整个抽样系统的重要特点,对于 A 类不合格的接收准则,比对于 B 类不合格的接收准则要严格得多。也就是说,对于 A 类不合格,AQL 可以选得小些,而对于 B 类不合格,AQL 可以选得大一些。

(5) 供方提供产品批的质量一贯好的时候,可以采用放宽检验给使用方带来节约。但是能否放宽,应按转移规则而定。

(6) 更多地根据实践经验,而不是单纯依靠数理统计学来确定批量与样本量之间的关系。对于从大批量产品中抽取随机样本的困难和错判为接收或拒收的一大批产品带来的严重后果,给予了足够的重视。

2. GB/T 2828.1—2012 的若干要素及其应用

(1) 过程平均。

"过程平均是指在规定的时段或生产量内平均的过程水平",在 GB/T 2828.1—2012 中,过程平均是过程处于统计控制状态期间的质量水平(不合格品百分数或每百单位产品不合格数)。在抽样检验中常将其解释为:"一系列连续提交批的平均不合格品率""一系列初次提交检验批的平均质量(用每单位产品不合格品数或每百单位产品不合格数表示)"等。

"过程"是总体的概念,过程平均是不能计算或选择的,但是可以估计,即根据过去抽样检验的数据来估计过程平均。

估计过程平均不合格品率的目的,是为了估计在正常情况下所提供的产品的不合格品率。如果生产条件稳定,这个估计值 $\hat{p}$ 可用来预测最近将要交检的产品的不合格品率。

用于估计过程平均不合格品率的批数,一般不应少于 20 批。如果是新产品,开始时可以用 5~10 批的抽检结果进行估计,以后应当至少用 20 批。一般来说,在生产条件基本稳定的情况下,用于估计过程平均不合格品率的产品批数越多,检验的单位产品数量越大,对产品质量水平的估计越可靠。

(2) 不合格的分类。

不合格分类是整个计数调整型抽样系统的重要特点。不合格分类的标志是质量特性的重要性或其不符合的严重程度。

一般地,按实际需要将不合格区分为 A 类、B 类和 C 类。在单位产品比较简单等情况下,可以分为两种类别的不合格,甚至不加区分类别;而在单位产品比较复杂等情况下,也可以区分为多于三种类别的不合格。

不同类别的不合格或不合格品,一般采用不同的可接收质量界限,以确保更重要的不合格或不合格品能得到更严格的控制。

在 GB/T 2828.1—2012 抽样系统中,规定不合格可以分成以下三类:

A类不合格：单位产品的极重要质量特性不符合规定，或单位产品的质量特性极严重不符合规定，称为A类不合格。

B类不合格：单位产品的重要特性不符合规定，或单位产品的质量特性严重不符合规定，称为B类不合格。

C类不合格：单位产品的一般质量特性不符合规定，或单位产品的质量特性轻微不符合规定，称为C类不合格。

与这三类不合格相对应的不合格品有以下三类：

A类不合格品：有一个或一个以上A类不合格，同时还可能有B类不合格和（或）C类不合格的单位产品，称为A类不合格品。

B类不合格品：有一个或一个以上B类不合格，同时还可能有C类不合格，但没有A类不合格的单位产品，称为B类不合格品。

C类不合格品：有一个或一个以上C类不合格，但没有A类不合格，也没有B类不合格的单位产品，称为C类不合格品。

（3）接收质量限（AQL）。

AQL是指当一个连续系列批被提交验收抽样时，可允许的最差过程平均质量水平。它是对生产方的过程质量提出的要求，是允许的生产方过程平均（不合格品率）的最大值。

确定AQL时，应考虑：对生产方的质量保证能力（如过程平均、质量信誉），所检产品特性的重要程度，使用方的质量要求（如性能、功能、寿命、互换性等），产品复杂程度，产品质量不合格分类类别，检验项目的数量和经济性（如产品检验费用、检验时间、是否是破坏性检验、最小总成本），所检产品特性对下道工序的影响，产品的价格，等等因素。

下面介绍几种确定AQL的方法：

① 根据过程平均确定。使用生产方近期提交的初检产品批的样本检验结果对过程平均的上限加以估计，与此值相等或稍大的标称值如能被使用方接受，则以此作为AQL值。

② 按不合格类别确定。对于不同的不合格类别的产品，分别规定不同的AQL值，越是重要的检验项目，验收后的不合格品造成的损失越大，越应指定严格的AQL值。原则上，对A类规定可接收质量界限要小于对B类规定的可接收质量界限，对C类规定的可接收的质量水平要大于对B类规定的可接收的质量水平。另外，可以考虑在同类中对部分或单个不合格再规定可接收质量界限，也可以考虑在不同类别之间再规定可接收质量界限。

③ 考虑检验项目数确定。同一类的检验项目有多个（如同属B类不合格的检验项目有3个）时，AQL值的规定值应比只有一个检验项目时的规定值要适当大一些。

④ 双方共同确定。AQL意味着使用方期望得到的和他能买得起的质量之间的一种折中质量。从这个意义上来说，为使用户要求的质量同供应方的过程能力协调，双方需要彼此信赖，共同协商，合理确定一个标称的AQL值。这样可以减少由AQL值引起的一些纠纷。

（4）批量。

批量是指提交检验批中单位产品的数量。从抽样检验的观点来看，大批量的优点是：从大批中抽取大样本是经济的，而大样本对批质量有着较高的判别力。当AQL相同时，样本量在大批中的比例比在小批中的比例要小。但是大批量不是无条件的，应由生产条件和生产时间基本相同的同型号、同等级、同种类（尺寸、特性、成本等）的单位产品数组成。

在GB/T 2828.1—2012抽样系统中，规定的是批量范围，由"1～8"，"9～15"，…，

"150001~500000","≥500000"等15档组成(见表9-8)。

(5)检验水平(IL)。

检验水平反映了批量(N)和样本量(n)之间的关系。标志着在一定批量下的检验样本量。GB/T 2828.1中检验水平有两类:一般检验水平和特殊检验水平,在同样批量下,不同检验水平对应的抽样方案样本量字母和样本量是不同的,判别力也不同。将一般检验分为Ⅰ、Ⅱ、Ⅲ三个检验水平。水平Ⅱ为正常检验水平,检验水平从Ⅰ→Ⅱ→Ⅲ,判别能力逐级提高,对应同样批量下抽样量增大,无特殊要求时,均采用水平Ⅱ。当需要的判别能力比较低时,可规定使用一般检验水平Ⅰ,当需要的判别力比较高时,可规定使用一般检验水平Ⅲ。

GB/T 2828.1—2012中,检验水平的设计原则是:如果批量增大,样本量一般也随之增大,大批量中样本量占的比例比小批量中样本量所占比例要小。在GB/T 2828.1—2012中,检验水平Ⅰ、Ⅱ、Ⅲ的样本量比率约为0.4:1:1.6。

(6)检验的严格度与转移规则。

检验的严格度是指交检批所接受抽样检验的宽严程度。计数调整型抽样系统通常有下列三种不同严格度的检验。

① 正常检验。正常检验是当过程平均优于AQL时抽样方案的一种使用法。正常检验的设计原则是:当过程质量优于AQL时,应以很高的概率接收检验批,以保护生产方的利益。

② 加严检验。加严检验是为保护使用方的利益而设立。当预先规定的连续批数的检验结果表明过程平均可能比AQL低劣时采用。具有需要比相应正常检验抽样方案接收准则更严厉的接收准则时抽样方案的一种使用法。一般情况下,让加严检验的样本量同正常检验的样本量一致而降低接收数。

③ 放宽检验。当预先规定的连续批数的检验结果表明过程平均优于AQL时采用。具有样本量比相应正常抽样方案小,而接收准则和正常检验抽样方案的接收准则相差不大的抽样方案的一种使用法。

GB/T 2828.1—2012中规定了正常、加严和放宽检验三种不同严格程度的检验,并按下述原则确定提交检验批应接受何种严格度的检验。

① 除非另有规定,在检验开始时应使用正常检验。

② 除需要按转移规则改变检验的严格度外,下一批检验的严格度继续保持不变。检验严格度的改变,原则上按各种不同类型不合格分别进行,允许在不同类型不合格之间给出改变检验严格度的统一规定。

③ 加严检验开始后,若不合格批数(不包括再次提交检验批)累计到5批(不包括以前转到加严检验出现的不合格批数),则暂时停止按照本标准所进行的检验。

④ 在暂停检验后,若供货方确实采取了措施,使提交检验批达到或超过所规定的质量要求,则经负责部门同意后,可恢复检验,一般应从加严检验开始。

(7)抽样方案的检索。

根据规定的批量(N)、检验水平(IL)、接收质量限(AQL)、抽样方案类型和检验严格度进行检索。现举例说明:

【例9-7】 某公司采用GB/T 2828.1—2012对购进的零件进行检验。规定$N=2000$,AQL=1.5(%),IL=Ⅱ,求正常、加严和放宽一次抽样检验方案。

解 ① 从表 9-8 中包含 $N=2000$ 的行与 IL=Ⅱ 所在列相关处读出样本量字码 K；

② 从表 9-9、表 9-10 和表 9-11 中 K 所在行向右在样本量栏内分别读出 $n=125$、125、50，并由 k 所在行与 AQL=1.5(%) 所在列相交处读出接收数和拒收数组合分别为 [5,6]、[3,4]、[3,4]。

③ 所求正常、加严和放宽一次抽样方案分别为：$n=125, A_c=5, R_e=6$；$n=125, A_c=3, R_e=4$；$n=50, A_c=3, R_e=4$。

【**例 9-8**】 某工厂对购入产品批实行验收抽样。规定 $N=1000$，每百单位产品不合格数 AQL=100，IL=Ⅲ。求：正常检验一次抽样方案。

解 ① 从表 9-8 中包含 $N=1000$ 的行与 IL=Ⅲ 所在列相交处读出样本量字码 K；

② 从表 9-9 中 K 所在行向右在样本量栏内读出 $n=125$，并由 K 所在行与 AQL=100 所在列相交处读出箭号↑，顺着箭头方向读出最先遇到的接收数与拒收数组合 [21,22]；

③ 由 [21,22] 所在行向左读出 $n=13$。（这样，就保证了 n、A_c 和 R_e 处于同一行内，这叫作查抽样检验表的"同行原则"。）

④ 所求正常检验一次抽样方案为：$n=13, A_c=221, R_e=22$。

(8) 不接收批的处置。

如果批已被接收，使用方应整批接收，但负责部门有权不接收在检验中发现的任何不合格品，而不管该产品是否是样本中的一部分。所发现的不合格品可以返工或以合格品替换。经负责部门批准，可按该部门规定的方式再次提交检验。

如果批不被接收，负责部门应决定怎样处置不接收批的办法。这样的批可以降级或报废，可以对整批筛选，剔除所有不合格品，并对不合格品加以修理或换成合格的，对于经过分选或返工的产品批，可以用更专门准则再评定，或作为一种辅助信息保存。

表 9-8 样本量字码（GB/T 2828.1—2012 中的表 1）

批量 N	特殊检验水平				一般检验水平		
	S-1	S-2	S-3	S-4	Ⅰ	Ⅱ	Ⅲ
2～8	A	A	A	A	A	A	B
9～15	A	A	A	A	A	B	C
16～25	A	A	B	B	B	C	D
26～50	A	B	B	C	C	D	E
51～90	B	B	C	C	C	E	F
91～150	B	B	C	D	D	F	G
151～280	B	C	D	E	E	G	H
281～500	B	C	D	E	F	H	J
501～1200	C	C	E	F	G	J	K
1201～3200	C	D	E	G	H	K	L
3201～10000	C	D	F	G	J	L	M
10001～35000	C	D	F	H	K	M	N
35001～150000	D	E	G	J	L	N	P
150001～500000	D	E	G	J	M	P	Q
500001 以上	D	E	H	K	N	Q	R

表9-9 正常检验一次抽样方案（GB/T 2828.1—2012）

样本量字码	样本量	接收质量限（AQL）																																
		0.010		0.015		0.025		0.040		0.065		0.10		0.15		0.25		0.40		0.65		1.0		1.5		2.5		4.0		6.5		10		15	
		A_c	R_e	A_c	R_e	A_c	R_e	A_c	R_e	A_c	R_e	A_c	R_e	A_c	R_e	A_c	R_e	A_c	R_e	A_c	R_e	A_c	R_e	A_c	R_e	A_c	R_e	A_c	R_e	A_c	R_e	A_c	R_e	A_c	R_e
A	2																																	0	1
B	3																													0	1				
C	5																											0	1						
D	8																									0	1					1	2	2	3
E	13																							0	1					1	2	2	3	3	4
F	20																					0	1					1	2	2	3	3	4	5	6
G	32																			0	1					1	2	2	3	3	4	5	6	7	8
H	50																	0	1					1	2	2	3	3	4	5	6	7	8	10	11
J	80															0	1					1	2	2	3	3	4	5	6	7	8	10	11	14	15
K	125													0	1					1	2	2	3	3	4	5	6	7	8	10	11	14	15	21	22
L	200											0	1					1	2	2	3	3	4	5	6	7	8	10	11	14	15	21	22		
M	315									0	1					1	2	2	3	3	4	5	6	7	8	10	11	14	15	21	22				
N	500							0	1					1	2	2	3	3	4	5	6	7	8	10	11	14	15	21	22						
P	800					0	1					1	2	2	3	3	4	5	6	7	8	10	11	14	15	21	22								
Q	1250			0	1					1	2	2	3	3	4	5	6	7	8	10	11	14	15	21	22										
R	2000	0	1					1	2	2	3	3	4	5	6	7	8	10	11	14	15	21	22												

样本量字码	样本量	25		40		65		100		150		250		400		650		1000	
		A_c	R_e	A_c	R_e	A_c	R_e	A_c	R_e	A_c	R_e	A_c	R_e	A_c	R_e	A_c	R_e	A_c	R_e
A	2	1	2	2	3	3	4	5	6	7	8	10	11	14	15	21	22	30	31
B	3	2	3	3	4	5	6	7	8	10	11	14	15	21	22	30	31	44	45
C	5	3	4	5	6	7	8	10	11	14	15	21	22	30	31	44	45		
D	8	5	6	7	8	10	11	14	15	21	22	30	31	44	45				
E	13	7	8	10	11	14	15	21	22	30	31	44	45						
F	20	10	11	14	15	21	22												
G	32	14	15	21	22														
H	50	21	22																

⇓——使用箭头下面的第一个抽样方案，如果样本量等于或超过批量，则执行100%检验；
⇑——使用箭头上面的第一个抽样方案；
A_c——接收数；
R_e——拒收数。

表9-10 加严检验一次抽样方案（GB/T 2828.1—2012）

样本量字码	样本量	接收质量限 (AQL) 0.010		0.015		0.025		0.040		0.065		0.10		0.15		0.25		0.40		0.65		1.0		1.5		2.5		4.0		6.5		10		15		25		40		65		100		150		250		400		650		1000	
		A_c	R_e	A_c	R_e	A_c	R_e	A_c	R_e	A_c	R_e	A_c	R_e	A_c	R_e	A_c	R_e	A_c	R_e	A_c	R_e	A_c	R_e	A_c	R_e	A_c	R_e	A_c	R_e	A_c	R_e	A_c	R_e	A_c	R_e	A_c	R_e	A_c	R_e	A_c	R_e	A_c	R_e	A_c	R_e	A_c	R_e	A_c	R_e	A_c	R_e
A	2																																		↓		1	2	2	3	3	4	5	6	8	9	12	13	18	19	27	28	41	42
B	3																													↓			1	2	2	3	3	4	5	6	8	9	12	13	18	19	27	28	41	42	↑	
C	5																											↓				1	2	2	3	3	4	5	6	8	9	12	13	18	19	27	28	41	42	↑			
D	8																									↓				0	1	1	2	2	3	3	4	5	6	8	9	12	13	18	19	27	28	41	42	↑					
E	13																							↓				0	1	↑		1	2	2	3	3	4	5	6	8	9	12	13	18	19	↑									
F	20																					↓				0	1	↑		1	2	2	3	3	4	5	6	8	9	12	13	18	19	↑											
G	32																			↓				0	1	↑		1	2	2	3	3	4	5	6	8	9	12	13	18	19	↑													
H	50																	↓				0	1	↑		1	2	2	3	3	4	5	6	8	9	12	13	18	19	↑															
J	80															↓				0	1	↑		1	2	2	3	3	4	5	6	8	9	12	13	18	19	↑																	
K	125													↓				0	1	↑		1	2	2	3	3	4	5	6	8	9	12	13	18	19	↑																			
L	200											↓				0	1	↑		1	2	2	3	3	4	5	6	8	9	12	13	18	19	↑																					
M	315									↓				0	1	↑		1	2	2	3	3	4	5	6	8	9	12	13	18	19	↑																							
N	500							↓				0	1	↑		1	2	2	3	3	4	5	6	8	9	12	13	18	19	↑																									
P	800					↓				0	1	↑		1	2	2	3	3	4	5	6	8	9	12	13	18	19	↑																											
Q	1250			↓				0	1	↑		1	2	2	3	3	4	5	6	8	9	12	13	18	19	↑																													
R	2000	0	1	↑		1	2																																														
S	3150	↑		1	2																																																	

⇩ ——使用箭头下面的第一个抽样方案，如果样本量等于或超过批量，则执行100%检验；
⇧ ——使用箭头上面的第一个抽样方案；
A_c ——接收数；
R_e ——拒收数。

表9-11 放宽检验一次抽样方案（GB/T 2828.1—2012）

样本量字码	样本量	接收质量限（AQL）																															
		0.010		0.015		0.025		0.040		0.065		0.10		0.15		0.25		0.40		0.65		1.0		1.5		2.5		4.0		6.5		10	
		A_c	R_e	A_c	R_e	A_c	R_e	A_c	R_e	A_c	R_e	A_c	R_e	A_c	R_e	A_c	R_e	A_c	R_e	A_c	R_e	A_c	R_e	A_c	R_e	A_c	R_e	A_c	R_e	A_c	R_e	A_c	R_e

(续表列：15, 25, 40, 65, 100, 150, 250, 400, 650, 1000)

样本量字码	样本量
A	2
B	3
C	5
D	8
E	13
F	20
G	32
H	50
J	80
K	125
L	200
M	315
N	500
P	800
Q	1250
R	2000

⇩——使用箭头下面的第一个抽样方案，如果样本量等于或超过批量，则执行100%检验；
⇧——使用箭头上面的第一个抽样方案；
A_c——接收数；
R_e——拒收数。

五、审核要点

在质量管理体系中,抽样技术的用途很广。根据 ISO/TR 10017 中的提示,ISO 9001《质量管理体系　要求》中有三十几处都有对抽样技术应用的识别需求。因此,审核人员应当根据其中的提示,对抽样技术在质量管理体系中的应用进行审核。

（一）顾客提出要求的场合

应审核:

(1) 是否要求合理?

(2) 受审核方是否有应用抽样技术的有效程序和文件。如果有,应用是否正确?

（二）顾客未提出要求,但"必须"应用的场合

应审核:

(1) 受审核方对"必须应用"抽样技术的识别能力,即哪些环节必须应用? 识别有无错误? 是否有遗漏之处?

(2) 应用是否正确?

（三）顾客无要求,但受审核方识别出可以并决定应用的场合

应审核:

(1) 是否符合应用的环境条件,如 GB/T 2828.1—2012 是否在大批量生产/供应的条件下使用?

(2) 有无指导应用该抽样技术的有效文件?

(3) 如果选用 GB/T 2828.1—2012,那么它的"调整"功能、"转移规则"是否得到了充分有效的发挥?

特别注意:"严格度"该"调整"时不"调整"、该"转移"时不转移是许多组织应用 GB/T 2828.1—2012 的通病。

(4) GB/T 2828.1—2012 是否当成监督抽样标准来使用?

(5) 抽样调查的方式、方法、可信度、抽样误差等选用得是否合适? 样本量的估计是否正确? 抽取样本时是随机抽样或是主观抽样?

思考与练习

一、单项选择题

1. 统计技术研究的对象是(　　)。

A. 变异　　　　B. 总体　　　　C. 样本　　　　D. 质量问题

2. 收集了 n 组数据 $(x_i, y_i), i=1,2,\cdots,n$,若需了解变量 x 与 y 间是否有相关关系,可以画(　　)。

A. 直方图　　　B. 趋势图　　　C. 散布图　　　D. 控制图

3. 收集了 n 组数据 $(x_i, y_i), i=1,2,\cdots,n$,画出散布图,若 n 个点散布在一条直线附近时,则可认为两变量间具有的关系是(　　)。

A. 独立的　　　　　B. 不相关　　　　　C. 函数相关　　　　D. 强线性相关

4. 过程能力测定的先决条件是过程（　　）。

A. 没有偶然因素　　B. 无重大故障　　　C. 在统计稳态下　　D. 在理想状态下

5. 当产品质量特性值分布的均值与公差中心不重合时，（　　）。

A. 不合格品率增大，过程能力指数不变

B. 不合格品率增大，过程能力指数增大

C. 不合格品率增大，过程能力指数减小

D. 不合格品率不变，过程能力指数减小

6. 控制图主要用来（　　）。

A. 识别异常波动　　　　　　　　　B. 判断不合格品

C. 消除质量变异　　　　　　　　　D. 减少质量变异

7. 在 GB/T 2828.1 的检验水平 IL 中，判别能力最强的是（　　）。

A. S-1　　　　　　B. S-4　　　　　　C. Ⅰ　　　　　　　D. Ⅲ

8. 某零件有 3 个质量特性，其不合格分类各为 A、B、C 类，若规定 A 类不合格 AQL＝0.10(%)，C 类不合格 AQL＝2.5(%)，则 B 类不合格 AQL 应为（　　）。

A. 0.01(%)　　　　B. 2.0(%)　　　　　C. 2.5(%)　　　　　D. 4.5(%)

9. 使用 GB/T 2828.1—2012，当批量 $N=5000$，检验水平 IL＝Ⅱ，AQL＝15，查正常检验一次抽样方案为（　　）。

A. (80,21)　　　　B. (200,21)　　　　C. (315,1)　　　　D. (125,21)

10. 接收质量限 AQL 是（　　）。

A. 对生产方过程平均的要求　　　　B. 经返修后再次提交批产品不合格品率

C. 最近将交检的产品不合格品率　　D. 生产方目前的过程平均不合格品率

二、多项选择题

1. 描述型统计描述事物的方法包括（　　）。

A. 利用数据的统计量　　　　　　　B. 用图示

C. 用文字语言　　　　　　　　　　D. 用统计推断

2. 直方图可用于（　　）。

A. 质量原因分析　　　　　　　　　B. 征与图形分析

C. 要求（公差）与图形分析　　　　D. 合格率分析

3. 过程能力指数描述了（　　）。

A. 过程能力满足技术要求的程度

B. 统计稳态下过程加工某产品的质量保证能力

C. 某产品的过程不合格品率

D. 某过程加工某产品质量的波动范围

4. 过程改进策略包括（　　）。

A. 选择控制对象

B. 确定取样方法

C. 通过分析、改进使过程进入统计控制状态

D. 评价过程能力，并改进过程能力稳定地满足技术要求

5. 常规控制图判异准则是（　　）。

A. 点越控制界限　　　　　　　　B. 点越公差限

C. 界限内点排列不随机　　　　　D. 界限内点排列随机

6. 控制图原理可以归纳为（　　）。

A. 质量波动可分为偶然波动与异常波动

B. 质量波动可以避免

C. 偶然波动不可避免（应该减小），异常波动可以消除

D. 控制图可以帮助区分两类波动

7. 在 x 控制图上，点出控制限，可以认为（　　）。

A. 产品均值不合格

B. 过程出现异常

C. 产品均值不一定不合格

D. 应停止生产，查明原因，并改进质量

8. 控制图需重新制定的情况是（　　）。

A. 点子出界

B. 生产环境改变

C. 工艺参数改变

D. 原材料、零部件或供应商改变

9. 使用 GB/T 2828.1—2012，在检索抽样方案前的准备工作有（　　）。

A. 确定质量标准和不合格分类　　B. 确定 AQL 和 IL

C. 对批产品质量接收性判断　　　D. 确定批量、抽样类型和检验严格度

10. 下述场合应采用抽样检验的是（　　）。

A. 外购材料的疲劳试验检验　　　B. 转炉中熔炼钢水检验

C. 卷烟厂香烟外径检验　　　　　D. 子弹厂子弹性能最终检验

三、综合分析题

1. 车间对大批量产品 D4 变速箱一次交检不合格品率问题进行质量改进（月质量目标：不合格品率不大于 4%），月统计数据如下，试作趋势图分析。

改进活动	2015年活动期			2016年活动后								
统计月，年	10/15	11/15	12/15	1/16	2/16	3/16	4/16	5/16	6/16	7/16	8/16	9/16
一次交检不合格品率	5.8	6.1	4.3	2.8	3.0	2.1	2.2	1.7	1.6	1.8	1.8	1.6

2. 设电阻规范下限为 95Ω，规范上限为 105Ω。

（1）一批电阻值取自正常总体 $N(100, 2^2)$，则过程能力指数为（　　）。

A. 3/5　　　　B. 5/6　　　　C. 6/5　　　　D. 5/3

（2）现设电阻规范上、下限不变，另一批电阻阻值取自正态总体 $N(101, 1^2)$ 则过程能力指数 C_{pk} 为（　　）。

A. 2/5　　　　　B. 1　　　　　C. 4/3　　　　　D. 2

(3) 在此状态下说明技术管理能力（　　）。

A. 过高　　　　B. 很好　　　　C. 较勉强　　　　D. 很差

3. 某产品有5个质量特性，根据其重要程度不同分为A、B、C三类不合格，若对批量 $N=2000$ 件进行全数检验，发现5个产品有不合格项，结果如下：

产品编号	A类不合格数	B类不合格数	C类不合格数
3	1	0	2
7	0	1	1
12	1	1	0
19	0	1	2
20	0	0	3

则：(1) 其中C类不合格品数为（　　）。

A. 1　　　　　B. 2　　　　　C. 3　　　　　D. 4

(2) 每百单位产品C类不合格数为（　　）。

A. 0.2　　　　B. 0.3　　　　C. 0.4　　　　D. 0.8

(3) B类不合格品率为（　　）。

A. 1‰　　　　B. 1.5‰　　　　C. 2‰　　　　D. 3‰

参考文献

[1] 张莉,张艳芬,徐平国. 质量管理体系内审员实用培训教程[M]. 北京：企业管理出版社,2004.

[2] 全国质量管理和质量保证标准技术委员会等. 2008版质量管理体系国家标准理解与实施[M]. 北京：中国标准出版社,2009.

[3] 上海市质量协会. 2008版GB/T 19001质量管理体系内审员培训教程[M]. 北京：中国标准出版社,2009.

[4] 王克娇. 2008版质量管理体系国家注册审核员培训教程[M]. 北京：中国计量出版社,2010.

[5] 张公绪,孙静. 新编质量管理学[M]. 北京：高等教育出版社,2003.

[6] 徐平国,王占锐. 汽车行业ISO/TS 16949：2002实用培训教程[M]. 北京：清华大学出版社,2006.

[7] 周友苏,杨飒. 质量管理统计技术[M]. 北京：北京大学出版社,2010.

[8] 中国认证认可协会. 质量管理体系审核员2015版标准转换培训教材[M]. 北京：中国质检/标准出版社,2015.